NOTRE ÉPOQUE

Collection dirigée par Georges Liébert

Ouvrages de Jacques Derogy

Des enfants malgré nous (Ed. de Minuit. 1956)
Vaincre le cancer (Ed. de Minuit. 1958)
Population sur mesure (Le Seuil. 1965)
Les secrets du ballottage (avec J.-F. Kahn-Fayard. 1966)
Les deux exodes (avec Edouard Saab-Denoël. 1968)
La Loi du retour (Fayard. 1970) - Prix Aujourd'hui
Cent mille juifs à la mer (Stock. 1973)
Israël, la mort en face (avec J.-N. Gurgand-Laffont. 1975)
Enquête sur un juge assassiné (Laffont. 1977)
Histoire secrète d'Israël (avec Hesi Carmel-Orban. 1978)
Le Cas Wallenberg (Ramsay. 1980)
Israël Connection (Plon. 1980)
La Traque (Olivier Orban. 1980)

Ouvrages de Jean-Marie Pontaut

La Grande Cible (avec François Caviglioli - Le Mercure de France. 1972)
Les secrets des écoutes téléphoniques (Presses de la Cité. 1978)

Des mêmes auteurs, chez le même éditeur

Enquête sur les « Affaires » d'un septennat (1981)

JACQUES DEROGY

JEAN-MARIE PONTAUT

ENQUÊTE SUR LES MYSTÈRES DE MARSEILLE

avec la collaboration de Roger Arduin

ÉDITIONS ROBERT LAFFONT
PARIS

Si vous désirez être tenu au courant des publications de l'éditeur de cet ouvrage, il vous suffit d'adresser votre carte de visite aux Éditions Robert Laffont, Service « Bulletin », 6, place Saint-Sulpice, 75279 Paris Cedex 06. Vous recevrez régulièrement, et sans aucun engagement de votre part, leur bulletin illustré, où, chaque mois, sont présentées toutes les nouveautés que vous trouverez chez votre libraire.

ISBN 2-221-01152-X

SOMMAIRE

« L'opinion dominante à Marseille était que le meilleur gouvernement est celui qui laisse aux spéculateurs le plus de liberté d'action. »

EMILE ZOLA, *Les Mystères de Marseille.* 1867 (Troisième partie, ch. X).

Prologue

SÉRIE NOIRE

Le soir de la Saint-Gérard de 1978 (3 octobre), le bar du Téléphone, siège des pétanqueurs de la boule modérée, sous les paisibles platanes d'une allée du Canet, est le théâtre d'un règlement de comptes sans précédent : dix joueurs de cartes mitraillés par trois tueurs. Battu, le record historique établi le 14 février 1929 par Al Capone à Chicago avec les sept morts de la Saint-Valentin !… « Des truands se sont tués entre eux, commente Gaston Defferre, et si je déplore ce drame, celui-ci est infiniment moins grave que la répétition de crimes qui se sont produits dans d'autres villes françaises. » Et d'ajouter imprudemment, faisant allusion à l'assassinat du juge Renaud en 1975 à Lyon : « On ne tue pas les juges à Marseille… qui n'est plus la capitale du crime depuis de nombreuses années. »

Las, depuis le changement du 10 mai 1981 qui a fait du maire de Marseille le ministre de l'Intérieur, tout se passe comme si un crime ou un scandale pouvait en cacher un autre dans la ville « assainie » par Defferre.

Juillet 1981. Le crime atteint les sommets de l'horreur avec le sauvage massacre de la bastide d'Auriol : toute la famille d'un policier responsable du S.A.C. local exterminée par un commando de la même organisation. Pas d'explication, mais la révélation d'un inquiétant noyautage de la police par les « parallèles ».

Octobre 1981. L'assassinat, en pleine circulation, par deux motards coiffés d'un casque intégral, du juge Pierre Michel, ennemi juré du milieu marseillais lié à la Mafia, est salué par une explosion de joie canaille dans les boîtes de l'Opéra et dans les couloirs de la prison des Baumettes où le magistrat avait envoyé en cinq ans quelque soixante-dix trafiquants de drogue.

Mars 1982. La mort de l'ex-directeur de la Sécurité sociale, René Lucet, la tête perforée de deux balles de son revolver au lendemain de sa destitution, provoque un séisme au palais de justice où les ratés de l'enquête la rendent à jamais énigmatique.

Juillet 1982. Au détour de cette enquête éclate un autre scandale qui prend, d'emblée, une tournure politique de première grandeur : la découverte d'une des plus gigantesques « magouilles » de la délinquance en col blanc, l'affaire des fausses factures et des pots-de-vin qui entraîne l'inculpation d'une quarantaine de fonctionnaires de la mairie de Marseille et la chute de Nick Venturi, avant d'étendre ses ramifications aux quatre coins de la France.

Mars 1983. Rebondissement tout aussi indirect de l'autre énigme non résolue (la mort du juge Michel) : l'inculpation du médecin-chef des Baumettes, des deux experts favoris du tribunal — ils ont pratiqué l'autopsie des victimes de la tuerie d'Auriol, celle du magistrat assassiné et raté celle de Lucet — et de la patronne de la médecine pénitentiaire. Pour faux, corruption et complicité dans l'évasion sur ordonnance d'un « gros bonnet » de la *French-Italian Connection,* à la faveur d'un trafic de complaisances médicales organisé dans la désormais plus célèbre prison de France.

Novembre 1983. Le dernier des caïds, Tany Zampa, prétendant à la succession des Guérini sur l'empire de la nuit, tombe, comme naguère Al Capone à Chicago, pour de simples délits financiers.

Décembre 1983. Un double attentat ferroviaire ensanglante la nuit de la Saint-Sylvestre...

Le maire de Marseille ne cache pas être excédé à l'idée que cette série noire ajoute à la mauvaise réputation de sa ville. Sans s'étonner, toutefois, du « miracle » de sa dernière réélection. Encore un mystère à mettre à l'actif de cette cité latine, passionnée et parfois sulfureuse, où tout échappe à la raison. Non à l'humour, comme cette réplique de Pagnol que Defferre se plaît tant à citer : « L'honneur, petit, c'est comme les allumettes : ça ne sert qu'une fois. »

1.

AURIOL : DE SANG-FROID

LA BASTIDE HANTÉE

C'est par deux foyers d'incendie, presque habituels l'été en Provence, à quelques heures d'intervalle et à 75 kilomètres de distance, que s'amorce le polar noir dont la France socialiste de 1981 va meubler ses premières grandes vacances : un crime hors série exhalant le remugle des scandales politico-financiers propres aux alternances de l'histoire.

Au retour d'une fête villageoise, le dimanche 19 juillet vers 3 heures du matin, un pompier volontaire, Claude Mauffret, agriculteur aux Mayons, près du Luc, dans le Var, remarque une carcasse de véhicule en feu à proximité d'un bois de chênes-lièges. C'est une estafette Renault qui achève de brûler sur un chemin de terre, un peu à l'écart des arbres. En dépit du mistral qui s'est levé la veille dans la soirée, les flammes ne risquent pas, fort heureusement, de se propager. Il ne reste donc qu'à alerter les gendarmes. A leur arrivée, ceux-ci ne trouvent d'autre indice qu'une pelle de terrassier sans manche, à l'intérieur du fourgon calciné. Il leur faudra trois jours pour établir que le véhicule portait de fausses plaques d'immatriculation et qu'il a été volé dans la nuit du 15 au 16 juillet, sur le parking d'un centre commercial d'Aix-en-Provence où l'avait garé son utilisatrice, une institutrice, Marie-Noëlle Brossard. Elle l'avait loué à la société Aix-automobiles.

Il ne faudra qu'une semaine à d'autres enquêteurs pour faire le lien entre ce sinistre et un début d'incendie rapidement maîtrisé par un maçon du dimanche à l'intérieur d'une bastide provençale, ce même 19 juillet vers 8 h 30 du matin, au flanc de la colline des Adrets qui domine le village d'Auriol, à une trentaine de kilomètres de Marseille.

Chef de chantier à Trets (Bouches-du-Rhône), Jean Censi, 45 ans, n'est pas superstitieux. Il met à profit ses week-ends pour venir retaper cette ancienne maison de maître qui passe pour hantée. Son nouveau propriétaire, Jacques Massié, 41 ans, inspecteur de police stagiaire, est venu y habiter il y a un peu moins d'un an avec sa femme Marie-Dominique et leur jeune fils Alexandre. A demi cachée par le feuillage d'un tilleul et par un bosquet de lauriers-roses, la bâtisse, en pierre de taille et couverte de tuiles romanes, trône, un peu mastoc, au sommet des constructions neuves du lotissement de La Douronne, face au cirque des collines et des barres calcaires du massif de la Sainte-Baume. Edifiée en surélévation de la route qui serpente vers les hauteurs boisées de pinèdes, ses différents niveaux suivent la forte déclivité du terrain et ses abords sont encore à l'état de chantier. A gauche, une nouvelle aile est en construction sur de vieilles fondations de caves voûtées. C'est là que Jean Censi s'affaire à des travaux de rénovation et d'agrandissement. Une petite tour ronde abritant un puits fermé par une porte la sépare, à droite, du corps principal de l'habitation qui comprend deux étages à l'avant et un à l'arrière. Un terre-plein couvert de graviers, d'une largeur de cinq mètres, s'étend tout au long de la façade et se termine par un talus surplombant la route. Plus à droite, un perron à double escalier débouche sur une terrasse carrelée, bordée d'une murette et meublée de mobilier de jardin. En arrière-plan, au-dessus de la terrasse, une petite construction d'un étage sert de remise pour le matériel.

Le rez-de-chaussée du bâtiment principal comprend, à gauche, une pièce à usage de salle de jeux, à droite la cuisine directement accessible par la porte d'entrée, une double porte vitrée avec volet extérieur en bois plein. Une autre porte vitrée sépare la cuisine de la cage d'escalier desservant les étages et d'une salle de séjour servant de salle à manger. Depuis les étages où se succèdent des chambres ainsi que des pièces en cours de réfection, une passerelle relie l'arrière de la maison à la colline qu'escalade la route, une trentaine de mètres plus haut.

A Auriol, on ne lève guère le regard vers cette vieille bastide dont on dit qu'elle porte la scoumoune — la poisse, le malheur. Est-ce à cause des signes cabalistiques en médaillon qui ornent bizarrement sa façade ? Il y a quelques années, une secte s'y était installée, un gourou l'avait habitée, laissant en vestige ces arabesques étranges qui recouvrent encore les murs et le haut des fenêtres aux contrevents bleus. En emménageant, la famille Massié avait trouvé des bougies dans toutes les pièces et des parchemins de prières ésotériques. La sœur du policier, Marina Sassatelli, 38 ans, divorcée et mère de trois garçons, n'avait pas dissimulé la méfiance que ce lieu lui inspirait.

Mais qui aurait imaginé l'horreur dont cette maison maudite ou hantée vient d'être le théâtre dans la nuit du 18 au 19 juillet 1981 ? Qui aurait pensé que, dans cette paisible Provence des santons, un drame hors du commun ferait surgir un vertigineux chaudron de dimension nationale où se régleraient des comptes politiques à travers des affaires de grande et de petite truanderie ? Certainement pas le maçon du dimanche, Jean Censi.

Quand il vient reprendre son chantier ce 19 juillet vers 8 heures du matin sous un ciel encore à peine lavé par le mistral, il n'éprouve pas le moindre pressentiment en voyant une fumée grise s'échapper de la porte de la cuisine. Il est seulement intrigué. Il s'approche de la double porte vitrée dont le panneau semble avoir éclaté sous l'effet de la chaleur et dont le volet est légèrement entrebâillé. Visiblement, un feu couve à l'intérieur. Censi appelle mais personne ne répond. Il n'entend que les aboiements du dogue et du doberman qu'il sait souvent enfermés dans la grande pièce désaffectée du premier étage où sont entreposés les matériaux de réfection. Il ne prête guère attention aux cris du petit caniche enfermé dans une autre pièce de la partie inhabitée. Il commence tout de même à s'affoler et traverse la route pour demander de l'aide à la villa la plus proche, à moins d'une trentaine de mètres dans le lotissement. Ses coups à la porte du n° 37 réveillent l'occupant, Bernard Biagioni, 29 ans, technicien à la société des eaux de Marseille, qui s'est couché vers 1 heure du matin après avoir reçu des amis à dîner.

Les deux hommes se précipitent vers la bastide avec des seaux d'eau. Ils n'ont qu'à pousser la porte, seulement retenue par le penne, pour pénétrer dans la cuisine tout enfumée. Un seau d'eau suffit à éteindre les derniers rougeoiements d'un feu qui se consume. Censi pense à fermer la bouteille de gaz de la cuisinière et à débrancher les appareils électriques. Dans la salle de séjour subsistent deux petits foyers : les autres seaux viennent à bout des flammes qui dansent encore dans la cheminée et lèchent un canapé à demi calciné. Nos deux pompiers improvisés tentent alors de monter à l'étage, mais la porte d'accès au premier palier résiste. Ils appellent encore les hôtes qu'ils croient endormis. En vain. Ils déduisent de ce silence persistant qu'ils sont partis se promener de bonne heure. D'autant que le break Citroën Ami 8 utilisé récemment par les

Massié n'est pas à sa place sur le devant de la maison qui tient lieu de parking privé.

Comme aucune fumée ne sort des ouvertures supérieures, ils pensent avoir circonscrit un début d'incendie sans gravité et n'estiment pas utile de faire appel à des secours. Ils referment les volets du rez-de-chaussée. En attendant le retour de ses voisins, Biagioni se met à son jardinage dominical, tandis que Censi reprend tranquillement son ouvrage. Vers 10 h 15, ce dernier voit arriver sur son chantier une jeune femme longue et mince, une mèche auburn lissée sur la tempe gauche de son visage osseux : c'est la sœur du propriétaire. Marina Massié a les traits tirés, le regard fiévreux, la voix inquiète. Elle ne comprend pas ce qui se passe : l'absence de sa famille, l'absence aussi de véhicules, cette porte d'entrée fendillée, cette odeur de brûlé...

Elle-même n'a quasi pas fermé l'œil, car son compagnon, Georges Ferrarini, dont il est prévu de venir aujourd'hui fêter le quarante-troisième anniversaire à la bastide, n'est pas rentré de la nuit après l'avoir quittée en début d'après-midi pour aller prêter à Jacques sa R.5 blanche : l'Ami 8 de son frère était en trop mauvais état pour lui permettre de faire un saut à Orange dans la soirée. Georges devait revenir avec la voiture de Jacques à leur domicile du quartier de La Pomme, à la périphérie est de Marseille. Comme la bastide n'a pas encore le téléphone, elle a pensé qu'il y était resté pour dîner, sans pouvoir la prévenir et qu'il y a couché en prévision du repas d'anniversaire.

Le maçon lui relate son intervention de la matinée au rez-de-chaussée où elle constate elle-même les dégâts, somme toute minimes, du sinistre étouffé. Elle lui demande de l'accompagner dans les étages. Il force la porte de séparation qui a gonflé sous l'action de la chaleur. Tous deux tombent en arrêt au second palier, atterrés devant le spectacle de la chambre conjugale : la literie est sens dessus dessous, des effets souillés jonchent le sol, des taches de sang bruni maculent le mobilier. Ils redescendent sur la terrasse et aperçoivent, sur le gravier, le trousseau de clés et les lunettes de Jacques Massié, ainsi que des traînées de sang répandues sur une cinquantaine de mètres. Venu aux nouvelles, le voisin Biagioni conseille à la jeune femme d'aller alerter les gendarmes de la brigade la plus proche, à Roquevaire.

Peu après le départ en trombe de Marina, un autre voisin, M. Martin, qui habite au-dessous de la bastide, demande à Biagioni s'il n'a rien vu ou entendu d'anormal cette nuit, car il vient de découvrir une énorme flaque de sang en bordure du trottoir, juste devant chez lui, ainsi qu'une chevalière aux initiales J. M., un briquet mauve et une paire de lunettes de soleil, le tout éparpillé sur le trottoir opposé. Biagioni n'a entendu qu'un grand bruit de verre brisé aux environs de 20 h 30, mais il a cru que son chien avait fait tomber une bouteille, car ça lui paraissait venir de l'intérieur : il était lui-même en train d'écouter de la musique, sa maison est très bien insonorisée et sa fenêtre donnant sur la bastide était fermée ainsi que ses volets. Par une autre fenêtre donnant sur le bas du lotissement, il a vu arriver ses amis peu après, sans rien remarquer d'autre. Vers 23 h 45, il a cependant entendu un véhicule monter à travers le lotissement et manœuvrer dans l'impasse au-dessus de chez lui, le faisceau des phares venant balayer ses volets. Au départ de ses amis, une heure plus tard, il a constaté que le mistral qui soufflait depuis le début de la soirée avait encore forci. Privé d'éclairage depuis trois jours, le lotissement était plongé dans une totale obscurité. Au milieu de la nuit, sa femme s'est levée pour faire taire leur chien qui aboyait méchamment : il croyait que c'était à cause des chiens de Massié, laissés libres depuis quelque temps de sortir la nuit rôder dans le lotissement.

A la gendarmerie de Roquevaire, Marina Massié s'est présentée à 11 h 50 pour signaler l'incendie avorté de la bastide et la disparition de ses occupants. Combien étaient-ils ? Au moins quatre et même peut-être six. Elle a, en effet, tenté de joindre par téléphone les beaux-parents de son frère, également invités au repas d'anniversaire de son ami, mais personne ne répond à leur domicile. En vain y envoie-t-elle l'un de ses propres fils : personne ne les a vus depuis la veille.

De retour à la bastide, elle y accueille les gendarmes François Lampuech et Serge Mayer, bientôt rejoints sur les lieux par le maréchal des logis-chef Jean-Louis Bertrand de la brigade d'Aubagne. Elle leur dit craindre maintenant pour la vie des siens, car son frère, policier et militant R.P.R., a déjà fait l'objet d'une tentative d'attentat dont a été saisie, à la fin du mois d'avril, la section criminelle du S.R.P.J. (Service régional de police judiciaire) de Marseille. Mais ses agresseurs n'ont pu être alors confondus.

Parmi les personnes disparues et vraisemblablement enlevées, il semble qu'il y ait au moins un blessé grave, vu le sang répandu. A 14 h 45, la gendarmerie en communique l'identité suivante au parquet : Jacques Massié, 41 ans, inspecteur stagiaire à la Sûreté urbaine de Marseille ; sa femme Marie-Dominique, née Jacquèmes, 38 ans ; son fils Alexandre, 8 ans ; son beau-père Jules Jacquèmes, 67 ans, P.-D.G. d'une société de réparation de conteneurs ; sa belle-mère Emmanuelle Jacquèmes, 70 ans, et Georges Ferrarini, 43 ans, artisan carrossier.

En effet, non seulement le break Ami 8 de Massié et la R.5 blanche de Ferrarini demeurent introuvables, mais les gendarmes viennent de signaler la Mercedes bleu marine de Jacquèmes découverte partiellement carbonisée à 150 mètres au-dessus du lotissement, calée par un conglomérat de bitume au sommet d'une bretelle en pente donnant sur une placette isolée. Le pare-chocs et la malle arrière portent des traces sanglantes. Dans le coffre, une chaussure pleine de boue et des mèches de cheveux. Entre les sièges avant, un journal consumé par le feu. Un morceau de clé cassée est resté fiché dans la serrure...

Des taches de sang, il y en a aussi aux abords de la bastide, sur le terre-plein, sur la chaussée jusqu'à la bretelle desservant trois villas du lotissement à 60 mètres en contrebas, sur la banquette de terre et la bordure en ciment d'un trottoir où des mèches de cheveux, là aussi, collent à une flaque encore poisseuse. Des morceaux de corde tressée jonchent également le gravillon de la terrasse. En attendant leur dessaisissement au profit des enquêteurs du S.R.P.J. mandés par le procureur, les gendarmes procèdent aux premières constatations à l'intérieur de la bastide. Dans la cuisine et la salle de séjour, tout est noirci, mais rien n'est brûlé : l'explosion d'une bouteille de gaz a éteint l'incendie criminellement allumé avec un cordon fait de draps et de rideaux noués. Au rez-de-chaussée, pas de désordre apparent : une boîte de bigoudis de couleur trône sur une table. Sur les marches de l'escalier traîne une petite pantoufle et un bout de rideau arraché. Rien au premier palier qui donne sur l'aile en réfection. Au second, un imperméable de femme taché de sang, abandonné en haut des marches avec, dans la poche, un masque vert de chirurgien à pincette nasale. Dans une première chambre à droite, une commode murale a été fouillée et le sac à main de Dominique Massié a été jeté sous le lit avec papiers, bijoux et argent. Mais, dans la grande chambre de gauche, tout est bouleversé : lit entièrement défait, matelas tiré, peignoir auréolé de taches brunes sur la chaise dont les montants portent des liens. Et des effets appartenant aux époux Jacquèmes.

Il est 16 h 15 et les gendarmes cèdent maintenant la place à l'équipe du S.R.P.J. dirigée par l'inspecteur divisionnaire Gérard de Fabritus, flanqué de l'inspecteur principal Roger Giaime et de l'inspecteur Daniel Bréviaire du service de l'Identité judiciaire. Ils commencent par relever le maximum d'indices à placer sous scellés : une fine cordelette grise à laquelle adhère un cheveu sur le gravier du terre-plein à hauteur de la salle de jeux ; une chaussure boueuse dans le placard de la cuisine et qui fait la paire avec celle découverte dans le coffre de la Mercedes ; une montre ronde sur le bahut du séjour et une clé de coffre sur la table en fer autour de laquelle s'alignent six chaises ; l'imperméable imbibé d'essence au sommet de l'escalier menant vers les chambres ; le peignoir dont les taches se révéleront être non du sang, mais des traces de lotion capillaire ; une chemise d'homme bien ensanglantée parmi le linge qui jonche le sol de la chambre conjugale, dont la porte-fenêtre donne sur la passerelle reliant l'arrière de la maison au flanc de la colline ; trois bouts de ficelle grise au montant droit et aux pieds d'une chaise ; une bouteille de soda orange de marque Sic à moitié vide, sur laquelle l'inspecteur Bréviaire relève trois traces papillaires, dont une empreinte digitale exploitable ; une épingle de cravate ; un Kleenex ensanglanté.

Et, en vrac, dans une pièce en soupente reliant les deux parties du bâtiment principal, des documents à en-tête du Service d'action civique (S.A.C.), ce fameux service d'ordre d'origine gaulliste dont les enquêteurs savent, depuis moins de trois mois, que Jacques Massié était le chef départemental, suppléé dans le même laps de temps par son adjoint Jean-Joseph Maria. Or, parmi les pièces saisies se trouve, outre une autorisation d'achat d'arme délivrée le 7 février 1979 à Massié par la préfecture départementale, la photocopie d'une autorisation de détention d'un Smith et Wesson calibre 38 au nom de Maria.

Mais Marina Massié a justement une explication à fournir là-dessus, comme sur les menaces que pouvait redouter son frère. Jacques Massié n'a pourtant rien d'une mauviette. Ancien para taillé en athlète, amateur de sports de combat, sacré champion de France motocycliste pour la police en 1969, il a effectué une partie de sa carrière de « flic » comme motard dans les C.R.S. jusqu'à ce qu'un accident de la route (fauché par un camion, il a eu les jambes brisées) le contraigne à changer d'affectation et à connaître, à partir de 1976, une promotion rapide comme brigadier-chef au corps urbain de la sécurité publique, puis exceptionnelle comme inspecteur stagiaire récemment sorti du cycle de formation de l'école de police de Cannes-Ecluse (Seine-et-Marne). Les opinions musclées qu'il professe et son engagement politique n'y ont sans doute pas été étrangers. Pourtant, voici peu, il a demandé sa mutation dans un quartier proche de son domicile comme s'il craignait quelque incident de trajet. En fait, depuis le 26 avril, il ne se déplace plus sans son 357 Magnum dans une petite sacoche de cuir marron.

La nuit précédant le premier tour de l'élection présidentielle, il avait en effet, disait-il, échappé à un étrange attentat. Il venait de dîner tête à tête, dans un restaurant proche du Vieux Port, avec celui qui assurait son intérim à la tête du S.A.C. local durant son stage à Cannes-Ecluse : le nommé Maria, dit « Kojak » à cause de sa calvitie en tout point semblable à celle de Telly Savalas, le héros du feuilleton télévisé. En regagnant Auriol, vers minuit et demi, il avait été rattrapé sur l'autoroute, près du péage d'Aubagne, par deux hommes à moto armés d'un fusil de chasse et une décharge de chevrotines avait criblé le montant de sa vitre arrière gauche. Il avait attendu le lendemain pour porter plainte en révélant à ses collègues du S.R.P.J. son appartenance et sa fonction au S.A.C. En même temps qu'il semblait mettre en cause le F.L.N.C. (Front de libération nationale de la Corse), il donnait des indications qui devaient orienter en vain l'enquête vers de possibles rivaux au sein de sa propre organisation. A son entourage intrigué, sceptique, voire amusé, il laissait entendre que « ça s'arrangerait à l'intérieur du mouvement », en espérant l'intervention du grand patron de Paris, le secrétaire général du S.A.C., Pierre Debizet. A sa famille angoissée, il ajoutait : « Ils ne m'ont pas eu cette fois, ils recommenceront. » Qui « ils » ?

« Mon frère avait des doutes sérieux sur les auteurs de cet attentat, répond Marina à l'inspecteur de Fabritus. Ma belle-sœur, Marie-Dominique, m'a dit qu'il soupçonnait le " chauve " et un ancien militaire à " l'oreille coupée ". Ces doutes s'étaient par la suite transformés en certitudes en ce qui concernait ce militaire et un instituteur également membre du S.A.C. Dès le 27 avril, Jacques était venu chez moi avec sa femme et Alexandre prendre rendez-vous par téléphone avec Debizet à Paris afin d'éclaircir cette affaire d'attentat. Il avait ensuite téléphoné au " chauve " qui est arrivé à la maison une demi-heure après. Celui-ci avait l'air mal à l'aise en présence de ma belle-sœur et de M. Ferrarini. Il n'envisageait aucune hypothèse. Il s'est borné à remettre à Dominique son Smith et Wesson enveloppé dans du papier journal pour qu'elle se sente plus en sécurité pendant les absences de Jacques. Mon frère l'a alors invité à venir le voir chez lui à son prochain retour de Paris, le samedi 1er mai.

« — Mais je ne sais même pas où tu habites ! dit le chauve.

« — Michel t'y conduira, répondit Jacques.

« Ma belle-sœur m'a dit par la suite avoir été étonnée par cette réflexion du chauve qui était déjà venu passer une soirée à la bastide. On a eu l'occasion d'en reparler l'autre semaine, au cours d'un dîner chez eux. La veille, c'est-à-dire le 10 juillet, Jacques avait repéré " l'oreille coupée " et l'instituteur dans une R.14 rouge, montée de l'église à Auriol. Leur présence au village était pour lui la preuve qu'ils avaient l'intention de " recommencer pour aller jusqu'au bout ". Jacques était depuis littéralement sur le qui-vive. Il ne quittait plus son arme, ni ses jumelles. Il craignait d'être " tiré " sur sa terrasse depuis la colline par un fusil à lunette.

« Il nous a dit qu'un voisin avait remarqué la R.14 rouge ce même après-midi devant la maison. Il nous a dit aussi, au cours de ce dîner, que l'instituteur en question était déjà venu en son absence, accompagné de sa femme et de ses deux enfants, bavarder avec Dominique qui leur avait fait les honneurs de sa maison. Quelques jours plus tard, ajoutait-il, Jacques s'était décommandé à une invitation à un déjeuner chez l'instituteur, de peur de " s'y faire flinguer ". Il se savait d'autant plus menacé par les deux hommes de main du chauve que Debizet n'avait apparemment pas pris au sérieux la tentative d'attentat du 26 avril et semblait s'en désintéresser. Mon frère avait tellement d'appréhension qu'il avait recommandé au directeur de l'école d'Auriol de ne confier son fils à la sortie de la classe à personne d'autre qu'à sa femme ou à lui-même. »

Interrogé à son tour sur les lieux, le voisin Biagioni confirme qu'une semaine plus tôt, Dominique Massié lui avait bien demandé s'il n'avait pas vu une R.14 rouge rôder dans les parages. Il ajoute qu'il a vu, la veille, Jacques Massié quitter la bastide vers 17 heures, au volant d'une R.5 blanche. On vérifiera plus tard qu'après être allé embrasser sa mère à Charleval, Massié a passé la soirée chez un de ses amis d'Orange, Claude Boudier, et qu'il en est reparti peu après minuit pour regagner Auriol.

Gendarmes et policiers sont en train de poursuivre leur enquête de voisinage dans le lotissement de La Douronne, avec Marina Massié quand, vers 18 h 30, ils voient approcher une BMW rouge dont le conducteur, en galante compagnie, semble hésiter à faire demi-tour. Interpellé, l'automobiliste embarrassé vient se garer devant la bastide et se présente, une boîte de gâteaux à la main, pour le dîner auquel Massié l'a convié. A la vue de cet attroupement insolite et du visage bouleversé de Marina, dont il a fait la connaissance quinze jours plus tôt à un précédent dîner chez son frère, il devine qu'un malheur est arrivé. Il n'est pas non plus un inconnu pour l'inspecteur de Fabritus qui a déjà eu affaire à lui : Jean-Claude Emery, 33 ans, soi-disant agent d'assurances, et amateur de chevaux de course, est en fait un ancien proxénète qui se trouve sous le coup d'un mandat d'amener pour maquillage de voiture. Il ne tient ni à ce que son nom apparaisse dans une nouvelle procédure ni à ce que sa compagne de ce soir ait des ennuis. Aussi, le policier lui met-il le marché en main : qu'il l'aide à identifier les suspects indiqués par Marina et il se contentera de rédiger un procès-verbal de renseignement anonyme. D'autant que le visiteur du soir ne peut cacher avoir reçu des confidences de Massié en présence de sa sœur. En fait, il en sait bien plus qu'elle. Dès son retour à Auriol, à la fin de mai, Massié lui a fait partager ses soupçons et ses craintes, se plaignant d'un complot monté contre lui pour le dépouiller de ses responsabilités au S.A.C. Il en cherchait les ressorts et les raisons, mais prétendait, en même temps, détenir des secrets importants, très graves, « impossibles à balancer ».

« La gauche va sans doute dissoudre le S.A.C., ajoutait-il, de toute façon on est cuit, on est mort, mais, si je balance, on ira tous en prison, eux comme moi, car on a fait des choses pas propres. » Eux ? Massié mettait ouvertement en cause son remplaçant, Maria, comme l'instigateur de l'attentat dont il avait failli être victime, en ajoutant qu'un secret les liait l'un à l'autre qu'il ne pouvait livrer, bien qu'un désaccord sur la conception de l'action les séparât : Massié se contentait de surveiller, d'espionner, de constituer des dossiers, Maria était partisan de méthodes plus dures et plus expéditives. Plus mystérieusement, le policier apparemment traqué confiait à Emery qu'il ne contrôlait plus les hommes qu'il avait formés et qui étaient passés sous la coupe du « chauve ». Ainsi le « légionnaire à l'oreille coupée qui avait fait le Tchad et Kolwesi » : « Ce type-là aurait obéi à n'importe quelle instruction de ma part tant que j'étais le chef. Maintenant, c'est l'homme de main du chauve qui a l'autorité sur les hommes. »

Lors de sa dernière visite, il y a trois jours à la même heure, Massié, de plus en plus angoissé, avait fait monter Emery sur sa terrasse, pistolet et jumelle à portée de la main. Il lui dit que, la veille, mercredi 15, il avait aperçu en rentrant deux hommes du « chauve » en planque dans une voiture en bas du lotissement, sur la route du moulin de Redons : l'homme à l'oreille coupée et l'instituteur. « Ils ont vu que je les avais vus, dit-il. Ils m'ont manqué une fois. Ils risquent de ne pas me manquer la prochaine. » L'instituteur l'avait invité chez lui, rue de la République à Marseille, mais il ne s'y était pas rendu par crainte d'un guet-apens. De le croiser en compagnie du légionnaire l'avait cependant étonné : un enseignant, père d'enfants en bas âge, ne devrait pas, *a priori,* avoir d'atomes crochus avec un militaire... Du coup, Massié envisageait de déménager pour la quatrième fois, de quitter cette bastide de La Douronne dont il avait des difficultés financières à achever la rénovation. Pour finir, il demanda à Emery, « en cas de malheur », d'aller aussitôt trouver un de ses derniers fidèles du S.A.C., le chef de groupe Patrice Hecht, retiré dans le Vaucluse, ajoutant qu'un autre de ses amis, en poste à Pau, était au courant de tout.

Fort de ces confidences et frappé du malheur qui semble s'être abattu sur les disparus de la bastide, Emery convient d'un rendez-vous avec l'inspecteur de Fabritus ce soir même à l'Evêché, l'hôtel de police de Marseille.

Il prend aussitôt la route du Vaucluse pour se rendre aux Grandes Terres, à Saint-Martin-de-la-Brasque, où demeure Patrice Hecht, 35 ans, ancien barman de la Joliette devenu chauffeur-livreur à Pertuis après quelques démêlés judiciaires. Il lui relate les événements survenus dans la nuit à Auriol et, suivant les conseils de Massié, lui demande ce qu'il sait de l'instituteur et du légionnaire. Hecht ne connaît que le second, mais il a oublié son nom et son adresse. Il se rappelle seulement qu'il travaille à l'usine Chambourcy à Mazargues.

Emery rapporte ce « tuyau » à l'inspecteur de Fabritus qui, aux archives du S.R.P.J., a ressorti entre-temps la procédure relative à la plainte de Massié après l'incident du 26 avril. Maria avait alors été entendu et avait livré au commissaire Raymond Girel la liste des 183 adhérents actifs du S.A.C. des Bouches-du-Rhône.

En piochant dans cette liste, c'est bien le diable si l'on n'identifie pas au moins l'instituteur. Les enseignants ne doivent pas fournir au S.A.C. ses plus gros bataillons. Mais c'est par son adresse, 89, rue de la République, que les enquêteurs remontent finalement au nom de Jean-Bruno Finochietti. Pour identifier l'ex-légionnaire, de Fabritus se rend le lundi matin 20 juillet, à l'heure d'ouverture, aux établissements Chambourcy pour demander à la direction du personnel si un de ses employés présente une mutilation notoire d'une oreille. « Oui, c'est le cas de Lionel Collard, délégué syndical et ancien légionnaire. Par la même occasion nous vous signalons la disparition, depuis la mi-mai, d'un de ses camarades, délégué du même syndicat, Yves Courtois. » Seul le premier renseignement retient pour l'instant l'attention du policier qui, dès 8 heures, au lendemain même de la découverte du mystère de la bastide d'Auriol, peut rédiger ainsi son second procès-verbal :

« Les investigations effectuées, ajoutées à des documents d'archives ont permis d'identifier l'instituteur demeurant rue de la République comme étant Finochietti Jean-Bruno, né le 10 décembre 1950 à Buenos Aires, et l'employé à l'oreille coupée des établissements Chambourcy comme étant

Collard Lionel, né le 9 décembre 1949 à Veuxhaulles (Côte-d'Or), tous deux membres du S.A.C. »

LES AVEUX LES PLUS FOUS

En l'absence du patron de la P.J. marseillaise, Jean-Pierre Sanguy, parti en congé, c'est son adjoint, le commissaire principal Jean-Claude Vegnaduzzi, ancien chef de la section financière, qui se trouve en charge de l'enquête préliminaire ouverte par le Parquet. Le commissaire Girel, chef de la section criminelle, lui fait part des premiers procès-verbaux de l'inspecteur de Fabritus et les deux hommes décident de lancer, à 10 heures ce lundi 20 juillet, le coup de filet contre les trois suspects. Simultanément, Maria est cueilli à son bureau de directeur commercial d'une entreprise familiale de peinture et Collard interpellé par de Fabritus à l'usine de Chambourcy. L'inspecteur Jacques Thibaud se présente au domicile de Finochietti, rue de la République, avec un mandat de perquisition. Il y est accueilli par sa femme Anne-Marie. L'instituteur est parti vers 9 heures restituer une R.5 qu'il avait empruntée à l'un de ses amis, Paul Sinibaldi, chauffeur de taxi en chômage, sa propre voiture étant en réparation depuis le précédent week-end. Le téléphone sonne : c'est justement lui qui appelle. Sa femme lui fait part de la présence de policiers qui ont des questions à lui poser. « J'arrive », répond-il. A 11 h 45, il suit à son tour les enquêteurs au deuxième étage de l'Evêché.

Chacun des trois interpellés, placés aussitôt en position de garde à vue, va y être interrogé séparément, d'une part sur ses rapports avec Jacques Massié, d'autre part sur son emploi du temps du week-end. Une perquisition a été effectuée entre-temps à leur domicile respectif. Maria, qui se trouve en pays de connaissance depuis sa convocation du 28 avril, joue volontiers les matamores. Ce n'est pas à un vieux singe de 50 ans comme lui qu'on va apprendre les grimaces de la procédure. Chef intérimaire départemental du S.A.C. où il se fait passer pour ancien légionnaire d'Indochine, abonné depuis 1974 au stand de tir de la police de Saint-Barthélemy, il traite d'égal à égal avec les policiers qu'il a tendance à considérer comme ses pairs. N'en allait-il pas ainsi avec l'ex-brigadier Jacques Massié dont il est devenu l'adjoint au S.A.C. après cinq ans de fréquentation assidue et dont il a assuré l'intérim lors de son départ en stage à l'Ecole des inspecteurs le 3 novembre 1980 ?

« Il n'y a jamais eu de différends entre nous. Mais, du fait de son absence, j'ai été amené à gérer le mouvement et à rembourser notamment les frais de mission des compagnons. Il en a pris ombrage, car lui ne les remboursait que rarement. Surtout quand, après une réunion de tous les responsables, le 28 février dernier à Paris, j'ai refusé de partager le bénéfice de 45 F qu'il réalisait sur chaque adhésion. Je faisais allusion aux anomalies financières de sa gestion à chaque rencontre que nous avions, généralement le samedi à son retour de Cannes-Ecluse, au bar de *La Samaritaine* sur le Vieux Port, qui est devenu l'un des lieux de rendez-vous des compagnons depuis que le S.A.C. n'a plus de local à Marseille. Comme vous le savez, le 25 avril, Jacques et moi avons dîné au *Piment rouge* après avoir pris un verre avec d'autres à *La Samaritaine*. En se quittant vers 23 heures, il a été convenu qu'il passe me voir le lendemain, vers 11 heures, au siège du R.P.R. où nous devions suivre le déroulement du premier tour du scrutin présidentiel. C'est là qu'il m'a dit avoir essuyé un coup de feu en rentrant chez lui et qu'il m'a montré un impact sur la portière de sa Mercedes. Il l'attribuait à un commando du F.L.N.C.

« Le lendemain 27, il m'a fait venir vers 15 h 30 chez sa sœur pour me dire qu'il avait finalement déposé plainte. Comme il repartait le soir même pour la région parisienne, j'ai alors prêté à sa femme mon Smith et Wesson spécial. J'ai été entendu chez vous le 28, et j'ai appris qu'il me mettait en cause après avoir donné le numéro d'une moto utilisée par un compagnon proche de moi, Jean-Luc Escache, comme étant celui qu'il avait relevé. Il prétendait que je voulais prendre sa place. Escache n'a pas eu de mal à se disculper et moi j'ai ironiquement " remercié " Massié en présence de huit autres compagnons qu'il avait réunis chez lui le 1er mai pour tirer au clair cette affaire d'attentat. Jacques a blêmi et s'est excusé de m'avoir mis en cause. Mais, depuis, il ne s'est jamais plus manifesté, pas même par téléphone.

« Nous étions pourtant très liés, puisque je tutoyais même sa femme qui est venue manger plus d'une fois avec lui à la maison. Je connais également son beau-père dont la société Midi-Contenairs se fournissait chez moi en peinture, de même que Georges Ferrarini pour son garage.

« Je n'ai appris le retour de stage de Jacques qu'il y a un mois par le chef de groupe de nos adhérents policiers, votre collègue Alain Batifol. Pour ne pas gêner Massié, je ne l'ai pas convié à une réunion d'une cinquantaine de militants et de responsables du S.A.C. que j'ai organisée le 9 juin, à Nans-les-Pins, en vue de la campagne des législatives. J'ignore tout de son sort actuel.

« Vendredi soir, nous sommes allés dîner, avec ma femme et un couple ami, au relais de Châteauneuf à Nans et nous sommes rentrés à bord de la 504 de ma société vers 1 heure du matin. Le samedi, j'ai bricolé toute la journée dans mon jardin sans recevoir de visite à l'exception de celle d'un compagnon, Robert Mouriez, agent de maîtrise à la Sécurité sociale, entre 18 h 30 et 19 h 30. Hier matin, vers 10 heures, j'ai reçu celle d'un de vos collègues, le brigadier Lucien Leca du G.I.P.N. (Groupe d'intervention de la police nationale) venu s'enquérir de ma santé et se ravitailler en peinture, puis celle de deux compagnons, les frères Joseph et Ange Maurice qui ont pris l'apéritif, enfin celle de Michel Trivico, cuisinier de formation, chauffeur de taxi et chef de groupe au S.A.C., qui est resté à déjeuner et à bavarder jusqu'à 17-18 heures. Leca est repassé vers 18 h 30. Et nous nous sommes couchés hier soir aux environs de 23 heures, ignorant tout de l'incendie et des disparitions signalés ce matin dans le journal à Auriol. »

Pressé de questions sur les malversations, somme toute mesquines, reprochées à Massié, Maria répond qu'il en avait touché deux mots à Debizet lors d'une réunion le 22 décembre à Paris, mais sans insister, le « patron » semblant alors garder toute sa confiance à Massié. Mais depuis, il avait appris que Jacques en avait commis de plus graves, extorquant notamment à la société des huiles Lesieur 50000 F pour une équipe bidon de briseurs de grève. Du coup, il avait soumis le cas Massié à Debizet venu s'informer sur place les 5 et 6 mai. Déçu et choqué, Debizet lui avait fait part de son intention de demander la démission de Massié qu'il devait rencontrer quelques jours plus tard à Cannes-Ecluse.

Interrogée séparément à titre de témoin libre, Liliane Maria confirme la plupart des indications données par son mari, notamment sur leur emploi du temps du week-end, en ajoutant, en guise de conclusion : « Jacques a dû tremper dans tant de magouilles qu'il a dû finir par s'attirer la vengeance de quelques voyous. »

Mais passons dans l'autre bureau où, au même moment, l'inspecteur Guidicelli poursuit l'interrogatoire de Lionel Collard commencé également vers 17 heures. Un client rétif, pète-sec, jugulaire-jugulaire, amateur de « castagne ». Issu d'une famille nombreuse de paysans bourguignons, il a tâté de la prison pour vol à 18 ans et s'est engagé à 20 ans, en 1969, au 2e régiment étranger de paras. Dix mois de campagne au Tchad à casser du nègre. Manœuvres au Larzac, à Mourmelon, à Canjuers. Stages en montagne, entraînement au maniement des explosifs. Chuteur opérationnel à la base de la Légion à Calvi, sautant de nuit à très haute altitude équipé d'un masque à oxygène. Un jour de 1975, il a volontairement tardé à ouvrir son parachute : il en a perdu une oreille à l'atterrissage. Ce qui lui a valu 30 jours de prison et son grade de caporal-chef. Du coup, il a quitté la Légion pour épouser Colette et entrer chez Chambourcy en qualité d'agent technique.

Il y a fait la connaissance d'Yves Courtois qui l'a présenté à Massié et l'a fait adhérer au S.A.C. et au R.P.R. par besoin d'ordre et de discipline. Mais il a vite été déçu de ne pas y trouver les « structures militaires » qu'il attendait, ni toute l'honnêteté souhaitable. Voilà pourquoi, en 1980, il est allé au siège de sa brigade territoriale rendre sa carte du S.A.C. à son ami Massié. Celui-ci a insisté pour qu'il la reprenne. Finalement, c'est Maria qui la lui a fait reprendre au début de cette année, durant son intérim. En avril, il a appris que Massié avait été victime d'une tentative d'attentat à l'entrée d'Aubagne. Incompréhensible. Lui aussi a été convoqué à la réunion du 1er mai à la bastide d'Auriol avec Maria, les frères Maurice, Patrice Hecht, Michel Trivico et trois ou quatre autres. Mais il n'en est sorti aucune lumière. Son emploi du temps du dernier week-end ? Très simple : il a passé toute la journée de samedi à la plage avec sa femme. Ils sont partis à pied vers les calanques de Luminy et sont rentrés vers 18 h 30. A pied, car sa voiture, une R.14, est en panne depuis le 14 et il n'a pas les 1 500 F pour la faire réparer. « On a dîné vers 20 heures, on a regardé “ Dallas ” à la télé et on s'est couché vers 23 heures. »

Le « prof » Finochietti ? Bien sûr qu'il connaît. Maria le lui a présenté, il y a plusieurs mois, en présence des frères Maurice et de Patrick Mallet, l'aubergiste du relais de Nans-les-Pins. Depuis, ils sont inséparables. Quand Finochietti a, lui aussi, rendu sa carte du S.A.C. le mois dernier, Maria a dit : « Qu'est-ce que c'est que ce pingouin ? » Sa R.14 rouge est également en panne depuis le 12. La veille, ils étaient partis, comme souvent le week-end, faire du camping ensemble avec femmes et enfants, mais c'est là que la voiture de Finochietti avait rendu l'âme. Quant à Massié, Collard affirme ne l'avoir jamais revu depuis le 1er mai.

— N'êtes-vous pas retourné à La Douronne en compagnie de Finochietti ?

— Jamais. J'ignore même si Finochietti connaît l'endroit. Ma parole de légionnaire : j'ignore tout des événements que vous m'apprenez. Les mauvaises langues disaient Massié lié au Milieu.

Moi, il m'avait emprunté 3000 F, il y a dix-huit mois, pour les finances du mouvement et ne me les a jamais remboursés, mais je ne lui en ai jamais tenu rigueur.

Mais, placé soudain devant les dernières confidences faites par Massié à ses familiers, l'ex-légionnaire perd un peu de sa superbe :

« Attendez. A la réflexion, effectivement, mercredi ou jeudi dernier, Finochietti est venu me chercher vers 15 heures au volant d'une R.5 grise prêtée par un compagnon, Paul Sinibaldi, chauffeur de taxi en chômage, pour aller griller quelques cartouches dans une carrière de Nans-les-Pins. En traversant le village d'Auriol par l'embranchement d'Aubagne, il m'a dit : " Tiens, on vient de croiser Massié. " Mais, à aucun moment, nous ne sommes montés au lotissement de La Douronne : nous avons poursuivi notre chemin par Saint-Zacharie et la vallée du Sambuc. Et à Nans, nous sommes allés saluer au passage la patronne de l'auberge *Chez Grand-Mère,* Gisèle Lieutier, qui est une amie. »

Tandis que, dans la partie serrée qui s'engage, Collard concède ce point, l'inspecteur de Fabritus cuisine Finochietti avec l'obsession d'aller vite à l'essentiel : retrouver la trace des six disparus de la bastide d'Auriol. Instituteur à l'école de Malpassé-Les-Olives, Finochietti est entré au S.A.C. en décembre 1979 pour satisfaire un besoin d'activisme, sous le parrainage d'un parent d'élève, Etienne Borgomano, chef d'équipe du groupe de Michel Trivico. Celui-ci l'a conduit au commissariat de La Capelette où Massié, alors brigadier-chef du corps urbain, l'a fait admettre au stand de tir de la police.

« La deuxième fois que j'ai rencontré Jacques, c'était à une réunion du groupe dans un petit restaurant voisin du théâtre Tourski à La Belle de Mai [1]. Au cours du repas, il nous a suggéré de réaliser un braquage au champ de courses de Pont-de-Vivaux, en précisant qu'il assurerait le service de sécurité avec ses gardiens de la paix et qu'il lui serait facile de les tenir à distance de la caisse où l'on pourrait récupérer un demi-million ancien pour le compte du S.A.C. Finalement, on a abandonné ce projet.

« Je continuais de rencontrer Massié une fois par semaine, à son commissariat. A la rentrée des classes, il m'a annoncé sa promotion comme inspecteur stagiaire et m'a présenté son remplaçant, Maria, avant son départ pour Cannes-Ecluse. Je ne l'ai plus revu jusqu'au 26 avril, devant le siège du R.P.R. Il avait son visage fermé des mauvais jours, mais c'est par mon chef d'équipe Borgomano que j'ai

1. L'un des quartiers les plus populaires de Marseille, près de la gare Saint-Charles.

appris qu'il avait essuyé un coup de feu, qu'une enquête était ouverte et qu'il cherchait à y impliquer Maria et Collard. C'était du moins le sentiment de notre chef de groupe Trivico, après une entrevue à laquelle il avait assisté le 1er mai à la bastide d'Auriol. Je m'y suis rendu personnellement le 10 juin, car il m'avait laissé son adresse pour lui faire parvenir les 200 F de ma licence de tir pour 1981. Il était absent et j'ai remis la somme à Dominique Massié qui m'a fait visiter sa maison tandis que mes deux enfants jouaient sur la terrasse avec le sien. Je lui ai demandé que Jacques m'appelle, car je voulais quitter le S.A.C. qui m'avait déçu par son inaction. Comme il n'en a rien fait, j'ai remis ma carte d'adhérent à Borgomano et, le 17 juin, je suis allé trouver Jacques à son nouveau poste d'inspecteur stagiaire de la Sûreté urbaine à l'Evêché.

« Il m'a fait savoir qu'il s'apprêtait à reprendre en main et à restructurer le S.A.C. local et m'a demandé de faire une lettre motivée de mise en congé pour Debizet. Je l'ai invité à déjeuner chez moi le mercredi suivant, 24 juin. Mais il n'est pas venu, alors que ma femme avait préparé le repas. Au dernier moment il m'a téléphoné : “ Excuse-moi, je suis sur la brèche, je n'ai même pas une minute pour venir prendre le café. ” Je n'ai plus eu l'occasion de le rencontrer depuis. Il n'existe pourtant aucun différend entre nous et je n'ai aucune raison de le mésestimer en dépit de tout le mal qu'on a pu m'en dire. »

Finochietti est moins prolixe sur son emploi du temps du week-end. Il dit avoir été chez son garagiste, samedi en fin de matinée, voir où en était la réparation de sa R.14 rouge tombée en panne le week-end précédent lors d'une excursion familiale en Haute-Loire avec le couple Collard — auquel l'unissent de « fortes affinités culturelles » depuis qu'il a fait la connaissance de l'ancien légionnaire chez Maria l'hiver dernier. Après avoir déjeuné en famille avec sa belle-mère venue de Gap, il est, dit-il, descendu vers 14 heures prendre le bus avec son chien pour aller embrasser son fils qui se remet d'une otite chez ses propres parents à Saint-Marcel.

— Mais les chiens ne sont pas admis dans les bus.

— Ah ! Alors je me suis trompé, je n'ai pas dû l'emmener. En tout cas, hier, je n'ai mis le nez dehors que pour aller le faire pisser.

— Etes-vous sûr de n'avoir pas rencontré Massié ces jours derniers ?

— Ah ! si, mercredi ou jeudi, en traversant Auriol par la nationale pour faire un saut *Chez Grand-Mère* à Nans-les-Pins, nous avons croisé l'Ami 8 beige de Jacques, mais nous ne nous sommes pas arrêtés car je savais qu'il interpréterait mal ma présence au côté de Collard : il ne pouvait plus le voir en peinture depuis leur confrontation du 1er mai avec Maria. Il considérait Collard et Maria « collés comme deux pédés ».

De Fabritus fait alors état des appréhensions confiées par Massié à un informateur dès le lendemain de cet incident. Finochietti se récrie qu'à aucun moment, ce jour-là, Collard et lui n'ont approché sa maison, ni même le bas du lotissement de La Douronne.

Une pause intervient, peu avant 19 heures, dans ce triple interrogatoire, le temps que les enquêteurs du groupe de répression du banditisme présentent, un à un, les trois hommes au service de l'Identité judiciaire pour une prise d'empreintes. Une heure plus tard, le commissaire Girel met brusquement Finochietti en présence des résultats de l'étude comparative faite avec la trace papillaire digitale relevée par l'inspecteur Bréviaire sur la bouteille de soda orange trouvée entamée dans la chambre des époux Massié, à deux mètres de la chaise portant encore des liens. L'analyse a mis en évidence le minimum de treize points de concordance qui permet une identification formelle avec l'empreinte du pouce droit figurant sur la fiche dactylaire établie au nom de Finochietti.

D'abord laissé à ses réflexions, puis à nouveau accablé de questions, cette fois hors procès-verbal, dans le bureau du commissaire Girel, l'instituteur tente de résister à l'épreuve des faits, de nier ses propres contradictions. Et, soudain, à 4 heures du matin, il craque sous la lampe aveuglante du chef de la « crim ». Bribes par bribes, il passe aux aveux les plus fous : la réalité est pire que ce que pouvaient redouter les enquêteurs, toute la famille a été massacrée. Un récit hallucinant, à donner le vertige aux professionnels du banditisme pourtant blasés sur le chapitre de la violence et de la crapulerie. Tellement énormes, ces aveux, que les policiers douteraient de leur authenticité s'ils n'étaient étayés par une preuve irréfutable : la dépouille d'au moins une des victimes, Jacques Massié, inhumée à la hâte en un lieu où Finochietti promet de les conduire avant même la frappe du procès-verbal de ses déclarations par l'inspecteur de Fabritus.

Au petit matin, un cortège de voitures quitte l'Evêché pour prendre la route du col du Petit Galibier. Mais, sur place, Finochietti prétend ne pas pouvoir retrouver l'endroit où a été enterré le cadavre. Tandis qu'une équipe poursuit fébrilement les recherches dans la montagne, on revient donc devant la machine à écrire pour enregistrer l'essentiel de la version de l'instituteur qui se refuse seulement à donner les noms de ses complices et du commanditaire de ce qu'il décrit comme une opération de commando « ordonnée de haut ».

« Samedi, vers 10 heures, j'ai reçu à mon domicile un appel téléphonique d'une personne qui m'a dit simplement : " Venez. " Un mot de passe qui signifiait que je devais gagner un point de chute précis. Je suis parti un quart d'heure plus tard, avec la R.5 grise de Sinibaldi. Je suis arrivé au rendez-vous vers 12 h 15, en imaginant bien le but de cette mission, car j'avais été chargé, depuis un certain temps, d'exécuter Jacques Massié, après qu'il eut échappé à un coup de fusil dont j'ignore les auteurs. Au point de chute, A. m'a confirmé cette mission en présence de trois inconnus B., C. et D., également membres du S.A.C. Nous devions nous rendre chez Massié pour l'interroger, saisir des documents et enfin l'abattre. Nous sommes montés à bord d'une Estafette qui avait déjà servi aux autres pour effectuer des repérages et sommes arrivés sur une butte de la nationale en vue de la bastide au début de l'après-midi. A la jumelle, nous avons repéré la présence de trois voitures sur le parking : une Mercedes bleue dont l'un de nous savait qu'elle appartenait au beau-père de Massié, l'Ami 8 beige de Jacques et une R.5 blanche que nous pensions être celle du maçon qui faisait tourner sa bétonnière sur un chantier mitoyen. Nous avons fait le guet jusqu'au départ de la première et de la troisième.

« Quand à 18 heures il n'est plus resté que l'Ami 8, nous avons pensé que Massié se trouvait seul chez lui. A. a garé l'Estafette en marche arrière à proximité du transformateur qui masque la terrasse. Les deux premiers sont descendus armés chacun d'un revolver à la ceinture et d'une bombe de gaz paralysant. Nous restions trois allongés à l'arrière, mais prêts à bondir, moi avec un couteau de commando et un fusil à pompe qu'on m'avait remis, les autres avec deux fusils de chasse. Malheureusement, ce n'est pas Massié, mais sa femme Dominique qu'ont trouvée A. et B. en entrant dans la cuisine. Un homme de 40 ans sortait de faire sa sieste sur le canapé de la salle de séjour. Ils les ont neutralisés par le gaz et montés dans la grande chambre à l'étage. Sur un signal de B., nous sommes entrés à notre tour, un masque de chirurgien au visage. Les uns se sont mis à fouiller partout, les autres à préparer la " réception " de Massié. Mais, au bout de trois quarts d'heure, nous avons eu la surprise de voir arriver le petit Alexandre avec sa grand-mère. Elle m'a dit " bonjour " et m'a demandé où était sa fille. Je lui ai répondu " en haut ". Elle s'est engagée toute seule dans l'escalier et je l'ai suivie en tenant l'enfant par la main.

« Dans la chambre, j'ai vu Dominique Massié assise dans un

fauteuil à côté du lit et l'homme allongé entre le lit et la table, tous deux encore sous les effets du jet de gaz et se frottant les yeux. La vieille dame s'est retournée pour demander des explications et l'enfant a dit : “ Je vous promets de rester sage, mais ne faites pas de mal à maman. „

« Nous avons alors attaché Dominique aux montants d'une chaise. Un bout de tissu provençal trouvé sur place lui fermait la bouche. Elle m'a fait comprendre qu'elle avait soif. J'ai enlevé son bâillon et demandé à l'un de ceux qui les gardaient, fusil à la main, d'aller chercher à boire dans la cuisine. Elle m'a alors dit qu'elle me reconnaissait malgré mon déguisement. J'ai pris la bouteille de soda sur laquelle vous avez retrouvé mon empreinte pour lui en faire avaler quelques gorgées. A. a fait asseoir le quadragénaire dans un fauteuil situé près de la fenêtre et l'a ligoté, tandis que je le bâillonnais avec le même bout de tissu. J'avais fait asseoir l'enfant dans l'autre fauteuil, près de la porte, et nous avons étendu sa grand-mère sur le côté droit du lit. A partir de ce moment, je suis resté seul à monter la garde dans la chambre, le fusil à pompe à portée de la main, le couteau dissimulé sous ma chemise. A. faisait la navette entre les étages et le rez-de-chaussée, les autres attendant Massié dans la cuisine.

« J'ai entendu ronronner un moteur. La vieille dame s'est écriée : “ Attention, c'est mon mari. Ne le bousculez pas, il est nerveux. ” Quelques secondes plus tard, nous avons entendu un remue-ménage et des cris venant d'en bas. Ils ont dû s'y prendre à deux reprises pour paralyser le vieux avec le gaz, avant de le maîtriser et de le monter à la chambre. Il toussait et nous l'avons allongé à côté de sa femme, en leur ligotant les pieds. Quand ils se furent calmés, les bâillons nous ont semblé superflus.

« Le grand-père a alors demandé à Alexandre de venir s'allonger entre eux deux, mais incommodé par l'odeur du gaz, le petit a préféré regagner son fauteuil. Un peu plus tard, il est retourné sur le lit et s'est endormi entre sa grand-mère et sa mère qui s'était poussée sur sa chaise.

« A. a demandé à Dominique à quelle heure reviendrait son mari. Il ne lui avait pas promis de rentrer tôt. Une nouvelle et longue attente allait commencer pour nous. La nuit est tombée. La chambre est restée plongée dans l'obscurité. Seul le rez-de-chaussée était éclairé.

« Quelqu'un a émis l'idée de les faire descendre à la salle à manger et de les installer autour de la table pour ne pas éveiller les soupçons de Massié s'il rentrait pour dîner. L'homme de 40 ans a été porté le premier en poids, car il était pieds et poings liés. Puis, ce fut le tour du vieux monsieur, puis celui de la vieille dame. Un moment après, j'ai perçu un cri étouffé, semblable à celui de quelqu'un qu'on étrangle, immédiatement suivi d'un bruit sourd. J'ai compris qu'il se passait autre chose que la mise en scène envisagée. Dominique aussi qui m'a lancé : “ Mais, on nous tue ! ”

« A ce moment, l'idée m'est venue de changer de camp, pour la sauver elle et son fils, mais quand on est engagé dans une telle action, il est impossible de faire machine arrière. Alors, devant son affolement, je lui ai dit : “ Je te passe mon fusil, mais on ne te touchera pas. ” A. a surgi presque aussitôt et a demandé à Dominique de le suivre dans l'escalier jusqu'à la salle à manger. Elle a refusé, mais il l'a rassurée sur le cri étouffé de l'instant d'avant : “ C'est le monsieur âgé qui s'est fait mal en trébuchant sur les dernières marches. ”

« Alors, elle est descendue à son tour avec lui. Alexandre dormait toujours. Je l'ai pris délicatement dans mes bras et je suis sorti sur le palier. J'ai entendu des coups, mais aucun cri. J'ai vu B. étrangler Dominique avec une ficelle et lui assener des coups de matraque. Puis il s'est retourné pour assener un coup de barre de fer sur la tête de l'enfant qui reposait sur mon bras. J'ai transporté directement le petit corps à l'arrière de l'Estafette où les cadavres étaient déjà entassés. Alexandre a poussé un gémissement atroce. C'était insupportable. J'ai eu le réflexe d'abréger ses souffrances en l'achevant d'un coup de couteau au cœur. Je l'ai posé sur le corps de sa mère et de ses grands-parents. »

L'inspecteur de Fabritus a les mains moites en tapant le procès-verbal de ce récit. Mais ce n'est pas fini. Finochietti raconte que le chef du commando, A., est alors parti avec C. pour faire disparaître les corps, en demandant aux trois autres d'attendre le retour de Massié, véritable objectif de leur « mission ».

« Il pouvait être entre 21 h 30 et 22 heures. Nous avons encore dû faire le guet des heures et des heures, moi en position derrière la porte de la cuisine, les deux autres dehors, sur la terrasse, à l'abri du bosquet. On a aperçu les phares de la R.5 montant du bas du lotissement. Il est passé devant la maison en donnant un coup de klaxon, a fait demi-tour un peu plus haut pour revenir se garer sur le parking dans le sens de la descente. B. et D. s'étaient dissimulés derrière l'Ami 8 en stationnement devant le perron. Tout était éteint.

« Quand Massié est arrivé à la porte, un de ses chiens s'est mis à aboyer et il lui a crié : “ Couché ! ” J'ai tiré le loquet et lui ai projeté du gaz au visage, tandis que les deux autres ont surgi dans son dos.

Nous devions le pousser à l'intérieur de la maison pour l'interroger avant de l'exécuter. Mais le vent a dévié le jet de gaz. De corpulence robuste, Massié s'est débattu et a réussi à nous échapper vers la route, malgré les coups de matraques des deux autres. Il a franchi le talus séparant le terre-plein de la chaussée en criant " au secours " après avoir bousculé B. qui est tombé. B. avait sorti un revolver, mais l'arme était enrayée. Il est parvenu à l'atteindre d'un coup de couteau sans gravité. J'ai fini par le rattraper à la première intersection conduisant aux villas neuves, à droite. En l'attaquant de côté je l'ai fait tomber sur le dos et je l'ai égorgé pour l'empêcher de crier.

« B. et D. ont amené l'Ami 8 dont j'avais récupéré les clés dans la maison et m'ont aidé à hisser le corps dans le coffre. Nous l'avons transporté 300 mètres plus haut, au bout du chemin en cul-de-sac, au pied de la colline où nous avions planqué la Mercedes du vieux pour que Massié ne la voie pas, car ses beaux-parents n'avaient pas l'habitude de passer la nuit chez lui. Nous avons transféré son corps du coffre de l'Ami 8 dans celui de la Mercedes, mais nous n'avons pas réussi à faire démarrer celle-ci. Nous sommes redescendus avec le corps dans la première voiture pour nous garer devant la maison où je suis rentré me laver. Puis, nous avons fouillé la R.5 blanche à bord de laquelle Massié était arrivé. A. et C. sont revenus sans l'Estafette, à bord de la R.5 grise que m'avait prêtée Sinibaldi. Nous avons alors quitté les lieux avec des dossiers, en y laissant un cordon incendiaire constitué de draps et de linge que nous avons imbibés d'essence. Le corps de Massié a été finalement transféré dans le coffre de la R.5 blanche dont j'ai pris le volant, A. et C. reprenant la R.5 grise et B. et D. étant chargés de mettre le feu avant de nous rejoindre à bord de l'Ami 8 à Saint-Zacharie. Nous avons filé vers la campagne où le corps a été enfoui. M'étant borné à faire le guet, je ne puis préciser cet endroit. »

La frappe à peine terminée, un silence de mort envahit la pièce où les enquêteurs, qui écoutaient aux portes, regardent Finochietti, apparemment soulagé, signer sa déposition. Il est 7 h 20, le matin du mardi 21 juillet. Or non seulement Finochietti n'a livré aucun nom, laissant les enquêteurs pantois devant son abécédaire absurde, mais les indications qu'il leur a fournies sur l'emplacement du corps de Massié vont se révéler mensongères. Il se contente de fournir quelques détails supplémentaires sur son rôle, au fil des interrogatoires qui se succèdent toute la journée. Le « contrat », dit-il notamment, lui a été proposé par Z, après le 24 juin, parce que, en dépit de sa démission du S.A.C., il avait encore la possibilité d'approcher Massié sans éveiller sa méfiance. C'était une sorte de test pour juger de son aptitude à entrer dans un service dont l'activité correspondait davantage à ses aspirations personnelles, ce Z. lui ayant fait comprendre qu'il appartenait au S.D.E.C.E[1].

Jusqu'alors, Finochietti faisait partie de l'équipe Borgomano qui dépendait du chef de groupe Michel Trivico qui, lui-même, recevait ses instructions de Maria assurant l'intérim de Massié. Désormais, il se considérait mis à la disposition de Z. Sa première mission a été justement de procéder, le 2 juillet, à un repérage de nuit des voies d'accès à la bastide d'Auriol à bord de sa R.14 en présence de Z., en vue d'intercepter Massié à la sortie de son domicile, de le neutraliser et de le conduire à un interrogatoire fatal dans une villa isolée. C'est Z. qui l'a appelé le samedi matin, à 10 heures. Le 18 juillet était, en effet, la date limite pour liquider Massié avant l'arrivée dans la région d'un personnage haut placé. Après avoir neutralisé Dominique Massié, le chef du commando lui a demandé où était le Smith et Wesson que Maria lui avait prêté. Quand il a trouvé l'arme, il l'a remise à B. qui a tenté ensuite d'en faire usage pour empêcher Massié de se sauver, mais le coup n'est pas parti. Massié lui-même avait dégainé son Magnum 357, mais il a reçu un coup de barre sur le bras qui l'a désarmé.

« Quand nous avons quitté les lieux, je conduisais la R.5 blanche avec le cadavre dans le coffre, en suivant la R.5 grise pilotée par A. sur le chemin que je vous ai montré ce matin dans la colline au-dessus de Saint-Zacharie. Il a soulevé une clôture et pris le volant tandis que je faisais le guet. Nous nous sommes tous retrouvés ensuite à un point de chute où nous nous sommes restaurés et où j'ai dormi pendant que les autres sont partis avec les documents saisis chez Massié. »

Tard dans la nuit, Finochietti finit par reconnaître qu'il a égaré les enquêteurs sur une fausse piste, en les conduisant au Petit Galibier. Le corps de Massié se trouve enterré dans un bois proche de Nans-les-Pins, à une quinzaine de kilomètres d'Auriol, mais il a menti, dit-il, pour ne pas avoir à assister à son exhumation. En fait, les seuls mensonges de son récit sont destinés à couvrir ses complices. Il ne veut pas risquer de compromettre l'un d'eux en retournant sur place. Mais il accepte de dessiner un plan précis des lieux qui va permettre aux enquêteurs de se diriger, au début de la matinée du mercredi 22, vers ce tumulus recouvert d'un tas de pierres et de

1. Service de documentation et de contre-espionnage, centrale de renseignements dépendant du ministère de la Défense.

branchages qui, depuis à peine trois jours, sert de tombe sommaire à Massié, en bordure du chemin forestier du Clos de Barry, dans une chasse gardée du Logis-de-Nans. Sous la terre fraîchement remuée d'un parefeu de la propriété de Robert Samat, le cadavre de l'ancien chef local du S.A.C. est déjà méconnaissable.

CONFESSION D'UN ENFANT DU SIÈCLE

La garde à vue des trois suspects prend fin le mercredi 22, à midi et quart. Le soir même, le président du tribunal de grande instance de Marseille désigne le magistrat instructeur qui va leur signifier leur inculpation. En l'absence du juge Pierre Michel, réputé pour instruire les plus lourds dossiers criminels, le rôle revenait à Mlle Bernadette Augé dont c'était le tour de permanence, mais le choix du président va se porter sur une autre femme, Mme Françoise Llaurens-Guérin, quitte à s'attirer de vigoureuses protestations du très progressiste syndicat de la magistrature, dont la première est l'une des figures de proue.

Licenciée en droit, diplômée d'études supérieures de droit privé, la seconde a, il est vrai, à 34 ans, l'expérience de huit ans d'instruction, dont sept au tribunal d'Aix-en-Provence, où se trouvent la cour d'appel et le Parquet général. Et la tête solidement plantée sur ses épaules de petit bout de femme à la prunelle vive et à l'élégance flatteuse. Une tête fort agréable à dévisager : des cheveux châtain foncé coupés court et coiffés simplement à la lionne ; des yeux gris-bleu irisés qui vous fixent sans détour ; une voix sans accent qui tranche dans ce Midi aux circonlocutions ronflantes. Derrière ce joli sourire dont elle n'est pas avare et cette façade plaisante, où se mêlent l'héritage d'une éducation bourgeoise et catholique reçue de son Sud-Ouest natal et une timidité de bon aloi, se cache une grande sensibilité à autrui. Ses pieds finement chaussés et ses robes toujours claires complètent la silhouette « bon chic bon genre » d'une femme liante, soucieuse de plaire, sachant cultiver son entregent. Mais elle a vite fait de se cabrer et sait rappeler ses interlocuteurs à l'ordre.

Grillant cigarette sur cigarette — des Peter Stuyvesant étiquette bleue — dans son austère et inconfortable bureau du palais, à peine décoré par deux marines dues au pinceau d'un avocat aixois, elle est plus une bosseuse qu'une fonceuse, sans cesse sur le métier remettant ses cotes de dossier. Quand elle prend en main celui d'Auriol, en ce jeudi 23 juillet, elle revient de son voyage de noces en Tunisie, ayant épousé, en juin, un de ses collègues du tribunal de Marseille, le juge d'instruction Patrick Guérin. Elle ignore encore que cette affaire pas comme les autres va lui valoir une réputation de « dame de fer », tant elle aura l'art de résister à toutes les sollicitations pour s'en tenir rigoureusement à son canevas : « N'oubliez pas qu'il y a six morts dans cette affaire. »

Ce rappel à l'ordre reviendra comme un *leitmotiv* à chaque tentative de politisation dans un sens ou dans un autre. Face à une tuerie de sang-froid, elle n'aura pas trop de son sang-froid pour coordonner les investigations déjà largement positives de la police judiciaire, accumuler méthodiquement les faits, mettre témoins et inculpés en face de leurs éventuelles contradictions. Mais surtout elle commence par se mettre à l'écoute du plus prolixe d'entre eux, Jean-Bruno Finochietti, qu'elle laisse se défouler durant quatre heures d'affilée sans l'interrompre, et moins encore l'accabler, dès sa première comparution, le jour même, pour mieux en comprendre la psychologie et les motivations. Avec pour seul regret de ne pouvoir, tenue par le Code pénal, enregistrer cette logorrhée au magnétophone, contrairement à ce que s'imagine l'inculpé lui-même.

Cet autoportrait d'un assassin qui s'est pris pour un ange exterminateur, elle aura l'occasion de le retoucher, de le compléter au fil d'auditions ultérieures. Et jusqu'au bout elle se demandera si cette double personnalité pourra supporter l'épreuve de la vérité, l'épreuve du procès.

Cet enseignant d'à peine 31 ans qui savait se faire aimer de ses élèves qu'il emmenait en classe de neige, des jeunes délinquants maghrébins de la Busserine qu'il initiait bénévolement à la plongée sous-marine, et que ses collègues de l'école de Malpassé prenaient pour un aimable « instit » de gauche, a toujours rêvé de s'affranchir d'une condition médiocre à ses yeux, en cherchant, jusqu'au délire obsessionnel, à mener une seconde vie. Mais, entré à 15 ans et demi à l'Ecole normale d'Aix-en-Provence, il n'avait pas le choix d'une autre carrière. Il aurait voulu être policier. A 17 ans, il a préféré se laisser accuser d'un larcin plutôt que de dénoncer les vrais coupables, et se faire muter à l'Ecole normale d'Avignon, où il connaîtra sa future femme, Anne-Marie. Dans son placard, à côté des objets volés, on avait découvert une collection de décorations du IIIe Reich et sa photo retouchée avec la mèche sur l'œil et la petite moustache d'Adolf Hitler. A l'âge où ses condisciples tapissaient les murs de leur chambrée du portrait de Che Guevara, il nourrissait en effet des fantasmes nazis, se passionnant pour toutes les batailles de la Deuxième Guerre mondiale. Comme à cet âge il n'avait pu accompagner la division SS Charlemagne dans ses exploits douteux, il se tapait à lui-même des citations à l'ordre de la Wehrmacht et de la Luftwaffe. Et il militait en faveur de la libération de Rudolf Hess.

Que restait-il de ces chimères d'adolescent dans l'esprit de l'instituteur modèle qui, chez lui, peignait et sculptait paisiblement des masques au côté de sa femme, également institutrice, et de ses deux enfants âgés de 6 et de 8 ans ? Une obsession de la mort et de la souffrance tapie derrière une existence apparemment tranquille, mais qu'il exprimait dans des tableaux où sa peinture prenait alors des formes macabres et morbides. Il a intitulé l'une de ses toiles « Prière aux agonisants », très inspirée par la fameuse « Ile des morts » de Böcklin. Devant le juge Llaurens-Guérin, il esquisse un plan de la chambre des otages de la bastide avec la position des protagonistes du drame, comme il a établi, pour les policiers, le plan qui leur a permis de retrouver le corps de Jacques Massié. Il ira jusqu'à faire, pour le magistrat, une bande dessinée de la tuerie d'Auriol : sur l'un des dessins apparaît un képi blanc, qui, explique-t-il, symbolise ainsi son arrestation, alors qu'il n'a pas été arrêté par des gendarmes ou des agents en uniforme, et que le képi fait plutôt penser à la présence d'un légionnaire — présence toujours obstinément niée.

Dans sa cellule des Baumettes, Finochietti passera le plus clair de son temps à dessiner. Interrogé par le juge Llaurens-Guérin sur l'un de ses dessins de prison intitulé « le serment d'Arpocrathe » où figure cette fois une oreille coupée, il expliquera : « Dans mes dessins, j'ai voulu représenter les centres d'intérêt dont je suis privé maintenant au fond de ma cellule. Ils figurent toutes mes passions : la musique, la peinture, l'entomologie, la chimie, la cuisine. Et aussi les activités de plein air que j'aurais aimé avoir : j'aurais voulu faire du parachutisme. L'homme à l'oreille coupée que vous voyez là, c'est Vincent Van Gogh, le symbole de la folie. »

« Mon mari ne se sentait pas bien dans sa peau d'instituteur, raconte au juge Anne-Marie Finochietti. A plusieurs reprises, il a envisagé de quitter l'enseignement, notamment pour passer le concours d'inspecteur de police en 1979. Mais il croyait ne pas avoir les qualités physiques requises. Il souffre d'adénopathie, une affection des ganglions lymphatiques. Depuis qu'il a connu Lionel Collard, il ne pensait plus qu'à s'engager dans la Légion. Il me l'a présenté en juin et j'ai vu qu'il lui vouait une admiration sans borne, car cet ancien légionnaire du 2e R.E.P. représente l'homme d'action, le para, le baroudeur qu'il n'arrive pas à être. Ils partageaient la même passion pour les minéraux. En juin et au début de ce mois, ils sont partis en expédition pour aller chercher des pierres pour leurs collections respectives, notamment dans une mine désaffectée de Fonsante, dans le Var. Le 11 juillet, ils ont voulu nous emmener, Colette Collard et moi, en randonnée dans le Massif Central. C'est là que notre voiture a eu ses ennuis mécaniques. »

Au domicile de Finochietti, les enquêteurs ont effectivement saisi des minerais offerts par Collard, à défaut d'insigne nazi qui rappelle ses fantasmes passés, ou de sa carte du S.A.C., ce sésame du temps du général de Gaulle dont s'étaient pourvus nombre de truands précautionneux. A la différence de Massié qui menait grand train, Finochietti devait faire figure de mystique et ne devait guère retirer de bénéfices de son engagement. Faute d'argent, il n'avait pu faire réparer les freins de sa R.14 rouge qu'on avait vue rôder, entre le 2 et le 11 juillet, du côté de la bastide.

« Dans le S.A.C., a-t-il confié aux policiers, j'étais venu chercher une activité, une aventure que je ne trouvais pas dans mon métier. » Ce besoin d'action pour l'action allait de pair avec son penchant naturel pour l'aspect ténébreux, occulte, clandestin des sociétés secrètes. Entre les mains d'un Z. — ou d'un A. — il était mûr pour devenir un instrument docile, comme un robot halluciné. « Mon ambition était d'être agent secret. J'étais prêt à tout pour entrer au S.D.E.C.E. », confesse-t-il à Françoise Llaurens-Guérin. Le mot « conditionnement » est l'un des premiers mots qu'il fait consigner par le juge sur le procès-verbal de son interrogatoire de première comparution.

Ne modifiant par la suite ses aveux que sur des points secondaires, il raconte comment, déçu par « l'ambiance de combine » qui régnait au S.A.C. départemental, depuis les griefs réciproques de Maria et de Massié, il s'était lié avec Z. au cours d'une réunion électorale de l'ancien ministre R.P.R. Joseph Comiti à Carnoux, ce Z. qu'il avait aperçu le 24 février à l'aéroport lors de la visite de Jacques Chirac : Finochietti faisait alors partie du service d'ordre. Il l'avait revu à la réunion des 51 activistes du S.A.C. convoquée, le 9 juin par Maria, à Nans-les-Pins. Z. lui avait fait comprendre qu'il pouvait l'initier à un autre domaine d'action plus mystérieux. Il lui avait fixé rendez-vous fin juin-début juillet dans un bar de la place Castellane pour sa première mission : l'enlèvement de Massié. La décision de le supprimer avait été prise après la tentative d'attentat du 26 avril à Aubagne que Finochietti considérait, jusqu'alors, comme un simulacre.

Il était reproché à Massié de détourner des explosifs et des armes destinés au S.A.C. pour les revendre à son profit au milieu et de s'apprêter à monnayer des documents, soit à la nouvelle majorité gouvernementale, soit, également, au milieu. Le patron du S.A.C., Debizet, était descendu à Marseille donner des instructions. Un premier projet prévoyant l'exécution de Massié à domicile, à l'un de ses retours de week-end — et impliquant celle de sa famille — avait été abandonné pour celui d'un rapt à l'extérieur suivi d'une disparition. La mission devait être accomplie dans les trois semaines, avant le nouveau déplacement prévu par Debizet à Marseille.

Ayant été reconnu dans Auriol en compagnie de Collard le 15 juillet par Massié, Finochietti se croyait désormais grillé et avait renoncé à sa mission quand, le 18, il a reçu l'appel impératif de Z. Les cinq autres hommes du commando avaient également fait partie de la réunion du 9 juin à l'auberge de Nans-les-Pins. L'un d'eux, précise-t-il, avait rendu visite la veille à Massié. Il s'est donc présenté le premier à visage découvert à l'intérieur de la bastide. Les otages parqués dans la chambre à l'étage ont tous été « gazés » puis ligotés avec des bouts d'une corde de 16 mètres apportée à cet effet — à l'exception de l'enfant. Resté seul à les surveiller, Finochietti s'était employé à les rassurer.

« Un moment, ajoute-t-il, le vieux s'est emporté à propos de son gendre : " Ce con, maintenant nous voilà tous mêlés à ses conneries ! " Je lui ai dit que c'était lui que nous attendions. Dominique m'a demandé si nous allions le tuer. Je lui ai répondu par un signe affirmatif de la tête. Et avec la main je lui ai fait comprendre que l'ordre venait d'en haut. " De Paris ? " me demanda-t-elle. Sur un nouveau signe affirmatif, elle a enchaîné : " Ça fait un mois qu'il est sans nouvelles de Paris. "

« Alexandre s'est tourné vers sa grand-mère pour qu'elle cesse de geindre : " Sois sage comme moi, ils ne nous feront rien. " Je les ai tranquillisés par ces mots : " Vous direz que vous n'avez rien vu. C'est votre intérêt à tous, car votre témoignage ne pèserait pas lourd par rapport à la personnalité de notre commanditaire dont la caution nous servirait d'alibi. " »

Finochietti revient longuement sur le seul meurtre auquel il ait assisté : « Arrivé au milieu de l'escalier avec l'enfant endormi dans mes bras, j'ai entendu trois coups et vu A. tirer Dominique par un lacet passé autour du cou, tandis que B. la frappait à coups de barre de fer. Puis, il en a également porté trois coups à la tête d'Alexandre dont le crâne a éclaté, en me fixant d'un drôle de regard. A. m'a dit de me dépêcher. Alexandre n'était plus qu'un râle : sa cervelle avait giclé. Je l'ai achevé de deux ou trois coups de couteau dans la poitrine. »

Encore un détail ajouté aux premiers aveux : avant le massacre, Finochietti avait découvert une mallette grise Delsey contenant des fiches et des dossiers et l'avait remise au chef du commando. Une seconde mallette avait été trouvée par B. à l'intérieur de la R.5 blanche, après le retour et la mort de Massié.

La récupération de ces deux mallettes constituait-elle l'objectif réel de l'opération montée dans un style quasi militaire avec des « moyens silencieux » ? Tandis que les investigations se poursuivent pour retrouver le corps et identifier les participants à la réunion du 9 juin à Nans, le juge Llaurens-Guérin relit à la loupe les procès-verbaux d'interrogatoires de Collard et Maria : elle n'a pas la même hâte à les entendre, puisqu'ils se disent totalement étrangers à cette « nuit des longs couteaux » dont l'ancien passionné des souvenirs S.S. vient de lui renouveler le récit.

Lionel Collard est revenu sur son emploi du temps. D'abord quand les policiers lui ont demandé de leur raconter l'épisode de « *Dallas* » qu'il prétend avoir regardé le samedi soir chez lui avec sa ıemme. Parce que cette fameuse série télévisée n'est plus au programme. Elle a été remplacée par « *Mme Colombo* ».

Ensuite quand les enquêteurs lui ont présenté la fiche d'appel d'un radio-taxi qui est venu le prendre à son domicile de Mazargues, dans la matinée de samedi, pour le conduire à la villa de Maria à Montolivet. Il ne faisait donc pas du footing dans les calanques de Luminy.

« J'ai dû confondre avec le samedi précédent, concède-t-il dans son procès-verbal du 21 juillet à 13 h 30. Effectivement, vendredi soir, Maria m'avait demandé de passer le voir le lendemain matin. Comme ma voiture est en panne, Colette m'a commandé un taxi. Quand je suis arrivé, j'ai trouvé les frères Maurice. Vers 11 h 30, deux autres membres du S.A.C. que je ne connais que de vue sont également venus discuter avec Maria. Je suis resté à déjeuner et j'ai prévenu Colette... Non, à la réflexion, ce n'est pas ce jour-là que j'ai mangé chez Maria avec Ange Maurice. Celui-ci m'a raccompagné dans sa 2 CV rouge à une station de taxis, vers 12 h 30. Après déjeuner, nous sommes partis, Colette et moi, nous promener dans les calanques. Un ami, Gérard Pietri, est passé me prendre dans la soirée, vers 19 h 30, pour aller boire un verre dans un bar près de la plage. Il m'a ramené vers 22 h 30. »

Entendu pour la quatrième fois le 21 à 16 h 30, Collard change encore de version : « En fait, quand je suis arrivé chez Maria vers

9 h 45, j'ai dû lancer des cailloux contre leurs volets pour me faire ouvrir. Liliane Maria a fait le café. Ange Maurice nous a rejoints vers 11 h 30 et m'a déposé vers 12 h 15 à une station de taxis. Ma femme et moi sommes restés à regarder la télé tout l'après-midi. On n'a été dérangés que par un coup de téléphone. Une voix m'a dit : “ On vient, Jean-Pierre, c'est important. On veut te voir tout de suite. ” Jean-Pierre est un pseudo connu seulement de quelques familiers. Intrigué, j'ai vu de ma fenêtre arriver deux motards casqués sur leurs gros cubes, s'arrêter près de ma voiture en panne et rester vingt minutes à regarder mes fenêtres. J'ai évité de me faire voir. Une semaine plus tôt, j'avais observé le manège de trois types à bord d'une 204 qui surveillaient ma maison. En fait, c'est le lendemain que je suis allé faire du cross dans les collines de Luminy. »

Entendue librement mais séparément, Colette Collard a bien du mal à faire coller son témoignage convenu avec les variations successives et contradictoires de son mari dont elle reste le seul alibi.

Aux dernières heures de sa garde à vue, Collard admet avoir entendu dire depuis deux ou trois mois, au sein de son groupe du S.A.C., que « Jacques Massié était programmé » et qu'un jour ou l'autre, « il devait y passer ». Constatant son absence à la réunion du 9 juin à Nans-les-Pins, il en a déduit « qu'il n'avait que peu de temps à vivre ». « A ce que j'ai entendu dire, l'ordre venait de Paris. Massié était une planche pourrie vivant sur un grand pied et détournant des fonds à son usage personnel. Je ne sais rien de plus sur cette affaire. »

A l'heure où il fait cette ultime déclaration à la police, les enquêteurs qui ont déterré le corps de Massié et prospectent les environs du tumulus funèbre à la recherche d'indices recueillent des mégots de Gitanes-filtres Internationales semblables à ceux ramassés aux abords de la bastide d'Auriol. Ce sont les cigarettes que fume l'homme à l'oreille cassée qu'ils s'apprêtent à déférer au Parquet. Bien sûr, il n'est pas le seul consommateur de cette marque de cigarettes. N'empêche... Le lendemain de son inculpation, l'inspecteur Thibaud tape un procès-verbal d'identification d'un abonné téléphonique correspondant à un prénom et un numéro d'appel relevé sur le carnet d'adresses de Lionel Collard. Pas par hasard : au cours d'un de ses interrogatoires, l'ex-légionnaire a indiqué verbalement à l'inspecteur Fabiani — pour que cela ne figure pas en procédure — qu'il pouvait s'agir de l'auteur du coup de fil du samedi : « On vient, Jean-Pierre »... Le numéro est celui d'un nommé Didier Campana, quartier de La Valentine à Saint-Savournin. A vérifier et à transmettre au juge qui continue de compulser les résultats de l'enquête préliminaire.

Elle relit notamment les réponses fournies par Maria au deuxième jour de sa garde à vue sur ses rapports avec Finochietti et Collard. Il affirme n'avoir plus eu de contact avec le « prof » depuis la « réunion des 51 », le 9 juin, à l'auberge de Nans-les-Pins. Et n'avoir pas revu le « légionnaire » depuis qu'il est allé dîner chez lui, le 10 juillet. Ils n'ont eu, soutient-il, que des contacts téléphoniques, dont le dernier précisément samedi soir au sujet de ses ennuis de voiture. On lui oppose alors les dernières déclarations de Collard qui vient de se faire rafraîchir la mémoire et se rappeler lui avoir rendu visite dans la matinée de samedi.

« Ah ! effectivement, il est venu vers 9 heures-9 h 30 et ma femme nous a fait un café. Quand il est arrivé, nous dormions encore. Je n'avais pas d'instructions précises à lui donner. Nous avons parlé sport, karaté et voiture. Je me souviens maintenant : il est reparti avec un autre adhérent du S.A.C., Ange Poletti, qui est passé me voir à moto vers 10 h 30. C'est la fatigue de ma garde à vue qui m'a fait oublier ces visites matinales. Une omission involontaire qui ne vise pas à masquer quoi que ce soit. »

Ce qui est curieux, c'est que Liliane Maria, qui n'a pas la même excuse, a également omis de parler de ces visites dans sa déposition de la veille. Interrogée à nouveau à ce sujet le mercredi 22 juillet, elle s'en est ainsi expliquée : « Je n'ai pas parlé de la visite de Collard pour ne pas lui porter préjudice, car je le savais en état d'arrestation. Un autre compagnon dont j'ignore le nom est passé également samedi matin et est reparti avec lui au bout d'une demi-heure à trois quarts d'heure. »

A la fin de sa garde à vue, Maria est un peu plus prolixe sur son emploi du temps du week-end. « J'avais bien dû appeler Collard vendredi pour qu'il vienne discuter à la maison. Quand il nous a réveillés, samedi matin, il m'a raconté la panne de sa voiture, je lui ai dit : “ Tu es le roi des cons d'avoir pris un taxi. J'aurais pu aller te chercher un peu plus tard. ” Maintenant que j'y pense, non seulement Poletti est venu me dire bonjour peu après et a pu ainsi raccompagner Collard, mais Ange Maurice est également passé de sa propre initiative à ce moment-là... Non, excusez-moi, je fais encore une confusion à cause de ma fatigue : l'autre Ange, Poletti, n'est pas venu le samedi mais dans la soirée de dimanche avec sa fiancée Muriel, boire un jus de fruits à la maison. »

Question : « Comment se fait-il que votre épouse ait également omis la visite matinale de Collard pour finir par l'admettre et qu'elle refuse de donner l'identité de Poletti ? »

Maria : « Je ne comprends pas. Sans doute est-ce l'émotion.

Mais maintenant, après réflexion, je suis persuadé que c'est bien Ange Poletti et non Ange Maurice qui est venu après Collard. Ange Maurice a dû venir plus tard, il est le dernier en tout cas à avoir quitté mon domicile. »

Mais quel jour ? Interrogé, Ange Maurice répond que Maria se trompe, car il a passé tout son samedi à déménager. C'est dimanche qu'il est venu chez Maria avec son frère et qu'il y a rencontré le policier Leca. Ils sont repartis vers midi, après deux apéritifs.

Dans la villa de Maria, à Montolivet, les enquêteurs chargés de la perquisition ont tout de même trouvé quelques éléments troublants : trois cordelettes coupées et une paire de menottes dans une sacoche de cuir fauve. Et aussi trois cassettes de conversations enregistrées par un gérant de société de surveillance, Jacques Canaan, avec un détective privé, Jacques Mathé, ami et, semble-t-il, « associé » de Jacques Massié. Maria explique que tout cela est étranger à la tragédie d'Auriol. Il se justifie sur la présence des premiers objets dont l'étude comparative avec les nombreux indices laissés à la bastide ne donnera, effectivement, aucun résultat. Quant aux cassettes, elles avaient trait à l'escroquerie commise par Massié au détriment de la société des huiles Lesieur dont un dirigeant avait versé 50 000 F prétendument destinés au S.A.C. pour fournir une équipe de briseurs de grève ou une sorte de milice patronale à l'usine de La Croix-Sainte. Canaan se plaignait auprès de Mathé d'avoir été doublé dans cette affaire et avait fourni l'enregistrement à Maria. Celui-ci s'en était servi pour convaincre Debizet des malversations de son prédécesseur.

« La façon d'agir de Massié me déplaisait dans la mesure où il jouait avec l'honneur du S.A.C. pour commettre ses escroqueries. Il était très intéressé et n'avait qu'un but : soutirer de l'argent. Ainsi, en juillet 1977 ou 1978, il m'a fait part des difficultés de ferrailleurs d'Aubagne, les frères Alexandrian, qui venaient d'obtenir l'adjudication du porte-avions *Arromanches* voué à la casse. L'accès au quai de démolition de La Seyne-sur-Mer leur avait été refusé par les Ponts et Chaussées. Massié m'a demandé de faire jouer mes relations auprès de l'administration. Les frères Alexandrian offraient une commission de 210 000 F. Or, après le succès de mon intervention, je n'ai rien vu venir. Massié avait dû traiter directement avec eux et je l'ai soupçonné d'avoir gardé l'argent. De cela, je n'ai jamais parlé, en revanche, à M. Debizet.

« Quant à l'attentat dont s'est plaint Massié, le 26 avril, franchement, je n'y croyais pas, tant les détails en étaient invraisemblables. Mais, obligé d'en tenir compte, pour rassurer sa femme, je lui ai fait proposer mon Smith et Wesson chief special 38, par l'intermédiaire de son beau-père Jacquèmes qui, lui, avait le téléphone. Le 27 avril, Massié m'a téléphoné pour que j'apporte l'arme chez sa sœur Marina, où je l'ai trouvé en compagnie de Dominique, et en présence de son beau-frère, Georges Ferrarini.

« Il s'est avéré par la suite que Jacques Massié n'avait pas démissionné de ses fonctions dont j'assurais l'intérim, comme Debizet le lui a demandé en mai. J'ignore s'il avait entre-temps monté une organisation parallèle au S.A.C. et dépendant uniquement de lui. »

LE S.A.C. DE A À Z

A tout seigneur, tout honneur. Le vendredi 24 juillet, dès le lendemain de l'inculpation des trois premiers suspects, Mme le juge fait perquisitionner le siège du S.A.C. à Paris et placer en garde à vue son secrétaire général, Pierre Debizet, 59 ans, à peine rentré d'une mission de dix jours au Gabon où il conseille le président Omar Bongo à titre de coopérant. Le même jour, elle inculpe à Marseille le chauffeur de taxi au chômage, Paul Sinibaldi, 28 ans, militant de base du groupe de Michel Trivico au S.A.C. local, pour avoir prêté à son coéquipier, Finochietti, la voiture qui a servi à la meurtrière expédition d'Auriol. Ainsi se dessine une stratégie judiciaire qui consiste à bloquer toutes les issues et à empêcher toutes les échappatoires pour faire tomber dans la nasse l'organisation d'où sont sortis les assassins. Sans attendre d'avoir identifié les autres hommes du commando, il s'agit de tenter de faire la lumière sur les responsabilités de l'organisation à laquelle appartenaient la victime-cible et les auteurs de la tuerie d'Auriol. Debizet est-il le M. Z. — s'il existe — de l'abécédaire égrené par Finochietti qui s'ingénie à brouiller les pistes pour ne pas passer pour une « balance » ? Rien de moins sûr. Mais il est le chef suprême de cet organisme commun aux protagonistes du drame et l'on sait qu'il est descendu à Marseille s'informer des différends qui les opposaient, et peut-être trancher. Comment ne pas penser immédiatement à un règlement de comptes qui aurait mal tourné à l'intérieur de la branche marseillaise du S.A.C., cette officine équivoque dont la réputation s'est ternie au fil des ans, sans avoir jamais brillé d'un vif éclat ? La légende d'intouchables accordée trop légèrement à ses affidés y a amené des instables en quête d'un remède à leur médiocrité, et « des bons à pas grand-chose aptes à devenir capables de tout », selon le mot de l'ancien directeur central adjoint de la P.J., Honoré Gévaudan, qui n'a pourtant jamais caché ses sympathies gaullistes.

Il a pourtant connu son heure de gloire et de pouvoir, ce sigle en trois lettres, sec et mystérieux, porté sur les fonts baptismaux par un ancien de la Résistance, Pierre Debizet, dit Pierre Debarge, ou encore « Le Colonel », ou plus familièrement « Gros Sourcils », en compagnie d'inconditionnels comme Jacques Foccart, Roger Frey, Alexandre Sanguinetti, Paul Comiti et autres artisans du retour du général de Gaulle aux affaires en 1958. Une amicale de grognards nostalgiques croyant revivre les Cent Jours, et regroupés dans une association de fait en forme de garde prétorienne. Elle est devenue officiellement association à but non lucratif sous le régime de la loi de 1901, le 15 décembre 1959, et déclarée à la préfecture de police le 6 janvier 1960. Son but : rassembler toutes les personnes, sans distinction d'opinions ou de race, désireuses de soutenir l'action du nouveau chef de l'Etat. En somme, un service d'ordre autonome, indépendant de tout parti politique, un appareil que les gaullistes ont forgé à l'image des réseaux clandestins de la période de l'occupation.

Il faut remonter aux lendemains de la Libération pour en comprendre l'origine. En 1947, le fondateur de la France Libre crée le Rassemblement du peuple français (R.P.F.), dont le service d'ordre recrute ses gros bras parmi les anciens de la Résistance. A leur tête, Dominique Ponchardier, le futur auteur de la série du « Gorille », prend pour adjoint le vice-président des Amis de la Résistance, Pierre Debizet : un homme d'une stature impressionnante (1,95 mètre, 90 kilos), un faux air d'Anthony Quinn sous ses sourcils broussailleux, entré à 19 ans dans le renseignement.

Durant la traversée du désert où se disloque le R.P.F., Debizet dirige, en 1956, le service d'ordre des Volontaires de l'Union française qui militent pour le maintien de la France dans tous ses territoires d'outre-mer, et en 1957 celui du parti patriote révolutionnaire créé par un avocat d'extrême droite. Quand, après le changement de régime de 1958, il devient président du S.A.C., il fait prêter serment aux adhérents, selon une formule de Ponchardier à laquelle il sera le premier à renoncer : « Je prends l'engagement solennel d'obéir sans discussion à mes chefs... Si je trahis, j'accepte d'avance de subir les châtiments réservés aux traîtres. » Or, à peine son association est-elle devenue officielle qu'il en abandonne la direction à Paul Comiti, le chef des gorilles de l'Elysée. Il ne supporte pas le virage du chef de l'Etat dans la politique algérienne. C'est la reddition des barricades d'Alger qui l'amène à démissionner, dès février 1960. Il signe même une lettre-circulaire appelant à voter NON au référendum sur l'autodétermination de l'Algérie du 18 janvier 1961. Le lendemain des accords d'Evian de mars 1962, il arbore une cravate noire qui ne quittera plus jamais son col en signe de deuil de l'Algérie française.

Commence une nouvelle traversée du désert qui le conduira d'abord au Tchad, au titre de la coopération. Le sursaut gaulliste de la fin mai 1968, après la « chienlit » des barricades gauchistes, le ramène à Paris et au siège du S.A.C. qui s'est gonflé entre-temps d'éléments douteux et de demi-solde de la lutte anti-O.A.S. qu'on appelle les barbouzes. Peu regardantes sur les méthodes, ces nouvelles recrues, qui croient jouir d'une impunité supposée mais fâcheusement réelle, ont trempé dans une série de bavures et d'affaires. Au point qu'en 1966, déjà, le S.A.C. a dû remplacer sa fameuse carte barrée de tricolore par un document à deux volets moins « officiel » et moins « aveugle », dans la première tentative d'assainissement qui a suivi le scandale de l'affaire Ben Barka.

En 1969, la démission du général de Gaulle entraîne celle de Comiti et du vice-président du S.A.C., Charles Pasqua. Elu président de la République, Georges Pompidou exige une plus sérieuse épuration du S.A.C. Rentré en grâce, Debizet rentre en scène pour une reprise en main de l'organisation avec, cette fois, le titre de secrétaire général au pouvoir absolu. Il expulse 3 000 adhérents, en refuse 4 000 autres en 1970, modifie encore la carte qui ressemble désormais à une carte de crédit plastifiée, blanche, bordée de bleu pour le militant de base, de rouge pour le délégué départemental, d'orange pour le responsable régional et d'or pour les chargés de mission et les membres du bureau national. Il exige, en principe, le casier judiciaire des impétrants, avec un double parrainage. Précautions sans doute insuffisantes puisque, au cours des dix dernières années, 189 membres du S.A.C. se sont retrouvés au banc des accusés dans des affaires pénales et que plus de 200 figurent dans des rapports de police concernant des trafics d'armes, de faux papiers, d'alcool et même de drogue.

Ne bénéficiant plus de ses protecteurs naturels, le S.A.C. s'est transformé, au cours du septennat de Giscard d'Estaing, de police parallèle en prestataire de services divers, sans doute proche du R.P.R., héritier spirituel du gaullisme, mais prêt à se mettre à la disposition des plus offrants au nom de la lutte contre l'Union de la gauche — les gros bras travaillant à leur compte entre deux missions.

Quinze jours avant l'élection présidentielle de 1981, Debizet, qui a choisi de soutenir Chirac et prévu la victoire redoutée de Mitterrand, a mis à l'abri les archives et le fichier du S.A.C. Aussi, les enquêteurs ne trouvent-ils aucun document susceptible d'éclairer l'affaire d'Auriol au siège parisien du mouvement.

« Compte tenu de tout ce qu'on raconte sur le S.A.C., leur dit-il, mon devoir est de mettre hors circuit nos fichiers à chaque élection, pour ne pas risquer de porter préjudice aux braves gens membres de l'organisation. Je ne veux pas qu'ils aient d'ennuis maintenant que la gauche est au pouvoir. Je ne vous communiquerai donc que le fichier des Bouches-du-Rhône que je viens de faire revenir en raison du drame d'Auriol. »

Un fichier de 145 noms, dont ceux de 45 fonctionnaires de police (dont 17 gardiens de C.R.S. et 16 gardiens du Corps urbain et deux brigadiers-chefs). C'est dans ce fichier qui recoupe pratiquement celui remis par Maria le 28 avril au S.R.P.J. que les enquêteurs marseillais sont en train de piocher...

Dès le lendemain, samedi 25 juillet, le juge Llaurens-Guérin se rend à Aix-en-Provence perquisitionner au domicile et au cabinet d'une personnalité du barreau et de la politique locale, Me Yves Destrem, ancien responsable régional et membre du bureau national du S.A.C., adjoint R.P.R. au maire de la ville. Entendu comme témoin pendant vingt-huit heures de garde à vue, l'avocat raconte comment Debizet l'a chargé de reprendre l'organisation locale en main, en 1972, en la débarrassant de Marcel Rossi, gérant des intérêts du clan Guérini, et en mettant fin à une scission interne. En 1973, il y a fait la connaissance de Jacques Massié, brigadier à la C.R.S. 54, qui se faisait fort de recruter des compagnons dans la police. Victime d'un accident de moto, il attendait de fortes indemnités.

« Il ne m'a pas caché avoir confié ses intérêts à un avocat socialiste ami de sa belle-famille, Michel Pezet[1], ses beaux-parents n'étant pas de notre bord. Il s'occupait si bien de l'intendance et du secrétariat que j'en ai fait mon adjoint et que je l'ai proposé à Debizet pour me succéder, au moins à la direction départementale, quand, en 1979, Jacques Chirac m'a invité à me présenter à une élection partielle, une carrière politique étant incompatible avec les nouveaux statuts du S.A.C. Le 26 ou le 27 avril, Massié m'a appelé

1. Devenu plus tard secrétaire de la fédération socialiste des Bouches-du-Rhône, Michel Pezet est considéré comme l'un des « dauphins » de Gaston Defferre pour la mairie de Marseille.

pour m'apprendre qu'il avait essuyé un coup de fusil à pompe tiré par un couple de motards. J'en ai discuté, le 5 mai, avec Debizet que j'ai vu durant une heure au Sofitel de Marignane où l'attendaient Maria et le responsable du S.A.C. niçois, Charles Jiuge. »

Durant le week-end, le magistrat se concerte avec les enquêteurs pour faire le point avant de refermer la nasse. La R.5 blanche qui a servi à transporter le corps de Massié est retrouvée le dimanche à 16 heures dans une pinède située derrière l'auberge *Chez Grand-Mère,* à Nans-les-Pins, où Maria avait organisé la réunion de 51 responsables et militants « sûrs » du S.A.C, le 9 juin. La décision est alors prise de « casser la baraque », selon le jargon policier. Au lieu de surveiller, écouter, filer la cinquantaine d'individus parmi lesquels doivent figurer les autres tueurs de la bastide, au risque de voir s'enfuir les criminels dans la nature et de se voir alors taxer d'impéritie, de négligence, voire de complicité passive, on va lancer de vastes coups de filet et trier dans le tas en pariant sur la fragilité de certains maillons.

Pour commencer, le juge délivre un mandat d'amener contre Debizet et, dès le lundi matin, les policiers interrogent le chef de groupe de Finochietti, Michel Trivico, et interpellent le gérant de la société Gamma Electronique, Jacques Canaan, dont les enregistrements de conversations téléphoniques ont été trouvés au domicile de Maria. Le lendemain, ils sont chez le détective privé Jacques Mathé, dit « Henry », l'auteur de ces conversations sur l'affaire des huiles Lesieur, et tombent sur quatre bandes magnétiques reproduisant ses communications avec un nommé Claude Lecomte, colleur d'affiches du S.A.C. à Aubagne.

— Tu as vu : Maria, c'était fatal, ça... Il est dans le coup, indirectement. Maintenant la chose est allée à Paris. Il y a de quoi être inquiet.

— Je pense que les hommes de main, c'est pas lui.

— Il était peut-être au courant quand même.

Simple préparation d'artillerie avant la rafle. Opération coordonnée avec le transfert de Debizet de Paris à Marseille, dans une débauche de mesures de sécurité. Le grand patron national du S.A.C. inculpé de complicité d'homicides volontaires et écroué aux Baumettes !

L'affaire d'Auriol a pris brusquement une tournure politique. Tandis que les dirigeants du R.P.R crient au procès d'intention et que plusieurs anciens Premiers ministres gaullistes apportent leur soutien à Debizet, les communistes, ainsi qu'un député radical de gauche, réclament au Parlement la dissolution immédiate du S.A.C.

Prudent, le ministre de l'Intérieur et maire de Marseille, Gaston Defferre, se retranche derrière la procédure judiciaire en cours et le Premier ministre, Pierre Mauroy, assure que « le gouvernement est décidé à ne rien laisser dans l'ombre ».

Indifférente aux clameurs de la classe politique, Françoise Llaurens-Guérin poursuit la mise en œuvre méthodique du plan arrêté en commun avec les enquêteurs du S.R.P.J. pour qui un crime n'est ni de droite ni de gauche, et devant qui ne tiennent ni protections ni polices parallèles. Le mercredi 29 juillet, le coup de filet ramasse une quinzaine de prétendues barbouzes, membres ou sympathisants du S.A.C. de la région Provence-Côte d'Azur, et les rassemble dans les locaux de garde à vue à l'Evêché. A sa demande, Debizet est entendu, ce jour-là, à 15 heures, par le magistrat instructeur. Il explique donc dans quelles conditions il a été amené à remplacer son responsable régional, Yves Destrem, par trois responsables départementaux qu'il est seul à pouvoir désigner : Charles Jiuge pour les Alpes-Maritimes, Pierre Clément pour le Var et Jacques Massié pour les Bouches-du-Rhône, bien que policier — ce qui eût été contraire à ses principes ailleurs que sur « cette façade méditerranéenne où le milieu gravite toujours autour des responsables politiques ».

« Ayant seul pouvoir de régler les litiges à l'intérieur du S.A.C. je suis descendu à Marignane le 5 mai, en fin d'après-midi, pour en repartir au début de l'après-midi du 6. Maria m'avait téléphoné cet hiver pour me demander de recevoir un militant, Henri Durand, qui se plaignait, photocopies à l'appui, des agissements de Massié dans une affaire de police privée : Massié aurait soufflé un local auquel s'intéressait Canaan au profit de son beau-père et lui aurait débauché un détective privé, Jacques Mathé. Durand lui-même, qui est agent immobilier, aurait été roulé par Massié dans une transaction. Quelques jours plus tard, j'ai rencontré Massié qui effectuait son stage près de Paris et lui ai fait part de ces griefs. Il me répondit qu'il avait utilisé, effectivement, les services de Canaan et de Mathé, mais dans le cadre de ses activités policières et non pour le S.A.C. J'ai donc détruit ce dossier. Quinze jours plus tard, Maria m'a rendu visite à son tour pour accuser Massié d'avoir escroqué de 50 000 F les établissements Lesieur. Comme il n'y avait aucune plainte à la clé, je n'ai pas voulu tenir compte de ce qui me paraissait être de simples ragots. Quant au détournement des cotisations par Massié, Maria m'a dit qu'il réglerait le problème à l'amiable avec lui directement.

« Le 27 avril, Massié m'a appelé au bureau, de chez sa sœur, pour m'informer de l'agression à laquelle il avait échappé deux nuits plus tôt. Je trouvais étonnant qu'il ait tant tardé à alerter les services de police. Le 28, vers 18 h 30, je suis allé le voir à l'école de Cannes-Ecluse. Il m'a dit avoir réussi à relever le numéro de la moto de ses agresseurs, immatriculée, curieusement, en Seine-et-Marne, et soupçonné le F.L.N.C. Devant mon scepticisme, il m'a rappelé le lendemain pour me voir à mon bureau : " J'ai réfléchi toute la nuit, me dit-il, je me demande si ce n'est pas un coup de quelqu'un du S.A.C. " Ça m'a paru énorme. Je me suis demandé s'il n'avait pas lui-même monté le coup pour se faire valoir aux yeux des militants des Bouches-du-Rhône, redorer son blason en quelque sorte. Là-dessus, Maria m'informe que Massié l'a mis en cause. J'ai donc décidé de descendre sur place me rendre compte de tous ces problèmes. Le 5 mai, Maria est venu me chercher à l'aéroport avec trois membres du S.A.C. désireux de me connaître, deux frères et un ancien légionnaire du Tchad. Au Sofitel, Maria a remis sur le tapis l'affaire des cotisations, des notes de frais et des factures non remboursées, etc. Avant de prendre une décision, il me fallait revenir pour mettre Massié en présence de ses détracteurs. Nous avons été rejoints un moment par Destrem qui était au courant de ces rumeurs, mais n'avait pas d'autres éléments à m'apporter.

« J'ai rencontré à nouveau Massié à Paris, quelques jours plus tard. Il était un peu gêné et il a reconnu avoir gardé par-devers lui le montant des cotisations. Mais il a démenti catégoriquement l'histoire Lesieur qu'il a qualifiée de fumisterie. Il a nié, enfin, entretenir des relations douteuses avec le Milieu vu son état de policier. Je lui ai annoncé mon intention de revenir à Marseille à la fin de juillet régler son cas. »

Au moment où la « dame de fer » enregistre cette déclaration spontanée, les policiers « cuisinent » en particulier deux jeunes fonctionnaires des P.T.T. ramassés dans la nasse. Le premier, Didier Campana, 29 ans, employé au centre de tri postal de la gare Saint-Charles, dont le numéro de téléphone personnel a été relevé sur l'agenda de Lionel Collard comme l'auteur probable d'un mystérieux appel téléphonique, a été interpellé à 7 h 20 à son domicile de La Valentine, à Saint-Savournin. La perquisition a permis de saisir une somme de 34 000 F en billets neufs cachés dans la commode de sa chambre à coucher. Le second, Ange Poletti, 32 ans, son collègue de brigade, qui se trouvait chez Maria avec Collard le matin du 18 juillet et y a été revu le lendemain soir par le policier Leca, a été interpellé à 10 h 30 au Lavandou. Il était parti en vacances avec sa fiancée Muriel.

Le premier a fait trois ans d'études de psychologie à l'Université d'Aix-en-Provence avant d'entrer aux P.T.T. en mai 1975. Les enquêteurs, auxquels il raconte sa vie, peuvent être armés de patience, mais ils n'ont guère le temps de s'attarder à la complexité psychologique du personnage. Ce qu'ils veulent, ce sont des faits, des dates, des rapprochements qui leur permettent de progresser rapidement dans l'identification du commando et dans la recherche des corps des victimes. Qui Campana fréquentait-il au S.A.C. ? C'est Poletti, son collègue auquel il a fait partager sa passion pour la moto qui, il y a près de deux ans, lui a parlé du S.A.C. et des avantages qu'ils pouvaient tirer tous deux de cet engagement politique. Il lui a proposé, moyennant un honnête défraiement, de participer à un service d'ordre de réunions de propagande, à la protection de colleurs d'affiches. Il l'a présenté à Patrice Hecht qui tenait un bar à La Joliette et qui l'a fait assister à deux ou trois réunions d'Yves Destrem avant la campagne présidentielle. Sans grand intérêt. En l'absence du chef local du S.A.C. dont ils ont appris qu'il était policier, ils ont demandé à voir l'intérimaire Maria pour se plaindre de ce manque d'action. Campana en a fait la connaissance au cours d'un repas à l'auberge *Chez Grand-Mère* réunissant, à Nans-les-Pins, Maria, Hecht, Jiuge, Collard et les frères Maurice. « Il y aura de l'action après les élections », a promis Maria que les autres appelaient Gérard. Campana a eu l'occasion d'accompagner Poletti une fois chez Collard près de la Pointe Rouge, à Mazargues, et une autre fois chez Maria. Il n'a pas eu celle de connaître Massié. L'après-midi du samedi 18 juillet et la matinée du dimanche 19, il a fait du footing avec Poletti.

Celui-ci semble, de son côté, beaucoup plus à l'aise pour répondre aux mêmes questions sur son appartenance au S.A.C. et sur son emploi du temps de l'autre week-end. Après une année de Droit et de Sciences-Po à Aix-en-Provence, il est entré aux P.T.T. en 1971. Il s'entraînait pour devenir moniteur de karaté quand il a fait la connaissance de Hecht, en 1975, au bar *Le César* dans le quartier de l'Opéra. En 1979, Hecht lui a fait remplir une demande d'admission au S.A.C. et lui a délivré sa carte au début de l'année 1980. L'engagement ne consistait qu'à faire du maintien de l'ordre dans les réunions d'hommes politiques gaullistes. Un jour, Hecht a amené Massié à son cours de judo, impasse Dragon. Quelque temps plus tard, il l'a présenté à Maria à *La Samaritaine*. Après avoir fait de la figuration dans le service d'ordre de deux réunions électorales, Poletti est allé voir Massié à Auriol en compagnie de Hecht pour se plaindre de l'apathie du S.A.C. Le policier leur a demandé de prendre patience jusqu'à la fin de son stage d'inspecteur, le 20 mai, à

Cannes-Ecluse : il reprendrait le S.A.C. en main pour le restructurer. Il leur a montré des fiches extraites de fichiers de police, en précisant qu'il n'aurait pas à exiger de casiers judiciaires pour recruter des adhérents.

Poletti a ensuite été convié à la réunion restreinte d'une dizaine de militants, organisée le 1er mai à son domicile par Massié, à la suite de la tentative d'attentat dont il aurait fait l'objet. C'est là qu'il a fait la connaissance de Collard et qu'il a retrouvé certains compagnons rencontrés, peu avant, au cours d'un repas offert *Chez Grand-Mère* à Nans par Maria en l'honneur des adhérents de fraîche date, comme Campana et lui, et aussi un collègue des P.T.T., Jean-François Massoni, qui n'avait pas encore sa carte. En quittant Massié, ils sont tous allés prendre un verre chez Maria, à l'exception de Hecht, reparti dans son Vaucluse. Là, il apprit que Massié trempait dans de louches combines. Poletti est remonté à la bastide le 17 juillet, en fin d'après-midi, au volant de la 204 de son ami Massoni, pour entretenir Massié d'un problème de contravention écopée à bord de la Mercedes de sa fiancée. Massié a évoqué une fois de plus le coup de feu essuyé le 26 avril, en ajoutant qu'il avait confié des documents à un ami de Pau, au cas où il lui arriverait quelque chose. Le lendemain, Poletti est allé faire de la moto avec Campana qui possède une Norton — la sienne est une 250 Honda. Et le dimanche, Massoni est venu le reprendre à 7 heures pour aller faire du footing avec Campana. En fin d'après-midi, il est allé présenter sa fiancée à Maria, pour lui parler aussi de cette tracassante contravention. Durant cette visite qui a duré de 18 heures à 22 heures, Maria a reçu un policier corse venu lui demander de la peinture...

Dans une pièce voisine de celle où Poletti est en train de s'expliquer, Campana a déjà donné des signes de défaillance qui ne trompent pas les enquêteurs quand ceux-ci lui font remarquer qu'il est, comme par hasard, en congé de maladie depuis le week-end du drame : on ne l'a pas vu à son travail dans la nuit du samedi au dimanche, alors qu'il n'avait pas gardé la chambre durant ces deux journées... Or, il a effectivement fort mauvaise mine. Il a consenti, tout à l'heure, à lâcher le morceau sur le paquet de billets neufs trouvés dans sa chambre : ils proviennent d'un hold-up sans violences et sans risques réalisé, le 19 janvier dernier, au bureau de poste du quartier de La Pomme. Butin : 220 000 F. Le guichetier braqué n'était autre que leur ami Massoni.

Celui-ci est interpellé à 18 h 10 à sa sortie de la recette postale, car son nom est également cité comme une recrue de fraîche date de son groupe du S.A.C. Campana, lui, vient juste de craquer au bout de quatre heures d'interrogatoire. « Depuis une semaine, je ne dors plus. J'ai perdu 7 kilos. Je tiens à libérer ma conscience. Je préfère tout vous dire, puisque je connais déjà les aveux de Finochietti. » Avec encore beaucoup d'imprécisions et de lacunes, il confirme que l'instituteur a malheureusement dit vrai. Comme beaucoup de criminels, ébahi de l'être devenu, il est comme écrasé par le poids de son crime, même s'il n'a pas tué lui-même. Partagé entre le besoin de se taire et une envie irrésistible de se confier, il raconte ce qu'il sait. Il avoue avoir maquillé une Estafette volée, destinée à surveiller discrètement Massié, puis à l'intercepter pour récupérer des documents compromettants pour le S.A.C. Ça ne lui déplaisait pas de sortir ainsi de la routine. Il a participé à deux repérages depuis une butte située sur la route de la Sainte-Baume. A deux reprises, il a suivi en vain le mouvement des voitures à la jumelle, Massié étant susceptible d'utiliser soit une Mercedes blanche — celle endommagée par le coup de feu du 26 avril —, soit une Ami 8 beige.

Au jour J, le commando s'est retrouvé chez lui entre 13 et 14 heures. Il fallait profiter du temps pluvieux pour passer à l'action. On lui a dit de prendre son fusil à pompe. La visibilité n'étant pas bonne depuis la butte où le commando a repris sa faction, on l'a envoyé à pied en éclaireur. Il est revenu faire part à ses compagnons de la présence de maçons et de gens à l'intérieur de la maison. Vers 18 heures, persuadé du départ de ces personnes, le commando est arrivé à pied d'œuvre à bord de l'Estafette garée sur un petit parking, au-dessus de la bastide. Il est entré le premier avec un compagnon, les yeux protégés par des lunettes à verre blanc. Dès la neutralisation de Dominique Massié et de Ferrarini, il est allé chercher ses complices et les armes cachées dans l'Estafette. Il a vu entrer la grand-mère et l'a suivie en se mettant un des masques de chirurgien ramenés de l'hôpital par son épouse infirmière. Il fallait attendre, car d'autres personnes étaient susceptibles d'arriver. Campana a dit au chef du commando que la tournure des événements lui déplaisait. Réponse : « Impossible de faire marche arrière. Il nous faut Massié. » Campana a dû sortir pour ne pas se trouver mal quand le vieux a été à son tour « gazé ». Après la tombée de la nuit, on est venu le chercher pour aider au transport des corps dans l'Estafette, en les prenant par les pieds. Sauf l'enfant qu'il n'a vu qu'à ce moment-là.

Puis, ce fut le traquenard tendu à Massié à son retour, à plus de 3 heures du matin. En tentant d'empêcher sa fuite, Campana est tombé à la renverse. La suite est à peu près conforme au récit de Finochietti. Ils se sont tous retrouvés chez Campana au petit jour. C'est lui qui a été chargé d'aller abandonner l'Ami 8 à Mazargues.

Le véhicule est effectivement découvert à 19 h 30 au lieu indiqué, pare-chocs enfoncé, avec des traces de boue rougeâtre, le siège avant gauche basculé en arrière, la fixation cassée. Il appartenait à la société Midi-Containers de Jules Jacquèmes qui l'avait prêté à son gendre.

Interrogé toute la nuit, Campana revit le scénario du massacre comme un cauchemar et livre l'identité de ses complices. Le commando, dirigé par Lionel Collard, était bien constitué de l'instituteur et des trois postiers. Il reconnaît avoir prêté la main à des « actes inqualifiables » dans un état second de complet affolement : il a assené un coup de crosse à Ferrarini dès son entrée dans la maison. Il était dans la cuisine avec ses deux collègues quand Collard, laissant les cinq otages à la garde de Finochietti à l'étage, leur a dit : « Impossible de reculer maintenant, il faut tous les tuer », et leur a montré la cordelette qu'il tenait à la main. Il a aidé Collard à faire descendre les victimes que celui-ci a étranglées au lien, alors que Poletti proposait d'utiliser plutôt une barre de fer. Collard n'agissait pas par vengeance, mais sur ordre. Sa mission était de ramener les papiers d'une mallette. Maria devait être au courant. « Si j'avais su, quand Collard m'avait dit au bar-tabac de l'Obélisque à Mazargues, où m'avait conduit Poletti une semaine auparavant, qu'il s'agissait de tuer Massié et non de l'intercepter, je me serais préparé un alibi au lieu de m'absenter de mon service dans la nuit du 18 au 19. Avant de revenir nous changer et nous restaurer chez moi, à Saint-Savournin, nous avons laissé le corps de Massié dans le coffre de la R.5 blanche derrière l'auberge *Chez Grand-Mère,* où Collard s'est attardé une dizaine de minutes. Comme si ce corps devait être vu par quelqu'un avant d'être enterré. »

La femme et la belle-sœur de Campana confirment, de leur côté, avoir vu revenir les cinq hommes le dimanche 19, sur le coup de 6 heures du matin. Elles sont même descendues dans la cuisine leur faire... des steaks ! Ils avaient posé trois fusils sur la table et n'ont pas répondu à leurs questions. Elles les reconnaissent sur des photos, n'hésitant que sur celle de Collard que Joëlle Campana n'avait eu l'occasion de voir qu'une fois auparavant. Pourtant, son visage dit bien quelque chose à sa sœur Michelle.

Peut-être parce qu'il est le plus jeune et le plus novice des trois postiers, Jean-François Massoni, 24 ans, agent d'exploitation au bureau de La Pomme, a craqué le plus vite : moins d'une heure après sa mise en garde à vue (qui lui a été signifiée à 19 h 50), il s'est mis à table. Epuisé par dix jours d'angoisse, il avoue sa participation au commando d'Auriol et le rôle de chacun. Recruté à son tour par

Hecht, à la salle de karaté de la rue Dragon, pour assurer des services d'ordre de la campagne présidentielle, il n'avait jamais vu Massié, ne connaissant que Maria comme chef local du S.A.C. Sa première mission consistait à enlever Massié sur la route de son domicile, afin de récupérer des documents, dont celui-ci aurait voulu se servir pour faire chanter des membres du S.A.C. en les communiquant à un autre parti. L'opération ayant alors échoué, il lui a été demandé, dit-il, d'aller voler une Estafette pour provoquer un accident en accrochant la voiture de Massié. Il a reçu l'ordre téléphonique de rejoindre les autres le matin du 17 juillet sur la butte de repérage, avec la fourgonnette volée dans la nuit du 15 au 16 sur un parking d'Aix. Ils ont décroché, au bout de quatre heures de guet infructueux. Rebelote, le lendemain après-midi, après avoir récupéré l'Estafette devant la mairie de La Bouilladisse, près du garage où ont été changées les plaques minéralogiques. Et c'est l'investissement de la bastide, la capture de ses occupants au fur et à mesure de leur arrivée.

« L'un de nous a été reconnu par la femme de Massié qui l'a appelé par son nom. Le chef a alors dit qu'il fallait éliminer tout le monde. Nous, on s'est récriés : " Pas d'accord. " Mais on est restés. Deux heures plus tard, il est revenu nous dire : " Maintenant, il faut le faire. " Nous avons descendu en poids l'homme de 40 ans (Ferrarini) au bas de l'escalier. Le chef lui a sauté dessus et l'a étranglé du premier coup à l'aide d'une cordelette. Un autre l'a poignardé. Même scénario pour le vieux qui a crié " Au secours ! " avant d'être étouffé. A la vieille dame qui l'avait entendu crier, nous avons fait croire qu'il avait voulu se sauver. J'ai vu la mère, qui ne voulait pas être séparée de son enfant, garrottée dans l'escalier, et la tête du garçon tapée contre les marches.

« Chargé d'évacuer les corps, j'ai pris le volant de l'Estafette et suivi la R.5 grise récupérée derrière la butte par le chef du commando. Après avoir emprunté l'autoroute à Pas-de-Trets en direction de Nice, nous sommes sortis au Luc, dans le Var, pour nous enfoncer en rase campagne par un chemin de terre, vers une mine de bauxite désaffectée. A une trentaine de mètres du grillage que nous avons franchi, le chef a traîné successivement les cinq cadavres au fond d'une grotte dont il a rebouché l'excavation à la pelle. Puis nous avons encore roulé dix minutes avant de mettre le feu à l'Estafette. Quand nous sommes revenus à Auriol avec la R.5 grise, les autres avaient réglé le sort de Massié dont le corps se trouvait dans le coffre de la Mercedes, à 300 mètres au-dessus de la bastide. Devant l'impossibilité de démarrer, je suis allé chercher la R.5 blanche pour y transborder son corps, puis je ne m'en suis plus occupé. »

A 23 heures, devant les aveux de ses deux collègues, Ange Poletti s'effondre à son tour en soupirant : « Je vous avais menti pour les couvrir. » Mais il semble vouloir encore couvrir le commanditaire de l'opération « programmée courant juin » pour récupérer des fiches de police détenues par Massié à qui il était reproché, non seulement de détourner les fonds du S.A.C., mais encore de trafiquer avec des voyous, de racketter des bars et des boîtes de nuit.

Après le repérage manqué de la veille, en compagnie de Collard et de ses deux collègues karatékas des P.T.T., le « commanditaire » l'a convoqué le 18 juillet, vers 10 heures, chez Maria, où il a retrouvé Collard. C'est là que Poletti apprend la décision du passage à l'action pour l'après-midi même. En repartant, Collard lui fixe rendez-vous près de chez Campana, « avec tout le matériel ». Poletti est chargé de prévenir les deux autres. Au point de chute convenu, il fait la connaissance de Finochietti que Collard leur présente sous le prénom de Jean. Après le départ de la R.5 blanche garée devant la bastide et prise pour la voiture du maçon, Poletti vient garer l'Estafette à proximité de la maison et y pénètre le premier en compagnie de Campana. Suit la neutralisation successive des hôtes, tous gazés ou brutalisés, sauf l'enfant. Le commando s'attendait encore à voir arriver la sœur de Massié, Marina, et l'un de ses fils. La cordelette noire de 16 mètres, tronçonnée au couteau et utilisée pour les ligoter, servira à Collard pour les étrangler. « Ne supportant pas qu'un tel sort soit réservé à l'enfant, j'ai préféré l'assommer pendant son sommeil, quand Finochietti l'a descendu dans ses bras, en lui assenant deux coups d'un tisonnier trouvé sur place. Les corps ont été transportés au fur et à mesure à l'arrière de l'Estafette de sorte qu'aucune des victimes ne puisse voir le sort de la précédente. »

Ce tisonnier a encore servi à Poletti pour désarmer Massié quand, à son arrivée vers 3 heures du matin, le policier a réussi à esquiver le jet de gaz de Finochietti. Le break Ami 8 ayant un siège avant détérioré, Finochietti et lui ont transbordé son corps dans le coffre de la Mercedes en attendant le retour de Collard et de Massoni. La Mercedes refusant de démarrer, ils ont transporté le cadavre dans la R.5 blanche qu'ils ont abandonnée dans un bois, à une vingtaine de kilomètres d'Auriol, avant de revenir se restaurer chez Campana. Collard, Finochietti et lui sont allés la récupérer vers 9 heures pour aller enterrer Massié. Collard et lui sont restés à bord de la R.5 grise de Sinibaldi. Finochietti s'est mis seul au volant du véhicule mortuaire, mais ils l'ont perdu de vue quand, sifflé par des gendarmes pour une infraction mineure, il a accéléré et s'est enfui avec sa macabre cargaison. Poletti s'est alors fait raccompagner chez lui par Collard sans connaître la suite. En fin d'après-midi, il est allé présenter sa fiancée à Maria comme si de rien n'était.

Poletti a à peine achevé sa déposition que Massoni accepte de conduire les enquêteurs sur les lieux où il a accompagné Collard ensevelir les cinq autres cadavres. A condition de ne pas être mis en leur présence.

Tenue au courant au fur et à mesure de cette débauche d'aveux, le juge Llaurens-Guérin décide aussitôt un transport de justice. Le cortège s'ébranle le 30 juillet, à 4 h 30 du matin. Il comprend, outre le jeune postier et son escorte de gardiens, le substitut Louis Bartolomei, les commissaires Vegnaduzzi et Girel, et, bien sûr, la « dame de fer ». Franchissant, à 5 h 20, le péage du Luc, à 75 kilomètres d'Auriol, il prend la direction de Saint-Tropez par Cogolin et s'engage dans un chemin sinueux à 13 kilomètres de La Garde-Freinet. Un panneau indique Les Mayons 7 kilomètres. Un kilomètre de piste encore, et voici le grillage distendu de l'ancienne mine du Pic Martin. Près d'un chêne, au pied d'une butte de roches grises, Massoni reconnaît le talweg aperçu dans la nuit et l'excavation, fraîchement recouverte, d'une galerie désaffectée. Il raconte qu'au cours de leur funèbre voyage nocturne, Collard l'avait fait arrêter sur l'autoroute à une station-service pour acheter une lampe de poche, afin d'acheminer les cadavres au fond de cette galerie. Aux abords traînent encore des morceaux de cordelettes et des bigoudis de couleur. Gendarmes et policiers s'affairent à suivre les rails rouillés de l'ancienne galerie sur une trentaine de mètres. Il leur faut ensuite déblayer la couche de terre qui obstrue la cavité de deux mètres où sont empilés les cadavres. La terre rouge se soulève en nuages de poussière tandis que, de l'étroit boyau, ils remontent péniblement, un par un, les cinq corps à demi décomposés mais portant encore les stigmates de l'affreuse boucherie. Le spectacle est à la limite du supportable. De la végétation rabougrie qui recouvre alentour les collines chauffées à blanc par un soleil déjà haut montent les crissements des insectes. La tension est telle qu'un des policiers s'avance pour frapper le prisonnier que l'on a éloigné. A son maillot de bain imprimé bleu et blanc, à sa gourmette pleine de terre, on identifie le petit Alexandre au crâne fracassé. Cette femme en robe claire rayée, les cheveux encore enroulés dans des bigoudis pris sous une résille rose, la gaine remontée sur la poitrine, le cou doublement enserré par un nœud à plat, un lien rouge sous les aisselles, les pieds entravés par une tombée de cotonnière en cachemire, c'est Emmanuelle Jacquèmes, sa grand-mère. Ce grand corps aux cheveux blancs, en combinaison de travail, les poignets liés sur le ventre par une cordelette à rideau tressée, un bâillon de tissu bariolé retenant un sac de plastique enfoncé dans la bouche, un nœud serré sur la joue droite, c'est son mari, Jules Jacquèmes. Cet homme aux cheveux grisonnants, en pull-over et en jean, les poignets attachés dans le dos et les chevilles liées par des cordelettes multitressées, un même lien incrusté dans les chairs du cou, c'est Georges Ferrarini, l'ami de Marina Massié. Et cette jeune femme aux longs cheveux teintés au henné, au crâne en partie scalpé et dont la robe rouge à volants est relevée par-dessus la tête, le soutien-gorge remonté au-dessus des seins et le slip noir baissé et roulé à mi-cuisse, c'est la dernière image de Marie-Dominique Massié. Il est 10 h 30.

Une seule fois la « dame de fer » aura eu un instant de faiblesse. A la vue des corps meurtris du petit Alexandre et de sa mère, elle s'est agrippée au bras de sa greffière Viviane Roubaud en murmurant dans un souffle :

— C'est horrible !

— Je vous ai conduite là, lui confesse Massoni, parce qu'on n'a pas le droit de laisser comme ça les morts dans un trou.

Ce soir-là, la fenêtre de son bureau restera allumée encore un peu plus tard, au premier étage du palais de justice. Les procès-verbaux s'entassent sur sa table de travail. Elle annote les premières constatations médico-légales effectuées par l'expert attitré du tribunal de Marseille, le Dr Bernard Mariotti :

— Massié Alexandre, né en mars 1976 : trois lésions crâniennes avec enfoncement de l'occiput et trois plaies thoraciques par instrument tranchant en forme de V.

— Jacquèmes Emmanuelle, née le 30 janvier 1911 : plaie mammaire par un coup de lame rotatif ayant précédé le décès par strangulation au lien et asphyxie mécanique.

— Jacquèmes Jules, né le 5 juin 1914 : traumatisme crânien, décès par étouffement, dix-neuf plaies thoraciques et abdominales à l'arme blanche.

— Ferrarini Georges, né le 19 juillet 1938 : une plaie fronto-pariétale, deux plaies thoraciques *post mortem,* décès par étouffement.

— Massié Marie-Dominique, née le 11 avril 1946 : trois plaies crâniennes sans fracture, cinq plaies thoraciques mortelles en forme de fleur de lys. Le Dr Mariotti ajoute : « L'examen de la vulve déterminé par la position du slip et de la robe n'a pas permis d'établir, compte tenu de l'état avancé de la putréfaction du corps, si des violences sexuelles ont été exercées. »

Un autre rapport de l'identité judiciaire concernant l'examen de la Peugeot 204 de Massoni retient encore l'attention du juge : la comparaison d'une trace papillaire relevée sur ce véhicule avec le pouce droit de Lionel Collard a fait apparaître les treize points de concordance. N'était l'horreur du crime, la « dame de fer » pourrait rentrer se coucher avec quelque motif de satisfaction : onze jours d'enquête pour parvenir à arrêter tous les tueurs et à retrouver les six cadavres, cela s'appelle une affaire rondement menée. Reste à déterminer les responsabilités et les mobiles. La plus longue épreuve dans la recherche de la vérité et l'accomplissement de la mission de justice.

SCÉNARIO POUR UN MASSACRE

Un nouveau transport de justice, le 18 août, aboutit à une treizième inculpation, après celles de Robert Mouriez, 30 ans, ancien colistier R.P.R. de Massié aux élections municipales de 1977 à Allauch (Bouches-du-Rhône), adjoint de Maria à la direction départementale du S.A.C. ; de Claude Lecomte, 39 ans, responsable du R.P.R. à Aubagne, membre du S.A.C. et correspondant téléphonique de Jacques Mathé, 41 ans, détective privé et âme damnée de Jacques Massié ; et de Charles Cavallo, 36 ans, tenancier du bar *La Rotonde* à Aubagne et gros bras du S.A.C. Tous poursuivis pour non-dénonciation de crime.

Il s'agit, cette fois, d'un hobereau de Nans-les-Pins, Hubert Lieutier, catholique intégriste et militant royaliste, beau-frère de Gisèle Lieutier, l'aubergiste de *Chez Grand-mère*. Ecroué à son tour le 19 août pour recel de cadavre. C'est en effet dans son domaine de La Castinelle, à un kilomètre de l'auberge sur la route de Saint-Maximin, qu'Ange Poletti, soudainement en veine de révélations, a conduit policiers et magistrats pour éclaircir les conditions encore obscures de la promenade macabre du corps de Massié. Peut-être pour minimiser son propre rôle dans la tuerie d'Auriol, le chef de file du trio des postiers s'est mis à mouiller davantage Collard et Maria au cours d'une nouvelle audition, la veille, par le juge Llaurens-Guérin.

Il commence par en dire plus sur la réunion convoquée le 1er mai par Massié à la bastide de La Douronne, après l'incident nocturne du 26 avril sur l'autoroute d'Aubagne. Le policier y avait accusé Collard à mots couverts d'être à l'origine du récent plasticage de l'Hôtel des impôts à Marseille, attribué au F.L.N.C. « On s'est mis le F.L.N.C. à dos », dit-il en ajoutant à l'adresse du légionnaire et de Maria : « Vous deux, je ne vous contrôle plus ! » Maria était resté sceptique sur cette histoire de F.L.N.C. mêlée par Massié à celle de son pseudo-attentat. Aux compagnons réunis le soir même chez lui autour d'un verre, il avait rappelé que Massié était allé jusqu'à soupçonner sa femme d'avoir un amant, ajoutant que Dominique avait d'ailleurs déposé plainte contre son mari pour coups et blessures. Plus tard, Massié avait fait des confidences supplémentaires à Hecht et à Poletti au sujet du système de mise à feu utilisé par Collard pour ses attentats à l'explosif : une horlogerie branchée sur une batterie de moto. A cette occasion, il leur avait montré son fichier.

« Maria m'avait dit que Massié risquait de négocier certains documents avec la nouvelle majorité. Il avait des contacts avec Pezet et son beau-père louait sa flotte de camions à un candidat de gauche. Il fallait empêcher Massié de profiter du changement de régime pour négocier ses documents. Lors des deux repérages préalables, Collard nous a dit que l'ordre de récupérer ces documents venait d'en haut. Il n'y avait aucun risque, car il n'y aurait pas de plainte. Quand je l'ai retrouvé chez Maria, le 18 au matin, il m'a dit : “ Tu récupères tes armes et on remet ça cet après-midi. ” Arrivé sur la butte où nous recommencions notre guet, il nous a dit qu'une fois Massié capturé, il n'aurait plus besoin de nous : tout était prévu, le lieu et les personnes chargées de l'interrogatoire.

« En fouillant la bastide, nous avons effectivement trouvé une mallette contenant des fiches, des chemises et divers papiers dans la salle de séjour, puis une mallette d'appareillage électronique d'enregistrement dans la R.5 blanche ramenée par Massié. Collard les a emportés quand nous avons quitté La Douronne en cortège de trois voitures (la R.5 grise, l'Ami 8 et la R.5 blanche avec le corps de Massié). Nous avons laissé l'Ami 8 à Saint-Zacharie, puis la R.5 blanche derrière *Chez Grand-Mère* où Collard est entré seul quelques minutes dans une sorte de salle vitrée. Tout était éteint. Il nous a dit que quelqu'un viendrait reconnaître le corps et nous sommes repartis tous les cinq à bord de la R.5 grise récupérer l'Ami 8 à bord de laquelle Collard et moi avons pris place pour retourner à Auriol mettre le feu à la bastide et à la Mercedes restée en rade. Puis, nous avons retrouvé les autres au domicile de Campana, à Saint-Savournin.

« Là, Collard a confié la mallette d'électronique à Massoni pour qu'il s'en débarrasse en même temps que de l'Ami 8. Il a pris l'autre mallette avant de repartir pour Nans-les-Pins, avec Fino et moi, chercher la R.5 blanche derrière *Chez Grand-Mère.* Il était entre 8 et 9 heures. Le corps était toujours dans le coffre. A bord de deux voitures, nous avons pris la route de Saint-Maximin pour obliquer très vite dans un chemin de terre au bout duquel se dresse une maison de maître. Je me propose de vous y conduire. A l'entrée se trouve une volière pour l'élevage des faisans, un porche et un grand cèdre. Un homme d'une quarantaine d'années, en jean et en chemise à grosses raies bleues et blanches, est venu au-devant de Collard nous ouvrir. Ils sont montés tous deux dans la R.5 grise et ont emprunté un chemin de terre derrière la maison. Fino et moi les avons attendus environ une demi-heure avec la R.5 blanche garée devant la chapelle qui flanque la demeure.

« A leur retour, ils ont pris une pelle et une pioche dans la grange attenante au bâtiment et les ont rangées dans le coffre de la R.5 grise. Collard en a repris le volant et m'a fait monter à côté de lui pour reprendre la route. Fino suivait au volant de la R.5 blanche. Mais, à l'embranchement Brignoles-Saint-Maximin, il a brûlé le stop. Sifflé par des gendarmes, il a accéléré, nous a doublés tandis que Collard ralentissait et, le temps que les gendarmes nous fassent signe de passer, nous l'avons perdu de vue. Je ne sais combien de temps il a ainsi promené le corps de Massié. " Il finira bien par me téléphoner ", fit Collard avec philosophie en proposant de me raccompagner. Mais on est d'abord passés par chez Maria. Il était aux environs de 11 heures et les frères Maurice se trouvaient là. Je suis resté seul avec eux dans la cuisine, laissant Collard et Maria examiner à l'écart le contenu de la mallette. Cinq minutes plus tard, Collard m'a déposé chez moi en me donnant à détruire ce qu'il en restait : une vingtaine de fiches de renseignements personnalisées, un feuillet où Massié avait noté : " J'ai vu Fino et Collard à Auriol ", une lettre de son avocat, Me Michel Pezet, et d'autres papiers sans grande valeur concernant l'achat de sa maison. J'ai tout brûlé avec mon tee-shirt maculé dans mon brûleur à herbe. »

Dès qu'elle a consigné cette nouvelle confession arrachée à Poletti, Françoise Llaurens-Guérin décide de se rendre sur place à Nans-les-Pins avec l'inculpé, son avocat Me Henri Coupon et le commissaire Girel. Le lendemain, à 5 h 50, le cortège judiciaire s'ébranle à nouveau. A 200 mètres de l'intersection Brignoles-Saint-

Maximin, il emprunte, sur la gauche, le chemin du domaine de La Castinelle et stoppe devant la volière à 600 mètres, à l'entrée de la gentilhommière, pour une perquisition en règle. La « dame de fer » a aussi quelques questions à poser au propriétaire, Hubert Lieutier, 40 ans, exploitant agricole, que Poletti avait identifié parmi huit photos qui lui étaient présentées. D'autant que le chemin de terre contournant la chapelle, dit chemin de la Reine Jeanne, conduit de sa propriété au tumulus où avait été enseveli Massié.

Lieutier ne sera pas le dernier inculpé de l'affaire. Le 4 août, le juge a en effet délivré une nouvelle commission rogatoire au S.R.P.J. pour tenter de retrouver un homme de confiance de Massié au S.A.C., Yves Courtois, 38 ans, délégué syndical, comme Collard, aux établissements Chambourcy. Il est porté disparu depuis la mi-mai et son nom revient à plusieurs reprises dans la procédure comme celui d'un « trésorier se vantant de ses longues manches et de ses couvertures préfectorales ». Selon Poletti, lors de la réunion du 1er mai à la bastide d'Auriol, Maria, entre autres griefs échangés ce jour-là avec Massié, s'est plaint que Courtois l'ait également dénoncé à la police pour un prétendu trafic d'or ou de diamants. Le 15 mai, Courtois a informé son chef d'équipe à Chambourcy qu'il venait de recevoir un appel téléphonique vers 5 heures du matin et qu'il ne pouvait se présenter à son travail. Depuis, on était sans nouvelles de lui et les lettres adressées à son domicile sont revenues avec la mention : « N'habite plus à cette adresse. » Or, l'enquête a établi qu'il est allé rendre visite à l'un de ses « agents de renseignements », François Giustignani, un invalide civil de 49 ans, ancien employé des tramways. Celui-ci l'avait hébergé le 10 mai, le soir de l'élection de François Mitterrand que Courtois disait ne pouvoir supporter.

Cinq jours plus tard, Giustignani recevait, à l'aube, la double visite de Courtois et de Collard venus le chercher pour participer à une mission anti-F.L.N.C. : le repérage d'une villa de La Capelette appartenant à un autonomiste corse. Giustignani refuse. Le soir même, Collard revient le trouver seul pour lui dire : « Courtois, tu ne le reverras plus... Son cas est réglé... Un cadavre, on peut le faire disparaître de diverses façons. » C'est du moins ce que raconte Giustignani, le 19 août, aux deux policiers de Bastia venus l'appréhender dans sa villégiature de Calvi, accompagnés de deux collègues du S.R.P.J. de Marseille, sur un mandat d'amener de Françoise Llaurens-Guérin. Ce demi-aveu qu'il aura eu le tort de garder par-devers lui et sur lequel il tentera de revenir permet en tout cas au juge de l'inculper de non-dénonciation de crime, car Courtois est demeuré introuvable. Et dans les jours qui ont suivi sa disparition,

Lionel Collard se serait inquiété auprès de Giustignani d'un petit carnet rouge confié par Massié à Courtois. Le militant disparu aurait-il été supprimé ? Et y aurait-il un lien entre sa mort et la tuerie d'Auriol ?

C'est en recoupant les déclarations des trois postiers que le magistrat sera amené à se poser la question, suivant les réquisitions supplétives du Parquet qui, du coup, ouvre une information sur le cas Courtois. Massoni a fait état d'une confidence de Collard au retour de la mine des Mayons où ils venaient d'ensevelir les cinq cadavres de la famille Massié : « Là-bas, crois-moi, on ne risque pas de les retrouver. Il y en a déjà un autre depuis quelques mois... » Mais c'est Poletti qui a établi le lien avec la disparition de Courtois en évoquant une réflexion de l'ex-légionnaire quand tous deux regagnaient Marseille le 19 juillet au matin. Le postier lui ayant demandé où il avait enterré les cadavres de la famille Massié, Collard lui aurait répondu : « Dans une galerie de mine qu'il faudra fermer, car elle en contient d'autres... »

Les nouvelles recherches entreprises dans l'ancienne exploitation varoise de bauxite resteront pourtant vaines. Et c'est ailleurs que le hasard mettra les enquêteurs, dix-huit mois plus tard, en présence d'un autre cadavre et d'une autre énigme. Le 19 février 1982, un chercheur de champignons arpentant la forêt varoise de Signes viendra buter sur des restes humains enfouis sous un tas de pierres. La brigade des recherches de la gendarmerie de Toulon aura du mal à les identifier comme ceux d'un patron de bar marseillais de 31 ans, Claude Castellanos, dont l'amie avait signalé la disparition deux ans plus tôt : il ne lui avait pas donné signe de vie depuis le 16 février 1980. L'enquête de routine s'était perdue dans les sables. Il aura fallu l'instruction de l'affaire d'Auriol pour la réactiver à la fin d'août 1981, quand on s'aperçoit que le nom de Castellanos figure dans le fichier départemental du S.A.C. comme karatéka émérite, qu'il comptait, semble-t-il, parmi les recrues de Massié et, surtout, que les circonstances de sa disparition ressemblent étrangement à celles de Courtois : selon son amie, le cafetier de la rue Saint-Pierre (quartier est de Marseille) aurait, lui aussi, reçu un mystérieux appel téléphonique avant de se rendre à un rendez-vous chez son avocat au sujet d'une condamnation pour une « ratonnade ». Il n'est jamais arrivé au cabinet de son défenseur...

Sans avoir la preuve de la mort de ces deux compagnons du S.A.C. proches de lui, l'inspecteur Jacques Massié peut avoir disposé d'éléments inconnus impliquant, sur ce point aussi, ceux qui aspiraient ouvertement à prendre sa succession en le discréditant, tant aux yeux de la « base » que du « patron ». Il semble, en tout cas, que plusieurs personnes, au-delà même du cercle déjà large des inculpés de non-dénonciation de crime, aient été au courant des menaces précises qui pesaient sur lui après l'élection présidentielle de mai.

Pour tenter d'en comprendre les raisons, la « dame de fer » poursuit sans désemparer l'interrogatoire des inculpés. Des heures et des heures passées à rechercher leurs motivations, à souligner leurs contradictions ou à faire échec à leurs arguties. Malgré la rapidité des résultats obtenus, son instruction prend une vitesse de croisière depuis qu'elle bute sur les verrous que constituent les silences de Finochietti sur l'identité de A. et de Z. et les dénégations de Collard et de Maria, sans parler des protestations indignées de Debizet. Au fil des auditions qui se sont succédé à un rythme intense, les raisons de la tuerie d'Auriol ne se sont guère précisées, comme si tout avait été dit dans les onze premiers jours des investigations. Lionel Collard, dont le procès-verbal de la première audition au fond n'atteint pas moins de trente-sept feuillets, comme Jean-Joseph Maria, collé pendant dix heures d'horloge à son siège de bois, campent sur leurs positions, en dépit de leurs omissions initiales. Finochietti persiste à les couvrir tout en les représentant symboliquement dans ses dessins. Mais les trois postiers champions de karaté, eux, de caractère plus faible, et sans doute aussi parce que le fardeau est trop lourd à porter pour leurs épaules, cèdent du terrain à chaque comparution. Même quand ils cherchent à réduire leur part de responsabilité, leurs aveux plus ou moins recoupés par les constatations matérielles ou par les résultats des autopsies, les confrontations organisées les 3 septembre, 2, 8 et 21 octobre, 14, 15 et 20 décembre 1981, la reconstitution tronquée effectuée sur les lieux du drame le 5 janvier 1982, en l'absence volontaire de Finochietti et de Collard, permettent, aujourd'hui, de se faire une idée plus précise du scénario de la tuerie.

Depuis son retour de stage à l'Ecole des inspecteurs de police de Cannes-Ecluse, le 20 mai 1981, Jacques Massié est sur le qui-vive. Il se sait désormais lâché par les membres du S.A.C. marseillais qu'il ne contrôle plus, désavoué par le grand patron parisien et menacé par ceux qui l'ont raté, ou seulement voulu l'intimider, le 26 avril, à quelques heures du premier tour de l'élection présidentielle.

Une première tentative d'approche est confiée à l'instituteur Finochietti, précisément démissionnaire du S.A.C. depuis l'intérim assuré par Maria. Cette mission lui a été présentée comme une épreuve initiatique pour entrer dans la confrérie des services secrets. Après trois prises de contact direct avec Massié ou sa femme et plusieurs repérages aux abords du lotissement de La Douronne, dont deux au moins effectués en compagnie de Collard, il se sent grillé et s'apprête à renoncer à sa mission. Mais le trio des postiers relevant d'un autre groupe du S.A.C., et qu'il n'a aucune raison de connaître, est mobilisé pour le relayer. A leur tête, Ange Poletti qui a l'avantage d'avoir rencontré Massié à plusieurs reprises en compagnie de Hecht, l'un des derniers chefs de groupe du S.A.C. resté fidèle au policier. Il a assisté à la réunion du 1er mai à la bastide où Massié et Maria se sont échangé leurs griefs. Il était déjà au courant de leur différend, le premier qualifiant le second d' « illuminé », d' « ivrogne » et de « nazi », désireux de prendre sa place ; le second le traitant par-derrière de « flic-voyou » dont la vénalité et le manque de fiabilité politique rendaient impérative la récupération de ses dossiers. Mais c'est Collard qui réunit le trio, un dimanche, à bord de sa R.14, place Castellane, pour le passage à l'action : il s'agit d'intercepter Massié à l'extérieur de son domicile pour le remettre à une autre équipe chargée de récupérer les documents. « L'ordre vient d'en haut. »

Après un exercice de tir à La Bouilladisse, Collard conduit les trois postiers sur une butte de la route qui monte à la Sainte-Baume, d'où l'on peut observer les alentours de la bastide, au sommet du lotissement de La Douronne. Ils font vainement le guet avec leurs armes. Dans la nuit du 15 au 16, tous quatre se rendent à Aix à bord de la 104 du plus jeune, Jean-François Massoni, pour voler une Estafette, plus propice à leur dessein, à proximité de la Fondation Vasarely. Le 17, ils retournent sur la butte avec la camionnette maquillée et la R.5 grise de Sinibaldi que Collard a empruntée à Finochietti. A l'issue de ce troisième repérage infructueux, Collard donne l'ordre de « décrocher » en annonçant le report de l'opération pour après les vacances. C'est alors que Poletti vient rendre visite à Massié qu'il trouve, en fin d'après-midi, aux aguets sur la terrasse de la bastide, dans la seule compagnie de sa femme et de son fils. Prétexte : une recherche de renseignements sur un nommé Jean-Pierre Lafé qui serait parti avec la caisse d'un bistrotier de La Ciotat nommé Gilbert. Un déjeuner aussi à fixer avec Hecht pour discuter d'Israël et du problème juif, Massié s'étant vigoureusement opposé à un projet de plasticage d'une synagogue...

Le 18 dans la matinée, contrordre. Poletti est invité à prendre Collard chez Maria d'abord pour le ramener à son domicile, où l'attend Finochietti, et pour aller chercher son « armement » qu'il met dans la R.5 prêtée par Sinibaldi. Il prévient Campana par téléphone et lui demande d'appeler Massoni à son travail, au bureau de La Pomme. Entre 13 et 14 heures arrivent successivement, au domicile de Campana à Saint-Savournin, Collard et Finochietti à bord de la R.5 grise, Poletti sur sa moto et, enfin, Massoni au volant de sa 104. C'est la première rencontre entre l'instituteur dévoué à Collard et les trois postiers en mal d'action. On fait le compte des armes apportées par chacun et on les roule dans une couverture pour les embarquer : le fusil à pompe et le couteau à lame éjectable de Campana, les deux fusils de chasse, le couteau corse à corne blanche et trois bombes à gaz incapacitant achetées par Poletti, les deux revolvers de Collard, le poignard de commando de Finochietti, un rouleau de cordelette de nylon tressé et des masques chirurgicaux en tissu vert et blanc ramenés par la femme de Campana, infirmière à l'hôpital de La Timone pour les travaux de peinture de son mari. Celui-ci emporte également un petit téléobjectif pour compléter les jumelles de marine de Collard.

Le commando s'engouffre tant bien que mal dans la R.5 grise pour aller chercher l'Estafette planquée à La Bouilladisse, et vient reprendre sa faction sur la butte de la Sainte-Baume avec les deux véhicules. Devant la bastide, il repère une R.5 blanche, mais non l'Ami 8 de Massié dissimulée par le massif de lauriers-roses. Il est à peine 15 heures. On se répartit les armes et les tours de guet. Collard explique à Campana et à Massoni qu'il a été décidé de reconsidérer la suspension de l'opération ce matin même au cours d'une réunion de chefs, sans faire état de l'élément nouveau intervenu, lié sans doute à la visite de Poletti à Massié. Il ajoute qu'il en a assez d'attendre, qu'il est sur ce « coup » depuis un mois et demi et qu'il a déjà investi un million d'anciens francs à engager du monde, se procurer des véhicules et des papiers pour mener l'affaire à bien. A leurs yeux, il passe pour l'homme de confiance de Maria, spécialisé dans les missions délicates, puisqu'il leur a fait croire, entre autres, qu'il avait pris part à la libération de Françoise Claustre, la prisonnière des rebelles tchadiens au Tibesti...

Au bout d'un moment, Collard demande à Campana d'aller effectuer une reconnaissance à pied dans le lotissement et se rendre compte de plus près des allées et venues observées autour de la bastide. Il lui passe le revolver de Finochietti. Parvenu à proximité, le postier ne voit que le maçon s'affairant avec un aide sur le chantier. A son retour, les autres signalent la sortie d'un couple et d'un enfant, puis le départ des maçons, probablement à bord de la R.5 blanche qui a disparu de leur champ de vision. C'est alors que Collard et Poletti découvrent l'Ami 8 de Massié devant la maison. Ils en déduisent que le policier est enfin de retour chez lui et qu'ils ne peuvent plus espérer l'intercepter à l'extérieur. Il est 18 h 15. Voilà près de quatre heures qu'ils trépignent d'impatience derrière la butte. Le moment est donc venu d'aller cueillir l' « objectif » à son domicile. Laissant la R.5 grise de Sinibaldi sur place, Collard, Finochietti et Massoni montent à l'arrière de l'Estafette dont Poletti prend le volant avec Campana à ses côtés. Poletti gare le véhicule en contrebas de la bastide. Campana accroche à son cou son masque de chirurgien et s'affuble d'une paire de lunettes neutres. Il suit Poletti qui tient à la main un lecteur de cassettes. Ils ont chacun une bombe à gaz dans leur poche. Poletti a laissé son revolver à Massoni. La porte vitrée n'étant pas fermée, il se dirige vers la cage d'escalier quand Dominique Massié, en peignoir, l'interpelle de la cuisine où elle est en train de se décolorer les cheveux. « On vient faire écouter un enregistrement à votre mari, à propos de l'affaire dont je lui ai parlé hier soir. » A peine lui laisse-t-il le temps de répondre que son mari n'est pas là : dès les premières marches de l'escalier, Poletti l'étourdit d'un jet de gaz.

A ce bruit, un homme se lève du canapé de la salle de séjour où il faisait la sieste, pour s'encadrer dans la porte de séparation : Georges Ferrarini demande ce qui se passe en s'avançant à son tour vers l'escalier. « C'est rien, c'est rien », répond Campana resté en retrait en lui assenant un coup de crosse à la tempe gauche. Poletti achève de le neutraliser d'un jet de gaz. Campana, incommodé, ressort aussitôt et informe les trois autres de l'absence de l' « objectif ». Avant de pénétrer à son tour dans la maison, un fusil à la main, suivi de Finochietti qui a masqué son visage, Collard ordonne à Campana de planquer l'Estafette sur un terre-plein au-dessus du lotissement et de ramener Massoni et les autres armes roulées dans une couverture. Puis, il aide Poletti à faire monter à l'étage les deux otages qu'il pousse vers la chambre à coucher du second palier : Dominique s'affale sur une chaise, Ferrarini est allongé par terre, les mains aussitôt attachées dans le dos. A leur retour vers la maison, Campana et Massoni voient arriver Emmanuelle Jacquèmes et se dissimulent. Collard demande à Finochietti de redescendre l'accueillir dans la cuisine. Elle s'inquiète de ne point y trouver sa fille. « Elle est en haut », lui dit l'instituteur en prenant par la main le petit Alexandre qui vient d'entrer sur les pas de sa grand-mère.

En la croisant dans l'escalier, Poletti fait trébucher la vieille dame d'un jet de gaz dont Finochietti protège de sa main la bouche de l'enfant. Préposé à leur garde, l'instituteur armé d'un fusil à pompe s'emploie, malgré tout, à rassurer les prisonniers. Il ne redescendra que pour aller chercher des cachets, à la demande d'Emmanuelle Jacquèmes, dans son sac resté en bas. Il renonce à la bâillonner à cause de sa prothèse dentaire, mais Collard est venu lui lier les pieds sur le lit, après avoir découpé des morceaux de cordelette à l'aide du couteau de Campana. « Qu'est-ce que vous m'avez fait ? » se plaint-elle en montrant un hématome sur sa jambe gauche.

Pendant ce temps, les autres se mettent à fouiller la maison, Poletti guettant le retour de Massié par la porte-fenêtre de la cuisine, armé du Smith et Wesson de Maria trouvé dans la commode de la chambre sur les indications de Dominique. Mais c'est Collard qui découvre l'attaché-case noir à fermoir en acier brossé du policier, près du buffet de la salle de séjour. Il l'ouvre et le referme rapidement devant Campana qui n'a le temps d'y apercevoir que l'envers d'une photo polaroïd et des enveloppes de papier kraft. Puis il l'emporte à l'étage pour en examiner le contenu plus à loisir.

Un bruit de moteur qui s'arrête, un claquement de portière : il est près de 20 heures quand Jules Jacquèmes revient à son tour à la bastide chercher sa femme. Celle-ci prévient Finochietti : « C'est mon mari. Attention, il est nerveux. » En voyant des inconnus dans la cuisine, le père de Dominique esquisse un mouvement de recul. Poletti le pousse vers Massoni qui lui envoie une giclée de gaz au visage. Mais le vieux se débat et Poletti le ceinture par-derrière, tandis que Campana lui porte des coups de rouleau à pâtisserie. Collard vient le chercher dans l'escalier pour le conduire, les poings liés, dans la chambre où Finochietti le fait allonger sur le lit, près de sa femme. Jules Jacquèmes se plaint d'une bosse au bras. Sa fille, qui a reconnu l'instituteur quand celui-ci lui a ôté son bâillon pour lui donner à boire, tente de décourager leurs geôliers en leur annonçant la prochaine arrivée de sa belle-sœur, Marina Massié, avec l'un de ses fils. Poletti, Campana et Massoni se concertent au rez-de-chaussée : trop, c'est trop. Mais Collard redescend, sa carabine à la main :

— Pas question de renoncer et de partir. Quand la nuit sera tombée, il faudra tous les éliminer.

— Tu rigoles ? répond Poletti.

— L'un de nous a été identifié. On n'a plus le choix. Pensez aux représailles si on laisse des témoins.

Deux heures vont pourtant encore s'écouler, deux heures de huis clos insupportable s'ajoutant aux cinq heures de guet et de tension de l'après-midi, avant que l'ex-légionnaire les appelle pour l'aider à descendre leurs prisonniers et à les disposer autour de la table de la salle à manger, de façon à mieux piéger Massié à son retour. Il leur demande de venir les chercher un par un, maintenant que la chambre est plongée dans l'obscurité. L'attente a émoussé leur volonté. Terrorisés par Collard, ils vont se comporter comme des robots. Campana et Massoni prennent Ferrarini par les pieds et les aisselles pour le porter en poids dans l'escalier, suivi de Collard qui tient une cordelette à la main. Au pied des marches, les deux postiers remettent debout le prisonnier ligoté. En un clin d'œil, Collard lui passe la cordelette, par-derrière, autour du cou et la noue d'un coup sec en serrant jusqu'à ce que le malheureux tombe à terre sans un cri. Collard s'agenouille près de lui pour achever de l'étrangler. Il demande à Campana et à Massoni de l'aider à transporter le corps de Ferrarini à l'intérieur de l'Estafette qui se trouve maintenant garée en marche arrière à 2-3 mètres de la porte vitrée de la cuisine.

Quand il rentre, le dernier, dans la maison, il a le couteau à lame éjectable de Campana à la main et il murmure : « Il est increvable celui-là ! » Il fait signe à Campana et Massoni de le suivre pour monter chercher le vieux. Jules Jacquèmes, qui n'a que les poignets entravés par-devant, refuse de se laisser porter en poids : « Je peux marcher », répond-il à Collard en le précédant dans l'escalier. Au bas des marches, Collard lui saute littéralement dessus pour l'étrangler avec sa cordelette. Mais le beau-père de Massié réussit à pivoter en criant : « Au secours ! » Collard le renverse sur le dos, l'allonge à côté de la table de la cuisine et s'accroupit pour lui enfoncer un sachet de plastique dans la bouche et le larder de coups de couteau « à la manière d'un cordonnier piquant un soulier ». En transportant le corps dans l'Estafette, Campana dit à Poletti : « Je reste dehors, je n'en peux plus ! » Mais déjà Collard est remonté dans la chambre où Emmanuelle Jacquèmes s'inquiète des bruits de lutte et du cri parvenus du rez-de-chaussée. Il la tranquillise en l'aidant à se lever. « C'est rien, votre mari a raté les dernières marches. » Il lui passe les bras autour de l'épaule, comme on fait affectueusement avec une personne âgée. En les voyant apparaître tous deux en haut de l'escalier, Massoni, qui montait, fait demi-tour. Parvenu à la dernière marche, Collard serre la cordelette autour du cou de la grand-mère, la fait tomber sur le dos, perpendiculairement à la table, la traîne près du cagibi et s'accroupit une fois de plus pour l'achever à la lame. C'est à ce moment que Dominique Massié s'écrie : « Mais, on nous tue ! » et que Finochietti tente de la rassurer en lui promettant sa protection.

Mais, tandis que Campana, rappelé à l'ordre, et Massoni évacuent le corps d'Emmanuelle Jacquèmes dans l'Estafette, Collard est remonté à l'étage. Il raisonne Dominique en l'enlaçant par l'épaule, comme il l'a fait avec sa mère. La jeune femme demande alors à descendre avec son enfant qui s'est endormi dans le noir de la chambre. L'instituteur prend délicatement Alexandre dans ses bras. Massoni, qui a suivi Collard dans l'escalier mais n'est pas entré dans la chambre, fait à nouveau demi-tour. En arrivant sur la dernière marche, Dominique a un sursaut. Elle se retourne et évite le lacet que Collard s'apprête à lui passer autour du cou. Elle se débat, tombe assise sur la dernière marche, frappe le sol de ses pieds. Collard la tire par les cheveux. Poletti demande à Campana, que Massoni a rejoint dans la salle de séjour, de lui passer le tisonnier de la cheminée. Il scalpe la malheureuse de trois coups de la tige de fer. Puis, avisant l'enfant dans les bras de Finochietti qui lui masque les yeux de sa main, il brandit le tisonnier à bout de bras et, sur sa lancée, fracasse le crâne d'Alexandre. Sous le choc, l'instituteur laisse tomber la petite victime dont la tête vient heurter les marches, et reste un instant pétrifié sur place. « Bouge-toi ! » lui lance Collard qui revient de porter le cadavre de Dominique dans l'Estafette avec Campana. Finochietti enveloppe le petit corps pantelant dans une couverture et le dépose à l'arrière du véhicule où s'entassent les autres corps. Il met fin au râle d'Alexandre en lui plongeant son couteau dans le cœur. Puis, il rentre enlever sa chemise, éclaboussée de sang et de matière cervicale, et se laver longuement les mains dans un silence de mort.

Collard lui propose alors d'aller avec lui faire disparaître les cinq corps. Mais les trois postiers, devenus tout à coup méfiants, ne sont pas d'accord pour rester seuls à attendre le retour de Massié. Ils craignent quelque piège de la part des deux compères qui pourraient alerter la police et tout leur mettre sur le dos. Ils se consultent et demandent que l'un d'eux accompagne Collard dans sa funèbre besogne, à la place de l'instituteur qui devra demeurer avec les deux autres. C'est Massoni qui prendra donc le volant de la fourgonnette mortuaire, Collard ouvrant la route à bord de la R.5 grise.

Durant le temps de leur expédition vers le lieu où l'ex-légionnaire assure que personne ne pourra retrouver les cadavres, Finochietti, Poletti et Campana organisent leur faction. Nouvelle attente interminable au sommet du lotissement plongé dans l'obscurité. Les deux postiers font le guet à l'extérieur, à l'abri de l'Ami 8 garée sur le terre-plein de la bastide. Campana est armé de la carabine Winchester et du revolver remis par Collard au début de l'opération, Poletti du Smith et Wesson de Maria récupéré dans la commode des Massié et du tisonnier qui a mortellement frappé la mère et l'enfant. Derrière la porte de la cuisine, Finochietti tient toujours son couteau dans une main et serre une bombe à gaz dans l'autre. On connaît la suite : l'arrivée de Massié entre 3 heures et 3 h 30, l'aboiement de ses chiens, les deux jets de gaz envoyés par l'instituteur mais déviés par le mistral, les coups de tisonnier de Poletti pour désarmer le policier qui, en battant en retraite, a sorti son 357 Magnum, la chute de Campana bousculé par Massié au bord du talus et lâchant son fusil, le revolver enrayé de Poletti, la course-poursuite de Finochietti pour rattraper le fugitif blessé, le plaquer contre la bordure du trottoir, le poignarder et l'égorger en lui fracassant le crâne sur le bitume. Le cadavre est d'abord chargé dans le break Ami 8.

Une heure plus tard, de retour avec Massoni, Collard tente de noyer la flaque de sang sous de grands seaux d'eau. Puis, c'est le transfert du corps de l'Ami 8 dans la Mercedes, et de la Mercedes qui refuse de démarrer dans la R.5 blanche ramenée par Massié. C'est ensuite la promenade macabre en cortège jusqu'à l'auberge *Chez Grand-Mère* à Nans-les-Pins, où un rendez-vous prévu ne peut avoir lieu en raison du retard pris dans le déroulement de l'opération. Après être retourné à Auriol mettre le feu à la Mercedes et à la bastide, Collard et Poletti rejoignent les autres au domicile de Campana, base de départ et de repli du commando. Massoni y est arrivé en slip, s'étant défait en route de son pantalon et de ses baskets souillés de sang. Finochietti, torse nu, débarrasse la table de la cuisine des armes qui l'encombrent à la demande de Joëlle Campana furieuse du mutisme et de « l'air crevé » de son mari et de ses quatre compagnons. Elle consent à prêter un jean et des sabots à Massoni et à leur préparer des steaks. Sa sœur Michelle, alertée par le bruit, descend la retrouver au moment où Collard troque sa veste kaki contre un blouson de cuir noir appartenant à Campana. Elle a le temps d'apercevoir le tatouage qu'il porte au bras gauche avec un prénom : Chantal. Ce sera le seul témoignage susceptible de confondre l'ancien légionnaire. Celui-ci compose un numéro de téléphone et Campana l'entend simplement dire : « Tu peux la rassurer, ça va. »

Une fois les deux femmes remontées dans leur chambre, Collard donne ses ultimes instructions : Campana et Massoni partiront les premiers se débarrasser de l'Ami 8 et de la mallette d'enregistrement de Massié. Poletti et Finochietti l'accompagneront à Nans récupérer sa R.5 et faire disparaître son corps. Avant de se disperser, une recommandation : « De toute façon, maintenant, nous sommes liés. La prochaine mission sera d'éliminer Hecht. »

Autre confidence attribuée plus tard par Poletti à Collard, après qu'ils ont perdu de vue Finochietti avec son macabre chargement au retour de la gentilhommière d'Hubert Lieutier où ils venaient de trouver pelle et pioche : un contrat pour une opération militaire visant à supprimer Gaston Defferre à l'occasion d'une réception qu'il donne tous les trois mois dans sa villa !...

Pendant ce temps, Campana abandonne l'Ami 8 à Mazargues et jette la mallette dans le jardin de Poletti. Massoni le raccompagne à bord de sa 204, avant de regagner son domicile où sa compagne, qui a passé la nuit chez ses parents, est rentrée inquiète par le premier train d'Aubagne. Il est 10 heures. Massoni se douche, se couche sans un mot et ne se réveillera qu'aux environs de 16 h 30. Maryse Longuet est trop heureuse qu'il soit revenu pour l'embêter avec des questions. Elle le croit soucieux à cause de leur prochain déménagement. Il lui avait promis de passer la journée à repeindre leur nouveau logis. Le temps maussade les dissuade de sortir.

Campana a retrouvé sa femme au lit. Quand elle s'est réveillée, à midi, pour aller prendre son service à l'hôpital de La Timone, il était à son tour profondément endormi, ainsi que sa sœur dans la chambre voisine. Il n'y a personne d'autre dans la maison. Vers 20 heures, Michelle et Didier viennent la chercher à la sortie de son travail : ils ont passé l'après-midi à la plage des Lecques où ils sont allés manger des crêpes. Campana n'a pas desserré les dents. Le soir, au lit, Joëlle lui redemande où il a passé la nuit.

— Je préfère ne pas t'en parler.

— Pourquoi n'es-tu pas allé à ton travail ?

— J'ai des problèmes. Je t'en prie, laisse-moi.

Ange Poletti, lui non plus, n'a rien dit à sa fiancée en rentrant de sa randonnée avec Collard en fin de matinée, après leur étape chez Maria. Celui-ci l'aurait rassurée en lui disant alors : « De toute façon, s'il y a un problème, je prendrai tout sur moi avec Collard. Je suis là pour ça. A mon âge, je ne risque pas grand-chose. » Se faisant passer lui-même pour ancien légionnaire, colonel du S.D.E.C.E., il aurait préalablement assuré aux trois postiers qu'en cas de pépin, il serait toujours là pour les couvrir : « Si on vous interroge un jour sur moi, dites que je suis un vieux con porté sur la bouteille. »

Le soir même, Poletti revient le voir pour lui présenter sa fiancée devant laquelle ils ne parleront de rien...

Finochietti, lui, n'a regagné son domicile qu'à 18 h 30. « Je n'ai ni mangé ni dormi depuis hier matin », dit-il à sa femme Anne-Marie en guise d'explication. Il a l'air hagard d'un somnambule. Et s'endort à peine au lit. Pour couvrir et le commanditaire de l'opération, Z., qu'il refusera d'identifier à Maria, et le chef du commando, A., en qui il ne voudra pas reconnaître Collard, il ne cessera de mentir sur son emploi du temps de ce dimanche 19 juillet. Il prétendra, contre toute vraisemblance, ne pas avoir quitté le domicile de Campana avec les autres vers 8 heures-8 h 30, mais y avoir dormi jusqu'à 16 heures sur un canapé recouvert de tissu à fleurs, dans un salon au premier étage dont il dessinera le plan. Il aurait été alors réveillé par la belle-sœur de Campana, Michelle Martin, qui lui aurait offert de la bière et, vers 16 h 30, A. serait revenu le chercher pour le ramener à Marseille par l'autoroute et récupérer la R.5 grise de Sinibaldi place Castellane. Et il se serait réendormi dans la voiture... Or, non seulement la jeune fille a quitté la maison au début de l'après-midi avec son beau-frère, mais ni elle, ni lui, ni sa sœur en partant à son travail vers 12 h 30 n'y ont revu l'instituteur, alors qu'ils ont dû chacun traverser cette pièce pour se rendre à la salle de bains. En outre, la description qu'en fait Finochietti est tout à fait fantaisiste. Le tissu du canapé a un motif à carreaux et non à fleurs, et, surtout, il est invraisemblable que l'instituteur n'ait pas remarqué la présence sur ce canapé d'un gros ours en peluche et, dans une grande cage de verre voisine, celle d'un impressionnant python vivant !... Et puis, il n'y a pas de bière chez les Campana...

Quant à Collard, il est rentré également chez lui vers 18 h 30 avec six bouteilles de soda achetées à l'auberge *Chez Grand-Mère* à Nans-les-Pins, et s'est endormi au dîner en regardant la télé. Il prétend que, à part sa visite à Maria avec Poletti le samedi matin, et son cross aux calanques de Luminy le dimanche, de 9 heures à 12 heures, il n'est ressorti que vers 17 heures pour aller rendre une courte visite d'une vingtaine de minutes à l'aubergiste de Nans, Gisèle Lieutier, qui venait de rentrer de clinique après la perte de son bébé. « Ma femme ne l'aimant pas trop, j'ai prétexté l'achat de ces bouteilles et je ne m'y suis guère attardé. » Toutefois, Colette Collard va cesser, lors d'une audition chez le juge Llaurens-Guérin, le 25 septembre 1981, de servir plus longtemps d'alibi à son mari. Après avoir soutenu dans les premières phases de l'instruction qu'ils ne s'étaient pratiquement pas quittés du week-end, elle donne une nouvelle version qui, pour la première fois, contredit celle de son époux, sans coller, pour autant, à celle des trois postiers, sur l'emploi du temps de l'ex-légionnaire.

Selon elle, le samedi 18 juillet vers 13 h 30, après sa visite à Maria, Collard a reçu un appel téléphonique. Peu après, un motard casqué faisait pétarader sa machine sous leurs fenêtres. Collard est sorti en disant à sa femme : « A tout à l'heure, je reviens. » En fait, il n'est revenu que vers 18 h 30, alors qu'elle l'a attendu tout l'après-midi pour aller au cinéma. Un quart d'heure plus tard, nouveau coup de téléphone. Un adjudant-chef de la Légion, Arthur Da Silva, qui confirmera avoir bien téléphoné à Collard à ce moment-là. Puis un autre coup de fil, de Giustignani cette fois. « Je n'y suis pour personne », aurait alors dit Collard à sa femme qui a bien pris la communication. Vers 19 h 30-20 heures, il est à nouveau sorti en lui répondant : « Ça ne te regarde pas. » Colette a alors absorbé deux Temesta pour dormir. Réveillée le dimanche matin vers 9 heures par un coup de téléphone d'un nommé Gérard Pietri, elle s'est rendu compte de l'absence de son mari. « Il est probablement parti faire son footing », a-t-elle dit à son interlocuteur. Mais, en le voyant rentrer vers 11 h 45 dans la même tenue — jean et tee-shirt kaki — qu'il portait la veille, elle en a conclu qu'il avait bel et bien découché. Il avait l'air énervé. Après s'être douché, il lui a demandé de lui faire à déjeuner. Vers 17 heures, il est reparti sans plus d'explications.

En se fiant à cette chronologie, c'est seulement à ce moment-là que Collard aurait retrouvé Finochietti et sa R.5 macabre pour aller enterrer Massié près du domaine d'Hubert Lieutier. Si, en tout cas, Colette Collard est revenue le 25 septembre sur ses précédentes dépositions, ce n'est pas seulement par dépit devant la révélation des liens amicaux de son mari avec l'aubergiste de Nans. C'est aussi que la police venait de découvrir une liaison qu'entretenait Collard avec une ancienne employée de Chambourcy. Emballeuse temporaire de 1976 à août 1981, Marie-Hélène M. est devenue la « maîtresse » de celui qui se faisait appeler « Jean-Pierre » en août 1980. Les amants se retrouvent chaque semaine sur les sièges de sa R.14. Jamais à l'hôtel. Jamais de cadeau. Collard ne lui a pourtant pas dit qu'il était marié. Le 7 juillet, il l'a attendue sur le parking pour la conduire à une visite médicale place Castellane au volant de la R.5 rouge de Colette. Il devait, en cours de route, rencontrer un ami en B.M.W. blanche, mais ils l'ont attendu en vain un bon quart d'heure dans le parking souterrain d'un magasin Mammouth. Collard est alors allé téléphoner d'une cabine à l'entrée du supermarché. En remontant dans la voiture, il a dit à la jeune fille qu'il lui faudrait la déposer à l'Obélisque de Mazargues. Sur la banquette arrière, il y avait une perruque de femme et des enveloppes timbrées. « Des histoires politiques, lui expliqua-t-il. Je cache un secret dans ces enveloppes, destiné à mon ami à la B.M.W. Et je suis parfois obligé de me grimer... »

Quand, le lundi 20 juillet, Finochietti s'est tiré de son profond sommeil pour aller reporter sa R.5 grise à Paul Sinibaldi, il a dit à sa femme : « A tout à l'heure, j'aurai à te parler. » A son retour, il savait par Anne-Marie que la police l'attendait et il n'a pas eu le temps de lui parler.

Dans l'après-midi, Campana était dans un tel état d'angoisse et de nervosité que sa femme et sa belle-sœur ont dû l'accompagner chez un médecin qui lui a signé un arrêt de travail de sept jours à compter du samedi 18. Le lendemain après-midi, les deux femmes le laissent chez Poletti dont elles emmènent la fiancée, Muriel, faire des courses dans un grand magasin d'Aubagne. C'est là qu'elles entendent à la radio l'annonce de la tragédie d'Auriol et de l'interpellation de trois membres du S.A.C. Elles achètent les journaux et font un rapprochement avec la disparition de leurs « hommes » durant une partie du week-end. Au retour, elles apprennent que Massoni vient justement de passer avec sa fiancée. Celle-ci a interrogé le jeune postier sur l'anxiété qu'il manifeste depuis le matin et qui lui « coupe l'appétit et le goût du travail ». Elle attribue l'absence de réponse au souci que doit lui causer leur déménagement. Chez Poletti, chacun fait comme si de rien n'était. Joëlle Campana, elle, demande toutefois à son mari en aparté s'il a quelque chose à voir avec ce drame mystérieux d'Auriol dont la presse du jour fait ses manchettes. Campana lui répond, très mal à l'aise, qu'il n'a fait que de la surveillance sans participer à rien. En rentrant chez lui, il demande à sa femme et à sa belle-sœur de témoigner au besoin qu'il a passé le week-end à la maison...

Vers 19 h 30, Poletti téléphone à Hecht dans le Vaucluse pour savoir s'il est au courant de la nouvelle et lui demander un rendez-vous pour le surlendemain. Son chef de groupe est étonné de sa présence à Marseille, car, trois semaines plus tôt, il lui avait annoncé son départ en vacances le 14 juillet... Hecht a d'autres raisons de se poser des questions, puisqu'il a été le premier informé, par Jean-Claude Emery, dès le dimanche soir, de la disparition de la famille Massié et des traces de violences relevées sur les lieux. Il a l'impression d'avoir été mis sur la touche par Maria depuis la tentative d'attentat du 26 avril contre le policier. Celui-ci semblait lui-même désemparé : il avait l'air de vouloir laisser tomber le S.A.C. et chercher à regrouper, autour de lui, quelques amis sûrs. Au cours d'un repas en comité restreint à l'auberge de Nans, Maria a averti Hecht : « Tu sais que je n'apprécie pas les gens qui jouent le double jeu. Je te dis ça, c'est tout. » Du fait de ses bons contacts avec Massié, Hecht a ressenti ces propos comme une menace à son encontre. C'est donc entouré de quatre « gardes du corps » qu'il se rend, le 23 juillet, au bar du Château de la Tour d'Aigues, à mi-chemin de son domicile du Vaucluse et de Marseille, au rendez-vous convenu avec Poletti. Vers 20 heures, Poletti et Campana arrivent sur une Honda noire. Le premier fait part à son chef de ses craintes pour leur sécurité, mais se garde bien de lui parler des dernières menaces de Collard. Tous deux donnent des signes d'inquiétude, avec l'impression de se perdre en conjectures sur la raison de ce qu'on sait maintenant être une atroce tuerie par les demi-aveux de Finochietti. Campana téléphone à sa femme pour la rassurer. Les deux motards repartent une heure plus tard sans en dire ni en savoir davantage.

Deux jours plus tard, le samedi 25, Poletti et Campana se retrouvent au domicile de Massoni, pour boire un verre dans un bar de la Corniche et discuter, d'une part de leur rencontre avec Hecht, d'autre part du développement de l'enquête qui a abouti à l'interpellation de Pierre Debizet à Paris. Massoni leur confesse qu'il envisage de se dénoncer par un coup de téléphone anonyme à la police. Les deux autres l'en dissuadent.

C'est lui qui, lors du coup de filet du mercredi suivant, « craquera » le plus vite.

Leur récit de la tuerie restera contesté partiellement par Finochietti, qui s'en tient à son abécédaire, et totalement par Lionel Collard et Jean-Joseph Maria.

L'ancien légionnaire se prétend victime d'un complot ourdi par les trois postiers qu'il soupçonnait, depuis quelque temps, de s'être infiltrés au S.A.C. pour le compte du F.L.N.C. Ce trio, dont il a fait la connaissance en avril chez Maria, ne lui a, dit-il, jamais inspiré confiance. Au premier dîner en comité restreint qui les a réunis à l'auberge de Gisèle Lieutier, à Nans, il n'a pas caché son sentiment aux trois karatékas présentés par Maria comme des éléments valables, assoiffés d'action : « Si j'étais responsable du S.A.C., je ne vous prendrais pas. Vous êtes jeunes et corses. Si j'étais à votre place, je serais au F.L.N.C. » Maria, lui, n'en croyait rien, encourageant au contraire les trois Corses et Collard à s'entraîner mutuellement dans leur spécialité physique respective... C'est dans ces conditions qu'au début de juillet ils sont allés, tous les quatre, s'exercer au tir avec une carabine 44 Magnum, une Winchester, un P.38 et une mitraillette Sten, pas loin de chez Campana. Or, non seulement Collard se méfiait de ces trois « mousquetaires » syndiqués à la C.G.T., à la C.F.D.T. et à F.O., mais, ajoute-t-il, il les espionnait lui-même pour le compte de Jacques Massié qui lui avait demandé de l'aider à pénétrer le F.L.N.C. !... Certes, il savait depuis plusieurs mois qu'en raison de ses « magouilles » le policier risquait d'être éliminé physiquement, qu'un ordre avait même été donné

« d'en haut », mais pas forcément de Paris. Mais, en fait, aurait-il expliqué à Collard, après la tentative d'attentat du 26 avril, Massié aurait volontairement laissé dégrader son image dans le service, pour mieux infiltrer le F.L.N.C.

« Quelques jours avant le 18 juillet, il m'a téléphoné pour me dire qu'il était sur le point de réussir cette pénétration. Je lui ai répondu qu'il pouvait compter sur moi pour effectuer repérages et filatures à l'encontre d'autonomistes. Même si j'avais moins d'estime à son égard depuis qu'il nous était apparu comme une " planche pourrie " vivant sur un grand pied, quoique toujours fauché, j'avais accepté de travailler avec lui dans ce combat. Or, il avait l'impression de s'être fait repérer. Et moi-même, je suis persuadé, aujourd'hui, que le manège des motards casqués devant mon domicile, après le coup de fil anonyme reçu au début de l'après-midi du 18 juillet, était lié à cet événement. Je remarque que mes accusateurs ont choisi des avocats socialistes : ils ont été téléguidés par le P.S. pour anéantir le S.A.C. Franchement, si je n'étais pas tout à fait étranger à la tragédie d'Auriol, je ne me serais pas tant contredit sur mon emploi du temps. J'aurais préparé un alibi. »

Curieusement, Collard semble avoir omis d'informer Maria de son ultime collaboration avec Massié pour tenter de pénétrer le F.L.N.C. Tout au plus lui aurait-il fait part de ses soupçons sur le rôle des trois postiers, mais Maria dit n'y avoir pas prêté foi. Il croyait, au contraire, que leur penchant commun pour les activités viriles allait les rapprocher. Son seul problème avec les postiers était de freiner leurs pulsions qui les portaient à vouloir « flanquer une rouste » aux délégués C.G.T. des P.T.T. par exemple. Quant à l'ex-légionnaire, Maria lui gardait bien sûr toute sa confiance : « Lionel représentait le fils que j'aurais aimé avoir. Nous n'avions rien à nous cacher. J'ajoute que sa femme, Colette, était très liée à Jean-Claude Gaudin, le porte-parole local des giscardiens, chez qui il leur arrivait d'aller dîner. »

Ses différends avec Massié ? Maria n'a de cesse d'en minimiser la portée. Pour régler le problème des malversations qui avaient entaché sa gestion et détourné du S.A.C. une trentaine de militants, il comptait simplement sur l'autorité de Debizet qui cherchait à obtenir une démission en douceur du policier.

« On ne m'a jamais demandé de récupérer des documents dont Massié m'avait dit, au surplus, qu'ils étaient en sûreté chez sa mère à Charleval. Ces documents ne devaient sûrement pas avoir d'importance nationale. Les conduites infantiles de Massié ne méritaient certes pas son élimination physique. En tout cas, rien ne peut justifier les horreurs commises à Auriol : ni la raison d'Etat ni la vengeance personnelle. Si on m'avait vraiment demandé de m'occuper de son cas, Massié ne serait plus là, mais sa famille vivrait comme elle en avait le droit. »

UNE ASSOCIATION DE MALFAITEURS

Le caractère irrationnel et monstrueux de la tuerie d'Auriol, ajouté à la mise en cause d'une organisation aussi ténébreuse que le S.A.C., a alimenté les spéculations les plus diverses sur les mobiles des meurtriers. Trafics d'armes, de fausse monnaie, de drogue, de véhicules réformés, massacre du *Bar du Téléphone,* piste africaine avec l'assassinat d'un décorateur eurasien amant de l'épouse du président gabonais Omar Bongo, piste corse avec la bombe meurtrière du 16 avril à l'aéroport d'Ajaccio, lors de l'étape électorale de Valéry Giscard d'Estaing, ou la séquestration du commandant Pierre Bertolini, chef local du S.A.C., camouflé derrière l'organisation antiautonomiste Francia... Ces différentes hypothèses ont, tour à tour, pris naissance dans cette zone trouble où se mouvaient les protagonistes du drame. Seule certitude : Jacques Massié a été tué parce qu'il n'avait pas été « régulier ». Ni exclusivement politique ni uniquement crapuleuse, l'affaire d'Auriol se situe à l'évidence en marge de l'un et l'autre mondes. Avec un lieu géométrique : le S.A.C. D'où la persévérance de Françoise Llaurens-Guérin à mettre au jour, sans parti pris mais sans complaisance, toutes les activités de cette organisation à Marseille, ses structures, ses conditions de fonctionnement, sa hiérarchie et les motivations de ses adhérents compromis.

La tuerie ne devait pas figurer au programme de la réorganisation du S.A.C. marseillais. Elle aura pu être improvisée sur place, face à une situation imprévue qui déréglait le plan et les esprits : futures victimes et futurs assassins, tous ces gens se connaissent et se reconnaissent ! Alors, l'engrenage s'ébranle. Obnubilés par leurs propres divagations, effrayés d'un acte encore bénin mais qui va se savoir, les membres du commando se lancent dans une fuite en avant où s'entremêlent des images de représailles terribles ou de prison inéluctable s'ils battent en retraite. L'idée du massacre germe et pousse vite. L'absence de l'« objectif », le huis clos infernal enfermant otages et geôliers dans une maison dépourvue de téléphone, la paranoïa collective s'emparant d'un instituteur frustré et de trois postiers marginaux que l'ascendant d'un ancien légionnaire transforme en véritables bourreaux S.S., tous ces facteurs psychologiques, bien mis en lumière par le dossier d'instruction, expliquent comment des tueurs maladroits ont pu aller aussi loin dans l'horreur. Mais le manque de mobile reste le meilleur argument de défense de Collard et de Maria, si l'on s'en tient au crime politique, plus ou moins lié aux grandes affaires non élucidées : un brigadier de police, même promu inspecteur, ne détient pas de secrets d'Etat. Il peut, en revanche, connaître quantité de secrets locaux. Son organisation vivait, à Marseille, aux confins de l'activisme politique et de la truanderie de droit commun — comme une association de malfaiteurs déchirée par les rivalités de clans.

Il n'est pas impossible que la tuerie n'ait eu, à l'origine, que des mobiles crapuleux. Mais, à l'évidence, elle est devenue de plus en plus politique. Les mobiles du règlement de comptes interne au S.A.C. marseillais, même s'ils demeurent nébuleux, semblent liés, en partie, à la double personnalité de sa victime — ou à son double jeu. Officiellement une carrière irréprochable, plutôt flatteuse. Suivant l'exemple de son père et de son grand-père, Jacques Massié est entré dans la police le 23 avril 1963, à l'issue de son service militaire accompli dans les paras, en Algérie. Elève gardien au centre d'instruction et d'application de la Sûreté nationale à Sens (Yonne), il est titularisé comme motard dans les C.R.S. le 1er septembre 1964. Ses deux promotions au grade de brigadier, le 23 avril 1970, et à celui de brigadier-chef, le 1er janvier 1976, sont justifiées par ses notes professionnelles. D'autant que l'avancement dans les C.R.S. est en général plus rapide que dans les autres corps de policiers en tenue. Mais son accident de circulation d'octobre 1973 l'a contraint à quitter la C.R.S. 54 de Marseille pour une autre affectation. Après un mois d'hospitalisation et près d'une année de rééducation, voici l'ancien champion des motards de la police en poste à la 3e compagnie territoriale du corps urbain, au commissariat de La Capelette.

En juin 1980, son nom figure au septième rang sur la liste des dix-sept fonctionnaires des polices urbaines qui, bénéficiant d'une admission au choix, le 3 novembre, au cycle de formation initiale des inspecteurs de la police nationale à Cannes-Ecluse (Seine-et-Marne), pourront quitter l'uniforme pour embrasser la carrière des civils. Promotion enviée et, cette fois, presque exceptionnelle, puisque destinée, en principe, à récompenser des policiers du rang détachés depuis plusieurs années dans un corps de police civil — ce qui n'est pas le cas de Massié. Son ascension fulgurante fait jaser dans l'entourage de ce « balourd besogneux et sans envergure », que certains surnomment par dérision « deux neurones », c'est-à-dire « pois chiche », « petite tête » ou fada. Pas si bête, l'entreprenant policier s'est montré suffisamment ambitieux, accrocheur, intrigant pour se ménager les appuis indispensables. Son avancement ne se justifie que par certains services rendus à des dirigeants politiques. Le « piston » ne peut, en effet, venir que du directeur départemental des polices urbaines, Jean Laffue. Mais sur la recommandation de qui ?

C'est dans l'autre activité de Massié, celle qui comptait sans doute plus à ses yeux, qu'il faut chercher la réponse. En septembre 1974, remis de son accident et dédommagé par les assurances grâce aux démarches de l'avocat de sa belle-famille, le socialiste Michel Pezet, il a un premier contact avec le S.A.C. en la personne de Me Yves Destrem, responsable régional inscrit au barreau d'Aix-en-Provence. L'entretien se déroule chez lui, dans la villa qu'il occupe alors chemin Notre-Dame-des-Anges, au Logis-Neuf, près d'Allauch. Contact positif qui va lui permettre de gravir, là encore, plusieurs échelons. D'emblée, il se retrouve chef de groupe, dispensé de la période probatoire. Au cours des réunions de l'organisation, tard dans la nuit, rue Montclar à Aix, il est un des rares à pouvoir appeler l'avocat par son prénom. En 1975, c'est lui qui reçoit et centralise le matériel de propagande pour la campagne de défense de l'armée menée par le S.A.C. Encouragé par Jacques Chirac à se faire élire adjoint R.P.R. au maire de sa ville, en mars 1977, Me Destrem a laissé quelque peu tomber en déshérence une organisation fortement secouée par l'épuration de 1970. Il a déjà confié à Massié la tenue du fichier, la correspondance avec Debizet, le recouvrement des cotisations et toutes les tâches matérielles de gestion. Il en fait son adjoint pour le département des Bouches-du-Rhône — le plus important de la région Provence-Côte d'Azur.

En octobre 1977, une lettre (référence 77501) porte la signature de Massié sous la mention « responsable départemental adjoint ». Quand l'avocat aixois abandonne statutairement ses responsabilités régionales, et même nationales, au S.A.C. pour se consacrer à sa nouvelle carrière politique, il obtient de Debizet que le policier lui succède en 1979, à la tête des Bouches-du-Rhône, son propre poste disparaissant de l'organigramme. Ce n'est pourtant pas de lui que viendra le coup de pouce en faveur du passage de Massié de la tenue au civilat dans la police, mais d'un candidat U.D.F., l'avocat marseillais Jean Roussel, dont le policier soutiendra la campagne aux élections législatives de juin 1981. Car, entre-temps, Massié a manqué d'un rien le secrétariat de la sixième circonscription R.P.R. de Marseille, après s'être présenté, sans succès, au scrutin municipal d'Allauch sur une liste conduite par le R.P.R. Max Forget, en compagnie de Robert Mouriez. En 1978, il a commis son premier impair dans un parcours sans faute au sein de l'appareil gaulliste, en tentant de supplanter, par un petit chantage, le titulaire de ce poste. A la réunion qui devait décider de son remplacement, Massié a cru utile de produire un jugement condamnant en première instance l'ancien secrétaire compromis dans une affaire de mœurs. Une initiative déplacée et malheureuse, l'intéressé ayant été relaxé en appel, ce que Massié semblait ignorer.

Il se rattrape vite en créant, en avril 1979, un ambitieux Centre d'étude et de réflexion politique et sociale dont il installe le siège rue Sylvabelle, à l'ancienne permanence électorale de l'ex-député R.P.R. Marcel Pujol, rival de Joseph Comiti et de Hyacinthe Santoni. Il s'agit, en fait, de montrer qu'il n'a pas renoncé à jouer un rôle politique dans le département parallèlement à sa carrière professionnelle et à ses activités occultes.

Avide de pouvoir, en dépit de capacités intellectuelles limitées, hâbleur et fanfaron, il croit que plus rien ne peut résister à son entregent, à sa faconde méridionale, à sa volonté de puissance. Il commence à en faire trop. Lorsqu'il est en service de nuit, à La Capelette, ses collègues voient arriver parfois de curieux visiteurs. Il fait aussitôt grand étalage de ses relations : « Celui-là, dit-il en parlant d'un de ses supérieurs hiérarchiques, je le ferai sauter. » Il porte sur lui un Eurosignal, ce petit appareil qui permet d'être joint partout et à tout moment. Il a la manie des dossiers, s'imagine déjà promu à la D.S.T. Il téléphone à son domicile pour obtenir un renseignement qui ne figure pas dans les fichiers du commissariat, au grand étonnement de ses collègues. Ces fameux dossiers, il se vante d'en avoir sur tout et sur tout le monde. Insatiable caïd de pacotille, jouant sur tous les claviers, il dérape vers le trafic d'influence, le chantage, le détournement de fonds.

Massié avait en effet élargi son champ d'activités, dès 1976, en créant une section du club de tir de la police nationale à Allauch, alors que lui-même n'a jamais satisfait aux trois entraînements annuels d'entretien qui sont exigés des fonctionnaires de police ! Entièrement autonome par rapport aux deux autres centres de tir de la police installés à la C.R.S. 53 de Marseille, la section d'Allauch fonctionne de manière si peu rigoureuse qu'à partir de 1979, ses adhérents ne seront plus autorisés à utiliser le stand du club : son président, qui en a déménagé le siège social en fonction de ses changements de domicile, a omis de reverser quelque 50 000 F de quote-part sur sa trentaine d'adhésions annuelles. Tout se passe comme si cette section n'était qu'un moyen, pour lui, de faciliter l'obtention légale à des amis, peut-être douteux, d'une autorisation de détention d'armes de guerre...

Coiffé de sa casquette de flic, Massié se met à prospecter, à partir de 1980, un champ d'action inédit dans le milieu des agences privées de gardiennage et de sécurité. Les techniques de télésurveillance, auxquelles le S.A.C. s'est très tôt intéressé, offrent de nombreuses possibilités de renseignements et donc de pressions, tant dans les entreprises que chez les particuliers. Massié n'hésite pas à usurper la qualité de commissaire pour s'immiscer dans les affaires de la société Gamma Electronique de Jacques Canaan et lui souffler quelques contrats au profit de son association avec le détective privé Jacques Mathé. Celui-ci a perdu son job en exploitant malhonnêtement des filatures extra-conjugales, mais il a extorqué 50 000 F aux huiles Lesieur en enquêtant sur des vols commis à leur usine de Martigues. Peu avant son départ en stage à Cannes-Ecluse, Massié sera mêlé aux tractations de Mathé avec des dirigeants de cet établissement, pour un projet de milice patronale qui ne verra jamais le jour, mais qui aurait pu constituer un embryon de S.A.C parallèle. L'inspecteur stagiaire a, en effet, tenté en vain de faire assurer son intérim par le détective privé au lieu et place de son adjoint Maria. Il comptait sur ses connaissances en électronique pour prendre le contrôle des sociétés de surveillance et exercer divers chantages par leur truchement.

« Chez moi, reconnaît Mathé, le magnétophone tourne en permanence. C'est une sorte de déformation professionnelle. J'efface ensuite ce qui ne me paraît pas important. » Ce côté gadget va développer en Massié la paranoïa de l'apprenti espion : Mathé lui bricole un système d'écoute et d'enregistrement à distance dont il se servira, en particulier, pour intercepter les communications téléphoniques de son propre candidat, Me Jean Roussel, ou pour « sonoriser [1] » la voiture de Michel Debré lors de sa tournée électorale à Marseille. Mais peut-être en profite-t-il pour accumuler également des renseignements compromettants sur ses propres compagnons du S.A.C. que ses agissements irréguliers sont en train d'éloigner de lui.

Ne l'accuse-t-on pas, sous le manteau, d'avoir gardé pour lui les

1. Mettre sur écoute.

9000 F d'une collecte en faveur d'un des frères Maurice qui devait subir une opération ? Bien piètres malversations à côté de celles que révéleront plus tard ses rivaux devenus ses adversaires. Pour donner le change, Massié fait état devant les nouvelles recrues, comme Finochietti, de projets grandioses destinés à renflouer les caisses qu'il ne cesse de piller. Il parle, entre autres, de rafler la recette du champ de courses de Pont-de-Vivaux. Mais il s'acoquine, semble-t-il, avec d'authentiques truands pour faire chanter certaines personnalités homosexuelles de la ville, ou pour racketter divers établissements. C'est qu'il a lui-même de gros besoins d'argent. La Dino Ferrari rouge dans laquelle on l'a vu parfois frimer, la Ford Mustang, la Toyota, la Mercedes, la C.X. qu'il utilise, tour à tour, pour ses aller et retour entre Marseille et Cannes-Ecluse, comme naguère la Norton commando avec laquelle il épatait ses collègues de la C.R.S. 54, ne sont qu'un signe extérieur de richesse trompeur. Après avoir étrangement déménagé à trois reprises en trois ans, l'inspecteur stagiaire à 6000 F par mois s'est lourdement endetté de 280000 F en achetant la bastide de La Douronne.

Au sein du S.A.C., Massié arrondit donc ses fins de mois, non seulement avec de misérables fonds de tiroir, mais avec des contrats extérieurs qui, moyennant finance, permettent d'utiliser les gros bras de l'organisation à des fins personnelles. La liste des opérations extra-professionnelles auxquelles se livre le policier est de ce point de vue aussi édifiante que variée. Ainsi fait-il un jour « corriger » un hippie par Lionel Collard, à la demande d'un industriel irrité des mauvaises fréquentations de sa fille. Mais Massié oublie de rémunérer l'ancien légionnaire pour ce service crédité au S.A.C. Il braque lui-même un nommé Marie-Jeannot, pour lui donner une leçon, fouille la chambre d'hôtel d'un représentant en vins nommé Deman venu importuner le commissaire N'Guyen Van Loc, chef du groupe d'intervention de la police nationale, assure la protection d'un boulanger toulonnais, Philippe Lalevé, face à un repris de justice ayant ses entrées à la mairie de Toulon, Jean-Louis Fargette. Ce qui ne l'empêche pas de prélever lui-même sa dîme auprès du patron du *Baby Bar,* Guy Vasoles, sur le Vieux Port, en lui fournissant des videurs du S.A.C. et de racketter, de cette manière, un autre bar, *La Belle Epoque.*

Au moment de leur rupture, Maria l'accuse de toutes les turpitudes : d'avoir fait poser une « pastille [1] » par Courtois dans sa

1. Un micro émetteur.

villa de Montolivet avant d'y envoyer le commissaire Lassalle en donnant son adresse comme celle d'un repaire de truands et de trafiquants. Ou d'avoir mis de l'héroïne dans une voiture avant d'alerter la brigade des Stups.

Les coups fourrés succèdent aux coups tordus. Les derniers mois précédant la tuerie d'Auriol, une gangrène semble gagner tous les personnages qu'on retrouvera mêlés au drame, de près ou de loin. Tous ces acteurs, même les plus falots, abandonnent les activités les plus traditionnelles du « service » pour s'épier mutuellement, passer des alliances contre nature, se dénoncer ou se trahir. Ainsi, Massié se présente-t-il à l'inspection du Travail comme un inspecteur des délégations judiciaires chargé de chercher le dossier de Charles Cavallo, tenancier du bar *La Rotonde* à Aubagne, qui envisage de suppléer Maria à la tête du S.A.C. départemental. Or, il sait très bien que ce militant avait été arrêté l'année précédente à Montbrison (Loire) avec des armes dans sa voiture, après le cambriolage d'une armurerie.

Avant de faire cavalier seul au point de devenir gênant, Massié a eu partie liée avec ses rivaux et ses futurs bourreaux dans le glissement progressif du S.A.C. marseillais vers les combines médiocres de droit commun montées à plusieurs, les arrangements sectoriels réalisés entre lui et son successeur intérimaire. C'est ainsi qu'on le trouve associé à Ange Poletti, avec son propre beau-frère, Georges Ferrarini, dans une tentative d'escroquerie au détriment d'une riche habitante de Simiane, cliente de Jacques Mathé. Cette femme, en instance de divorce d'un commerçant, a versé une provision de 5 000 F au détective pour suivre son mari. Mais celui-ci désire récupérer les actions que son épouse, fille d'un riche actionnaire d'une société d'articles jetables en plastic, détient dans son commerce. Mathé passe à son service et, avec l'aide de Massié, de Ferrarini et de Poletti, entreprend une véritable campagne de harcèlement contre la malheureuse qui portera vainement plainte au parquet de Marseille...

Mais, auparavant, il y a eu des collusions plus troublantes encore. Le 2 juin 1979, deux gardiens de la paix, Myan et Perez, en patrouille dans les quartiers nord de Marseille, interceptent une voiture à bord de laquelle circulent quatre titulaires de la carte du S.A.C. Parmi eux, Lionel Collard. L'ennui c'est qu'ils transportent, outre un poste émetteur-récepteur dérobé à un bateau, des poignards de commando, deux télex en provenance d'Italie et une correspondance relative à un trafic de tombes étrusques, le plan du dispositif anti-hold-up mis en place par la Sûreté urbaine de Marseille. Ce document confidentiel et périodiquement mis à jour décrit, en détail, les mesures de sécurité, les points sensibles et les effectifs prévus pour protéger les établissements bancaires et les bureaux de poste.

Conduit, avec ses trois compagnons, dans les locaux de la 6ᵉ brigade territoriale, Collard explique : « Appelez le commissaire Massié, nous travaillons pour lui. C'est lui qui nous a confié une mission touchant à la sécurité publique. Notre rôle est de tester la protection de Marseille. » Jacques Massié n'est alors que brigadier-chef du corps urbain, mais il est encore le chef incontesté du S.A.C. départemental. Si incontesté que les policiers du commissariat reçoivent l'ordre de relâcher les quatre suspects et doivent se contenter de convoquer leur collègue, lequel ne se présentera que quatre mois plus tard devant l'inspecteur Roure, chargé de suivre cette procédure. Le brigadier-chef Massié tient alors à la main un feuillet dactylographié qu'il laisse négligemment tomber sur le bureau de l'enquêteur : « Voici ma déposition, dûment tapée. » Il y revendique son appartenance au S.A.C., reconnaît que Collard travaille pour lui et prie poliment ses collègues de laisser son organisation poursuivre ses activités dans l'intérêt supérieur de la nation. Entendu entre-temps, l'un des compagnons de Collard, Yves Courtois — le futur disparu des établissements Chambourcy — a reconnu avoir transmis à Collard le plan anti-hold-up de la Sûreté fourni par Massié pour que le service d'ordre gaulliste aide la police marseillaise à protéger les points sensibles de la ville !...

Le 10 octobre 1979, l'inspecteur Roure adresse sa procédure au Parquet par la voie hiérarchique. Elle n'y parviendra jamais. Elle aura été bloquée à la direction de la Sûreté ou des polices urbaines. Et probablement détruite. Il faudra l'instruction de la tuerie d'Auriol pour qu'un officier de paix principal nommé Pragnon, qui fut le supérieur hiérarchique de Massié à La Capelette, retrouve, dans les archives centrales, des pelures de procès-verbaux relatifs à l'interpellation de Collard et de Courtois en 1979. Les originaux ont bien sûr disparu, ainsi que les documents annexes : plan anti-hold-up, correspondance italienne, etc. Le fonctionnaire consciencieux prend contact avec le juge Llaurens-Guérin lorsque celle-ci enquête sur les liens du S.A.C. marseillais avec la police de la ville. Le 25 juin 1983, avant de clore son dossier, le magistrat entendra les explications de l'ancien directeur des polices urbaines, le contrôleur général en retraite Jean Laffue, et de l'ancien chef de la Sûreté urbaine, le commissaire Pierre Chatelain, sur cette procédure mystérieusement escamotée. Mais les deux hauts fonctionnaires n'ont gardé, semble-t-il, aucun souvenir des faits.

Le contrôleur Laffue, en particulier, qui a été à l'origine de la promotion exceptionnelle de Massié au titre d'inspecteur, en 1980, reprend les dénégations qu'il a opposées à la commission d'enquête parlementaire sur les activités du S.A.C. : « Je n'ai appris l'existence du S.A.C. de Marseille que cinq mois avant mon départ à la retraite en 1980. Je n'avais rencontré Massié qu'à deux reprises... J'ai appris l'existence du S.A.C à Marseille par le commissaire divisionnaire chef de la Sûreté. Il avait découvert que deux personnes, qui avaient fait l'objet d'une procédure pour avoir, je crois, volé sur le port un aileron de moteur, avaient, dans leur poche, la copie d'une note de Massié. Il n'en était pas question dans la procédure... »

Quant à l'officier de paix Pragnon, il avait été muté à Toulon pour avoir fait état de soupçons sur le rôle de Massié dans le vol du cerveau électronique des machines à sous saisies et entreposées à l'Evêché...

Un autre policier, le brigadier-chef René Ainardi, du groupe d'intervention de la police nationale (le G.I.P.N. du commissaire N'Guyen Van Loc basé au fort Saint-Nicolas), qui a, lui, milité au S.A.C. de 1967 à 1970, puis au R.P.R. de 1977 à juin 1981, révélera au juge Llaurens-Guérin une autre turpitude attribuée à Massié : « Je n'avais pas la même conception politique. J'ai appris qu'à l'occasion d'une visite à Marseille de Valéry Giscard d'Estaing, il avait proposé les services du S.A.C. pour dix millions de francs. Il avait fait cette proposition à un représentant du parti républicain. Je considère qu'on ne fait pas de la politique pour de l'argent... J'ai sympathisé davantage avec Maria dont j'ai parrainé l'entrée au club de tir de la police à Saint-Barthélemy... Je me servais chez Maria pour les fournitures de peinture, car il faisait 40 % de ristourne aux policiers. »

Maria qui, sous le prénom de Gérard, s'est composé une personnalité à l'image de son physique, virile et gaillarde, qui boit sec, qui affectionne le « crapahut » en rangers et battle-dress du côté de Nans-les-Pins et dont les joyeuses réunions nocturnes s'achèvent par des « cartons » sur les poteaux indicateurs des environs ; Maria qui se fait passer, avec Collard, pour commissaire de la D.S.T. aux yeux éblouis des gendarmes de Saint-Zacharie, Maria n'est pas en reste pour critiquer la dérive giscardienne de Massié. Mais, aux postiers, il le dit aussi prêt à monnayer ses documents au P.S. Le contact avec le P.S., le policier ne l'a pas seulement par son avocat Michel Pezet ; il l'a surtout grâce à son beau-père, Maurice Jacquèmes, avec qui il envisage de s'associer en compagnie de Jacques Mathé et de Georges Ferrarini pour créer leur propre société de surveillance. Jacquèmes a été candidat sur une liste socialiste aux élections municipales de La-Roque-d'Anthéron, près d'Aix, en 1965 et un oncle de son gendre, Yvon Massié, lui a succédé en 1971. Sa fille, Marie-Dominique, a ouvert un salon de coiffure, avant son mariage, à Puy-Sainte-Réparade, commune dont le maire est, depuis de longues années, le député socialiste Louis Philibert, président du Conseil général des Bouches-du-Rhône.

Or, à plusieurs reprises, Jacquèmes s'est adressé à Philibert, en excipant de sa qualité de militant socialiste, pour solliciter son intervention dans des affaires commerciales. Ainsi lui a-t-il demandé de lui obtenir l'adjudication de grues sur le port de Marseille ou de travaux de démolition aux Chartreux. Le 9 juin 1981, Philibert intervint encore auprès de la mairie et de la préfecture pour renflouer son entreprise, Midi-Containers, qui vient de déposer son bilan, avec un découvert bancaire de 400 000 F.

Non seulement Maria, mais le fidèle Hecht lui-même soupçonnent alors leur ami Massié de s'intéresser aux trafics de son beau-père portant tantôt sur un lot de Land Rover entreposées dans le port, tantôt sur des produits alimentaires saisis en douane...

Ce sont peut-être des arguments suffisants pour détourner de Massié les militants les plus convaincus du S.A.C. Non pour enrôler des adhérents de fraîche date sans grande motivation idéologique dans une expédition punitive. Parmi les raisons qui ont pu pousser les trois postiers et l'instituteur à faire partie du commando d'Auriol, il y avait sans doute la crainte de voir dévoiler leurs propres activités délictueuses. Depuis longtemps, le policier-barbouze avait pris l'habitude de mettre en fiches les menues informations glanées, jour après jour, sur les uns et sur les autres. Sans être des truands chevronnés, certains d'entre eux se sont déjà distingués dans des affaires de droit commun. A commencer par les trois modestes employés des P.T.T. champions de karaté dont Massié, même éloigné de ses responsabilités marseillaises par son stage à Cannes-Ecluse, ne peut ignorer l'existence, puisque c'est son plus dévoué chef de groupe, Patrice Hecht, qui les a recrutés. Etait-il au courant du hold-up maquillé par Poletti, Campana et Massoni pour dérober, le 19 janvier 1981, quelque 220 000 F au bureau de poste de La Pomme, dont Massoni tenait précisément le guichet ? Sans croire, comme il a été dit, qu'il était de mèche avec eux, on peut imaginer qu'il avait ainsi barre sur ce trio pris en main par Collard, via Maria, et qu'il a cherché à l'utiliser pour en faire l'instrument d'une entreprise de racket.

Massié détenait-il également la preuve que Collard, comme il l'en a accusé lors de l'ultime réunion du 1er mai à son domicile, était l'auteur de l'attentat à l'explosif attribué, le 23 mars, au F.L.N.C. contre l'Hôtel des impôts du boulevard Michelet ? Avait-il acquis la certitude que Jean-Bruno Finochietti était mêlé directement à la tentative d'attentat perpétrée, le 12 juin, contre une cité d'immigrés maghrébins de la périphérie de Marseille ? Lui-même n'avait-il pas mis antérieurement la main à la pâte ? En savait-il davantage sur la disparition de Castellanos et de Courtois ?

A cette réunion du 1er mai qui va consacrer l'éclatement du S.A.C. marseillais, il n'avait pas hésité à brandir des coupures de presse relatives à l'explosion meurtrière d'une bombe, le 16 avril, à l'aéroport d'Ajaccio, juste avant l'arrivée du président Giscard d'Estaing, en disant que l'organisation risquait de s'y trouver compromise... De l'illégalité à la violence criminelle, il a pourtant été l'un des premiers à donner le mauvais exemple. Ainsi, à l'occasion de la réception du secrétaire général du R.P.R. Bernard Pons pour la campagne des élections législatives de mars 1978, sa maîtresse du moment, Patricia S., a vu Massié transborder une douzaine de fusils du coffre de sa 604 marron métallisée dans celui d'une Mercedes, stationnées, l'une et l'autre, dans le parking souterrain du Sofitel. Trois inconnus en pardessus et chapeaux l'y avaient rejoint pendant le buffet offert dans un salon de l'hôtel. Le soir où la jeune femme, qui assurait alors le secrétariat à la permanence du député Marcel Pujol, rue Sylvabelle, a fait sa connaissance, Massié l'a fait monter dans cette voiture utilisée pour les déplacements électoraux et lui a montré un pain de plastic...

Un jour qu'elle l'avait appelé pour constater une irrégularité dans un bureau de vote, il est arrivé, le pistolet à la ceinture, accompagné d'hommes également armés. Avant la rupture de leur liaison, quatre mois plus tard, il lui avait confié qu'il cherchait des renseignements sur... Kadhafi et fait part de ses sentiments racistes à l'encontre des Arabes en général. Au brigadier-chef Ainardi qui réussit à la retrouver le jour du coup de filet déclenché par l'affaire d'Auriol, Patricia S., qui s'est mise en ménage avec un restaurateur du Frioul, rapporte un fait troublant : « Quinze jours avant la tuerie, un client inconnu m'a demandé si je faisais le service. J'ai dit oui. Il a ajouté : “ Le service d'ordre ? ” J'ai été surprise. Il m'a dit : “ Vous faites partie du S.A.C. ” Je lui ai demandé comment il le savait. Il a pris un air mystérieux pour me dire qu'il avait vu Jacques cet hiver, à l'occasion d'une visite de Chirac... »

Or, cet hiver-là, la grogne montait déjà au sein du S.A.C. marseillais. Une quarantaine de militants, chauffés par Maria, refusaient de renouveler leur cotisation tant que Massié ne serait pas officiellement remplacé, tant en raison de ses méthodes que de ses malversations. Pour combler les vides, l'inspecteur stagiaire s'est mis à recruter, en quelques semaines, de jeunes délinquants, en lisière du petit proxénétisme et de l'escroquerie minable, ceux qu'on appelle, sur le Vieux Port, la « raille », des voyous révoltés en mal d'action et de coups d'éclat. Il fait aussi miroiter à quelques gogos l'avantage de cette fameuse immunité dont les membres du S.A.C. se croient encore bénéficiaires. Il se vante, en effet, d'avoir ses entrées dans des milieux politiques divers, de pouvoir obtenir des permis de détention d'armes, voire des cartes de presse, ou blanchir des casiers judiciaires. Quelques adhérents, aujourd'hui inculpés, auraient ainsi fait parvenir à la direction parisienne du S.A.C. un casier vierge, alors que la justice ou la police possédait, sur eux, un dossier déjà chargé.

En fait de dossiers, le fatras de huit kilos de documents déversés sur le bureau du juge Llaurens-Guérin par Marina Massié, après des péripéties qui n'ont pas honoré le barreau de Marseille [1], contribue à illustrer la paranoïa d'espionnite de son frère, plus qu'à cerner le mobile de son assassinat. « Ce qu'on trouve dans ces dossiers, commente son avocat Me Gilbert Collard, ressemble à des jeux d'enfants pervers. Ils relèvent de la pathologie plus que de l'idéologie. » Ces 1 500 feuillets d'archives personnelles constituées de notes, de fiches, de rapports, de coupures de presse et de correspondances antérieures à son départ en stage à Cannes-Ecluse, le 3 novembre 1980, forment une sorte de journal révélateur de la mégalomanie, mais aussi du dangereux activisme du futur inspecteur stagiaire. Ainsi le juge découvre, dans ce jeu guère innocent de petits papiers, le plan complet de la poudrerie de Sorgues (Vaucluse) avec les circuits et les horaires des rondes de surveillance. L'enquête ordonnée sur commission rogatoire montrera que, sous prétexte de se renseigner sur l'activité de la C.G.T. dans cet atelier militaire, Massié s'est fait remettre ce plan par un agent de surveillance au bar *L'Univers* de Carpentras, au début de l'année 1979. Il s'agissait, selon l'agent, de « s'emparer d'explosifs en cas de changement de régime pour préparer des coups de main ».

Dans des chemises rouges au titre alléchant se trouvent également, classées et bourrées d'annotations, les coupures relatives aux

---

1. Il s'agit d'un pagnolesque chassé-croisé d'avocats, intervenu, le 20 août 1981, lors de la remise par la partie civile des « archives » de Massié confiées à sa sœur après le coup de feu du 26 avril. Profitant de la coloration politique donnée publiquement par Me Gilbert Collard, deux autres jeunes loups du barreau, Mes Alain Lhote et Frédéric Monneret, lui avaient disputé peu confraternellement la défense des intérêts de sa cliente, Marina Massié. Les trois avocats ont été sanctionnés par le Conseil de l'Ordre.

attentats commis dans la région depuis sept ans. L'attentat à la bombe qui fit quatre morts et vingt blessés, en décembre 1973, au consulat d'Algérie, est curieusement étiqueté : « Terrorisme arabe. » Mais aucune indication sur le groupe Charles Martel qui l'avait revendiqué. Pas davantage sur les auteurs d'attentats plus récents répertoriés, eux, sous la rubrique « Terrorisme et contre-terrorisme international » : tels ceux revendiqués par la « cellule Ordre et justice nouvelle », équivalent méridional, semble-t-il, du groupe parisien « Honneur de la police ».

Un premier attentat à l'explosif, commandé à distance par un système électrique, a été commis dans la nuit du 22 au 23 avril 1980 au Centre œcuménique de la Sainte-Baume à Plan-d'Aups (Var), dont le foyer, tenu par des dominicains, accueille volontiers objecteurs de conscience, écologistes, non-violents et « progressistes » du monde entier. Des dégâts mais pas de victimes. « Ce jour, à 3 heures, a été supprimé un relais d'accueil terroriste, disait le communiqué de cette organisation jusqu'ici inconnue. Cette action marque la décision de liquidation totale des réseaux terroristes France-Sud. » Peu après, Jean-Joseph Maria, qui venait souvent s'entraîner au tir dans une clairière de Nans-les-Pins, à quelques kilomètres de là, s'est présenté dans un restaurant voisin, le *Pèbre d'Aï,* en se faisant passer pour un commissaire du S.R.P.J. chargé de l'enquête. Il soupçonnait fortement Massié, qui avait employé, devant lui, les mots « moutarde » ou « confiture » pour parler des pains de plastic utilisés dans les attentats.

Seconde explosion, cette fois-ci meurtrière, le 11 août 1980, à 2 h 15 du matin, dans une imprimerie coopérative, « Encre noire », fondée par d'anciens gauchistes, rue d'Oran à Marseille, en face du siège de la brigade des stupéfiants. Une charge de dynamite, lancée à travers la vitrine cassée par des jeunes gens roulant en Méhari, a soufflé les trois étages de l'immeuble et blessé mortellement un clochard qui avait élu domicile sous le porche. Quelques heures plus tard « Ordre et justice nouvelle » diffusait un communiqué :

> « Les amis de l'inspecteur Jacques Mazel (tué en avril 1979) ont pratiqué le nettoyage de l'imprimerie " Encre noire ", en continuation de l'œuvre de propreté entreprise au Plan-d'Aups. D'autres opérations suivront. Avis à la chienlit. Nettoyage immédiat. »

Le policier dont se réclamaient les poseurs de bombe avait fait une chute mortelle en poursuivant, sur le toit du stand de la Légion étrangère à la foire de Marseille, un groupe d'antimilitaristes dont l'un travaillait à « Encre noire ». Or, poursuivant et poursuivis avaient un ami commun : Didier Campana. Comment Massié aurait-il pu ignorer ce détail quand il reçut l'adhésion du jeune postier au S.A.C. ?

Curieux personnage que cet ancien étudiant en psychologie d'Aix-en-Provence, né à Yaoundé (Cameroun) et qui passait aux yeux de ses camarades de la C.G.T., au tri postal de la gare Saint-Charles, pour un révolté plus prompt à l'action qu'à la réflexion. Un dingue de la moto, dont la Norton Commando était connue de tous les rockers du centre-ville Joliette et du quartier nord de Marseille. Membre du « club des pouilleux », il a été l'un des premiers à faire campagne contre le projet de vignette moto, en fondant la fédération des « Motards en colère ». Avec son moniteur de karaté, Ange Poletti, il était de tous les piquets de grève et, un jour que deux de leurs copains avaient été sanctionnés par la direction, ils avaient séquestré leur chef de service. Une autre fois, Campana était venu prêter main-forte à un meeting de soutien aux dix antimilitaristes inculpés dans l'affaire Mazel. A la C.F.D.T., on louait ce « type chouette, poli et serviable » d'avoir hébergé un insoumis pendant plusieurs semaines. On lui connaissait même deux copains à « Encre noire » : un ancien postier devenu membre de la coopérative, et l'un des condamnés de l'affaire Mazel, révoqué de la fonction publique, et qu'il a aidé à monter un petit atelier de sérigraphie pour imprimer des tee-shirts avec des auto-collants de bécanes. Mais, ce que les gauchistes de sa mouvance ne savaient pas, c'est que Campana était aussi très lié avec l'inspecteur Mazel et qu'il avait pris sa carte au S.A.C. Le sympathique amateur de gros cubes avait de gros besoins et beaucoup de combines pour se procurer de faux papiers. Et peut-être n'était-il qu'une « taupe »... Faisait-il partie des « amis de Mazel » signataires de l'attentat contre « Encre noire » ? Les notes de Massié ne le mettent pas nommément en cause. Mais, au cours de son stage à Cannes-Ecluse, le fringant policier s'est confié à un de ses camarades de promotion, l'inspecteur Louis Rouquette, affecté à la Sûreté urbaine de Pau (Pyrénées-Atlantiques). Ils s'étaient connus, en 1967, dans la section des motards de la C.R.S. 54 et s'étaient perdus de vue. A Cannes-Ecluse, Rouquette a retrouvé un mythomane bluffeur, menant un train de vie supérieur à ses collègues : « Il se faisait passer pour un agent de la D.S.T. et se vantait de transporter, dans son éternel attaché-case noir, des dossiers sur l'implantation de l'I.R.A. irlandaise et de l'E.T.A. basque en France, sur le rapt du baron Empain, etc. On n'arrivait pas à le prendre au sérieux. Quelques jours après l'attentat manqué contre Giscard à l'aéroport d'Ajaccio, il m'a fait comprendre qu'il avait lui-même participé à un attentat contre une imprimerie à Marseille. Il m'a même précisé que l'attentat précédent, contre un foyer gauchiste de la Sainte-Baume, avait été commis par « des gens à lui » avec une charge de 30 kilos. Il m'a également parlé d'autres attentats à l'explosif attribués aux siens... Et puis, brusquement, le 28 avril, au retour d'un week-end à Marseille, il est entré la nuit dans ma chambre me raconter, en pleurant, sous le sceau du secret, qu'il venait d'échapper lui-même à une tentative de meurtre : il avait été tiré sur l'autoroute d'Aubagne, en sortant de dîner avec son adjoint du S.A.C., et il avait pu relever le numéro de la moto des tueurs, immatriculée en Seine-et-Marne... Il avait l'air très affecté... Mais je me suis rendu compte, par la suite, que d'autres collègues étaient au courant... »

Quelques jours plus tard, à la réunion de la dizaine de cadres du S.A.C. qu'il a convoquée le 1er mai chez lui pour une grande explication avec Maria, Massié, reprochant à Collard d'être devenu, lui aussi, incontrôlable, imputait notamment à l'ancien chuteur opérationnel du 2e R.E.P. l'attentat à l'explosif commis, le 23 mars, à l'Hôtel des impôts du Prado au nom du F.L.N.C. Ce qu'il considérait comme une provocation criminelle, peut-être à l'origine du tir auquel il venait d'échapper.

De cette réunion, Maria a fait un compte rendu des plus fantaisistes dont les enquêteurs devaient trouver, à son domicile, deux copies jamais parvenues à leurs destinataires : le commissaire Raymond Girel et Pierre Debizet. Il ne correspond pas aux témoignages des autres participants et on ne sait pas à quel tierce dirigeant l'original a été adressé... Existerait-il, en fin de compte, un M. X. extérieur au S.A.C. auquel il était destiné ? En tout cas, Maria admettra plus tard qu'en matière de maniement d'explosif, il ne connaissait pas d'autres compétences que celle de son bras droit, Lionel Collard, Surtout pour les systèmes de mise à feu alimentés par une batterie de motocyclette avec un mécanisme d'horlogerie, comme ceux utilisés dans au moins deux attentats.

Ceux-ci ont eu lieu le surlendemain de la fameuse « réunion des 51 », organisée le 9 juin 1981 par Maria, à l'auberge *Chez Grand-Mère* à Nans-les-Pins, en vue de la campagne des législatives. Après avoir lu un message du grand patron, le successeur intérimaire de Massié a reçu les doléances de six policiers de la compagnie spéciale de la voie publique, membres du S.A.C., qui se plaignaient de leurs nouvelles conditions de travail en milieu immigré. Dès les premières mesures d'assouplissement du contrôle des immigrés prises par Gaston Defferre à son arrivée au ministère de l'Intérieur, ils se sont heurtés à de multiples incidents, qui allaient rendre impossible l'accomplissement de leur mission. Patrouillant en civil, la nuit, dans des voitures banalisées, les 80 gardiens de la paix de la C.S.V.P. étaient considérés jusqu'ici comme les « cow-boys » de l'Evêché : « Ils cognent et ils posent les questions après », disait-on d'eux. Or, dans un bidonville de transit du quartier déshérité de La Cayolle, près des Baumettes, l'interpellation mouvementée d'un jeune Maghrébin chapardeur de vélomoteurs a dégénéré, quelques jours plus tôt, en véritable bataille rangée avec les immigrés de la cité du Baou. Une voiture de pompiers, prise pour un véhicule de police à cause de son gyrophare, y avait déjà essuyé des coups de feu. Les policiers ont dû battre en retraite devant des bandes de loubards de 15 ans accourus à la rescousse de leur copain. Ils sont revenus, le surlendemain, organiser une expédition punitive dans la cité. « Passez chez moi jeudi, on va s'en occuper », leur a alors promis Maria en les calmant d'un geste de la main. Il a même noté le nom d'un de ces policiers, sur son agenda. Celui-ci est allé au rendez-vous avec trois de ses collègues, préparer un plan de ratonnade pour mettre au pas la population de cette cité d'urgence. Maria se défendra de leur avoir donné ce jour-là des consignes d'action.

Or, dans la nuit du 11 au 12 juin, peu avant 4 heures du matin, les façades en préfabriqué de deux petits immeubles mitoyens du Baou sont littéralement arrachées par l'explosion d'un pain de plastic d'un kilo placé sous un escalier. Six appartements sont éventrés. Trois enfants légèrement blessés. Quarante personnes sinistrées. Presque au même moment, à l'autre bout de la ville, dans le quartier nord, Police-Secours alertée désamorce à temps une bombe sept fois plus puissante, également placée sous une cage d'escalier dans un bâtiment de la cité Bassens, autre cité de transit pour immigrés. Non revendiquée, cette double opération aurait été « protégée » par les policiers du S.A.C., soupçonnés de l'avoir commanditée en représailles contre les habitants de ces deux cités. Détail plus que troublant : le dispositif de mise à feu des deux bombes était analogue à celui dont Collard avait fait l'apprentissage à la Légion ; un système composé de deux charges d'explosif et d'un détonateur doublé d'une batterie de moto pour en retarder l'explosion. L'enquête permettra de retrouver l'origine de la batterie, un modèle assez peu courant, utilisée pour la bombe désamorcée à la cité Bassens. Le revendeur de ce matériel a eu, pour client, l'instituteur Finochietti qui disait vouloir en équiper sa moto.

Le 19 octobre 1981, le juge Jean-François Roude, chargé d'instruire l'affaire de Bassens, fait extraire Finochietti de sa cellule des Baumettes pour l'inculper de « tentative de destruction d'édifice à l'aide d'explosif ». L'avant-veille, un autre magistrat de Marseille,

Michel Maestroni, qui instruit le dossier du hold-up du 19 janvier au bureau de poste de La Pomme, a inculpé Poletti, Campana et Massoni de vol à main armée. Le 16 juin 1982, le juge Roude inculpera à son tour Collard pour sa participation établie à l'attentat manqué de la cité Bassens. Conjuguées aux « archives » de Massié qui attribuent d'autres projets d'attentats à ses anciens compagnons, les aveux ou les révélations de certains inculpés de l'affaire d'Auriol aboutissent à réactiver des enquêtes ou à rouvrir des instructions parallèles que le Parquet juge prématuré de relier entre elles, alors que ce lien ferait apparaître la S.A.C. marseillais comme une véritable association de malfaiteurs agissant sous le couvert d'idéaux politiques.

Au contraire, la remise en liberté de Pierre Debizet, après cinquante-deux jours de détention préventive, semble réduire la tuerie d'Auriol à une bavure crapuleuse. Deux magistrats font connaître leur désaccord : le substitut Louis Bartolomci, qui suit le dossier, et le juge Pierre Michel, chargé d'instruire l'attentat contre l'imprimerie « Encre noire ». Ils réclament l'ouverture d'une information globale pour association de malfaiteurs regroupant tous les méfaits commis par des membres du S.A.C. marseillais. Ils pensent que l'on parviendrait ainsi à avoir un éclairage différent de l'affaire d'Auriol. « On ne connaît pas les vrais mobiles, on ne les connaîtra jamais, prophétise Pierre Michel. On fouillera sans fouiller. Finalement, je préfère ne pas avoir à l'instruire. Ça se terminera par une caricature de procès. » Après la mort de Michel[1], le 21 octobre, Bartolomei s'en prendra à l'institution judiciaire locale et quittera le service criminel du Parquet sur une déclaration fracassante :

« D'une manière générale, j'ai observé que le magistrat instructeur, ou bien celui du Parquet, font preuve d'une prudence proportionnelle à la complexité de l'affaire qu'ils traitent. Or, si la pondération du magistrat peut être considérée comme une garantie des libertés individuelles, la prudence, quand elle cause l'autocensure, apporte certes la paix professionnelle, mais aussi la stérilité. Certains magistrats chargés d'affaires délicates se comportent plus en diplomates circonspects qu'en enquêteurs animés d'un ardent désir de faire toute la lumière. Ils enfantent alors des dossiers volumineux où tous les actes utiles à la manifestation de la vérité ont été faits, non à temps, mais à contretemps, après avoir tenu en haleine la galerie en multipliant coups d'épée dans l'eau et moulinets dans l'air, assurés ainsi de ne blesser personne. »

Visée directement par ces critiques, la « dame de fer », Françoise Llaurens-Guérin, n'en continue pas moins de nourrir méticu-

1. Voir chap. 2, « Pierre Michel : mort d'un juge ».

leusement son dossier qui n'atteindra pas loin de deux milliers de cotes. Sans négliger le contexte politique et le fonctionnement du S.A.C., elle s'attache surtout à trouver la faille dans la psychologie de chacun de ses inculpés en comptant sur le choc des assises pour faire craquer leur système de défense. Si les postiers rejettent la responsabilité de la tuerie sur Collard, si l'ancien légionnaire s'enferme dans son mutisme comme un roc inébranlable, si Maria réaffirme sa fidélité à un « idéal », Jean-Bruno Finochietti manifeste des tendances suicidaires qui donnent prise au pari du juge. « Vous méprisez vos coïnculpés qui vous ont trompé, n'est-ce pas ? Alors, qu'attendez-vous pour nommer A. et Z. ? » lui a-t-elle demandé. « Madame, après ce que j'ai fait, je n'ai plus le droit de juger personne », a-t-il répondu.

« Politique au niveau des exécutants, estime son défenseur, Me Bernard Grimaldi d'Esdra, l'affaire ne l'est pas du tout au niveau des commanditaires. » Tout en retardant le renvoi des accusés aux assises, la bataille de procédure, engagée respectivement par ses confrères, Mes Denise Mialou et François Sarda pour Debizet, Mes Henri Ruggeri et Joannès Ambre pour Maria, le bâtonnier Marc Greco pour Collard, Mes Henri Coupon et Marianne Donsimoni pour Poletti, Me Eliane Keramidas pour Campana et Me Camille Guidicelli pour Massoni, n'aura pas permis de mieux éclairer la justice [1].

Il n'y a sans doute pas de secret d'Etat à l'origine du massacre d'Auriol. Simplement l'impunité dont a joui trop longtemps cette association de malfaiteurs au palmarès édifiant. Tout scénario a cependant son envers, et la façon dont l'opération a été décidée, repoussée, puis de nouveau mise en route, montre que, par-delà les motivations des tueurs, quelqu'un a ordonné l'emploi de la force pour régler le cas Massié. Mais à quel niveau ?

A l'évidence, le S.A.C. marseillais s'était dévoyé. Treize des quatorze inculpés militaient dans ses rangs et il est peu probable qu'ils aient seulement agi pour leur propre compte, alors que l'organisation dont ils se réclamaient était fortement hiérarchisée. Bien qu'elles n'aient pas l'intérêt qu'on leur a prêté, les « archives » de l'inspecteur Jacques Massié donnent, cependant, une coloration

1. Au lieu de la confrontation générale demandée par les avocats de Debizet et de Maria avec leurs coïnculpés — dont aucun ne les a accusés explicitement — le juge Llaurens-Guérin s'est bornée à un seul acte important d'instruction avant de clôturer son dossier en janvier 1984 : elle y a joint le dossier instruit par son collègue Roude sur l'attentat de Bassens. D'où les recours en cassation envisagés par les deux ténors de la défense, Mes Joannès Ambre et François Sarda, qui demandaient le non-lieu pour leur client respectif.

très spéciale aux méthodes du mouvement versé, localement, dans le renseignement tous azimuts à des fins partisanes ou crapuleuses.

Reste à savoir quel était son degré d'autonomie par rapport à la direction nationale du S.A.C. et en particulier à son secrétaire général, Pierre Debizet, dans la mesure où il n'existait pas de structure intermédiaire.

« Je suis allé à Marignane pour m'informer, non pour prendre une décision », maintient le « patron » en rappelant qu'en 1969, il n'avait pas hésité à dissoudre une première fois la section des Bouches-du-Rhône. « Je devais revenir fin juillet pour entendre tout le monde. Et j'aurais, soit dissous une fois de plus, soit exigé de Massié sa démission pour raison de santé... »

Pourtant, s'il faut en croire la hiérarchie du S.A.C., n'était-il pas le seul en situation d'ordonner la récupération de documents localement trop compromettants pour l'organisation après la victoire de la gauche ? Mais peut-on le soupçonner pour autant d'avoir ordonné l'élimination physique d'un traître en puissance ?

Cette question, à laquelle la justice aura du mal à répondre, va politiser, dès l'origine, le dossier de la tuerie d'Auriol. Politisation inhérente à toute affaire de droit commun où apparaissent des hommes publics et qui se prête alors aux possibilités d'exploitation partisane. Sur proposition du groupe communiste, la nouvelle Assemblée nationale, élue en juin dans la foulée du changement de président, crée, le 17 décembre 1981, une commission parlementaire de vingt et un membres pour enquêter sur les activités du S.A.C. En écartant de son champ d'investigation les faits poursuivis. Ce qui n'empêche pas les sept représentants de l'opposition R.P.R.-U.D.F. de s'en retirer dès la première séance, sous prétexte d'inévitable interférence avec une instruction judiciaire ratissant déjà très large dans ce domaine. Après 46 séances et l'audition de 99 témoins, la commission remet son rapport, le 17 juin 1982 — ironie de l'histoire — la veille du jour anniversaire de l'appel du général de Gaulle. Une somme d'un millier de pages présentée comme « le premier et le seul document officiel sur le S.A.C. [1] ». En fait, elle ne délivre aucune information vraiment inattendue, ne révèle aucun scandale ignoré. Et surtout, reprenant à son compte tous les ragots de presse, elle ne parvient pas à faire la part du mythe et de la réalité sur cette saga de la phalange gaulliste trop souvent reconvertie dans des combats

1. La commission était présidée par le socialiste Alain Hautecœur, député du Var. Le rapporteur en était le communiste Louis Odru, député de la Seine-Saint-Denis.

douteux. D'où la lettre de protestation de Pierre Debizet au président de la commission :

« Vous n'avez rien vérifié de vos fantasmes. Où sont vos preuves ?... Votre enquête était viciée à la base... Je connais, hélas ! le laxisme d'une certaine justice, mais je ne crois pas qu'on laisserait en liberté le responsable du S.A.C. s'il était réellement soupçonné d'être le complice de six assassinats... »

Pourtant, au vu du rapport, le Conseil des ministres du 28 juillet 1982 décide de dissoudre le S.A.C. pour « son action fondée sur la violence » et des « pratiques voisines du banditisme ».

Certes, elle salit les mains, la politique. Dans l'ombre des hommes publics grouillent et grenouillent des personnages louches, nécessaires comparses aux dévouements changeants tant ils sont, au fond, moins convaincus que vénaux. Mais quand un organisme de circonstance, né d'un besoin immédiat, devient inutile, il ne tarde pas à devenir nocif et à porter préjudice à la cause, si noble soit-elle, qui présida à sa création. Il n'y a pas eu un S.A.C., mais plusieurs, au gré des remous successifs de l'ex-majorité. La dernière époque, celle du tandem Massié-Maria à Marseille, est celle où les bulles remontent, peu à peu, du marécage dans un remugle de fin de règne. C'est le moment, pour une ville où la politique n'a jamais méprisé le concours du Milieu, d'exhiber ses fantômes. Il y aura fallu le massacre de sang-froid de toute une famille dans le décor édénique de la Provence des santons. Décor trompeur. A supposer qu'un ordre soit venu d'en haut de régler le cas Massié, il n'impliquait sûrement pas un tel massacre. Mais il faut tenir compte du caractère et du cadre marseillais de cette affaire comme de celles qui suivront : ils auront été fatals à Debizet aussi bien qu'au juge Michel, à René Lucet, à Solange Troisier... L'ex-patron de feu le S.A.C. croyait l'avoir compris : « Ce n'est un secret pour personne, expliquait-il à *Libération,* que, sur toute la façade méditerranéenne, il y a des problèmes. Le Milieu s'approche toujours de la classe politique — et pas seulement dans la formation gaulliste. C'est pour ça que je croyais être plus tranquille avec un policier... »

A cause de cette tragique erreur, c'en est fini aujourd'hui du sigle sec et mystérieux qui évoquait, pour les uns, les romans d'espionnage à la S.A.S., pour les autres, des hommes de sac et de corde évoluant dans l'ombre de l'ex-pouvoir et surgissant, çà et là, à l'occasion des affaires les plus douteuses de la Ve République. Dissolution ou pas, l'image du S.A.C. aurait-elle pu survivre à l'atrocité du crime d'une bande de pieds-nickelés devenus assassins ?

2.

PIERRE MICHEL :
MORT D'UN JUGE

LE CRIME

Mercredi 21 octobre 1981, 12 h 30. Le juge Pierre Michel, le tombeur des trafiquants d'héroïne, l'homme le plus haï par le milieu marseillais, s'apprête à rentrer déjeuner chez lui. Tous les mercredis, le magistrat prend ses repas avec ses deux petites filles. Ce jour-là, il prévient sa femme par téléphone puis s'attarde sur le perron du tribunal pour bavarder avec des collègues. Il enfourche ensuite sa Honda 125 pour regagner sa villa allée des Buis, juste derrière la Cité Radieuse de Le Corbusier. Le magistrat suit son parcours habituel : rue Breteuil, rue Paradis, boulevard Perrier, le Prado et enfin le boulevard Michelet. Il n'a pas remarqué la grosse moto qui le suit depuis un moment... Et soudain, le drame. Le décor familier bascule : la puissante moto arrive à sa hauteur et un homme, assis derrière le pilote, lui tire à bout portant une balle dans l'omoplate. Déséquilibré, le juge tombe. Le tueur se penche alors et l'achève froidement d'une balle dans le cou à la base du casque et d'une autre dans le cœur. Du travail de professionnel.

Parmi les spectateurs sidérés, un jeune médecin à bord d'une R.5. Comme tous les autres témoins, il ne remarquera que l'énorme pistolet pointé sur l'homme à terre. Les deux tueurs portent des casques intégraux qui leur dissimulent le visage. Le médecin prend en chasse la moto, les yeux fixés sur sa plaque minéralogique. Soudain, le feu stop de l'engin s'allume. Le tueur se retourne et braque posément le conducteur de la R.5. L'automobiliste s'arrête net... La moto repart alors en trombe et disparaît dans la circulation. Le témoin interpelle une estafette de gendarmerie qui revient de la prison des Baumettes. « Vite, deux motards ont tiré sur un homme, une grosse moto immatriculée 7484 JV 13. » Un appel est aussitôt lancé : « Assassinat bd Michelet, arrêtez une moto : 7484 JV 13 ! » L'un des gendarmes qui examinent les papiers de la victime s'écrie : « Mon Dieu, c'est le juge Michel ! » Le témoin capital s'éloigne alors discrètement. Il se présentera pourtant le surlendemain au cabinet du juge pour confirmer ses déclarations : « J'ai réfléchi, dira-t-il, je dois témoigner... »

A une centaine de mètres de là, la femme du juge qui ne sait encore rien s'inquiète de son absence. Elle appelle une amie, substitut, pour lui demander si son mari a quitté le Palais. La communication est soudain interrompue par le standard : « Un magistrat vient d'être assassiné... »

Le quartier est aussitôt bouclé. De nombreux policiers s'affairent pour rechercher les douilles des armes des tueurs : du 9 mm Parabellum, une arme assez rare. Tout l'état-major de la police, Sûreté urbaine, P.J., préfet de police, se précipite sur les lieux, ainsi que la presque totalité des magistrats de Marseille et même d'Aix. Le juge Patrick Guérin, qui est de permanence, arrive l'un des premiers boulevard Michelet. Toutes les personnes présentes lui demandent conseil. Il hérite ainsi par hasard de ce crime explosif. Le monde judiciaire est choqué, consterné. Pourtant, dès qu'on a parlé d'un juge assassiné, avant même de connaître son nom, aucun magistrat n'a hésité : c'est Pierre Michel.

Il occupait en effet une place à part au tribunal de Marseille. « Il renversait les obstacles et bousculait les habitudes », disait devant son corps un magistrat en larmes. En vérité, le juge bousculait surtout les truands et les gros trafiquants de drogue qu'il pourchassait avec acharnement et brocardait sans pitié. Il était devenu, au fil des ans, la terreur des voyous marseillais qu'il traquait avec passion et efficacité. Ce virus de l'enquête choc, Michel l'avait attrapé à Marseille. Rien ne prédisposait pourtant ce fils de magistrat de Metz à devenir un « shérif », comme son homologue lyonnais, lui aussi abattu[1]. Brillant élève, docteur en droit à 30 ans, assistant à la Faculté de droit d'Aix-en-Provence, il aurait pu devenir un professeur de droit estimé, mais il a préféré le terrain et l'action. En 1974, il devient juge d'instruction dans la ville la plus criminogène de France, le Saint-Cyr du milieu, Marseille. Il tombe en pleine période de lutte contre la *French Connection* et il suivra avec passion les actions d'éclat de deux grands flics de choc : Marcel Morin, expédié depuis

1. Voir *Enquête sur un juge assassiné* (R. Laffont).

Paris pour faire tomber les gros bonnets, et Lucien Aimé-Blanc, spécialiste des coups compliqués, l'as des as de la manipulation, deux policiers aux méthodes personnelles. Un modèle pour le jeune juge qui va se lancer à corps perdu dans la bataille, ne dédaignant pas de descendre lui-même dans l'arène. Lors d'un stage à l'Office central de répression du banditisme à Paris, dirigé alors par le commissaire Aimé-Blanc, il insiste pour participer à une violente opération d'interpellation de braqueurs.

Autant que sa ténacité, les truands reprochent à ce magistrat élégant, beau garçon et plein d'aisance, son humour cinglant et son ironie féroce. Pierre Michel ne s'en cachait pas, il avait engagé contre le milieu marseillais une partie de bras de fer impitoyable qui prenait parfois des allures de guerre privée. « Il donnait l'impression d'être personnellement engagé », critiqueront certains de ses collègues qui estiment qu'un magistrat doit « instruirc à charge et à décharge et ne pas se substituer à la police ». Mais Michel aimait l'engagement total. Et peu importait parfois les moyens pour parvenir au but : l'essentiel était de réussir. Il n'hésitait pas, par exemple, pour faire craquer un voyou à prendre quelque liberté et à expédier sur un simple prétexte sa compagne aux Baumettes. Ainsi, pour essayer de faire avouer un trafiquant d'héroïne, il avait fait incarcérer sa femme enceinte, qui dut accoucher en prison[1]. Si ses « clients » se rebiffaient, c'était pire. L'un d'entre eux s'écria un jour : « Vous n'avez pas le droit. » Michel, calmement, dicta à sa greffière : « Notez, Mademoiselle, je n'ai pas le droit... » Plus le ton montait et plus le juge maniait cette ironie glaciale qui lui a peut-être coûté la vie. Ce magistrat courageux, parfois téméraire, méprisait la pègre. Il considérait les voyous marseillais comme des « pieds-nickelés » et en dépit des menaces qu'on proférait contre lui, dans les bars du Vieux Port, il ne prenait aucune précaution. Or, à Marseille, toujours, le folklore cache la réalité : un milieu féroce, capable de tout. « Ce janséniste n'a pas compris que la nonchalance apparente du Midi peut cacher une violence meurtrière », dit l'un de ses amis.

Sa vie privée était inattaquable. Il était marié à une institutrice et père de deux petites filles de 6 et 8 ans. Sportif, amateur de moto et de planche à voile, mélomane, fou de Mahler, le « juge-flic », comme le surnommait haineusement le milieu, s'était peu à peu durci en constatant chaque jour dans son cabinet l'étendue des ravages causés par la drogue. Un autre de ses collègues raconte : « Il s'est

1. Voir chap. 5 : « Les Baumettes · évasion sur ordonnance »

souvent démené, et accroché avec le Parquet pour faire mettre en liberté d'humbles toxicos... Avec les gros, c'était une autre affaire. » Pour les « pros », pas de pitié. Dès qu'un malfrat sortait de prison, il s'ingéniait à le faire retomber à la moindre incartade. Il ne prenait pas de gants non plus avec les avocats « du milieu ». Un jour, il cria bien fort à sa greffière à l'adresse d'un maître du barreau qui attendait devant sa porte : « Faites entrer cette crapule... » Ce fonceur, discret et même parfois secret, mettait un point d'honneur à aller jusqu'au bout, bousculant les obstacles qu'il rencontrait. Ainsi, il avait voulu faire inculper le colonel Erulin, héros de Kolwezi, responsable du « pouf » de Calvi, le bordel installé par la Légion Etrangère. Le refus de cette inculpation par sa hiérarchie le fit s'inscrire dans les rangs du Syndicat de la magistrature. A sa mort, le syndicat se portera partie civile par l'intermédiaire de son avocat Me Bismuth. De même — on y reviendra —, il n'avait pas hésité à se rendre plusieurs fois en Italie pour traquer les maffiosi impliqués dans des affaires de « stup ». Sa rigueur et sa compétence l'avaient peu à peu amené à instruire tous les gros dossiers du banditisme de Marseille. A tel point que la police attendait parfois qu'il rentre de vacances ou qu'il soit de permanence pour interpeller un gros truand.

Cette compétence l'a perdu. Dès l'annonce de sa mort, certains avocats marseillais, qui n'avaient cessé de monter les voyous contre lui, allaient se défouler en des termes venimeux confiés au journal *Libération* :

« Un cador, un big boss, un shérif qui distillait le mépris et l'humiliation. Il aimait user et abuser de la rhétorique pour coincer les voyous (...). Il s'était fixé un objectif un peu utopique : supprimer la drogue. Il s'était pris au jeu. Parfois, il dépassait les limites dans une grosse colère froide qu'il exprimait sans hausser la voix. Ceux qui se trouvaient là payaient pour les autres... »

Ces avocats ne faisaient qu'amplifier les cris de victoire des voyous marseillais. Le soir de sa mort, ils sablent le champagne dans les bars, et les détenus des Baumettes « fêtent » à leur façon l'événement en tapant bruyamment sur des casseroles. Chaque camp a reconnu les siens ; aux policiers et au juge Guérin d'agir maintenant pour découvrir les assassins. Une longue traque de plus de deux ans. Une enquête exemplaire.

Un seul indice au départ : la moto Honda qui a servi au meurtre. Les témoignages concernant l'engin sont comme toujours contradictoires : certains ont vu une Enduro sport, d'autres une Trial (moto tout terrain), mais la description la plus précise demeure celle du médecin qui a suivi un moment les tueurs : « une moto rouge de grosse cylindrée ». Or, deux jours après le crime, une puissante

Honda 900 Bol d'Or, un des plus gros cubes existant en France, était retrouvée abandonnée dans un discret parking de l'avenue Clot-Bey, près du parc Borely. Le médecin s'était trompé d'un seul chiffre : 7584 JV 13 au lieu de 7484 JV 13. « L'itinéraire de fuite choisi par les tueurs, explique le commissaire Sanguy, le patron de la P.J. régionale, prouve que le pilote est un vrai Marseillais qui connaît la ville comme sa poche. » Il est entré, par exemple, dans le parc Borely par une petite porte près d'une chapelle que peu de gens connaissent. Il s'agit donc bien d'un « local », et non d'un tueur à gages étranger.

L'enquête éclate alors dans toutes les directions. Les policiers rouvrent tous les dossiers du juge pour y chercher un mobile. Mais ils suivent d'abord la piste de la « moto ». Une équipe décortique la Honda 900 en quête du moindre indice. Une autre s'attelle aux bandes spécialisées dans le vol et le recel de motos. Les enquêteurs s'orientent vers un quartier de Marseille réputé pour la revente des engins volés, le quartier d'Endoume au pied de Notre-Dame-de-la-Garde ou celui de La Capelette. Justement, ils découvrent un box qui a peut-être abrité la moto volée. Il a été loué à La Capelette chez un agent immobilier, grand ami de Louis Giralt, l'un des gros bonnets de la drogue, mêlé à la filière sicilienne qui obsédait tant Michel. Giralt avait d'ailleurs été interpellé quelques mois plus tôt dans la voiture de l'agent immobilier. Les deux hommes étaient des assidus du *Café de la Place*, place Saint-Eugène à Endoume, un lieu important dans ce monopoly du crime. Dans le box, les policiers découvrent quatre motos volées, un pistolet mitrailleur, plusieurs armes de poing, des grenades et des cagoules. Mais aucune trace du passage de la Honda 900. Deux braqueurs, venus se « ravitailler » au box, seront arrêtés, mais cette « planque » avait été louée sous un faux nom et l'agent d'assurance bénéficiera d'un non-lieu. Pourtant, les policiers étaient sûrs de tenir le bon bout de la pelote.

Les hommes de la « crim » se retournent alors vers la Honda qu'ils ont retrouvée.

L'engin est soumis à une véritable opération chirurgicale. Munis de gants de caoutchouc, les policiers l'auscultent. Ils s'aperçoivent qu'il a peu roulé bien qu'il ait été volé depuis près d'un an : le 29 octobre 1980, dans un garage privé, rue d'Endoume — encore. La moto a été très soigneusement préparée pour sa « mission » : chaîne de transmission retendue, bougies, batterie et contacteur manuel flambant neufs. Un travail de mécanicien professionnel. Cherchez le garage... Les semelles des policiers vont chauffer. Ils recensent les adresses de tous les cycles de Marseille et se présentent chez chacun d'eux comme des clients, avec une batterie à recharger. Ils ont en effet remarqué que celle de la Honda porte un prénom inscrit à la craie, « Jean-Claude ». Ils veulent repérer le garage qui marque les noms des clients sur ses batteries... Le vingtième sera le bon. Le propriétaire reconnaît la batterie. Mais « hélas », il ne connaît pas le nom du client. Celui-ci n'a laissé qu'un prénom « Jean-Claude » et, « voyez comme c'est bête », il n'est jamais revenu... Les policiers sont sceptiques : on ne laisse son prénom qu'aux personnes qu'on connaît, rétorquent-ils. Pourtant, faute de preuve, ils doivent là aussi abandonner la piste.

Mais voici la deuxième heureuse surprise. En détachant de la moto un autocollant « Motul » qui dissimulait le nom du concessionnaire, les hommes de la « crim » relèvent au dos la magnifique empreinte d'un pouce taché de cambouis. Excitation des enquêteurs. « Une véritable signature. » Encore faut-il identifier le « propriétaire » de ce pouce. Ce n'est pas une mince affaire. A Marseille, les empreintes sont classées en deux groupes : les « monodactylaires » et les « décadactylaires ». Les premières sont celles des grands truands, rangées par similitudes, doigt par doigt, les secondes appartiennent au tout venant.

Déception : les empreintes de la moto ne figurent pas parmi celles des « vedettes ». Restent à éplucher 1 600 000 empreintes, les dix doigts de quelque 160 000 obscurs voyous, classés par ordre alphabétique. Un travail de bénédictin dont la réussite est plus qu'incertaine. Après avoir mentalement mémorisé la fameuse empreinte, deux inspecteurs s'attaquent au fichier. Le troisième jour, l'un d'entre eux pousse un cri de triomphe. Eurêka ! Lettre G : Giardina Charles, 24 ans, un « demi-sel » condamné pour coups et blessures et détérioration de monuments publics. Du menu fretin. Effervescence à la « crim ». On consulte à toute vitesse le dossier Giardina. Tilt : il a été apprenti mécano dans un garage de la Capelette.

« On brûle », songent les policiers qui ne vont plus quitter le petit truand d'une semelle. Pendant deux mois, ils le filent en se confondant avec son ombre. Très vite, ils identifient un gros poisson qui nage dans son sillage, Gilbert Ciaramaglia, un client sérieux celui-ci, un « dur » qui, à 35 ans, a déjà passé dix ans en prison... Ce truand au visage impressionnant, tout droit sorti de la Guerre du Feu, fréquente lui aussi le quartier de la Capelette. Ami de la compagne de Giardina, Evelyne Danty, il se passionne, détail bien intéressant, pour les grosses motos.

En 1973, il tente avec des complices de racketter un autre voyou. Ils entraînent leur « victime » une nuit, dans un bois, pour lui montrer la tombe qu'ils viennent de creuser... Mais, malchance, en rentrant dans Marseille, ils tombent en pleine Canebière sur une patrouille de police qui remarque le comportement bizarre du conducteur de la voiture. Sans hésiter, les truands ouvrent le feu. La victime et deux autres voyous dont Ciaramaglia parviennent à prendre la fuite. Le « racketté » ne s'en tirera pas à si bon compte. La bande tente d'abord de faire exploser la villa de ses parents. Puis Ciaramaglia — qui a la rancune tenace — lui tire dessus (sans le tuer) juché sur une puissante Honda 750. Un scénario qui rappelle quelque chose aux policiers. Mais le crime ne paie pas et « Ciara », comme on l'appelle, est toujours à court d'argent.

Il sera finalement arrêté au Canet après avoir réussi un spectaculaire hold-up au Crédit Agricole de Perpignan. L'affaire de la fusillade de la Canebière et celle du bracage sont confondues et, pour ces deux « coups », Ciara écope en 1973 de dix ans de prison. Le 1er janvier 1981, il est dehors, prêt à reprendre du service.

Il s'installe alors au domicile d'Evelyne Danty et Charles Giardina. C'est là que les policiers vont le retrouver. Ils identifient aussi deux de ses « collègues » : André Cermollace et Gérard Denis. Ce dernier a partagé quatre ans de la vie de Ciara à la Centrale de Melun. Deux beaux voyous inscrits « au chômage », qui roulent en B.M.W. 728, et dont le Q.G. se trouve au *Café des Sports,* « chez Kacou », à la Capelette bien sûr. Les enquêteurs qui se retrouvent à la case départ multiplient les surveillances : le grand jeu : filatures, écoutes, photos... Mais une course contre la montre s'engage car l'histoire de l'empreinte miraculeuse fait déjà le tour du palais de justice de Marseille. Elle a même provoqué une querelle entre le juge Guérin et le substitut du procureur qui suit l'affaire. Le substitut Louis Bartolomei, furieux d'avoir appris l'existence de cette empreinte par un journaliste, refuse dorénavant de s'occuper du dossier. Il évoque cette piste lors d'une émission de télévision consacrée à l'assassinat du juge Michel. Le lendemain, les grandes oreilles policières vont siffler : branle-bas de combat dans la bande.

Les enquêteurs sursautent lorsqu'ils entendent une voix annoncer au téléphone à Ciaramaglia : « Ici, le commissaire de police ! » Il s'agit d'une bonne blague que Giardina fait à son copain... Mais le reste de la conversation ne manque pas d'intérêt : « Tu as vu le film à la télé sur le " geju " (le juge en verlan — l'envers — l'argot du milieu). C'était bien, très bien... ! »

Cette fois, le juge Guérin décide de donner un coup de pied dans la fourmilière. Il relève ses filets : Giardina et Ciaramaglia sont pris dans la nasse. Ciara commence par conter ses malheurs : engagé le

9 novembre — 15 jours après la mort du juge Michel — dans l'atelier de soudure d'un ami, il a reçu un malencontreux coup sur la tête. Depuis, il est accidenté du travail et pensionné à 7000 F par mois, une misère, qui n'explique ni sa grosse voiture 604 ni les 12000 francs retrouvés dans ses poches.

Sans même savoir ce qu'on lui reproche, ce voyou prudent déclare spontanément : « Je ne sais pas conduire une moto »... Le petit Giardina, lui, affirme qu'il n'a connu son copain qu'au mois de novembre 1981. Or, coïncidence, le juge a été assassiné le 21 octobre.

Le petit mécano ne reconnaît pas la Honda Bol d'Or. « Jamais vue. » Lorsqu'on lui parle d'une empreinte, il explique que « peut-être — un jour — il est monté dessus dans un parking. Il ne sait plus lequel »...

Finalement, dans la nuit, ce fragile arpète se trouble et craque : « C'est la moto de Ciaramaglia, reconnaît-il. Durant l'été, il m'a demandé de masquer le nom du concessionnaire mais j'ignorais à quoi elle devait servir. » Détail important. Giardina, dont la mémoire revient au galop, se souvient que cette moto avait un cache latéral fêlé. Aussitôt, on réveille le juge Guérin pour qu'il extraie du greffe du tribunal le cache de la moto. Episode rose dans ce film noir : le gardien du tribunal ne trouve pas les clés du greffe. Qui les détient ? Le chef greffier bien sûr. Mais personne ne connaît son adresse... On sait seulement qu'il habite La Bédoule, une petite ville proche de Marseille. A quatre heures du matin, la P.J. sonne les gendarmes de La Bédoule pour qu'ils retrouvent le chef greffier et qu'ils l'amènent au tribunal. Après bien des péripéties, le brave homme débarque avec ses clés et, dans le greffe, à la stupéfaction générale, les policiers découvrent... des rats drogués ! Les rongeurs grignotent en effet des plaquettes de hash saisies et leur comportement s'en ressent... Enfin, on finit par dénicher le fameux cache latéral. Victoire ! Il est fêlé, il s'agit bien de la même moto. La piste est sûre. Retour à l'Evêché où Giardina termine sa déposition sur cette phrase troublante : « Je ne dirai plus rien car je veux assurer ma sécurité. »

C'est finalement Evelyne Danty, la belle amie de Giardina, qui, épuisée par son interrogatoire, lâche un grand nom : Gaëtan Zampa dit « Tany ». L'une des stars du milieu marseillais. « Monsieur Z », comme on l'appelle, a chaussé les escarpins vernis de l'ancien roi de la pègre de Marseille, Antoine Guérini, frappé à mort par deux motards anonymes le 23 juin 1967. Tany est l'un des rares gangsters français à avoir monté sa carrière à l'américaine ou plutôt à l'italienne. Mis à part deux « bavures » (sept ans de prison puis huit mois, son casier judiciaire est relativement mince). Et encore, ces derniers sept ans octroyés pour port d'arme, il les a décrochés comme dans un film aux enchères. Condamné à six ans, il menace en plein prétoire un policier : un an de plus !

Ce caïd de gros calibre, qui ne met plus directement la main à la pâte, a triomphé récemment d'une violente guerre des gangs qui l'a opposé à Jacky Imbert dit le « Mat », une autre vedette de la Côte. Blessé de sept balles, le Mat, qui, comme les chats, semble avoir sept vies, sera remis sur pied six mois plus tard. Depuis, ses troupes décimées, il attend dans l'ombre sa revanche. Tany, lui, brille au firmament du milieu marseillais.

Selon les Froissart et Commynes du crime : Gaëtan Zampa aurait fait ses classes à Paris dans la célèbre bande des Trois Canards, du nom d'un bar montmartrois où se réunissaient ceux qui allaicnt devenir les gros bonnets de la drogue, les parrains de la *French Connection*. Aujourd'hui encore, certains d'entre eux, mués en cossus notables de province, ne répugneraient pas à financer le trafic de l'héroïne installé en Italie avec l'aide de conseillers techniques marseillais. C'est sur la piste de ce gros gibier que s'était lancé avec courage le juge Pierre Michel. Il suivait entre autres les traces de l'insaisissable Tany. Le magistrat se serait vanté un peu prématurément d'arriver à faire arrêter le caïd. Une déclaration — très imprudente — à la Robespierre. Le juge s'intéressait en tout cas de très près aux relations de Tany et dans l'affaire d'un laboratoire d'héroïne découvert à Saint-Maximin, il pensait avoir enfin une touche sérieuse — nous y reviendrons.

Aussi, lorsque Evelyne Danty parle de Zampa, les policiers et le juge dressent l'oreille. Elle raconte que Ciaramaglia éprouve une véritable dévotion pour Tany. Ils ont été en prison ensemble en 1976, explique-t-elle : « C'est un type terrible, disait Ciaramaglia, capable de tuer qui il voulait... Zampa lui a même donné un blouson qu'il portait comme une relique et à sa sortie de prison, il lui a offert une moto »...

A propos de l'assassinat du juge, elle explique que « Ciara » était venu la voir quelques jours avant le crime, alors qu'elle accouchait en clinique. Il lui avait annoncé avec des airs de conspirateur qu' « un grand type allait être descendu ». Peu après le meurtre, il a même déclaré un jour en voiture : « J'ai les condés derrière, il y a cinq minutes j'étais avec Gérard (Denis), un jour ils vont nous tomber dessus pour l'affaire Michel »...

Ciaramaglia, lui, plus coriace, ne dit rien aux policiers : « Qui t'a donné la Honda ? demandent-ils.

— Un fantôme !

— Qu'est-ce que vous vous disiez en prison avec Zampa ?

— Bonjour !

— Et après ?

— Bonsoir... ! »

Pourtant, des charges s'accumulent contre lui. Une écoute révèle qu'il s'est rendu le lendemain de la fameuse émission de télévision chez Daniel Danty, le frère d'Evelyne. Perquisition. On découvre un 357 Magnum, une cagoule et divers papiers dont une réclame pour une maison d'entretien de motos : la Snach, un détail qui aura son importance plus tard.

Ciara avait demandé à Danty de lui « garder tout ça... ». On retrouve également 15 000 F cachés au domicile de sa sœur. « C'est une collecte entre amis pour l'aider à payer les frais de justice », déclarent ses proches...

De plus, après avoir longuement hésité, le petit Giardina confirme les déclarations d'Evelyne Danty. « " Ciara " nous a bien parlé de Zampa. Pourtant, je n'arrivais pas à croire qu'il ait participé à l'assassinat du juge Michel, il vivait exactement comme d'habitude... » A tel point que Giardina, sceptique, en parle à sa vieille mère : « Maman, tu crois que Gilbert est mêlé à l'affaire Michel ? » La brave femme répétera cette conversation au juge Guérin. Embarras de Giardina — lorsqu'il reviendra plus tard sur ses aveux, en présence de son avocat, Me Vouland, il n'osera jamais contredire sa mère : « On ne peut pas accuser sa maman de mensonge ! » Cornélien.

Il raconte aussi qu'au *Café des Sports,* à la Capelette, Ciara lui a montré la photo de la Honda publiée dans la presse en lui disant : « Tu la reconnais ?... »

Mais le juge garde lui aussi des secrets. Après l'interpellation des deux voyous le 22 février 1982, il refuse durant 48 heures de donner le dossier aux avocats. Le magistrat a ses raisons : il veut gagner du temps pour permettre aux policiers de cueillir les deux collègues de Ciara, André Cermollace et Gérard Denis. Peine perdue. Lorsqu'ils sont finalement interpellés, le ménage a été fait chez eux. Les écoutes retranscrites plus tard révéleront qu'ils s'attendaient à être arrêtés. « Les condés vont nous tomber dessus. — J'aurais dû partir plus vite... »

Le juge Guérin est contraint de les relâcher. Ce n'est que partie remise, car il n'abandonne pas la piste. Elle va déboucher sur des éléments nouveaux qui permettront un an plus tard, en mars 1983, de les faire « retomber », avec des « biscuits » plus solides cette fois. Les policiers parviennent en effet à dénicher un petit atelier de motos où la bande a tenté de faire réviser la Honda Bol d'Or. Il s'agit du garage *Georges et Tony*, situé boulevard de la Corderie à Marseille. Le patron, interrogé, reconnaît qu'il a vendu un casque au trio Giardina, Ciaramaglia, Denis. Ils ont même ramassé sur son bureau des autocollants Motul qui traînaient par là. Le garagiste se souvient de Ciaramaglia qui avait payé avec une liasse de billets de 500 F...

Et ce n'est pas tout. Peu de temps après, au cours de l'été 1981, Cermollace et Denis retournent au garage pour faire réviser une Honda 900 ! Elle est amenée, selon les témoins, par Cermollace qui la pilote accompagné par Denis qui le suit dans sa grosse B.M.W. Le patron du magasin les envoie à l'atelier situé un peu plus loin dans la rue. Entre-temps, changement de conducteur, l'engin arrive conduit par Ciaramaglia. Le chef mécano s'en souvient bien, les Bol d'Or ne courent pas les rues. En un an, il n'en a manié que deux. (Les policiers retrouveront, grâce aux factures, la propriétaire de la seconde, une jeune femme qui avait eu des ennuis de batterie.) « Celle amenée par Ciara avait des problèmes de carburation, explique au juge le mécano. J'ai fait tourner le moteur mais je n'ai pu m'en occuper car nous sommes spécialisés dans les Suzuki. Je leur ai donc conseillé de s'adresser à Honda. » Un autre employé se souvient aussi des deux hommes, de Ciaramaglia surtout qui avait déjà apporté une moto à réparer, une Kawasaki 750, dont il fallait changer le câble d'embrayage.

Mais le problème se corse. Car le patron de *Georges et Tony* vient discrètement revoir le juge pour lui faire des révélations. « Le garage, explique-t-il, est une affaire de famille, mon beau-frère tient l'atelier et ma sœur et mon jeune frère — qui est avocat stagiaire — m'aident au magasin. Celui-ci était présent quand les deux motards ont apporté la Honda mais il refuse d'en parler. D'autant, poursuit le garagiste, que nous avons reçu récemment la visite d'un homme qui nous a conseillé de ne rien dire, un certain Gaëtan Zampa. » Le juge sursaute : « Impossible, trop gros ! » Pour éprouver le témoin, il lui présente trente photos de truands. Le garagiste reconnaît sans hésitation celle de Zampa... Une photo toute récente qui n'avait jamais été publiée. Du coup, le juge Guérin, troublé, convoque le frère avocat. Mais prudent, il commence par faire mettre le garagiste sur écoute. Les policiers saisissent ainsi une conversation animée où le jeune avocat engueule proprement son frère : « Tu es fou, tu avais bien besoin de parler de la visite de ces types. Tu vas saborder ma carrière. Avec une histoire pareille, je suis coulé. »

Dans le bureau du magistrat, l'avocat nie farouchement : « Où mon frère a-t-il été chercher tout ça ! L'histoire de Zampa, c'est une blague. Je lui avais raconté pour lui faire peur. Je lui ai même parlé de Mesrine... Mais je n'aurais jamais pensé qu'il prendrait la plaisanterie au sérieux. La photo ? Il l'a vue dans la presse ou il l'a reconnu dans un album que les policiers lui ont présenté. »

Lui, en tout cas, ne reconnaît rien, aucune photo. Pas plus celle de Zampa que les autres. Retour du frère garagiste. Il est soudain moins affirmatif : « Je ne sais plus. » Finalement, découvrant que son témoignage figure au dossier, il reviendra complètement sur ses aveux. Il n'a plus vu personne. Un autre mécano du garage perdra également la mémoire. Le seul ouvrier à maintenir ses déclarations travaille actuellement au Moyen-Orient.

Pourtant, inlassablement, le magistrat remonte ses casiers, espérant voir apparaître les pinces d'un gros crabe. Il suit ainsi la trace de l'autre moto, une Kawasaki verte que Ciara avait amenée chez *Georges et Tony* avant la Honda. Il pourrait bien s'agir, pense le juge, de la fameuse moto que Tany aurait offerte à Ciara. Les policiers, acharnés, vont retrouver son ancien propriétaire. C'est une relation de la bande de Tany, un pilote semi-professionnel qui a couru le Bol d'Argent. Or, justement, en panne d'argent, le coureur a travaillé dans deux établissements « du groupe Zampa » : la *Chope d'Or* à Marseille, tenu par Raphaël Di Nonno et fréquenté par Gaby Regazzi, l'un des lieutenants de Tany, exécuté le 3 mars 1977, et le *Mistral* à Aix. « Selon le pilote, Di Nonno lui aurait avancé l'argent pour acheter la “ Kawa ”, mais ensuite, explique-t-il, nous nous sommes disputés, à propos d'une femme. Finalement, il m'a repris la moto et je n'ai jamais osé la récupérer. Ensuite, fin août 1981, il m'a convoqué pour signer un certificat de vente à un certain Cerviere que je ne connaissais pas. Mais Ciaramaglia et Denis assistaient à la transaction... » La Kawa verte serait donc le petit cadeau de Tany à son disciple, Ciara. Le caïd aurait d'ailleurs l'habitude d'offrir des motos à ses amis. Une petite pièce de plus dans le puzzle compliqué du juge Guérin.

Mais voici qu'une nouvelle piste s'ouvre à Paris. Un autre voyou, Gilbert Necco, autre fidèle de Tany, qui a lui aussi travaillé dans un garage de motos de la Capelette, s'est vanté dans une boîte de nuit parisienne d'avoir préparé la Honda et d'avoir participé à l'assassinat du juge Michel. Un « indic », dont l'oreille traînait par là, prévient les policiers. Le « tuyau » est recoupé par des écoutes où l'on parle du meurtre d'un certain Gilbert. Aussitôt, les spécialistes de l'O.C.R.B. (l'Office Central de Répression du Banditisme) se lancent sur les talons de Necco. Il appartient à une bande bien connue des policiers, spécialisée dans les attaques de salles de coffres en maîtrisant employés et clients. Une technique très en vogue à une époque. Le milieu lui aussi connaît des « modes ». Durant plus de six mois, huit limiers de l'O.C.R.B. ne quitteront pas leur proie. Ils travaillent sur commissions rogatoires du juge Guérin, car le magistrat marseillais, informé, veut savoir ce qu'ils trament. Il vient lui-même passer une semaine à Paris, avec les enquêteurs de l'O.C.R.B. pour observer leurs méthodes et consulter leurs fichiers. Il ne sera pas déçu. Si l'équipe Necco parle peu de l'assassinat du juge, elle agit beaucoup. On retrouve encore, en coulisse, celui qu'ils surnomment au téléphone « Le Grand » et que les policiers n'ont aucune peine à identifier : Zampa.

Un samedi matin, le téléphone chauffe. Les voyous passent à l'action ; ils s'appellent fébrilement. « Viens vite, dit l'un d'eux, amène le " coupé " (le fusil à canon scié) et les perruques. J'ai le numéro de la chambre. »

Les policiers, qui flairent le coup, sont pourtant impuissants. L'équipe, hyperprudente, est absolument « infilochable » (impossible à suivre) et il est trop tard pour monter un grand dispositif. La bande s'apprête à attaquer une riche touriste, descendue avec son fils à l'hôtel *Royal Monceau*. Mais, les policiers n'apprendront l'agression que plus tard, lorsqu'elle aura eu lieu...

Et la traque continue. Les écoutes aussi. Or, qui apparaît dans l'ombre du gang ? Le grand Tany, bien sûr ! A de nombreuses reprises, les truands demandent « l'avis du Grand » pour préparer un coup. Impossible de savoir si Zampa apparaît lui-même au téléphone. Il ne donne jamais son nom et on ne peut l'appeler directement. On ne le joint que par l'intermédiaire d'un eurosignal (ce petit appareil portatif qui indique qu'on doit contacter un correspondant convenu). Et c'est toujours Zampa qui rappelle. Sans dire son nom — le grand jeu ! Néanmoins, les policiers pensent qu'ils l'ont eu plusieurs fois à l'écouteur. L'un de ses proches s'est même inquiété de la santé de la femme d'un des Parisiens.

Fou rire des « grandes oreilles » lorsque l'un des truands explique sérieusement qu'il a acheté un appareil électronique sophistiqué qui déjoue les écoutes et qu'il peut parler librement. Les policiers apprennent aussi que la bande est à nouveau sur le pied de guerre. La mort dans l'âme, ils voient l'équipe « remonter au charbon ». Impossible encore de les suivre. Cette fois, ils vont attaquer à son domicile le propriétaire d'une pizzeria des Champs-Elysées. Mais les *g'men* de l'O.C.R.B. assistent au retour de la bande à sa tanière. Normalement, ils leur auraient mis la main au collet mais veto absolu de Marseille, l'assassinat du juge Michel passe avant un petit braquage...

C'en est trop ! Le patron de l'O.C.R.B., le commissaire Georges Moréas, estime qu'il ne peut continuer à regarder les truands faire leurs coups et rester les bras croisés. Trop dangereux. Et si l'un des hold-up tournait mal ? « Impossible. Il faut agir », pense le Parisien. Une réunion ultrasecrète se tient donc à Marseille dans le bureau du procureur Pierre Truche. Elle réunit toutes les personnes qui participent à l'enquête. Côté justice, le procureur, le juge Guérin, un juge d'instruction parisien ; côté police, le patron du S.R.P.J. de Marseille, Jean-Pierre Sanguy et deux de ses commissaires, Girel et Pasotti, un commissaire de la 1re Brigade Territoriale de Paris — secteur où sévit la bande — et le patron de l'O.C.R.B. Ce dernier prône la manière forte. « Ce n'est pas compliqué, plaide le Parisien, ces voyous ont participé à des braquages, on les arrête tous en flagrant délit et on " agite le bocal ". Si on ne peut pas les accrocher sur l'affaire Michel, on les bouclera pour autre chose. Au moins, ils seront mis hors d'état de nuire. » L'idée du Parisien allait loin puisqu'il proposait même d'arrêter Tany et, pourquoi pas, d'enquêter sur sa situation financière. Une idée qui fera son chemin — on le verra plus tard. Pour l'instant, « Niet » du juge Guérin, soutenu par le procureur de Marseille. « Trop tôt, répliquent les magistrats. Nous n'avons pas encore tiré toutes nos cartouches. L'enquête n'est pas terminée. »

Bref, le juge veut sortir l'affaire Michel et non user d'un subterfuge en arrêtant les voyous pour d'autres motifs. Le policier parisien s'incline — bien obligé —, mais il réclame la neutralisation de l'équipe. On choisit donc une solution bâtarde. Une information judiciaire, indépendante de l'affaire Michel, sera ouverte à Paris pour association de malfaiteurs. Début mars, en effet, trois membres de la bande sont arrêtés dans la capitale pour les hold-up qu'ils ont commis. Au domicile de l'un d'eux, on trouve même un faux uniforme de gardien de la paix qui servait pour les agressions et un exemplaire du Fichier Spécial du grand banditisme... Gilbert Necco et l'un de ses complices, Borgha, seront interpellés à Marseille par les policiers de la ville qui mettront un point d'honneur à s'en emparer eux-mêmes. Pour les deux agressions, les preuves abondent, mais pour l'affaire Michel, le juge Guérin va se casser les dents. Il ne tirera pas un mot de Necco. Le truand reste muré dans son silence ; il n'avoue rien, ne reconnaît rien.

Pourtant, là encore, un coin du puzzle se met en place car Necco connaît bien Denis et Cermollace. Il est l'un des « hommes » de main du grand Z et son père n'est autre que le gérant du café de la place Saint-Eugène à Endoume où se réunissait toute la bande. Et aussi, Necco a animé une société de nettoyage située à la Capelette, la Snach. Elle s'occupait également — encore le hasard — de réparations de motos : elle mettait un atelier et de l'outillage à la disposition des motards... La « Snach »?... La « Snach »?... Ce nom résonne familièrement aux oreilles des policiers. Tilt! L'un des inspecteurs se souvient : parmi les papiers confiés par Ciaramaglia à Daniel Danty se trouvait un prospectus au nom de cette société. On vérifie. Aucun doute, le gérant a même été entendu. Mais depuis lors, la « Snach » ne s'occupe plus de réparation. La façade du magasin a été repeinte et il ne demeure plus une trace d'un atelier pour motos...

Alors, finalement, que reste-t-il dans l'énorme dossier du juge Guérin? Toujours les mêmes personnages, omniprésents, Giardina, Ciaramaglia, Denis, Cermollace, Necco. Tous issus des mêmes quartiers. Endoume et la Capelette, et tous tournent autour de la fameuse moto du crime.

Au centre de cette toile d'araignée, l'ombre furtive du grand Tany, le caïd que le juge Michel, croisé de la lutte antidrogue, rêvait d'arrêter. Mais le mobile du crime reste toujours mystérieux. Ni Zampa ni aucun des inculpés n'a eu directement maille à partir avec Michel; aucun n'a rencontré le juge qui fit trembler le milieu marseillais. Or, ce meurtre, soigneusement prémédité et exécuté par des professionnels, avait forcément un mobile urgent. On ne réalise pas un « contrat » de cette importance sans une impétueuse et impérative raison. Ou le commanditaire avait peur pour lui-même ou il agissait sur l'ordre de puissants clients. Pour tenter de découvrir le mobile, les policiers ont perquisitionné dans le cabinet de Pierre Michel. Parmi les affaires chaudes traitées par le juge, ils vont retenir trois dossiers brûlants : la tuerie du *Bar du Téléphone,* la fausse monnaie et la *French-Sicilian Connection,* la nouvelle filière d'héroïne qui reliait Marseille à l'Italie, la plus belle réussite de Pierre Michel.

LES PISTES

La tuerie du « Bar du Téléphone »

C'est peut-être le dossier qui tenait le plus à cœur à Pierre Michel — toujours son désir d'aller « jusqu'au bout », de « sortir » à tout prix les affaires. C'était aussi la plus grande tuerie jamais survenue à Marseille. Le 3 octobre 1978, Chicago sur Méditerranée n'est plus un cliché. Alors qu'Al Capone avait fait exécuter à Chicago le jour de la Saint-Valentin — le 14 février 1929 — sept « concurrents » d'une bande adverse, neuf hommes étaient froidement exécutés dans le *Bar du Téléphone,* au 8 du boulevard Finat-Duclos, situé dans le quartier ouvrier du Canet. La dixième victime devait mourir peu après.

Ce massacre débute pourtant dans un paisible décor à la Pagnol. Le *Bar du Téléphone,* c'est le siège de la « Boule modérée », le club de pétanque du quartier. Les clients tapent le carton. On s'attend à voir jouer *César,* ce sera *Asphalte Jungle.*

20 heures. L'heure de l'apéritif est déjà passée, la plupart des joueurs de belote et de rami qui occupaient les tables sont rentrés chez eux. Il ne reste dans le bar qu'une quinzaine de clients. Derrière le comptoir, André Léoni, le patron, sert les tournées. C'est un bon vivant de 36 ans qui a acheté le café en 1976 pour 150 000 F. Les affaires tournent, une clientèle d'habitués sans histoire, l'argent rentre. Tout va bien. A ce moment crucial, il vend au bar un paquet de cigarettes à un vieux client, François Fernandez dit « Francho », 61 ans, un ancien docker, d'origine gitane.

A droite du comptoir, un jeune maçon de 23 ans, Fernand Bourelly, arrose son permis de conduire obtenu la veille ; il trinque avec le jeune frère de la patronne, Henri Ciron, 20 ans, un monteur en ascenseurs, et trois autres copains : Noël Kokos, 28 ans, un ex-coursier en douane au chômage, Guy Audemar, 24 ans, un voyou sorti depuis peu de prison, et Patrick Nouar, 24 ans, un maçon dont le père est serveur au bar.

A l'autre extrémité du bar, trois clients : deux maçons au passé plus que chargé, Marcel Touchard, 28 ans, et Paulin Straboni, 42 ans, et un proxénète, Jean-Claude Quercia, dit la « Vieille », 36 ans, un repris de justice qui fournit discrètement en armes les voyous du quartier. Ils vivent sans le savoir leurs derniers instants. Tous, à l'exception d'un miraculé, sont condamnés à mort.

L'un des consommateurs, Constant Tseseméli, dit « Costa », a bien des malheurs. En sortant du café, voici quelques minutes, il a crevé un pneu de sa voiture. N'ayant pas de cric, il a dû l'abandonner à un arrêt de bus et retourner à pied au *Bar du Téléphone* pour appeler un garagiste. Aucun ne veut se déplacer, le patron, Léoni, lui propose de lui prêter sa Diane. Costa prend les clés et, au moment de sortir, croise sur le pas de porte Alain Armahanian, 29 ans, un épicier voisin qui a fermé sa boutique et vient boire le coup de l'étrier, un coup mortel : le destin qui les fait se rencontrer va sauver Costa et condamner l'épicier.

Alors que Costa se dirige vers la Diane garée sur le boulevard, face au café, la patronne, Nicole Léoni, monte l'escalier qui conduit à son appartement situé au-dessus du bar. Elle va préparer le dîner. Sa sœur, Christiane Caillet, qui se trouve déjà en haut, s'apprête à prendre un bain. Les deux femmes vont connaître la peur de leur vie.

Dans la salle, deux autres clients sont sur le point de partir : Jean Kokos, le frère de Noël, un peintre en bâtiment, et un routier, Jean-Philippe Guillem, dit « Pizza ». Ils sortent du bar et traversent le boulevard. Sur l'autre trottoir, ils s'arrêtent un instant pour attendre Quercia, la « Vieille » qui doit les rejoindre.

Costa, l'homme à la Diane, voit le premier les tueurs. Il s'apprête à faire démarrer la Diane lorsqu'il remarque quatre silhouettes venant du haut de la rue qui rasent les murs, passent à côté de son véhicule et pénètrent dans le bar. Presque aussitôt, des coups de feu éclatent. Réflexe marseillais, Costa plonge à l'intérieur de la voiture. Jean Kokos et Jean-Philippe Guillem, qui, eux, attendent toujours Quercia, ne voient pas les hommes entrer dans le bar mais ils l'aperçoivent soudain à la porte du café aux prises avec un homme armé. Ils vont voler à son secours lorsqu'ils sont pris pour cible par un autre homme masqué, posté devant la terrasse. Kokos et Guillem détalent sans demander leur reste. Ils ne doivent d'ailleurs leur salut qu'à leur fuite. Dans l'ombre de la nuit, ils n'ont pu distinguer les tireurs. Encore une réaction « locale » : ils ne courent pas prévenir la police. Non ! Ils se rendent au domicile de Fernandez pour prévenir sa famille…

Le premier à voir distinctement les tueurs sera Patrick Nouar, le fils du serveur. A leur entrée, il se tient de dos, devant le comptoir. Il n'aperçoit donc le premier homme qu'au moment où celui-ci le dépasse. Témoignage capital, il indiquera que l'homme se dirigeait vers l'angle du comptoir où se trouvaient Touchard et Straboni. Cible probable des tueurs ? Il donnera également un signalement très précis du premier tireur : 1,75 m à 1,80 m, 30 ans environ, une barbe abondante et frisée (sans doute fausse), des lunettes teintées à monture carrée, vêtu d'une veste de treillis et d'un passe-montagne, il portait une musette kaki en bandoulière et un gros pistolet automatique à la main. Comment Nouar peut-il livrer ce témoignage ? Un miracle. Dès le premier coup de feu, il s'accroupit au pied du comptoir et remarque alors un autre homme qui se tient sur le pas de la porte : mince, yeux marron, petite barbe foncée, cheveux longs, parka kaki, passe-montagne. Quercia, qui allait sortir, se heurte à lui. Courte bagarre. Une détonation. Nouar a le bon réflexe. Il rampe jusqu'à la porte des toilettes et s'y enferme. Tremblant de peur, il entend claquer les coups de feu, s'attendant à tout moment à être délogé de sa cachette. Mais les tueurs ne l'ont pas vu s'enfuir. Il aura la vie sauve… Le serveur peut mettre un cierge tous les jours à Notre-Dame-de-la-Garde.

A l'intérieur de la salle, c'est l'horreur. Le premier homme, aperçu par Nouar, s'est donc heurté devant la porte à Quercia. Un bien léger obstacle. L'un des complices du tueur, armé d'un fusil à pompe, le célèbre Riot Gun, tire une décharge dans le bras gauche de Quercia qui a esquissé un geste de défense. L'homme aux lunettes teintées, qui porte un colt 45, poursuit donc tranquillement sa « mission ». Il va exécuter la personne qu'il recherche. Mais qui est-ce ? Sur qui en effet a-t-il tiré en premier ? C'est la clé de l'énigme. Mais tous les témoins l'ont emportée dans leur tombe. Aucun n'est plus là pour raconter la scène. Comme le dit sobrement le commissaire qui a rédigé le rapport de police : « Première difficulté pour les enquêteurs : le massacre systématique de tous les clients ne laisse que peu de témoins des faits. »

En effet… Aussitôt le coup porté à Quercia, tous les autres consommateurs vont être exécutés un par un, calmement, comme à l'abattoir. Une boucherie sauvage. Une folie meurtrière. Pas de quartier, pas de témoins — comme à Auriol (7 morts), ou, deux ans plus tard, à l'hôtel *Sofitel* d'Avignon (6 morts) : « Tuez-les tous, la police ne nous reconnaîtra pas… »

Les tueurs exécutent vite leur besogne, très vite. Fernandez est touché au flanc gauche d'une balle de 11.43. Touchard, Straboni et Ciron sont également atteints par la même arme. Le deuxième tueur, qui se trouve sur le pas de la porte, « arrose » à son tour la salle avec un 9 mm Parabellum, « un Browning GP.35 », diront les experts. Il frappe Touchard et Straboni. Enfin, le troisième homme, le tireur au Riot Gun, achève certains clients qui tentent de se protéger ou de s'enfuir. Touchard reçoit une décharge de chevrotines dans le cou et

Fernandez, qui veut s'abriter derrière le comptoir, une autre dans le bas du dos. Enfin, scène hallucinante : ces « exécuteurs » entassent certaines victimes — Bourelly, Quercia, Audemar, Armahanian — près du comptoir et l'homme au colt leur porte le coup de grâce — une balle dans la tête. Léoni, le patron, et Henri Ciron sont ainsi foudroyés au calibre 38, une autre arme. L'un des tueurs a utilisé deux revolvers à la fois. Ahurissant !

L'une des victimes va pourtant tenter de s'enfuir. Autre scène terrifiante : la femme du patron, Nicole Léoni, monte l'escalier qui conduit à son appartement lorsqu'elle entend les premiers coups de feu. Surprise, hésitante, elle retourne dans le bar. Elle aperçoit alors, couchés sur le sol, les corps de Straboni et Touchard et voit passer devant elle Noël Kokos qui lui crie, suppliant : « Vite, Nicole, ouvre la porte. » Dans le fond du bar, après la cuisine, une porte métallique donne sur le boulevard de la Chapelle. Au moment où elle s'engage derrière Kokos pour lui ouvrir cette porte miraculeuse, un homme le rejoint brutalement et lui tire froidement deux balles à bout portant dans le dos et la tête. Le tueur se retourne ensuite vers la femme. Il la dévisage. Le temps s'immobilise... Puis il se retourne et rejoint le bar. Pourquoi n'a-t-il pas tiré ? Autre mystère. D'autant que la scène se répète. Au premier étage, dans l'appartement, la sœur de Nicole Léoni, Christiane Caillet, qui s'apprêtait à prendre son bain, entend elle aussi les coups de feu. Enfilant une robe de chambre, elle descend, intriguée, l'escalier et se trouve nez à nez avec le tueur qui sort de la cuisine. Cette fois, l'homme lève son arme vers elle, la vise. Mais là encore, il ne tire pas... Un tueur galant ? Les deux femmes, folles de terreur, grimpent les marches quatre à quatre et s'enferment dans l'appartement. Leur témoignage sera très semblable : Mme Léoni, qui l'a vu de près, témoigne : « Un homme de 25 à 35 ans, mince, avec les joues creuses, masqué d'un bas de femme sur une barbe postiche... » Mme Caillet : « 30 ans, maigre, cheveux châtain clair mi-longs, il portait un bonnet et des lunettes foncées. »

Elles attendent un long moment après la fin des détonations pour oser enfin descendre dans le bar. Le spectacle est hallucinant. Dix corps baignent dans leur sang, neuf dans la salle et Kokos dans l'arrière-cuisine. Paniquée, Christiane Caillet quitte précipitamment la maison, précédée de très peu par Patrick Nouar, sorti de sa cachette et qui prend aussitôt ses jambes à son cou. C'est finalement l'homme à la Diane, « Costa » Tsesméli, qui va prévenir les policiers. Toujours caché dans sa voiture, il voit ressortir les tueurs. Il entend des claquements de portières et le bruit d'un moteur qui s'éloigne. Il ne pourra rien dire de plus. Un voisin, attiré à sa fenêtre par le bruit des détonations, remarque trois hommes qui remontent la rue. L'un d'entre eux porte un fusil et de la main fait signe aux autres de se presser... Un autre habitant du boulevard les voit s'engouffrer dans une voiture garée tout en haut du boulevard Finat-Duclos. Elle démarre aussitôt tous feux éteints et disparaît dans une rue qui fait l'angle.

Costa peut enfin émerger de sa voiture et pénétrer dans le bar. Il appelle aussitôt les marins-pompiers et la police. La salle est encore pleine de fumée, une âcre odeur de poudre et de sang plane et il y règne un silence spectral. Les tueurs ont tiré plus de 30 munitions. Pourtant, pas un seul verre n'a été cassé ou même renversé, et très peu de balles se sont perdues... Un « travail » soigné. L'action a été tellement rapide que certaines victimes sont restées figées dans leur dernier geste. Ainsi, Marcel Touchard tient encore à la main un billet de 10 F pour régler sa consommation...

Pourtant, malgré la précision des tueurs, un consommateur survit encore, François Fernandez, « Francho le Gitan », 61 ans. Sous les yeux ahuris de Costa, il se traîne jusqu'à la porte de la cuisine où les marins-pompiers le relèvent. « Francho », très grièvement blessé, dit seulement qu'il a aperçu un homme masqué. Ensuite, il a été touché deux fois, et il ne se souvient plus de rien. Un peu plus tard, il fait à sa famille cet étonnant aveu : « Je ne parlerai que si je meurs... Autrement dit, si je me sens mourir, alors je dirai ce que je sais. »

Les policiers, informés, ne quitteront plus le chevet du « Francho », guettant son dernier souffle et ses dernières paroles. Finalement, François Fernandez meurt le 20 octobre... Mais il n'a pas tenu sa promesse, il n'a jamais parlé !

Cette incroyable mort à retardement est bien à l'image de l'enquête policière qui va démarrer. Dès l'annonce de la tuerie, c'est la ruée boulevard Finat-Duclos. Sept commissaires — pas moins — officient sur place ; sans oublier agents, inspecteurs, magistrats, chefs de service, journalistes qui piétinent dans la salle, pataugeant dans le sang, détruisant de précieux indices. La P.J. marche sur les pieds de la Sûreté urbaine qui rêve d'avoir l'enquête : vieille guerre des polices. Justement, le directeur central adjoint de la police judiciaire, Honoré Gévaudan, arrive à Marseille. Généralement mieux inspiré, le directeur adjoint commet coup sur coup deux gaffes retentissantes. Il prononce d'abord une phrase malheureuse : « Pour moi, dit-il, les auteurs de cette tuerie sont des amateurs très doués. » Ce mot fera le tour de France. Même si on comprend ce que veut dire M. Gévaudan, on frémit en imaginant ce qu'auraient fait de véritables professionnels...

Ensuite, d'après la rumeur locale, le directeur adjoint rencontre le préfet avant de « visiter » le procureur de la République. Crime de lèse-majesté. Coup de sang du haut magistrat, qui, vexé, confie l'enquête à la Sûreté urbaine. En « flagrant délit », c'est-à-dire sans désigner de juge d'instruction. La Sûreté campait d'ailleurs devant sa porte, lui affirmant que la tuerie était un règlement de comptes entre petits voyous de quartier, quasi une rixe qui a mal tourné... Une affaire réalisée par des truands de deuxième zone qu'elle se faisait fort d'identifier et de coffrer en un temps record. Elle avait même trouvé un mobile : une sombre histoire de vol de fausses montres Cartier. Bref, on allait voir ce qu'on allait voir et ça n'allait pas traîner ! Le 20 octobre, on n'avait toujours rien vu. On avait même oublié de perquisitionner aussitôt chez les victimes, le b-a ba. Le médiocre mobile des montres s'effondre et la Sûreté patauge. Le procureur se décide enfin à nommer le juge Michel qui saisit aussitôt la police judiciaire. Mais tous les policiers le savent, les premiers jours d'une enquête sont essentiels et une affaire ratée ne se rattrape jamais. Comme l'écrivait alors Michel Labro de *L'Express,* il y allait avoir une onzième victime au *Bar du Téléphone,* l'enquête policière. Récupérant l'affaire, la P.J. repart à zéro et commence par examiner à la loupe le passé de chaque victime. Statistiques inquiétantes sur la fréquentation des bars marseillais, cinq clients sur dix, soit 50 %, avaient un casier judiciaire. Et encore, le Canet est un quartier calme ; au cœur du quartier de l'Opéra, la barre des 50 % aurait été largement dépassée...

Cinq victimes sont donc, selon la formule traditionnelle, « connues de la police ». « Nul doute, pensent les enquêteurs, que le mobile de la tuerie se trouve dans le passé de l'une des victimes. Mais laquelle ? » Pour le trouver, ils fouillent tous les recoins de la vie de chacune d'entre elles. Et le défilé des morts commence. Six d'entre eux sont apparemment hors de cause.

Le patron d'abord, André Léoni. Casier judiciaire vierge, il a acheté le *Bar du Téléphone* à tempérament, et les affaires marchaient bien. On a bien évoqué un temps une tentative de racket contre le bar ; André Léoni, mis à l'amende, aurait été sommé de verser 20 000 F, prix de sa « tranquillité ». Mais la veuve du cafetier dément absolument et surtout l'auteur présumé de ce racket, un certain Henri Pinna, retrouvé par la police, fournit un alibi imparable : en compagnie d'un ami, Pierre Castagna dit « Pierrot la Boulange », il avait ce soir-là effectué sa tournée habituelle : bar *Familial,* bar

Renaissance, bar *Terminus...* Son ami et les patrons des différents établissements confirmeront ses dires — hors de cause. Cela n'empêche pas « La Boulange » d'être arrêté le 3 novembre 1979 en possession d'un 11.43. « A la suite de l'affaire du *Téléphone,* précise-t-il, je préfère être armé, question de sécurité... » Il avait raison. En août 1981, il sera abattu lors d'un règlement de comptes, sans avoir eu le temps de dégainer. *Exit* donc le mobile racket. Mais les raisons de l'exécution de « La Boulange » intéressaient le juge Michel.

Autres victimes « blanchies », Henri Ciron, le monteur en ascenseurs : le frère de sa patronne, très lié à sa sœur, menait une vie tranquille ; il était très ami avec Fernand Bourelly, un autre paisible. Ce jeune maçon qui fêtait ce soir-là son permis de conduire était estimé de ses employeurs et n'avait jamais fait parler de lui. L'épicier non plus, Alain Armahanian, entré par hasard dans le bar quelques secondes avant le début de la tuerie, n'avait aucun ennemi et ne fréquentait pas le milieu.

Le survivant, Patrick Nouar, réfugié dans les toilettes, n'avait lui non plus aucune raison de déclencher un tel règlement de comptes. Fils du serveur de l'établissement, Tayeb Nouar, il travaillait comme maçon et retrouvait naturellement son père le soir au bar. Les rumeurs qui ont couru à Marseille après la tuerie lui ont valu une bien vilaine mésaventure. On a dit après la fusillade, hypothèse que la police n'a jamais pu vérifier, qu'un tueur aurait pu être identifié dès son entrée dans le bar. Un client aurait crié son nom, ce qui expliquerait l'exécution systématique de tous les témoins. Nouar, très longuement interrogé par la police, n'a jamais varié dans ses déclarations : il n'a rien entendu. Pas le moindre nom...

Seulement, il n'y a pas que les policiers qui cherchent à identifier les auteurs de la tuerie... Trois mois après la fusillade, Nouar était enlevé par quatre hommes masqués en se rendant à son travail. Il était copieusement passé à tabac dans une carrière de Carry-le-Rouet. Ses agresseurs, des amis d'Audemar — une autre victime —, voulaient venger leur copain et espéraient tirer des informations du malheureux Nouar qui payait cher ce jour-là sa chance de l'autre fois.

François Fernandez, Francho le Gitan, qui ne voulait parler que mourant, n'avait aucune raison d'être assassiné. Cet ancien docker de 61 ans, père de cinq enfants, faisait figure de patriarche dans le quartier. Vivant modestement de sa retraite d'invalide, il était l'un des piliers du *Téléphone* ; ses deux fils y tenaient la caisse du tiercé et entretenaient le terrain de pétanque voisin où se tenaient les tournois de la « Boule modérée ». Francho était capable, c'est vrai, de grosses colères. Ainsi, un mois avant la fusillade, des témoins l'avaient vu très énervé se diriger vers le *Téléphone* en manipulant la culasse d'un pistolet... Mais l'incident, banal semble-t-il dans le quartier, n'avait pas eu de suite. Une simple dispute avec un consommateur... D'ailleurs, le Gitan était suivi ce jour-là par sa femme et l'un de ses fils chargé de le calmer...

Avec Jean-Claude Quercia, dit la « Vieille », c'est plus sérieux. « Bon père, bon époux », selon sa femme, Quercia était en réalité un voyou bon teint « ayant sa place dans le petit milieu local », indique le rapport de police. Il avait été condamné pour vol à main armée en 1974 à la suite du braquage d'une bijouterie de Marseille. Cet « accident » lui avait attiré une brouille avec l'un de ses complices, Alex. Soupçonné d'être ressorti trop vite de l'Evêché, Alex avait dû subvenir aux besoins de la famille Quercia, le temps que la Vieille sorte de prison ! Un bien médiocre mobile pour dix exécutions !... D'autant que Quercia était passé au *Téléphone* par hasard. Il suivait deux copains inséparables, le routier Guillem et le peintre en bâtiment Jean Kokos. Ces deux derniers l'attendaient sur le trottoir opposé au bar quand les tueurs sont entrés. Et si Quercia s'était un peu pressé, il échappait lui aussi à la mort. Les policiers sont beaucoup plus intrigués par le cousin de Kokos, Marcel Touchard, également présent dans le bar et qui a rejoint le monde du silence. Touchard les intéresse à plusieurs titres. D'abord, selon Nouar, c'est vers lui — et son ami Straboni — que se dirigeait le tueur en entrant. Espoir des policiers : il pourrait être la fameuse cible qu'ils recherchent. D'autant qu'il s'agit bien d'un voyou. Hélas, le palmarès de Touchard n'est pas à la hauteur de ce règlement de comptes hors série.

Manque de chance — pour une fois ! —, Touchard était sorti de prison trop tôt, trois mois à peine. Il était évidemment interdit de séjour dans les Bouches-du-Rhône — ce qui ne l'empêchait pas d'y vivre. Les policiers le présentent comme un voyou de peu d'envergure, prêt à tous les coups pour gagner quelques sous. Touchard participait à divers petits trafics tous plus minables les uns que les autres. Le 29 septembre, par exemple, il rentre chez lui, épuisé et surexcité, annonçant à sa maîtresse que « ces salauds ne lui avaient même pas laissé de quoi prendre un taxi »... Impossible d'identifier les « salauds » car Touchard touche à tout. Il se vante, par exemple, d'être placier en jeux électroniques. En réalité, il a essayé de revendre au restaurant *Loulou* un vieux juke-box, acheté par un boulanger. Mais l'engin n'a jamais marché... Une autre fois, on le voit manier des fonds mystérieux. Il s'agit de la monnaie d'un billet de 500 F qui a servi à acquérir une chemise de nuit pour sa maîtresse... Plus sérieux, on a trouvé sur son corps un sachet d'héroïne. Mais il s'agissait de drogue frelatée. Enfin, le soir du *Téléphone*, Touchard cherchait effectivement à revendre — peut-être à Kokos — un revolver 8 mm, ce qui explique les 4 cartouches de revolver calibre 380 également retrouvées dans ses poches. Mais aucune trace de l'arme.

Les policiers, consciencieux, ont essayé de reconstituer la journée du voyou avant son rendez-vous fatal au *Téléphone*. Un travail de bénédictin, un vrai jeu de piste qui pourrait s'intituler : journée modèle d'un voyou marseillais. Le voyage commence à 9 heures : bar des *Boulodromes,* restaurant *Chez Loulou,* bar *Moderne*, retour aux *Boulodromes*. Pause déjeuner. Et ça repart : bar *Chez Jo*, bar *O'Marius, Boulodromes, Loulou,* bar *Moderne,* bar *Familial,* enfin la dernière étape, le *Bar du Téléphone*, 20 heures... La porte s'ouvre...

Touchard est suivi dans son périple par son ombre fidèle, Paulin Straboni, son « garde du corps » qui lui sert surtout de chauffeur car le truand au petit pied n'a jamais pu obtenir son permis de conduire...

Paulin Straboni travaille aussi pour son compte. Les policiers ont découvert qu'il écoulait, en 1978, des faux billets de 100 F au magasin *Carrefour* du quartier — on n'oserait pas l'inventer — du « merlan ».

« En conclusion, notent les enquêteurs pour le tandem Touchard-Straboni, bien que les premiers coups semblent avoir été tirés dans le coin de la salle où se trouvaient les deux hommes, l'enquête n'est pas parvenue à retrouver la trace d'un litige précis occasionné par l'un de leurs multiples trafics qui ont pour point commun leur manque d'envergure... »

Bref, seuls des minables auraient pu s'attaquer à de tels gagne-petit. Et, pour le commissaire Etcheberry, qui mène l'enquête, cette tuerie sanglante a forcément un mobile plus « solide ».

Les enquêteurs bloquent alors leur viseur sur une autre victime, Guy Audemar. En voilà un, songent-ils, qui pourrait convenir. Ancien chauffeur routier, il s'était recyclé disc-jockey dans une boîte du milieu, *L'Eternaute,* avant de passer à la cambriole. Interpellé fin 1977, il était, pour son malheur, libéré le 4 septembre 1978, un mois à peine avant d'être abattu. Mais si les cambriolages permettaient à Audemar de « briller » dans les bars, son argent de poche lui était fourni par la prostitution. Ce « julot casse-croûte », comme les policiers surnomment ces petits maquereaux, avait en effet recruté en 1977 la belle Pauline Tomasino. Elle avait accepté de vendre pour lui ses charmes rue Paradis, tout un programme... Mais lorsque son protecteur est arrêté et passe ses vacances aux Baumettes, la belle Paulette trouve le temps long. Si long qu'elle se jette peu de temps après dans les bras d'un autre voyou, Louis Quaranta, un membre influent du clan italien de Marseille. Quaranta, qui la prend aussitôt en charge, lui ordonne de dire à la Mondaine qu'elle renonce à la prostitution. Ce beau geste n'a rien d'altruiste, il ne veut pas être arrêté pour proxénétisme...

Et si, se demandent les policiers, Guy Audemar, en sortant de prison, avait pris ombrage du détournement de sa « fiancée ». Affront impardonnable surtout dans le milieu marseillais où les gâchettes vont plus vite que les paroles. Louis Quaranta, arrêté trois mois après la tuerie, fournit « spontanément » un alibi apparemment en béton. Il y avait visiblement déjà pensé... « Le 3 octobre, avoue-t-il, je me trouvais avec Paulette en voyage en Espagne. » Selon ses premières déclarations, il aurait quitté Marseille le 1er ou le 2 octobre à bord d'une Renault 30 pour visiter Barcelone, Saint-Sébastien, Saint-Jean-de-Luz et finalement le couple aurait couché à Biarritz. Un voyage d'amoureux. Seulement, en vérifiant l' « alibi en béton », les policiers découvrent de larges failles. De plus, ils apprennent que l'ancien souteneur de Paulette, Audemar, remis de son chagrin, espérait retirer un juste dédommagement du départ de sa protégée.

Il avait même « estimé » Paulette à 12 000 F. Dette que devait régler Quaranta le jour même de la tuerie du *Téléphone*... Les policiers s'engouffrent alors dans la piste Quaranta, une piste classique, enseignée à l'école de police : le différend entre proxénètes pour le contrôle d'une prostituée — du « solide ». Elément aggravant, Guy Audemar est la seule victime à n'avoir à peu près pas quitté le *Bar du Téléphone* de la journée. Il a même été jusqu'à faire la sieste sacrée dans sa voiture garée devant le bar.

Il ne s'est absenté qu'un instant — charmante attention — pour déposer une balle de pistolet dans la boîte aux lettres de Paulette, en guise de représailles... Audemar paraît bien attendre quelqu'un. Peut-être ses tueurs ? Les policiers sortent fébrilement la fiche de Quaranta, un dossier à soufflet. Ses frères d'origine italienne sont des super-Dalton qui seraient six au lieu de quatre. Sans compter les quatre petites sœurs qui fournissent l' « assistance technique ». Une vraie armée obéissant au doigt et à l'œil à la « mama », Célestine, qui a élevé à la dure ses dix « petits ». Quatre d'entre eux sont surtout connus des policiers qui se remémorent leurs « états de service » : Antoine, dit Toinou : vol, recel, infraction à la législation sur les armes (transport de deux pistolets-mitrailleurs et de deux pistolets automatiques) ; Paul : détournement de mineur, tentative de proxénétisme, vol, port d'armes (il a préféré un temps s'expatrier à Abidjan, puis en Espagne) ; Joseph dit Jo : vol, recel, infraction à l'interdiction de séjour ; enfin Louis : le « petiot » de la famille, il n'a été condamné, si l'on peut dire, que pour vol à la roulotte... Louis fut aussi victime d'un stupide accident, sur le port, en août 1978, un « inconnu qu'il ne connaissait pas » lui a tiré une balle dans la cuisse. « Inexplicable, déclare sans rire Quaranta, je ne me connais pas d'ennemis »... Une certitude, l'auteur du coup de feu ne peut être Guy Audemar, il profitait alors d'une cellule des Baumettes avec vue sur la mer. Les enquêteurs déclenchent donc une grande rafle anti-Quaranta. Ils débusquent trois frères, interpellent plusieurs de leurs amis et ramènent dans leurs mailles la belle Paulette, devenue serveuse dans un restaurant de Captieux.

Au domicile de Christian Quaranta, les policiers découvrent un imperméable marron, comportant des « taches suspectes », une veste de treillis militaire, une veste molletonnée verte et une perruque bouclée. Christian explique qu'il a trouvé la perruque dans la rue et que les taches de sang proviennent d'une vilaine écorchure qu'il s'est faite sur les quais... Les experts marseillais — toujours aussi efficaces — ne pourront certifier qu'il s'agit de sang... Les policiers installent alors Louis Quaranta devant la lampe. L'interrogatoire est « rude ». Louis est réputé pour avoir la « tête dure ». Lors d'une autre affaire, se sentant piégé par les questions, il n'avait pas hésité à se précipiter sur le coin d'une armoire métallique pour s'assommer lui-même. Méthode radicale pour éviter les questions insidieuses.

Après beaucoup d'hésitations, le truand finit par avouer qu'il a bien négocié avec Audemar le « rachat » de la belle Paulette. La transaction s'est déroulée à l'intérieur d'une R.17, garée non loin du *Bar du Téléphone*. L'offre d'Audemar s'élevait bien à 12000 francs. Pas de quoi s'entre-tuer... D'ailleurs, Quaranta nie farouchement être responsable de la tuerie et ne démord pas de son « alibi en béton » : il a quitté Marseille le 2 octobre avec Paulette à bord d'une R.30, le couple est arrivé vers 19 heures à Barcelone. Brève visite de la ville. Et les voilà repartis vers la France. Terminus, vers minuit, à l'hôtel *Président* de Biarritz où Quaranta — une vieille habitude — descend sous le nom de Duffau. Le lendemain, nouvelle excursion en Espagne et retour à Marseille dans la nuit du 4 octobre. Détail important, Quaranta se souvient d'un camion Volvo beige renversé sur la route de Pau.

Cette première version laisse les policiers de marbre : Barcelone-Biarritz en 5 heures par la route des Pyrénées nécessiterait une escorte ministérielle. Et encore... Quaranta donne alors une version « corrigée ». Le couple, parti cette fois en B.M.W. (la R.30 était en réparation), s'est trompé de direction. Il n'a pas quitté la France et il a atteint Biarritz dans la soirée. Paulette s'est présentée dans une boîte de nuit, *La Mandragore,* où elle devait être employée comme serveuse. Puis Quaranta, en homme d'affaires sérieux, est parti se coucher seul à l'hôtel *Président.* En veine de confidence, Quaranta reconnaît d'ailleurs d'autres séjours effectués à Biarritz en compagnie de Paulette.

Mais l'interrogatoire du personnel de *La Mandragore* lézarde le bel alibi. Paulette aurait débarqué de Marseille le 29 septembre et non le 2 octobre ; le 30 elle était déjà au travail. De plus, elle est arrivée seule et en taxi... Ce dernier point paraît plus contestable, les « barmaids » de *La Mandragore* n'aiment guère parler des proxénètes... La nuit du 2 octobre, on retrouve bien la trace d'un certain « Duffau » dans les registres de l'hôtel *Président.* Mais personne ne se souvient de lui. Un contrôle de tous les hôtels de Biarritz détectera la présence d'un couple « Duffau », les 10 et 12 octobre à l'hôtel *Carlina* et les 16 et 17 à l'hôtel *Central.*

Autre élément troublant : le 3 octobre un semi-remorque Volvo s'est bel et bien renversé dans un fossé près de Saint-Martin-de-Seignaux. L'accident n'a eu que peu d'écho dans la presse locale. Quelques lignes dans *Sud-Ouest* qui ne précisaient pas la marque du camion. Comment Quaranta, s'il a inventé cette histoire, a-t-il pu avoir connaissance de l'accident ? Les policiers rétorquent que les Quaranta sont spécialistes en alibis bidons. Lors du grand coup de filet anti-Quaranta, rappellent-ils, les trois hommes interpellés ont déclaré en chœur qu'ils ne savaient pas où se trouvaient leurs compagnes. Celles-ci, retrouvées à Captieux, ont prétendu avec la même « bonne foi » que leurs « hommes » ignoraient leur lieu de travail. Or, les trois couples avaient passé une nuit ensemble à Captieux...

Le commissaire Etcheberry écrit donc : « Il est évident que le couple Quaranta-Tomasino a accumulé de concert mensonges et invraisemblances. » Ce qui permet au policier de conclure hardiment :

« A l'heure actuelle, il nous faut bien reconnaître, en l'absence d'éléments nouveaux susceptibles de relancer l'enquête, qu'une seule hypothèse s'est trouvée confortée par des vérifications, la querelle entre deux proxénètes Guy Audemar et Louis Quaranta au sujet du contrôle de la prostituée Paulette. Plusieurs éléments, poursuit le commissaire, peuvent être retenus, à l'appui de cette thèse :

— *L'existence d'un mobile classique et sérieux :* Paulette Tomasino, qui assistait son souteneur dans le malheur, selon les meilleures traditions du milieu, l'a " laissé tomber " au profit d'un autre homme. Il était donc logique qu'à défaut de récupérer son " gagne-pain ", Audemar exige un dédommagement financier. Celui-ci, fermement escompté par Audemar, avait été très vraisemblablement promis par Quaranta. Quant à ce dernier, compte tenu de son passé et de la réputation dans le milieu dont jouit son clan, il ne pouvait de gaieté de cœur admettre de perdre la face en étant ainsi mis à l'amende par un " petit proxénète de quartier ".

— *Les mensonges successifs de Tomasino et de Quaranta quant à leurs relations avec Audemar* qu'ils ont tout de même fini par reconnaître. Selon plusieurs témoins qui ne l'ont malheureusement appris que de source indirecte, un premier versement d'argent avait été prévu le 3 octobre 1978 et ce rendez-vous escompté expliquera la présence continue ce jour-là d'Audemar au *Bar du Téléphone.* (...)

— *L'alibi, exhibé immédiatement par Quaranta,* a également connu plusieurs versions différentes. La première — le voyage d'agrément à Barcelone — ne résistant pas à un examen sommaire, Quaranta évoque un emploi de serveuse occupé par Paulette à *La Mandragore* de Biarritz. Toutefois, les vérifications faites sur place ne sont guère convaincantes.

Enfin, si l'alibi fourni par Quaranta, et partiellement démantelé par les enquêteurs, laisse sceptique, les perquisitions n'ont pu permettre de retrouver des éléments matériels démontrant irréfutablement la participation du clan Quaranta à la tuerie du *Téléphone.* En l'état actuel de l'enquête, conclut le commissaire, si les policiers ont le sentiment d'avoir mis le doigt sur ce qui est, vraisemblablement, le véritable ressort des événements du 3 octobre 1978, les éléments de conviction se sont avérés insuffisants pour justifier l'inculpation des principaux protagonistes. »

« Insuffisant ! » s'écrie le juge Michel en prenant connaissance de ce rapport peu convaincant. Le jeune magistrat, passionné par l'affaire, ne partageait pas — loin s'en faut — la thèse des enquêteurs. Pierre Michel l'a affirmé à plusieurs reprises aux auteurs de ce livre lors d'entretiens personnels. La « conviction » policière ne repose en effet sur aucune preuve et n'a débouché sur aucune inculpation. En un mot, une enquête ratée, bâclée au démarrage, écartelée entre différents services, chacun essayant de « doubler » l'autre. Et la « guéguerre » a continué bien après la saisine officielle de la P.J. Plusieurs policiers continuaient d'enquêter en catimini. Loin d'aider à résoudre l'énigme, cette pléthore de « Rouletabille » en herbe devait au contraire brouiller les pistes et empêcher la découverte de la vérité.

Le juge retournait sans cesse toutes les pièces de cet impressionnant dossier pour trouver une « ouverture », une piste plus satisfaisante. Plusieurs points en particulier le chiffonnaient, qui ne collaient pas avec la belle thèse élaborée par le commissaire Etcheberry.

D'abord une question de bon sens : Nouar voit le premier tireur se diriger vers le groupe où se trouve Touchard à la gauche du bar. Or, l'enquête de la P.J. conclut que la cible des tueurs était Audemar qui se tenait dans la partie opposée...

Un autre témoin intrigue le juge : le fameux Constant Tsese-méli, dit Costa, dont le comportement apparaît pour le moins curieux. Costa affirme qu'un pneu de sa voiture a crevé lorsqu'il a quitté le bar. Ne possédant pas de cric, il y est retourné pour appeler un ami à l'aide. Celui-ci a refusé. Le patron du *Téléphone* lui a alors prêté sa Diane et c'est en s'installant au volant qu'il a vu entrer et sortir les tueurs. Dès leur départ, il a pénétré dans le bar, alerté les marins-pompiers et s'est perdu dans la nature.

Une première remarque « psychologique » ; Costa sort de prison et il est en outre interdit de séjour dans les Bouches-du-Rhône. La première réaction d'un voyou qui assiste d'aussi près à un règlement de comptes est de prendre ses jambes à son cou. Or, lui entre fièrement dans le bar, enjambe les cadavres, discute avec la patronne apeurée, téléphone aux marins-pompiers.

« J'étais poussé par la curiosité », déclarera plus tard Costa, revenu témoigner à la demande de Mme Léoni. L'enquête révèle, pourtant, d'autres contradictions dans les propos de ce « miraculé ». Costa n'est pas un habitué du *Bar du Téléphone.* Selon la patronne et une autre cliente, il y est pourtant passé la veille de la tuerie pour donner un coup de fil. « Il avait même, assurent les deux femmes, recherché le numéro dans l'annuaire. » Costa nie véhémentement. Mais il y a plus troublant. Après avoir crevé et garé sa voiture devant un arrêt d'autobus — version Costa —, il est aperçu dans la rue par deux témoins et se dissimule — pourquoi ? En outre, les policiers ne retrouveront jamais le chauffeur du bus qui aurait rencontré Costa.

Et si, se demandent les enquêteurs, l'histoire de la crevaison n'était qu'un prétexte ? Costa ne devait-il pas servir de guetteur et prévenir les tueurs que l'objectif attendu était arrivé ? Malgré leurs soupçons, il ne sera jamais inquiété. Il a pu — c'est vrai — apporter les témoignages du mécano Kaddor Benkaakaa qui a réparé sa roue ainsi que celui de l'ami sollicité par téléphone.

Pourtant, l'enquête révèle que Costa appartient à une famille bien agitée. Son beau-frère Roland Cassonne fait partie du gotha du milieu ; il est considéré comme l'une des meilleures gâchettes marseillaises, l'un des « soldats » de Jacky Imbert, dit le « Mat », l'ennemi juré de Tany Zampa.

Lors de la guerre qui a opposé Tany et Jacky, les deux frères Cassonne, Roland et Serge, ont joué un rôle déterminant. Ils sont soupçonnés d'être les « anges de la mort » qui ont expédié en enfer Bimbo Roche, le contrôleur hôtelier du casino *Ruhl* de Nice, exécuté le 30 juillet 1977[1]. Mais ces « anges »-là ne devaient pas l'emporter en paradis. Quelques mois avant la tuerie du *Téléphone,* les deux frères tombent dans une embuscade sur la route de Simiane-Collongues. Trois hommes en cagoule déclenchent à leur passage un tir nourri. L'un des frères, Serge, est tué sur le coup, l'autre, Roland, le beau-frère de Costa, est grièvement blessé.

Cette troublante parenté met évidemment la puce à l'oreille. Le *Téléphone* n'est peut-être, après tout, qu'un épisode de la guerre sauvage qui a déjà expédié au cimetière une vingtaine de voyous. Cette piste pourtant prometteuse n'a pas été suivie par la P.J. Le commissaire Etcheberry explique dans son rapport « que la femme de Roland Cassonne voyait rarement son frère et que les deux beaux-frères ne se fréquentaient pas... ». Le milieu est si vaste... Il aurait fallu chercher quel voyou, présent ce soir-là, était lié à l'un ou l'autre camp. Cela n'a pas été fait. La tuerie du *Téléphone* demeure un cuisant échec judiciaire. Cas exceptionnel, elle n'est même pas résolue policièrement. Une affaire d'une telle importance met le milieu en ébullition ; généralement les indicateurs se précipitent pour rapporter les rumeurs qui courent, et les policiers connaissent la vérité. Cette fois-ci, rien. Toutes les langues sont nouées. Aucun tuyau, aucun renseignement. Une chape de plomb s'est abattue sur le Vieux Port.

Mais on voit mal en revanche comment cette affaire aurait pu motiver l'assassinat du juge. Il aurait fallu que Michel ait découvert par lui-même un indice dangereux pour les assassins. Ces derniers, l'apprenant, auraient alors décidé de l'exécuter. Peu vraisemblable. Après sa mort, on a pourtant beaucoup brodé à Marseille sur ce thème romanesque. On a affirmé par exemple que le juge — qui ne possédait pas d'auto — en avait emprunté une en cachette à une avocate. Il se serait rendu à Grenoble pour rencontrer un collègue, le juge Weisbuch, le tombeur des « julots » de Grenoble — Weisbuch a fait arrêter un important réseau de proxénètes —, il aurait ainsi recueilli d'un détenu un renseignement capital sur le mobile de la tuerie du *Téléphone.* Vérifications faites, Michel a bien emprunté une voiture à Me Sophie Bottai mais c'était pour un usage strictement

1. Voir *Enquête sur les Affaires d'un septennat* (R. Laffont).

personnel. Quant au juge Weisbuch, il dément formellement avoir rencontré en catimini son homologue marseillais.

L'énigme du *Téléphone* reste donc entière mais le juge Michel n'est pas mort de l'avoir élucidée.

Un fait nouveau va pourtant faire rebondir l'enquête. Il va permettre de relier la tuerie à une autre affaire, elle aussi instruite par le juge, celle de la mystérieuse valise de la gare Saint-Charles. Un autre dossier chaud qui aurait pu lui aussi donner des idées de meurtre aux voyous marseillais.

LA « VALISE » AUX 100 MILLIONS ET LE CABANON AUX MILLIARDS

Le 5 janvier 1979, coup de théâtre, la patronne du *Téléphone*, Mme Léoni, se présente à l'Evêché. Elle a reconnu en première page du *Provençal* la photo d'un truand, Hamou Sadji, qui a été arrêté quelques jours plus tôt à la gare Saint-Charles pour une affaire de fausse monnaie. Elle se souvient de lui car, fait remarquable, il ne consommait que de la tisane de verveine... Selon Mme Léoni, Sadji s'est rendu à plusieurs reprises, lors de l'été 1978, au bar pour « rencontrer » Francho Fernandez, le Gitan, qui ne voulait parler qu'au moment de sa mort. La sœur de la patronne le reconnaît également sur photo. Mieux, confrontées à Sadji, les deux femmes maintiennent leurs déclarations : « Aucun doute, c'est lui ! » La fausse monnaie fait ainsi une entrée fracassante dans ce dossier pourtant déjà bien chargé. Cette affaire de la gare Saint-Charles a beaucoup agité le gros milieu marseillais. De quoi s'agit-il ?

Début septembre 1978, les policiers de l'Office central de la répression de la fausse monnaie apprennent que des Parisiens cherchent à vendre une grosse somme de faux billets fabriqués à Marseille. Le patron de l'Office, le commissaire Pierre Léridon, envoie alors l'un de ses hommes faire l'appât. La fausse monnaie et les stupéfiants sont les deux seuls domaines où les policiers ont le droit — sans être accusés de provocation — de jouer le rôle de l'acheteur. Aussitôt dit, aussitôt fait. Approche rapide, contacts, rencontres. Les négociations se déroulent dans les salons cossus de l'hôtel *Méridien* à Paris. Le vrai policier-faux acheteur désire voir les marchandises avant d'acheter. Les échantillons ne lui suffisent pas. Les voyous hésitent.

Les négociations traînent ainsi trois semaines. Cette affaire de faux-monnayeurs est une coproduction franco-algérienne : côté algérien, un hôtelier au passé politique chargé — un barbouze du président Boumediene disent les policiers — déjà condamné pour banqueroute, Hamou Sadji. Il est assisté de deux « aides » : Aissa Belkaid (« Le Nord-Africain au crâne dégarni », dit le rapport de surveillance) et Ladhdar Korichi (le Nord-Africain aux grosses moustaches) ; côté français, un baroudeur mène le bal, Daniel Beaucourt (le rouquin), jamais condamné, ancien tôlier-chaudronnier, passionné d'Afrique noire : il a exploré successivement le Tchad, le Zaïre, le Cameroun, la Côte-d'Ivoire, le Sénégal et le Centrafrique. « Je chassais le buffle en Mercedes », déclara-t-il succinctement aux enquêteurs...

Lui aussi fait appel à deux assistants, Jacques Maurice (le Méditerranéen poivre et sel) et Alexandre Bicchierai, dit Alex. Ce dernier, un gros bras, fait échouer une première tentative de vente de faux billets. Beaucourt, qui trouve que l'acheteur tarde à se décider, engage Alex pour précipiter les événements. Une première rencontre a lieu à Marseille le 23 septembre. Elle tourne rapidement court. A la suite d'une altercation dans une Alfa Romeo, l'acheteur, menacé par Alex abandonne le terrain. La transaction est reportée. Cinq jours plus tard, le 20 septembre, Beaucourt, Sadji et Maurice s'envolent à nouveau pour Marseille. Ils y retrouvent leurs complices Belkaid, Korichi et l'acheteur policier qui les attend de pied ferme. Ses collègues, dissimulés tout autour, suivent la rencontre avec attention. Ils sentent que le dénouement approche. Sadji, Beaucourt et Korichi se rendent en 504 à la gare Saint-Charles.

« Go », crie un commissaire. A 13 h 10, les trois truands sont interpellés dans le hall ainsi qu'un passager arrêté par erreur... Dans le coffre de la 504 garée au parking de la gare, on découvre une valise noire qui contient — O ! merveille ! — 100 liasses de 100 billets de 100 F, 100 millions de centimes. Cette fortune est dissimulée dans sept enveloppes de papier kraft collées avec du scotch. Les billets appartiennent tous à la série « C7 *bis* » qu'on retrouve dans toute la France. « La plus dangereuse, estiment les experts, par leur haut degré de ressemblance avec les vrais et la qualité du papier utilisé. » Impossible néanmoins de déterminer qui a apporté la valise gare Saint-Charles. C'est une véritable partie de main chaude que se jouent entre eux les truands. Sadji : « Je ne connais pas les individus que vous avez interpellés avec moi. » Belkaid : « J'ignore complètement pourquoi vous m'arrêtez. » Renucci : « De la fausse monnaie ? Je ne me suis jamais occupé d'une pareille chose ! » Maurice : « Je faisais juste une balade à Marseille... » Comme l'écrit le substitut Bartolomei dans son rapport : « D'après les inculpés, la valise est venue dans la 504 à la suite d'un processus magique ou d'une opération divine. »

En prison, Sadji essaie de convaincre Korichi. S'il avoue avoir amené la valise sa famille touchera, par l'intermédiaire d'avocats, 500 000 F. Korichi reconnaît alors la paternité de la valise. Mais sa famille ne touche pas un sou. Le voyou volé revient alors sur ses aveux et révèle la machination. Scène piquante, les négociations avec Sadji s'étaient déroulées à l'infirmerie des Baumettes où le gangster tenait salon et conviait ses complices à de véritables conférences, sous l'œil bienveillant de la médecine pénitentiaire. L'Algérien sera d'ailleurs à l'origine de l'affaire dite des grâces médicales[1].

Tout ce beau monde est donc inculpé de « complicité d'introduction de faux billets sur le territoire national ». Cette « affaire-choc » relance l'enquête sur la tuerie du *Téléphone*. Outre les révélations de Mme Léoni, un indicateur affirme que la fameuse valise aurait été cachée quelques jours dans le bar du Canet. Ces informations ne troublent pas le commissaire Etcheberry. « D'abord, explique-t-il dans son rapport, les policiers sont bien placés pour savoir que la transaction des faux billets ayant entraîné les arrestations du 28 septembre n'existait même pas à l'état de projet avant le début de septembre 1978. » Il pourrait s'agir d'un autre « projet », d'une autre transaction. Le policier élude la question :

> « Sadji, écrit-il, sorti de prison le 15 avril 1978, n'a quitté Paris que pour se rendre en Algérie du 26 juillet au 13 août et du 16 au 27 septembre. S'il possède bien une Mercedes — ce qu'avait déclaré Mme Léoni — il ne s'en sert qu'en Algérie... De plus, il nie tout contact avec le *Bar du Téléphone*. Donc, conclut cet enquêteur pressé, il est probable que Mme Léoni, dont la bonne foi ne paraît pas devoir être mise en doute, a été abusée par une ressemblance. »

Ci-gît l'enquête du *Téléphone*.

Le juge Michel, lui, ne lâche pas facilement l'hameçon. L'arrestation des porteurs de la valise lui a permis de marquer un point, il ne veut pas perdre l'avantage. Ces faux billets flambant neufs proviennent bien de quelque part. Une imprimerie clandestine tourne à Marseille ou dans la région ; c'est elle qui inonde la France avec les fameux « C7 *bis* ». Cette imprimerie, Michel la veut. « Il faut la

1. Voir chapitre 5.

trouver à tout prix », ordonne-t-il aux policiers, une expression favorite du magistrat. L'Office de la fausse monnaie aidé par la P.J. marseillaise et la brigade antigang de Nice reprend le sentier de la guerre.

DE GROS SCALPS SE PROFILENT A L'HORIZON

L'enquête redémarre en trombe grâce à de nouveaux renseignements. Tant à Paris qu'à Marseille de nombreux « indics » offrent leurs services pour « aider la police ». Les inspecteurs, pas dupes, savent qu'ils renseignent à tour de rôle et parfois en même temps le milieu et la police. Parmi ces « agents doubles », un tueur marseillais de 28 ans, Roland Luperini, considéré dans le milieu comme un « fada ». Luperini va jouer un rôle clé dans ces affaires d'escroqueries. Bien introduit à la Sûreté de Marseille — il est l'indicateur favori du commissaire Antoine Biancardini —, Luperini prévient son « traitant » qu'une grosse affaire de fausse monnaie se prépare à Marseille ; il allèche le commissaire en parlant d'importants commanditaires parisiens. Le voyou connaît parfaitement la bande qui monte le coup, il en fait partie... ! Il espère sans doute, en prévenant la police, gagner sur les deux tableaux : toucher l'argent du trafic et ne pas être inquiété par la suite. Exercice de haute voltige qui lui sera fatal : le 28 octobre 1978, il est abattu dans une boîte de nuit de d'Ensues-la-Redonne, le *Cove's club,* et son corps, jeté dans une calanque, ne sera jamais retrouvé. A vouloir trop mal faire...

En attendant, les tuyaux du « fada » se révèlent exacts ; ils sont d'ailleurs corroborés par d'autres « correspondants » de l'Office central de la fausse monnaie qui livrent des noms importants. Les « acheteurs » parisiens sont ainsi identifiés. L'un d'eux rappelle de vieux souvenirs aux policiers. Jacques Mérignac, 55 ans, avait été mis en garde à vue, en décembre 1977, à la suite de l'assassinat du Prince de Broglie [1]. Cet ancien directeur commercial d'une société de poissonnerie navigue en eaux très troubles. Patron d'une société de location de matériel de travaux publics à Asnières, il entretient de

1. Voir *Enquête sur les Affaires d'un septennat* (R. Laffont).

bonnes relations avec nombre de sociétés de ferrailleurs spécialisées dans l'escroquerie aux fausses factures, en particulier auprès des banques. Mérignac monté en grade travaille maintenant à l'échelle internationale. Il s'intéresse à l'Afrique noire et en particulier au Centrafrique. Il habite en Sologne, à Loreux, à une portée de fusil de chasse d'une des luxueuses propriétés de l'empereur Bokassa, alors au faîte de sa puissance et très en cour à l'Elysée. Mérignac est toujours flanqué d'un associé qui lui sert de doublure, André Quattri. Les deux hommes très actifs participent aussi à une société privée — très privée —, la Shark : recouvrement de créances et protection de personnalités politiques... La Shark sombrera lors d'un incendie jugé « éminemment suspect » par la justice.

C'est par l'intermédiaire de cette société que les deux Parisiens vont faire connaissance de l'« équipe des Marseillais », Roland Luperini en tête. Le voyou leur présente celui que les enquêteurs nomment le parrain de la fausse monnaie de Marseille, Antoine Esposito, dit « Toinou ». Encore un frère de la côte.

Les Esposito, d'origine italienne comme les Quaranta, forment eux aussi une grande famille : neuf frères et sœurs tous très unis et dont certains considèrent la prison comme un simple accident du travail. Dès lors, Parisiens et Marseillais ne vont plus se quitter. Le contrat paraît limpide. Luperini et Esposito fournissent la fausse monnaie, Mérignac et Quattri ont un gros commanditaire dans leur manche. Le flirt commence en août et septembre 1978. Les enquêteurs, tapis dans l'ombre, ne ratent pas un rendez-vous. Ils espèrent ainsi remonter jusqu'à l'imprimerie qui fabrique les faux billets, le rêve de Michel. Toinou Esposito monte le premier à Paris. Il rencontre l'inséparable couple Mérignac-Quattri dans un café de l'avenue de Breteuil. Selon les aveux que Mérignac fera plus tard, Esposito lui demande alors de trouver une machine offset. Quelques jours passent. Nouvelle réunion place Dauphine en présence de Luperini. Esposito, tout content, vient d'acheter une offset Heidelberg pour 100 000 F. Les policiers se frottent les mains, l'affaire est en bonne voie. D'ailleurs Mérignac se rend lui-même à Marseille pour voir la « came ». Au bar *Henri,* qui est au milieu marseillais ce que *Lipp* est aux intellectuels parisiens, on lui présente quelques échantillons de faux 10 000 francs C.F.A., destinés à l'Afrique. Déception, les billets sont de très médiocre qualité : invendables, même au marché noir. « Il faut perfectionner le matériel », s'indigne Mérignac. A ce propos, on lui réclame sa part d'investissement. Il doit verser avec Quattri 30 000 F d'acompte sur les futurs bénéfices. En garantie, les voyous lui remettent une valise de 500 000 francs de faux Corneille. Un bon rapport : les policiers calculent que le faux billet de 100 F lui revient à 6 F. Une misère ! A l'autre bout de la chaîne, les petits porteurs l'achètent dans les bars 50, voire 60 F, une escroquerie...

De retour à Paris, Mérignac contacte discrètement un proche de l'empereur Bokassa. Les faux C.F.A., songent les policiers, pourraient bien servir à payer les fastes de la cour. Mais, secret d'Etat, ces filatures-là disparaîtront aux oubliettes. Aucune trace dans la procédure. Pas un mot dans le réquisitoire. Un mirage...

Indifférents à ces subtilités diplomatiques, les policiers ne chôment pas. Tandis que les rencontres se multiplient à Paris, les hommes de la financière et de la brigade antigang prennent le relais à Marseille ; ils ne lâchent plus Esposito et ses complices. La bande cherche fébrilement un local d'imprimerie pour « faire tourner la bécane ». Début septembre, les enquêteurs trouvent la trace d'un premier local, un ancien garage désaffecté situé boulevard de la Grotte-Roland à Marseille. Mais ils débarquent comme les carabiniers, trop tard. Le local aménagé au fond du garage et insonorisé par de la laine de verre — pour étouffer le bruit des machines — est déjà abandonné. Par mesure de sécurité, les faux-monnayeurs changent sans cesse d'adresse. Où sont-ils réinstallés ? Mystère. Cependant, les policiers ont identifié une belle brochette de voyous. François Baldini, Joachim Pieraggi, Georges Mancini, Roland Le Goupil dit le Rouquin. Ils voient aussi réapparaître Esposito mais bernique de machine ! Or, sans machine, pas d'imprimerie... La déprime des policiers dure peu.

Ils détectent une nouvelle adresse. Trois membres de la bande sous haute surveillance quittent un soir le bar *Le Petit Bleu* et s'embarquent discrètement dans une Mercedes. Après un parcours de Sioux, ils se garent devant un immeuble de l'avenue Mireille-Lauze. « Nous brûlons », exultent les *G'men.* D'autant qu'ils apprennent qu'un des habitants de l'immeuble, un certain Roland Lecomte, a loué un local pour réparer des flippers... Et, comme par hasard, il réclame à l'E.D.F. une ligne de 12 kilowatts munie de quatre fils. Le chef de centre, naïf, s'étonne d'une telle demande : « Pas nécessaire pour une utilisation ménagère. Enfin, un agent va quand même passer voir... » « Surtout, expliquent les policiers, ne discutez pas, posez la ligne. » La bande, en effet, s'installe bientôt. Jouant aux joyeux petits cochons, les truands amènent des briques et des sacs de ciment. Mais soudain rien ne va plus. Ils quittent le gîte, renonçant au local de l'avenue Mireille-Lauze. Ils ont trouvé beaucoup mieux. Les policiers vont alors apprendre qu'une imprimerie fonctionne à leur nez et à leur barbe. Mais, comble de malchance, ils vont la rater d'un cheveu à cause d'une filature interrompue.

En effet, tandis qu'ils couraient en vain sur les talons de la bande, un indicateur « donne » l'affaire de la valise de la gare Saint-Charles. Les enquêteurs mettent ainsi la main sur un million de francs de faux billets. Or, ces faux billets vont « parler ». D'abord le laboratoire précise qu'ils ont tous été fabriqués à l'aide du même papier : du « O.C.F. Savoyeux 64 g ». Et surtout, travail de Romain, en examinant un par un à la loupe les dix mille billets de cent francs, on découvre sur quatre d'entre eux la marque du fabricant de papier : « Velin Muller Paris France »... Ce commerçant de Velizy explique qu'une mystérieuse « Société corse de publication », domiciliée dans la zone industrielle de Bastia, a commandé, le 9 mars 1978, 25 700 feuilles de papier, de quoi alimenter la Banque de France. Contrairement à l'habitude, elle a payé en liquide. « Il s'agit, ont expliqué les truands avec un certain culot, d'imprimer des tracts politiques pour les élections législatives de mars prochain. Pas question de laisser de trace. » Le papier a été retiré à la gare du Prado, près de Marseille.

« D'ailleurs, explique cet honnête commerçant, vous venez de rater un autre envoi. Un autre industriel corse, M. Allegrini, domicilié à L'Ile-Rousse, nous a commandé 50 rames de papier. Là encore, pour des raisons fiscales, il a payé cash. Le papier a été livré voici quelques jours, le 29 novembre... » Les policiers, abattus, baissent les bras. Mais soudain, l'espoir : « Attendez, ajoute le commerçant, vous avez quand même de la chance, un nouvel envoi est prévu le 7 décembre. 500 kilos de papier doivent être retirés par le client au bureau des transporteurs Heppner à la gare du Prado. » Pas de trace d'un Allegrini à L'Ile-Rousse mais cette piste devrait conduire tout droit à l'insaisissable imprimerie. Pour plus de sécurité, un inspecteur se déguise en manutentionnaire ; c'est lui qui déchargera le fameux papier. Le 7 décembre, le colis est en gare. Personne ne se présente. Deux jours d'attente fébrile. Enfin, le 9 au matin, une B.M.W. marron passe au ralenti devant la gare. Un aller-retour... Enfin, les passagers se décident. Deux hommes descendent récupérer le papier. Le policier-manutentionnaire les aide complaisamment à l'installer dans le coffre. « Au renflement anormal du blouson de l'un d'eux, écrira le policier, on peut légitimement en déduire qu'il est porteur d'une arme. »

Les truands déposent leur chargement dans une discrète impasse à proximité de la rue Breteuil. Peu après, l'un d'eux revient au volant d'une fourgonnette Fiat et charge le papier. La poursuite continue.

Après un long et sinueux parcours à travers Marseille, le conducteur arrête à nouveau la camionnette dans une autre impasse — idéal pour « casser » les filatures —, l'impasse Charpentier. Puis, il quitte le véhicule en sifflotant et se perd dans la foule. Un autre conducteur pénètre peu après dans la camionnette. Il prend la direction de la Rose. Les policiers s'accrochent. Le véhicule emprunte la route des Olives, mais soudain en plein milieu du pont des Trois-Lucs, il effectue, comme au cinéma, un périlleux demi-tour et repart dans l'autre sens. Coincés dans la circulation, les inspecteurs furibonds ne peuvent qu'apercevoir la Fiat disparaître au loin. Le fil est coupé ; ils ne surprendront pas les malfaiteurs la main sur la planche à billets. Ce soir-là, on ne pavoise pas à la P.J. Pourtant, tout espoir n'est pas perdu. Restent les photos prises pendant la filature et l'identification des truands. La Fiat — ce n'est pas une surprise — appartient à Toinou Esposito ; la B.M.W. à Georges Mancini — déjà identifié —, domicilié à L'Ile-Rousse comme le mystérieux acheteur du papier. C'est d'ailleurs Mancini qui est venu prendre le colis à la gare en compagnie d'un complice, Patrick Donnat.

« Il ne reste plus qu'une solution, déclare le patron de la Financière, Georges Borrely, reprendre toutes les filatures. » Cette fois la chance va sourire aux policiers. Ils vont battre les truands de vitesse et les devancer d'une longueur en « logeant » à l'avance la nouvelle imprimerie… Le « tuyau » tombe d'abord dans l'oreille d'un commissaire de la Sûreté, il est ensuite recoupé par les nouvelles filatures de la P.J. Au début, les policiers n'en croient pas leurs yeux : une « planque » au-dessus de tout soupçon : une maison de retraite, *Les Cigales,* située chemin des Beaumillons dans le quartier nord de Marseille. Ce gros pavillon protégé par un paisible jardin est dirigé par la femme d'un ancien candidat gaulliste à la députation, Antoine Tafani[1]. Les enquêteurs avancent sur la pointe des pieds ; tout pourtant confirme leur « intuition ». Le 9 novembre, l'inspecteur Jacques Roch de la brigade de Nice voit trois membres de la bande, Baldini, Le Goupil, et Pieraggi, apporter du matériel à la maison de retraite. En repartant, les voyous prennent tellement de précaution que l'inspecteur doit « décrocher » sous peine d'être repéré. Quatre jours plus tard, un inspecteur de Paris, Didier Flament, observe à la jumelle Pieraggi qui donne des ordres à un ouvrier se trouvant sur le toit d'un local séparé de la maison de retraite. En réalité, le ver est dans le fruit : l'un des voyous, Roland

1. Roland Goupil était, lui, membre du Parti communiste…

Le Goupil, ancien peintre en bâtiment, a été embauché aux *Cigales* comme gardien. C'est lui qui, en septembre 1978, demande au mari de la directrice, Antoine Tafani, d'utiliser un ancien poulailler isolé dans le parc. Un de ses amis voudrait y installer une couveuse électrique... Tafani est une couverture idéale, trois fois candidat malheureux U.N.R. aux législatives de 1967, de 1968 et de 1973, personne n'irait le soupçonner d'abriter dans son jardin une bande de faux-monnayeurs. D'ailleurs le patron des *Cigales* clamera plus tard son innocence : « J'ignorais, déclara-t-il, ce qui se tramait dans mon poulailler. » Pourtant l'ancien candidat, ami intime de « Dédé le Goupil », aurait dû s'inquiéter des œufs étranges que couvait la bande. Pour les protéger, elle avait équipé le poulailler d'une porte blindée et bourré chaque interstice de fibre de verre — pour qu'on n'entende pas les pondeuses. Il était d'ailleurs interdit aux retraités pensionnaires de l'établissement de s'approcher de ce local, protégé par une clôture. Et la bande avait creusé un canal pour « pirater » l'électricité du secteur.

Le 21 décembre, n'y tenant plus, les policiers montent à l'assaut. Ils ont envie de passer Noël en famille et ont remarqué d'encombrants colis entreposés dans l'annexe de la pension. Cette fois, ils espèrent trouver la poule aux œufs d'or. Mieux, ils découvrent une caverne d'Ali Baba façon africaine : 2 milliards de francs C.F.A. en faux billets de 10 000 F (soit 4 milliards de centimes, un C.F.A. valant deux francs) et cinq cents kilos d'un papier qui permet d'en fabriquer autant. Il s'agit du fameux « velin Muller » qui a servi à fabriquer des centaines de milliers de faux Corneille (billets de 100 F), la marée des « C7 *bis* » et des « C7 *ter* » qui déferle sur le pays. Outre les faux numéraires, les enquêteurs, enfin comblés, saisissent tout le matériel du parfait petit faussaire : machines offset, machines à isoler les plaques d'impression, massicot électrique, plaques de zinc ayant servi aux essais des faux 10 000 francs C.F.A., etc. Les « bécanes » n'ont pas encore tourné mais les planches de papier sont déjà installées. L'enquête révélera que l'essentiel de ce matériel a été acheté par un dénommé Jacques Dupuy, bien connu des hommes de l'Office, qui avait acquis, début 1978, une petite imprimerie à Perpignan, l'Imprimerie de l'Avenir... En réalité, cette couverture lui a surtout permis d'acquérir le matériel sans attirer l'attention. A l'évidence, ces deux milliards de francs C.F.A. n'étaient pas destinés à être écoulés dans les bistrots du coin, le commanditaire, un gros bonnet africain, devait les placer en Centrafrique avec l'aide d'une banque. Mais, encore une fois, la question ne sera pas posée. Officiellement, la justice ne s'interrogera pas sur le bailleur de fonds de cet énorme coup. Les intermédiaires, eux, vont payer les pots cassés. Dès le lendemain de l'arrestation de la bande à Marseille, Jacques Mérignac, devançant les policiers, se présente « spontanément » au ministère de l'Intérieur. A la grande surprise des enquêteurs, il charge à fond ses complices. « Oui, dit-il, Antoine Esposito m'a montré des billets de 100 F et des C.F.A. Oui, je suis allé à Marseille rencontrer la bande. Oui, on m'a remis une valise de faux billets pour garantir un prêt que j'ai accordé à l'un d'entre eux. Mais, assure-t-il énergiquement, j'ai refusé tout cela. » Transféré à Marseille, Mérignac récidive devant le juge Michel. Mais, très vite, sa déposition tourne au comique judiciaire. A chaque fois qu'il croise le regard d'Esposito dans le bureau du juge, Mérignac revient frénétiquement sur ses aveux... Et dès que le voyou a tourné les talons, il les confirme à nouveau... Pierre Michel, qui s'amuse beaucoup de ces rétractations à répétition, poursuit néanmoins son idée : « C'est bien d'avoir fait tomber *Les Cigales,* déclare-t-il, mais les faux C.F.A. n'ont pas été fabriqués dans la maison de retraite. Il faut donc trouver l'imprimerie. » Les policiers repartent en chasse. Ils établissent qu'une partie des billets saisis aux *Cigales* ont été fabriqués dans le garage de la Grotte-Roland. Quant à la camionnette qu'ils avaient malencontreusement perdue de vue, ils vont enfin découvrir sa destination. Une autre traque de longue haleine. Ils apprennent d'abord qu'elle se rendait dans une véritable imprimerie dont les employés utilisaient leurs heures supplémentaires à fabriquer des faux billets. Les enquêteurs ne possèdent alors qu'un seul indice — bien maigre —, les quartiers proches de l'endroit où la camionnette a disparu, c'est-à-dire les Ve, VIe, X^e^ et VIIe arrondissements de Marseille. Ils compulsent fébrilement les annuaires professionnels et dressent une liste d'une trentaine d'imprimeries qui pourraient convenir. Mais comment dénicher la bonne ? Pas de miracle, les renseignements ne tombent pas du ciel. Un « indic » va encore les tirer de ce mauvais pas.

Le 23 mai 1979 un « mouton » introduit dans les geôles du palais de justice de Marseille leur révèle qu'une imprimerie de faux billets fonctionnerait à proximité d'un grand garage près du boulevard Jeanne-d'Arc. Le 5 juin, nouveau tuyau : l'imprimerie est située dans le polygone formé par le boulevard Sakakini, le boulevard Jeanne-d'Arc, la rue Saint-Pierre, le chemin Saint-Jean-du-Désert, le boulevard de la Blancarde et le boulevard Chave. Voilà un renseignement précis et géométrique... L'indic livre même un nom : Joseph Simoni, 64 ans, ancien navigateur recyclé dans l'imprimerie. Ce père tranquille de la fausse monnaie était depuis fort longtemps dans le collimateur des policiers mais ceux-ci n'avaient jamais pu l'arrêter faute de preuve. Cette fois, l'ancien marin va plonger. Grâce au polygone magique, les hommes de la financière mettent la main sur l'imprimerie, il s'agit de la société De Marchi, 107, boulevard Jeanne-d'Arc, une petite entreprise familiale gérée par trois frères et qui avait été mise en liquidation de biens le 10 janvier 1979. Au domicile d'un des associés, Jean-Claude Cottereau, on découvre un faux billet de 100 dollars et un papier vierge du même format : la « multiplication » des faux dollars... Sur le carnet d'adresses de l'un des frères De Marchi, les policiers relèvent l'adresse de Joseph Simoni, boulevard Charpentier. Une adresse qui leur rappelle de bien mauvais souvenirs, c'est là qu'avait été garée la fameuse camionnette Fiat, avant de se perdre dans la nature... Joseph De Marchi ne nie pas qu'il connaît Simoni. « J'ai même été mêlé avec lui à une affaire de fabrication de billets publicitaires de 500 francs à l'effigie de Michel Sardou... » avoue-t-il, ironiquement. Perquisitions chez Simoni, le « père tranquille » s'intéresse beaucoup aux belles images étrangères : il conserve dans son portefeuille deux billets de 500 et 100 pesetas espagnoles, deux billets de 20000 et 10000 lires italiennes et enfin un billet de 500 livres turques. Bien qu'ils soient tous authentiques — une rareté —, le vieux voyou est embarrassé pour expliquer leur origine...

Les policiers décidément chanceux vont même arrêter « l'homme de l'art », le photograveur de l'équipe, un dessinateur publicitaire de 35 ans, Gilbert Condamin, qui habite traverse des Trois-Lucs, à deux pas précisément de l'endroit où la camionnette a fait demi-tour... Près d'un massicot, on saisit quelque 270 feuilles de papier ; sur chacune d'elles sont imprimés deux billets de la banque centrale des Etats d'Afrique de l'Ouest. Encore un distingué africaniste. Simoni lui aurait passé commande de typons de faux C.F.A., typons que Condamin a réalisés d'une main experte. Un travail d'art, disent les spécialistes.

Les enquêteurs peuvent enfin sabler le champagne. La « filière Bokassa », comme ils l'appellent entre eux, est entièrement démantelée. Toute l'équipe des faux-monnayeurs est arrêtée. Des intermédiaires parisiens aux « préparateurs » marseillais, tous dorment en prison. Les enquêteurs ont neutralisé quatre imprimeries clandestines et cassé le moule de la fameuse série des 100 F C7 *bis* et C7 *ter*. Un joli coup, comme les aime Michel. Et tant pis pour les lointains commanditaires africains. Ils sont hors de portée. Une seule ombre au tableau : le rôle joué par l'omniprésent Roland Luperini. Il ne pourra plus parler. On l'a vu, il a été « revolvérisé » le 28 octobre dans une boîte de nuit de la Redonne. Un témoin averti a assisté à la scène, Bruno Esposito, le frère d'Antoine arrêté pour la fausse monnaie. Le 15 janvier 1979, Bruno, recherché par la police, avait livré au *Point* sa version des événements :

« C'est vrai, expliquait-il, j'étais présent ce soir-là. Roland est venu armé dans cette boîte où il n'allait jamais. Et il s'est fait tirer dessus alors qu'il sortait des toilettes. Moi, je ne sais s'il est mort et qui a tiré. Je suis aussitôt sorti avec la barmaid, saisie d'une crise d'épilepsie... Je ne veux pas me rendre à la police car je crains des représailles. Mais j'ai demandé à mon avocat, Me Jean-Claude Simoni, de prendre contact avec le juge d'instruction... »

Finalement, Bruno Esposito sera arrêté par la police mais on ne pourra rien prouver contre lui car le corps de Luperini n'est jamais réapparu. Et pour cause : des traces de sang conduisent de la boîte de nuit où il a été exécuté à la mer... Le juge Michel aurait pourtant bien souhaité l'entendre.

Si le *Bar du Téléphone* a pu servir de « planque » à la valise aux faux billets, Luperini est peut-être l'un des auteurs de la tuerie du Canet. Le « fada », si redouté dans le milieu, était très capable, sur un coup de folie, de déclencher une telle boucherie. D'autant que l'enquête révèle qu'il se trouvait à Marseille le soir du 3 octobre. Le 26 septembre 1978, Luperini s'est rendu à Paris en compagnie d'une jeune femme et d'un complice au volant d'une R.14 de location, pour écouler une livraison de faux billets. Début octobre, il quitte brusquement ses amis et retourne une semaine à Marseille. Il rend la R.14 le 4 octobre, le lendemain de la tuerie. Néanmoins, il ne se cache pas puisqu'il donne son vrai nom à l'agence Hertz. Luperini a emporté ses secrets avec lui dans les calanques de la Redonne. Un mystère de plus dans l'affaire du Téléphone.

Les policiers de la Brigade criminelle chargée du meurtre de Pierre Michel referment sans espoir le dossier de la fausse monnaie. Inutile de chercher plus loin, pensent-ils. Certes, les membres de la bande ne portent pas le magistrat dans leur cœur et tous se réjouissent de sa mort, mais aucun n'avait intérêt à le faire disparaître. Aux yeux même des voyous, les affaires de faux-monnayage, solidement ficelées par la police, étaient « carrées » et les coups « réguliers ». L'exécution de Michel causait plus de troubles qu'il n'apportait d'avantages. Surtout dans ce commerce discret qui ne s'épanouit qu'à l'ombre. Et on voit mal quels motifs auraient pu pousser cette équipe à déclarer la guerre à la justice. Les enquêteurs s'attaquent alors à plus gros, beaucoup plus gros.

LA *FRENCH-ITALIAN CONNECTION* ET L'ŒIL DE LA MAFIA A MARSEILLE

C'est le plus épais et le plus empoisonné des dossiers manipulés par le juge assassiné.

Quand, après un stage de quatorze mois comme auditeur de justice au cabinet du premier substitut, Paul-Louis Aumeras, qui a requis dans les principales affaires de drogue, Pierre Michel est nommé juge d'instruction au tribunal de Marseille, le 31 décembre 1974, la fameuse *French Connection* paraît tout à fait démantelée. Le réseau de production et d'exportation d'héroïne, qui a fait, depuis la guerre, la fortune du milieu marseillais, est tombé, filière après filière, sous les coups de boutoir conjugués de l'antenne européenne du Narcotic Bureau américain, de l'Office central de répression du trafic illicite des stupéfiants et du commissaire Morin, chargé d'une mission spéciale à Marseille par le ministre de l'Intérieur. Six « labos » clandestins de transformation de la morphine-base en héroïne avaient été péniblement découverts dans l'arrière-pays provençal, entre 1964 et 1972. Six sont tombés en rafale dans la seule année 1972. Les règles du jeu ont aussi changé, avec le doublement des peines encourues par les trafiquants. Du coup, les policiers français pavoisent. Mais, à suivre les procès des derniers réseaux décimés par son prédécesseur, le juge René Saurel, Michel comprend qu'il faudra très vite déchanter : les « Stups » se sont endormis trop tôt sur leurs pavots.

Les vieux chimistes marseillais aux doigts de fée — les seuls à savoir fabriquer de l'héroïne pure à plus de 90 % — commencent à sortir des prisons et certains reprennent du service. On en localise quelques-uns en Italie, où ils servent de conseillers techniques aux parrains de la mafia. Les autorités françaises croient l'Hexagone désormais épargné, mais le jeune juge Michel n'est pas convaincu que toute la morphine soit traitée dans la péninsule voisine. Il pense qu'une partie est toujours raffinée en France et il est un des rares à pressentir, dès cette époque, les prémices d'un renouveau : en étudiant les queues de dossiers laissés par Saurel, il ne tarde pas à déceler les premiers indices d'un retour des rescapés de la *French Connection*. En partant de deux constats : d'une part, le strict cloisonnement observé entre les maillons, qui constituent les filières du marché clandestin de l'héroïne, apparente la lutte contre le trafic international des stupéfiants aux activités du contre-espionnage ; elle requiert de longues et fastidieuses surveillances des suspects, la manipulation d'agents et l'usage de la provocation. D'autre part, l'efficacité policière, en ce domaine, repose sur la mémorisation d'une centaine de noms d'individus fichés depuis parfois vingt ans et qui, fortune faite, réalisent des investissements dans d'honorables affaires : des financiers aux mains blanches et au casier judiciaire vierge, qui se croient intouchables parce qu'ils ne mettent plus, eux-mêmes, la main à la poudre. Leurs filatures n'ont pas cessé, même en l'absence de toute preuve de leur participation à l'industrie et au commerce de la drogue.

Ainsi, le nouveau patron de la Brigade des stups de Marseille, le commissaire Lucien Aimé-Blanc, a-t-il remis à Michel un rapport très complet sur l'enrichissement sans cause et les dépenses camouflées d'un nommé Henri Malvezzi, commerçant, né le 12 juin 1934, à Marseille, soupçonné, depuis 1958, de se livrer au trafic de la « came » à l'instar de son propre père, Raphaël Malvezzi, arrêté en 1971 en Allemagne fédérale alors qu'il réceptionnait 75 kilos de morphine-base provenant de Turquie. Or, un certain « Henri » était apparu dans le cadre d'une procédure engagée, le 11 octobre 1974, contre le réseau de Jean-Baptiste Colonna, qui, en quatre ans, avait fait passer une tonne d'héroïne aux Etats-Unis. D'après les renseignements recueillis au cours de l'enquête, en mars 1976, cet « Henri » aurait séjourné, en 1971-1972, dans la région de Porto-Pollo, en Corse, pour y réceptionner la morphine-base et aurait servi de chimiste au réseau. Le 19 mars, le juge Michel délivre donc une commission rogatoire aux fins de l'identifier et de vérifier ces soupçons.

Une semaine plus tôt, il a procédé à l'interrogatoire de son premier « gros bonnet », Joseph Poli, un ami de Colonna, et aussi de Jean-Baptiste Croce, dont il a suivi le procès avec attention en juin 1974. Poli est soupçonné, pour sa part, d'avoir participé à la livraison de 100 kilos d'héroïne au cours de l'été 1969, à New York. Michel ignore, alors, qu'il va le conduire à son premier laboratoire.

Les policiers identifient rapidement le prénommé Henri comme étant Malvezzi. Celui-ci faisait l'objet d'une circulaire spéciale « stup » depuis sa première arrestation, à 24 ans, en flagrant délit de transport d'opium à Nouméa : il s'était fourni à Marseille, auprès de marins turcs. Filé à partir de 1967, il a été signalé en contact avec divers trafiquants qui furent ultérieurement condamnés en justice ou abattus dans des règlements de comptes. Après l'arrestation de son père, il aurait entretenu des relations avec l'un des principaux fournisseurs turcs de celui-ci, qu'il aurait tenté de rencontrer en Yougoslavie. Marié avec une Corse, il mène, depuis trois ans, une vie de milliardaire dans une somptueuse villa de Bouc-Bel-Air achetée au nom de sa compagne, Arlette Vidal.

C'est dans cette villa que, le 24 avril 1976, Michel vient opérer sa première perquisition en compagnie du commissaire Aimé-Blanc, en vue de trouver la trace d'un laboratoire. A défaut de pièces à conviction, il découvre, dans la bibliothèque, trois livres d'instructions nautiques pour se rendre en Turquie et un livre de pharmacie chimique corné au chapitre décrivant le processus de transformation de la morphine-base en héroïne. Il saisit également la machine à écrire d'Arlette Vidal qui avait servi à taper une correspondance avec un fournisseur turc.

Une seconde perquisition et une nouvelle commission rogatoire lui permettent d'établir qu'au cours de ses séjours en Corse, Malvezzi a acquis, successivement, une vedette rapide, un bateau Zodiac et une Land Rover qui ont servi à des transports de contrebande.

C'est alors que Michel affirme avoir obtenu de Poli, contre la prescription de la poursuite intentée à son encontre, des indications décisives sur l'emplacement d'une cache aménagée dans un mur de la villa de Bouc-Bel-Air. C'est en réalité un policier qui a donné la « planque » mais Poli portera le chapeau.

Une troisième perquisition, le 9 juillet, permet, en effet, d'y découvrir l'outillage nécessaire au fonctionnement d'un « labo ». Ce matériel perfectionné, acquis par Malvezzi et d'autres complices entre décembre 1968 et juin 1971, avait une capacité de production de 40 à 60 kilos d'héroïne par cycle de quatre jours. S'il est impossible aux experts de déterminer la date de sa dernière utilisation, l'enquête effectuée sur les ressources des différents inculpés vient confirmer le rôle prépondérant de Malvezzi et d'Arlette Vidal dans l'importation et la transformation d'une partie des huit tonnes de morphine-base livrées par les fournisseurs turcs : le total des acquisitions et investissements réalisés par le couple, depuis 1968, avoisine les 3 millions de francs...

CHEVAUX DE RETOUR

Ce premier succès inscrit à son tableau de chasse ne saurait, cependant, satisfaire le jeune magistrat qui rêve de mettre la main sur des laboratoires et des réseaux en pleine activité. L'occasion va lui en être donnée par l'exploitation d'un renseignement de « source anonyme » qui, en septembre 1977, met la Brigade des stups sur la piste d'un ancien tenancier de bar, Raymond Silvani, susceptible de participer à la réactivation d'une filière de la *French Connection.* Dans les deux mois qui suivent, les policiers le voient en effet multiplier de discrets rendez-vous avec un vieux cheval de retour, le « chimiste » Louis-Georges Calmet, disciple du « sorcier » Jo Cesari, condamné à sept ans de prison en mai 1970, mais gracié pour troubles mentaux le 2 août 1972. Le soir du 28 novembre, ils les surprennent devant le domicile de la mère d'un riche ferrailleur, Louis Giralt, vainement suspecté, depuis quinze ans, de se livrer à des activités délictueuses, et notamment de financer le commerce de l'héroïne sous diverses couvertures industrielles, immobilières ou limonadières : ce Biterrois, confortablement installé à Simiane, possède notamment un bar sur la Canebière, le *0 Central*, géré, en 1976, par les frères Silvani. Les faits et gestes de ces individus sont, dès lors, systématiquement épiés.

C'est ainsi que, fin décembre 1977-début janvier 1978, les enquêteurs notent l'achat par Calmet de matériel de verrerie déposé dans un box de Marignane. Entre-temps, ils ont recueilli deux autres informations sur l'imminence d'une reprise de la production de « came » : le 7 décembre, une perquisition au domicile d'un repris de justice, Gabriel Graziani, dit Gaby le Magnifique, soupçonné à la suite d'un hold-up perpétré dans un bureau de poste lyonnais, en 1976, a fait découvrir par hasard un échantillon de 120 grammes de morphine, ainsi que l'original d'une correspondance avec le fils de Calmet sur la disparition d'un « bidon de 2 millions ». D'autre part, les policiers italiens tiennent dans leur collimateur trois trafiquants italiens, Primo Montanari, Ettore Minziani et Francesco Tommasi, en quête de morphine-base. Les écoutes placées sur les lignes de Minziani ont permis de surprendre, le 13 décembre, un rendez-vous avec Giralt à Gênes, suivi de communications téléphoniques, le 24 décembre et le 6 janvier, avec les points de chute du ferrailleur à Marseille.

Enquêteurs italiens et français se sont tenus mutuellement au courant de leurs découvertes respectives. A l'instigation du juge

Michel et en accord avec le procureur de Gênes, les douaniers transalpins de la Garde des Finances introduisent une « taupe » dans la filière pour l'approvisionner avec 30 kilos de morphine-base.

Les poissons vont mordre à l'hameçon. Le 27 janvier, Raymond Silvani, pressé par Calmet de trouver une « planque », obtient d'une de ses amies, Louise Rey, les clés d'une villa de Cereyste, *La Galéjade*, appartenant à son cousin, Emile Mangino, employé municipal à La Ciotat. Le 31, il lui fait louer une estafette qu'il conduit à Marignane, où Calmet prend possession du matériel entreposé dans le box. Tandis que le couple repart décharger ce matériel à la villa, Calmet rentre à Marseille pour retrouver Giralt sur le parking d'une clinique. Le financier lui annonce la livraison de morphine-base pour le 1er février.

Ce jour-là, Silvani et Louise Rey achètent trois moulins à café en prenant la précaution d'aller dans des magasins différents. Ils rejoignent Calmet à La Ciotat, mais, dans la soirée, Giralt leur annonce le report de la livraison au lendemain. Le 2 février, le dispositif de surveillance se resserre autour de chacun d'eux. Tandis que le couple finit d'emménager le matériel à la villa, Giralt et Calmet se rendent, à 19 heures, au bar *Continental* où les enquêteurs repèrent l'Italien Montanari. Pris en filature, celui-ci sort retrouver Minziani dans une petite rue tranquille, laissant Giralt s'approcher d'une Méhari immatriculée en Italie, en stationnement sur le parking d'une station-service. Calmet arrive à son tour, monte à bord et prend Silvani en cours de route. Ils regagnent ainsi *La Galéjade*, où veille Louise Rey, pendant que Giralt emmène Montanari dîner au restaurant *Le Golfe*.

Une heure et demie plus tard, Calmet ramène la Méhari à la station-service. Montanari reprend le volant, récupère l'autre passeur, Antonio Longo, au *Continental,* et file vers l'autoroute de Nice.

Le lendemain 3 février, Louise Rey et le frère Silvani se rendent à Marseille acheter du papier destiné à tester l'acidité de l'eau. Le soir, Giralt vient à son tour à la villa livrer des produits chimiques, notamment du noir animal qui imprégnera le tapis de son coffre de voiture. Le 4, Calmet et Silvani, enfermés dans la villa, envoient la femme chercher un moteur pour barbecue et deux poubelles de 75 litres. C'est le ronronnement perceptible de ce moteur qui incite les trente policiers, sur mandat du juge Michel, à faire irruption dans la villa, le dimanche 5 février à 7 h 30 du matin. Ils surprennent Louise Rey, Calmet et Silvani s'affairant à aérer la salle de séjour.

En ouvrant la porte de la salle de bains communiquant avec un appentis calfeutré, ils sont en effet suffoqués par l'odeur caractéristique de l'anhydride acétique. Le « labo » de fortune est en train de fonctionner : l'agitateur est en marche, le ventilateur tourne, les rampes des réchauds à butane supportant les alambics brûlent. La transformation des 30 kilos de morphine-base vient juste de démarrer... Accouru sur place constater l'importance de la saisie, Michel qui exulte fait arrêter Louis Giralt et ses autres complices au saut du lit à Marseille.

Au même moment, à Gênes, la Garde des Finances met la main sur deux des quatre livreurs de morphine-base et sur leur Méhari truquée. Les deux autres seront inculpés plus tard. Du coup, Michel décide de se rendre en personne dans la péninsule pour prendre langue avec ses homologues transalpins. C'est le début d'une coopération qui va se révéler terriblement efficace et les conduire à remonter jusqu'à la toute-puissante Mafia et à la défier jusque dans son sanctuaire.

D'étranges tuyaux sont en effet parvenus aux oreilles du jeune magistrat. On lui a parlé, avant même qu'il s'accroche aux basques du tandem Calmet-Giralt, d'un « gang des toubibs » dirigé par un jeune pédiatre d'origine aveyronnaise, le Dr André Bousquet. Après un an d'exercice à Marseille, où il a fait de brillantes études, ce médecin flambeur s'est laissé dévorer par sa passion du poker et ses dettes de jeux l'ont mis dans la dépendance du milieu qui l'a ainsi « fixé ». Entraînant dans sa perdition un jeune dentiste romain formé à Marseille, il cultive des relations suspectes qui ne passent pas inaperçues : dès 1976, il se fait repérer dans de « mauvais lieux » en compagnie de Gaby Graziani, et continue de rendre visite à sa femme après son arrestation, en 1977. Il fréquente le *Bar des Platanes* — l'une des couvertures des frères Giralt — et visite la Turquie sous la conduite d'une vieille connaissance des Stups, Stéphane Guiragossian, un tenancier de bar soupçonné depuis belle lurette de tremper dans le trafic de la drogue...

Or, voici qu'en octobre 1978, le bon docteur accueille, à l'aéroport de Nice, un gros bonnet de la Mafia nommé Panunzi. Les hommes des Stups photographient à tour de bras. Si d'autres divines surprises se cadrent bientôt dans leurs téléobjectifs, Michel n'est pas près de perdre de vue le médecin dévoyé. En attendant de pouvoir le coincer, il aide les incorruptibles de la Garde des Finances italienne à tirer sur la ficelle du labo de La Ciotat. Et la pelote se dévide, de part et d'autre de la frontière. Sa collaboration étroite avec les autorités transalpines, qui, à l'instar des Américains en 1970, accusent la

France d'abriter des « gros bonnets », achève de convaincre Michel du rôle pivot de Marseille dans la mise en place d'une *French-Italian Connection.* L'occasion d'internationaliser la lutte contre le trafic des stupéfiants lui est offerte par l'interception à Vintimille, le 16 août 1979, de deux passeurs marseillais, Jacquelin et Jean-Pierre Masia, surpris en train de négocier deux kilos d'héroïne raffinée à 98 % avec trois correspondants italiens et un Sicilien venu de New York.

Dès le 20 août, Michel se précipite à Gênes pour arrêter, au cours d'un véritable conseil de guerre, un plan d'action commune avec les spécialistes italiens et américains. Et le hasard lui vient en aide, peu après son retour à Marseille : le 26 septembre, les policiers de la brigade financière font une descente, en voisins, dans la cave d'un faussaire démasqué, Bedros Vartanyan, condamné à mort par contumace pour agressions à main armée, et soupçonné de tremper, sous sa nouvelle identité, dans un trafic de fausse monnaie. L'Arménien recherché s'est tranquillement installé à 300 mètres du siège de la Brigade, en haut de la Canebière. Au lieu de trouver chez lui des liasses de Pascal de contrefaçon, les « financiers » tombent sur d'étranges alambics : du matériel et des produits chimiques ayant servi à au moins un cycle de production d'héroïne. Aussitôt saisi de cette découverte, le juge Michel s'emploie à faire parler, à défaut du suspect qui joue l'ignorant, les papiers trouvés en sa possession. A commencer par son faux passeport, au nom de Jean-Pierre Derderian, qui porte les cachets de récents séjours en Turquie — du 19 avril au 7 août 1978, du 29 août au 17 septembre 1978 et en avril 1979 — et l'on sait que ce pays est le marché n° 1 de la morphine-base.

Le carnet d'adresses du contumace est aussi éloquent : son exploitation va ouvrir deux pistes. En Italie, il permet aux limiers de la Garde des Finances de filer un vieux « chimiste » marseillais en cavale depuis 1968, Joseph-Antoine Ristori, jusqu'à une usine de soda de San Remo. Ils l'y surprennent, le 27 novembre, occupé à touiller 22 kilos de morphine-base dans une écrémeuse spéciale, qui a déjà sorti 5 kilos d'héroïne. La marchandise, en provenance de Turquie via Trieste et Milan, a été apportée la veille dans une valise par un autre Français, également filé depuis deux mois : Jean-Claude Guillemet, un débutant, lui, que les enquêteurs ont repéré à Milan en compagnie d'un bellâtre de San Remo, Orazio di Maggio, joueur de cartes professionnel dont l'importance dans l'organisation du trafic n'apparaîtra que par la suite.

LE LABO DES NEIGES

L'autre piste, en France, va se révéler plus fructueuse encore. Ce sont les numéros de téléphone de deux habitantes de Martigues, cette Venise provençale où ont été achetés précisément, en juin 1979, et par une femme, les dix kilos de noir animal saisis le 26 septembre dans la cave du faussaire Vartanyan. L'un correspond à un commerce de maroquinerie tenu par Anna Chaffard, la femme d'un revenant de la *French Connection,* Fernand Chaffard, condamné, en 1974, à douze ans de prison et évadé de la centrale de Melun depuis 1977. Deux autres, dont l'un figurant sur la liste rouge des numéros incommunicables, correspondent aux adresses professionnelle et personnelle de sa maîtresse, Françoise Bizard, en liberté conditionnelle depuis 1975. L'enquête démarre sur du sable...

De filatures en écoutes, les deux femmes vont conduire les enquêteurs des Stups sur les traces du fugitif jusqu'à une ferme isolée du Massif central, *La Crosette*, à La Suchère, hameau perdu du Velay, près du Chambon-sur-Lignon. Cette propriété, mise en vente par un repris de justice de Port-de-Bouc, Antoine Corinthio, est l'objet d'un compromis d'acquisition passé, en décembre 1979, au nom d'Anna Chaffard, venue la visiter après Françoise Bizard. Celle-ci s'y rend à nouveau, le 15 décembre, en compagnie de Chaffard et de Corinthio. Le 17 janvier, elle envoie un mandat télégraphique à l'E.D.F., au nom de ce dernier, pour y faire rétablir le courant. C'est à partir des traces de pneus, laissées dans la neige par la Renault 20 de Françoise Bizard, que les policiers repèrent la ferme, le 19 janvier.

Le 21, Chaffard revient avec son épouse lui faire signer l'acte d'achat chez le notaire. Deux jours plus tard, sa maîtresse reçoit, à Martigues, la visite d'un gaillard ventripotent, que les policiers en planque autour de son domicile identifient comme un as du poker qui contrôle en sous-main un club privé à Antibes : Robert Kechichian. Il est accompagné d'un vieillard à la crinière blanche, bien connu du Narcotic Bureau américain : Jean Jehan, dit Pépé-la-Schnouf, son voisin à Cagnes-sur-Mer. Ce patriarche de la *French Connection,* âgé de 82 ans, en a vécu trente aux Etats-Unis, dans le sillage de Lucky Luciano. Bénéficiaire de quatre non-lieux, il a retraversé opportunément l'Atlantique, en 1962, au lieu de réceptionner les 250 kilos d'héroïne que l'animateur de la première chaîne de télévision française, Jacques Angelvin, avait passés à bord de sa belle américaine…

Kechichian revient le surlendemain chez Françoise Bizard en compagnie, cette fois, du joueur de San Remo, Orazio di Maggio, dont le numéro de téléphone avait déjà été relevé sur l'adjoint de Ristori. A la suite de cette double visite, les enquêteurs, qui filent Chaffard, le voient remonter en famille vers sa nouvelle ferme auvergnate, mais, doutant de sa vocation écologique tardive, ils observent attentivement cette transhumance inattendue de boulistes de Martigues. Le 27 janvier, les époux Chaffard sont en effet accompagnés de leur fils Alain et de deux anciens codétenus des Baumettes, Armand Maurizio et Christian Simonpieri, que son oncle — un pilier de la *French Connection* — a formés à la cuisine de l'héroïne. Ils creusent une tranchée dans le jardin, tirent fils et tuyaux, entreposent du matériel dans l'écurie.

En février, il ne fait pas chaud à 1 100 mètres d'altitude. Les policiers s'enfoncent dans la neige, escaladent des talus. Perchés sur de hautes branches de sapin et grelottant dans leurs blousons fourrés, certains surveillent la ferme avec des jumelles. Le 6, les époux Chaffard ont ramené Maurizio et Simonpieri. Une heure plus tard, le maître de maison, qui porte des gants jaunes, apparaît à la fenêtre pour s'aérer les bronches. Bizarre, bizarre !… Il apparaît ensuite en gants roses, manipulant des sacs près de l'abreuvoir. Le lendemain, il vide des seaux. Visiblement, il s'est mis au vert pour raffiner de la poudre blanche…

Le trio recommence son « cirque » semaine après semaine. Mais les essais infructueux suivis à la jumelle font tourner au fiasco la « fouchtra connection ». Au cours de ses aller-retour entre Le Chambon et Arles, Chaffard rencontre, le 6 mars, un prénommé Henri, qui lui dit que « ça devient chaud » et qu'il faut déménager le matériel. Cet Henri est une « taupe » destinée à faire sortir le loup de sa tanière. Les trois Chaffard reviennent à la ferme en catastrophe avec leurs deux « laborantins ».

L'un des guetteurs chuchote, excité, dans sa radio : « Ils commencent à déménager. Vite, il faut intervenir ! » C'est le signal qu'attendait le juge Michel. Le 7 mars, à 13 heures, les policiers surgissent au moment où la tribu démontait et rangeait dans les coffres de trois véhicules interceptés devant la ferme le matériel de même provenance que celui saisi à Marseille, dans la cave du faussaire arménien : pompes à vide, cornues et centrifugeuses. L'installation sommaire n'avait pu produire que quelques centaines de grammes d'héroïne frelatée. Une fiole de substance noirâtre, découverte dans la ferme, prouve au moins que Simonpieri n'est pas un virtuose de la transformation de la drogue.

Celui-ci est arrêté au même moment, à Marseille, ainsi que Françoise Bizard et un autre membre de la famille Chaffard à Martigues. De ce coup de filet lancé simultanément contre le « premier labo des neiges » — à peine expérimental — en Haute-Loire et contre la base logistique de la Venise des Bouches-du-Rhônes, le juge Michel ramène donc une dizaine de trafiquants dont le réseau commence à se dessiner à ses yeux : vu ses nombreux séjours incognito en Turquie, Bedros Vartanyan, détenteur de matériel de transformation, apparaît comme le fournisseur de morphine-base ; Fernand Chaffard est le maître d'œuvre d'un essai de laboratoire monté, pour la première fois, dans une région insoupçonnable et peu quadrillée par la police, où Christian Simonpieri a fait ses premières armes de chimiste.

Reste la troisième étape du dossier, avec la filature et la mise sur écoutes de personnages d'une autre envergure apparus dans le collimateur des policiers des Stups au début de leur surveillance de la maîtresse de Chaffard à Martigues. Depuis leur visite des 23 et 25 janvier, Di Maggio, Jean Jehan et Robert Kechichian sont systématiquement pistés, tant sur la Riviera italienne que sur la Côte d'Azur.

A partir du 9 mars, le flambeur de San Remo multiplie les contacts téléphoniques et les entrevues, d'une part avec Kechichian, dont il fréquente le club de bridge à Antibes, d'autre part avec un gros truand niçois, Marcel Gambotti, fiché au banditisme depuis 1964 et exerçant un racket sur les ambulances. Chaque fois qu'il le rencontre, Kechichian se rend au domicile du vieux Jean Jehan, comme pour rendre compte de l'avancement des « affaires ».

Le 13 mai, Di Maggio appelle Kechichian pour savoir s'il y a du nouveau. « Ils demandent environ un mois, répond Kechichian, quand ce sera les vacances scolaires. » Aussitôt, l'Italien rappelle le Niçois Gambotti. Le 15 mai, il fait répondre par sa mère à Kechichian qu'il est « chez l'Avocat ». Le soir même, Kechichian lui fait savoir qu'il a enfin « trouvé ». Le lendemain, Di Maggio voit Gambotti à Nice, puis retrouve, à son club, Kechichian qui sort d'une nouvelle visite à Jehan en compagnie de deux inconnus. Au téléphone, il avait d'abord demandé des nouvelles des « Avocats ».

Le 20, Gambotti appelle Di Maggio qui répond avec colère dans un code convenu : « Ne faisons pas de conneries. J'ai l'impression qu'on est en train de mal commencer, encore une fois, parce que la personne doit venir pour commencer le " trou " et non pour parler et pour perdre du temps. » Quelques instants plus tard, le Niçois rappelle pour lui annoncer qu'il vient de parler avec les trois « Avocats » qui, cette fois, ne sont pas des « Avocats bidons » alors qu'il ne connaissait pas ceux de l'autre fois.

MIRACLE A MILAN

Pour les enquêteurs il s'agit, de toute évidence, de nouveaux « chimistes » recrutés pour remplacer des incapables dans un laboratoire fonctionnant non en France, mais en Italie. Quelques jours plus tard, Di Maggio accueille, en effet, Gambotti sur le quai de la gare de San Remo : le Niçois est accompagné de quatre individus non identifiés.

Le 25 mai, après un échange téléphonique avec Jehan, Kechichian se rend lui-même, avec sa femme Katy, en Italie, au domicile de la famille Di Maggio. Le soir, le couple rentre en France et propose à Jehan de lui apporter un « gigot » pour le dîner. Le lendemain de cette réception, le vieillard quitte son domicile pour téléphoner de deux cabines publiques. Peu après, deux véhicules viennent se ranger ensemble devant le domicile de Jehan : la voiture de Kechichian et une B.M.W. louée par un Américain de Miami, Michael Maneri, descendu pour quarante-huit heures au *Novotel* de Cagnes-sur-Mer. Maneri est le fils d'un importateur d'héroïne fiché par le Narcotic Bureau. Il est évident que cette rencontre a pour objet la conclusion d'un marché pour l'écoulement de la « came » produite par les nouveaux « avocats » de Di Maggio. Dès le départ de Maneri, Kechichian, qui apparaît décidément, à l'ombre de Jehan, comme l'agent de liaison entre le Milieu marseillais et les trafiquants italiens file chez Di Maggio à San Remo. Il prend ensuite la direction de Gênes, pour retrouver le bel Italien au péage d'Alessandria-ouest, avant de repartir en direction de Milan...

Le 3 juin, la femme de Di Maggio, qui a téléphoné la veille de San Remo, arrive vers 20 heures au domicile de Kechichian à Cagnes, en compagnie d'un surnommé « Apo ». Après une rapide visite à Katy qui s'y trouve seule, ils ressortent avec un gros carton qu'ils placent dans le coffre de leur voiture de location. « Apo » est intercepté peu après en Italie, alors qu'il a transbordé ce colis à bord d'un autre véhicule : il contient une pompe à vide, appareil indispensable à la panoplie des chimistes de l'héroïne. Elle est, de toute évidence, destinée à un « labo » localisé dans un castelet médiéval de Cereseto, où la filature d'un fournisseur turc de morphine-base, Abdel Canoun, avait conduit les enquêteurs de la Garde des Finances. Le lendemain, cinquante policiers investissent le petit château planté dans un parc de trois hectares et gardé par vingt dobermans et chiens-loups, à l'écart de l'autoroute Alessandria-Milan. Et ils tombent, en fait, sur deux installations en pleine activité, dont chaque équipe semble ignorer l'existence de l'autre : l'une fonctionne dans la tour principale, en haut d'un escalier d'une centaine de marches protégé par deux portes blindées, l'autre dans les dépendances. Parmi les chimistes pris la main à l'alambic, cinq Français dont le commissaire Sanguy dira qu'ils représentent un véritable échantillon de la truanderie azuréenne, du Niçois Gambotti à un cheval de retour de La Ciotat, Léon Toscano, déjà arrêté, en octobre 1978, à la frontière bulgare avec 7 kilos de morphine-base à bord de son auto. Ils viennent de raffiner, en présence d'Orazio Di Maggio et sous son contrôle, 2 kilos d'héroïne. Ils disposent encore d'un stock de 67 kilos de morphine-base et de 70 kilos de solution d'héroïne.

Au cœur même de Milan, les enquêteurs italiens saisissent un important matériel de laboratoire dans un troisième dépôt, utilisé par le frère de Di Maggio. Ils procèdent, simultanément, à d'autres arrestations à San Remo. Au total, vingt-trois. Côté français, Jean Jehan et Robert Kechichian tombent, au même moment, dans les filets du juge Michel qui n'hésitera pas à incarcérer, en outre, le 2 juillet, Katy Kechichian, en dépit d'un état de grossesse avancé...

Dans la foulée de ce succès, la coopération franco-italienne prépare un coup de filet sans précédent en remontant la nouvelle filière de l'héroïne, de plus en plus haut, vers le sommet. Car Michel n'a pas oublié pour autant son vieil objectif, le Dr Bousquet, dont les filatures successives montrent que, entre 1977 et 1979, il a effectué, en Turquie, sept voyages organisés par les soins de Guiragossian, ce tenancier de bar d'origine arménienne, soupçonné, depuis longtemps, de liens avec le marché turc de la morphine-base.

Le 18 avril 1979, justement, un petit passeur, Serge Perrier, arrêté à la frontière yougoslave avec 17,5 kilos de farine végétale curieusement dissimulés dans une aile de sa voiture, se met à table : il croyait transporter des diamants pour le compte de Stéphane Guiragossian. Or, cette poudre, en soi inoffensive, sert à diluer l'héroïne au stade du produit fini. Cette capture, apparemment sans importance, a permis au juge Michel d'ouvrir une information contre le tenancier ami de Bousquet. Le médecin dévoyé sent que le pavé de Marseille commence à lui brûler les pieds. Il emménage à Saint-Ouen, dans la banlieue parisienne, se rapprochant ainsi de son frère, brigadier des gardiens de la paix à la Préfecture de police, qui lui sert de couverture idéale. A la fin de 1979, Bousquet déménage, cette fois dans le XVe arrondissement de Paris. L'Office central du commissaire François Le Mouël, qui assure le relais des Stups marseillais, s'aperçoit de ses nouvelles éclipses. A deux reprises, les enquêteurs le voient prendre des précautions de Sioux pour gagner non plus la Turquie, mais l'Italie, sous le nom de Jean-Claude Guérin. Destination finale : Palerme en Sicile, la Mecque de la Mafia !

LE FIEF DE LA MAFIA

Le 28 février 1980, le médecin s'envole en compagnie d'un Sarde, Pietro Dore, qui a investi 125 000 F dans un élevage de porcs. A son retour, en avril, Bousquet dispose de 80 000 dollars à sacrifier au démon de la « flambe ». Le 15 juin, les deux voyageurs réapparaissent à Marseille, avec des valises bourrées de dollars. « A la fin, c'était fou, racontera plus tard un enquêteur. Bousquet revenait d'Italie les poches pleines et il flambait tout son fric. Il achetait des Porsche et s'amusait à nous semer : il jouait même avec la police. »

Durant le dernier séjour du médecin en Sicile, un Belge, Albert-Léon Gillet, a été arrêté le 3 mai, à l'aéroport de Rome : il arrivait de New York et rapportait 8 kilos d'héroïne de mauvaise qualité à faire retraiter par un chimiste français au service de ses employeurs de Palerme. Tenu informé, le juge Michel est prêt à mettre un nom sur ce chimiste. Fin juillet, il apprend que Bousquet passe des vacances en famille, à l'*Holiday Inn* de Taormina. Et qu'il a réservé deux chambres à l'hôtel *Riva Esmeralda,* à Carini-Plage, pour deux Marseillais suspects, Daniel Bozzi et Jean-Claude Ranem : ils sont inscrits sur le vol de Palerme du 29 juillet, mais sous de fausses identités. Le moment est venu d'agir. Mais, comment intervenir en Sicile ? Dangereux et peut-être inutile. Les policiers italiens, qui ont vu le beau-frère et le lieutenant du capo mafioso Don Gerlando Alberti, recherché depuis son évasion en 1977, accueillir les deux

Marseillais à leur arrivée, ne font guère preuve d'enthousiasme. C'est que, le 6 août, le procureur de Palerme, Gaetano Costa, avec lequel Michel s'est mis en rapport pour faire prendre en chasse l'inquiétant trio, est abattu en pleine rue. Il venait de rafler une brochette de 120 trafiquants jusque dans l'entourage d'un ancien ministre de la Démocratie chrétienne, et avait ordonné une enquête bancaire sur les éventuels bénéficiaires du pactole de l'héroïne, la *Sicilian Connection* mise en place par la Mafia, fournissant, à elle seule, le tiers du marché américain...

A la demande de Michel, une réunion secrète se tient à Rome avec les Stups américains, qui veulent bien prêter leurs « spéciaux » pour une opération de démantèlement. Les Italiens se laissent convaincre. Le substitut Enrico Pignatone fait placer sur écoutes les lignes des deux hôtels de Taormina et de Carini-Plage. Le patron de l'hôtel *Riva Esmeralda*, Carmelo Ianni, accepte d'engager, comme extra, un brigadier de la Garde des Finances qui file le trio marseillais à partir du 23 août jusqu'au village de Sant'Onofrio di Trabia, près de Carini, à 27 kilomètres de Palerme. Entre deux champs de blé s'élève une construction en béton inachevée : c'est le point de rencontre des trois hommes.

L'assaut est donné le 26 août. Il permet de surprendre le Dr Bousquet et ses deux laborantins, Bozzi et Ranem, en plein travail. Et, surtout, de coincer sur place leur patron, Alberti, méconnaissable sans son habituelle perruque et ses chemises de soie. La capacité de raffinage de son installation ultramoderne était sur le point d'atteindre la demi-tonne d'héroïne par mois. C'est un coup de tonnerre en Italie, où personne ne pensait que la police des Finances s'aventurerait en plein fief de la Mafia à faire tomber pour la première fois en flagrant délit le responsable du secteur drogue de la toute-puissante organisation : Don Alberti, dit « U'Paccare » (« Bonne Pâte »). Sa chute entraîne l'arrestation d'une quinzaine de complices dans l'île et dans la péninsule, tandis qu'en France, Michel en fait écrouer dix-huit, dont Stéphane Guiragossian et Pietro Dore à Marseille. Le juge coordonne en effet son instruction avec celles de ses collègues siciliens, Giovanni Barrile et Giusto Sciacchitano, qui ont hérité d'un dossier en forme d'hécatombe auquel ils devront ajouter, dès le 28 août, le nom de l'hôtelier Ianni, retrouvé le corps criblé de balles.

Est-ce le dernier crime ordonné, depuis sa cellule, par U'Paccare, qui avait, jusqu'alors, su doubler sa réputation de roi de l'alibi avec ses qualités de tueur? En 1963, Alberti a été acquitté pour un attentat à la bombe meurtrier contre neuf carabiniers à Palerme.

Mêlé, en 1970, à l'enlèvement et à l'assassinat du trop curieux journaliste Moro de Moro et inculpé du meurtre du procureur Pietro Scaglione, en 1971, il s'en était sorti, une fois de plus, sans condamnation. La liste des victimes de la Mafia tombées dans les rangs judiciaires n'a cessé, depuis, de s'allonger. Le chef de la brigade mobile, Boris Giuliano, a été tué, en 1979, au moment où il allait mettre en cause le capo Giuseppe Gambini lié au banquier du Vatican, Michele Sindona : il était le premier « incorruptible » italien à avoir fait le rapprochement entre la reprise de la livraison aux Etats-Unis d' « héroïne à la marseillaise » et la soudaine floraison de banques en Sicile où affluaient les « dollars chauds ».

Le capitaine des carabiniers, Emmanuele Basile, qui a repris l'enquête, est tombé à son tour sous les balles des tueurs, en mai 1980. « Là-bas, c'est autre chose que nos Pieds-Nickelés marseillais », constate Pierre Michel en débarquant, le 8 décembre, à Palerme. Il veut savoir quels autres gros bonnets se cachent derrière Bousquet. Et là, il commet une erreur : il rencontre le docteur dans sa geôle sicilienne et lui met brutalement le marché en main. « Tu ne veux pas parler ? Bon ! Je vais inculper et écrouer tous les membres de ta famille. Quand je reviendrai, tu me donneras les noms de tes complices. » Il n'aura plus l'occasion de revenir suivre sur place la procédure, mais recevra, au début d'octobre 1981, la visite de trois collègues de Palerme, venus à Marseille interroger deux de ses inculpés de nationalité italienne...

Entre-temps, le juge Michel se sera durement colleté avec Kechichian dont la défense a fini par lui arracher, le 10 juillet, la mise en liberté pour raison médicale[1]. Déjà, il considère comme un désaveu de sa stratégie du « tous au trou » les libérations successives ordonnées par la chambre d'accusation d'Aix-en-Provence que préside le conseiller Jean Charron et qui a réformé sept fois ses ordonnances de rejet.

Ainsi ont été libérés, le 2 février, Katy Kechichian, le 24 mars, Anna Chaffard, le 4 avril, son fils Philippe, le 20 mai, son fils Alain et, surtout, ce même jour, l'égérie du réseau, Françoise Bizard. Comme Michel le prévoit alors, ces deux derniers profiteront de leur liberté pour disparaître à la veille du jugement, qui les condamnera par défaut à sept et huit ans de prison ferme. Le 17 juin, la juridiction d'appel présidée par le conseiller Charron — qui prendra sa retraite, par la suite, à Martigues — réforme de la même manière le refus

1. Voir le chapitre 5 : « Les Baumettes : évasion sur ordonnance ».

opposé par Michel aux demandes déposées par deux inculpés de la *French-Sicilian Connection,* Martine Saffiotti et Laurent Adamsky, qui lui servaient d'« otages » pour tenter de faire parler Bozzi et Bousquet. C'est alors que, plus ou moins circonvenu par les alarmes médicales sur son état de santé, le magistrat vedette finit, le 10 juillet, par relâcher Robert Kechichian. Plutôt que de risquer un nouveau désavœu de la chambre d'accusation, il préfère revenir lui-même sur son ordonnance de rejet du 6 juillet, et sur la mesure d'hospitalisation surveillée prise par lui le 8.

Or, c'est très précisément le 8 juillet 1981, entre son refus et son consentement de libérer cet important maillon du trafic de la drogue, que Michel met la main, à Saint-Maximin, sur son sixième labo clandestin et sur son soixante-dixième trafiquant. Un record absolu en Europe.

LE FIL ROUGE

Cette dernière prise, le juge la doit encore à une longue patience et un exténuant travail de fourmi. Voici trois ans que les Stups du commissaire Alain-Pierre Boidé, stimulées par Michel, suivent à la trace Mitzigar Nazarian, 56 ans, l'un des membres importants de la filière arménienne, très active à Marseille. Nazarian fait partie de la famille. Ce cousin d'un des gros bonnets de la *French Connection,* Edouard Toudayan, condamné à 18 ans de prison en 1971, est un véritable pigeon voyageur. Avec son ami et complice, Raymond Soukassian, 49 ans — un polyglotte très doué —, il se déplace beaucoup. En Turquie, bien sûr, mais aussi au Liban — dont il est originaire — et en Italie. Ce représentant ambulant en confection a été photographié en compagnie de Léon Toscano, l'un des « ouvriers » qui travaillaient à l'usine de fabrication d'héroïne de Milan. En 1981, Nazarian s'agite énormément à Marseille ; il contacte, par exemple, « Gros Dédé », Gérard Malventi, l'un des chimistes en héroïne réputés de la place.

Aussi, lorsque le 1er juillet 1981, un membre de la bande loue une discrète villa à Saint-Maximin dans le Var, la villa Robert et Philippe, les enquêteurs hument déjà l'odeur de la « poudre ». L'équipe comprend également deux frères très compétents : Louis Cassant, un véritable aide-chimiste, et Jean-Claude Cassant, un contremaître électricien à l'E.D.F. C'est lui, installé dans une caravane au fond du jardin, qui posera la force nécessaire aux machines électriques. Tout le matériel est en place, les cornues attendent sur les fourneaux, il ne manque plus que la « came ». Elle arrive le 5 juillet apportée par l'un des Arméniens. Dès lors, le compte à rebours commence. Les policiers qui veulent arrêter l'équipe en train de « tourner la sauce » leur laissent le temps de se mettre au travail ; ils leur accordent trois jours. Inconscients de la menace, Malventi et son aide retroussent leurs manches et se mettent aux fourneaux. Tous les soirs, comme de bons bourgeois, ils retournent dormir chez eux et reprennent le travail à 9 heures. A l'aube du 8 juillet, un gros camion de déménagement s'approche sans bruit de la paisible villa. Rien ne bouge. Une floppée de policiers envahissent alors la maisonnette. Ils tirent de leur sommeil trois voyous ahuris. Dans la grande pièce principale, 10 kilos de morphine-base sèchent sur un fil et 7 kilos d'une bouillie noirâtre stagnent dans un récipient. Visiblement, Gros Dédé a perdu la main. Le chimiste maladroit a raté un premier essai de transformation de morphine-base en héroïne. Une erreur coûteuse : 17 kilos de morphine-base donnent 17 kilos d'héroïne, de quoi fabriquer 4 000 doses d'une valeur de 3 millions de francs.

A neuf heures pile, Malventi arrive fringant. A la vue des policiers, il esquisse un mouvement de recul : « Je viens pour les compteurs, bredouille-t-il. » Un inspecteur a alors cette réponse historique : « C'est ton compte à toi qui est bon... »

« Succès complet », déclare avec le sourire le patron du S.R.P.J., Jean-Pierre Sanguy. Dans la foulée, toute la bande est cueillie à Marseille : les deux Arméniens Nazarian et Soukassian, les deux frères Cassant, Louis et Jean-Claude, « Jo » Muziotti, le « doyen » de l'équipe, et deux autres voyous qui vont intéresser tout particulièrement Michel, toujours aux aguets. Le fils du légendaire entraîneur de Marcel Cerdan, Homère Filippi, d'abord. Homère a de bien mauvaises fréquentations. On le dit très lié à Gaëtan Zampa. Il a d'ailleurs été entendu par la justice lors de l'affaire du casse de la Société générale à Nice, mais comme Tany, il a été relâché sans être inquiété. Pour Saint-Maximin [1], les charges qui pèsent sur lui sont très légères. Il a rencontré à deux reprises Nazarian, sur le parking du supermarché Casino, près de la statue de David sur la plage du Prado. Les policiers, qui avaient photographié la scène, ne pensaient pas que le juge allait le retenir. Mais Michel n'est pas homme à lâcher une telle proie. Surtout qu'il pense que Tany est au bout de la corde. C'est la première fois que le magistrat manifeste sa volonté de faire

1. Voir Derogy et Pontant, *op. cit.*

chuter le grand caïd. Son plan consiste probablement à acculer Filippi pour le contraindre à parler.

« Vous le gardez ? disent les enquêteurs surpris. Mais ça ne tient pas contre lui.

— Amenez-le, rétorque Michel, je ferai tenir... »

Leur première rencontre est ombrageuse mais Filippi ne lâche pas un renseignement. Lorsqu'il va sortir avec les gardes, Michel le rappelle et lui lance ironiquement :

« Le casse de la Société générale à Nice, ça ne vous rappelle rien, monsieur Filippi ?

— Rien du tout, monsieur le juge », répond le truand, glacial.

Mais voici une autre piste, encore plus excitante. Dans la sacoche d'un autre voyou interpellé, à Saint-Maximin, Marc Chambault, on découvre une feuille de papier comportant le nom de Tany, un numéro de téléphone et une adresse à Paris. Quand on connaît les précautions dont s'entourait Zampa pour ne pas être « logé », on imagine la surprise des policiers et la fébrilité du juge. Marc Chambault, à la différence d'Homère Filippi, est très « accroché » dans l'affaire du laboratoire. On l'a vu dans la villa de Saint-Maximin du début à la fin de l'opération. Il s'y est fait pincer le 8 au matin en revenant de la pêche... Celui-là, Michel le tient solidement et il n'entend pas le lâcher de sitôt. Il veut savoir qui lui a livré cette adresse, au demeurant véridique. Cette fois, songe le juge, je tiens le fil rouge, celui qui me permettra de ligoter le plus grand parrain de la côte, le grand Tany lui-même.

Dès les premières auditions, Chambault refuse de répondre en poussant de hauts cris : « Vous voulez m'offrir un billet pour l'enfer, lance-t-il au juge, si je parle, je suis carbonisé. »

Cet ancien soldat perdu de l'O.A.S, ex-conducteur de travaux au chômage, se situe à la frange du milieu : un aventurier marginal qui a roulé sa bosse un peu partout et qui s'est recyclé en amateur dans le trafic de drogue. Beau parleur, très prolixe, souvent mythomane, Chambault mêle le vrai et le faux avec aisance et distille savamment les informations exactes. Pressé par le juge, il raconte une histoire invraisemblable. « Un soir, dit-il, j'ai été attaqué par des inconnus qui m'ont battu dans un camion. J'ignore ce qu'ils me voulaient mais ils ont évoqué un certain “ Tany ”. Comme je ne savais pas de qui il s'agissait — curieux pour un voyou marseillais ! — je me suis renseigné et j'ai obtenu d'un ami cette adresse et ce téléphone. »

Cette version — officielle — est la seule qui existe au dossier. Mais les auditions de Chambault duraient parfois des heures pour une seule page de procès-verbal. Que disait alors le voyou tête à tête avec le juge ? Il aurait, murmure la rumeur du Palais, révélé qu'il travaillait en réalité pour le compte d'un policier. Un inspecteur l'avait aiguillé sur la piste de Tany. Chambault une taupe en service commandé ? La P.J., qui n'y croit pas, hausse les épaules. D'autres policiers sont moins catégoriques. « C'est bien possible », marmonnent-ils. Michel, en tout cas, « serrait » de très près ce témoin important. Le lendemain de sa mort, il devait encore le réentendre...

Depuis l'assassinat du juge, Chambault reste muet comme une carpe. Il expliquera à son nouveau juge, Bernadette Augé, qu'il ne veut pas qu'elle subisse le même sort que Michel. Un homme bien attentionné...

Selon les policiers, il fallait au moins trois semaines pour mettre au point l'assassinat du magistrat : repérer son itinéraire, connaître ses habitudes. Or, à partir du mois de juillet 1981, Pierre Michel n'est jamais resté trois semaines d'affilée à Marseille. Il n'y revient vraiment qu'en octobre et il est assassiné le 21... La décision de le tuer aurait donc été prise en été et « exécutée » à cette date.

Le labo de Saint-Maximin peut donc être le détonateur du meurtre. La piste Zampa est-elle ce « gros coup » dont Michel parlait à son père peu de temps avant son assassinat ? A des amis, aussi, il avait confié qu'il serait bientôt une vedette de l'instruction, aussi célèbre, ironisait-il, que « Mamie Nova » — le surnom affectueux donné à Françoise-Laurence Guérin qui instruisait l'affaire de la tuerie d'Auriol. « Mais, expliquent ses collègues, Pierre plaisantait toujours. Il était très secret dans certains domaines et très prolixe dans d'autres. Impossible de savoir quand il était sérieux ou quand il nous mettait en boîte. De plus, il adorait jouer les mystérieux et gardait pour lui énormément d'informations qu'il était seul à pouvoir exploiter. » C'est cette compétence et cet acharnement qui lui auront été fatals. A tel point qu'après sa mort, la Chancellerie proposera, pour éviter de tels drames, que certains dossiers « dangereux » soient instruits par deux ou trois magistrats groupés en un collectif — technique déjà utilisée en Italie. Cette méthode qui éviterait la personnalisation d'une affaire paraît contraire à l'esprit du droit français. Pour préserver son indépendance, il fait du juge d'instruction un homme seul face à d'immenses responsabilités. Il peut ainsi — au grand effroi des Anglo-Saxons — décider sur sa seule « intime conviction » l'incarcération d'un « suspect ».

Mais Pierre Michel passionné par son métier ne se serait pas facilement laisser déposséder de *ses* dossiers. Et comme il réussissait parfaitement, personne ne lui disputait ses affaires. La hiérarchie judiciaire, elle, bien contente d'avoir trouvé un tel fonceur, le laissait prendre de gros risques, inconsciente du danger auquel elle s'exposait.

En 1981, Pierre Michel devait être nommé premier juge à Paris, ce qui lui aurait probablement sauvé la vie. Mais on lui demande de rester à Marseille pour « finir certaines affaires ». Et Michel, ravi, accepte immédiatement. Il est tellement grisant, comme disait Malraux, de se sentir indispensable. Le destin et le système judiciaire s'étaient noués pour causer sa mort.

LE RETOUR DE ZAMPA

Indifférents à ces polémiques judiciaires, les policiers font le point sur l'enquête. Ils savent maintenant que le mobile est lié au trafic de drogue. Le monde des « stups » est le plus organisé et le plus hiérarchisé du milieu. Secteur de pointe de la pègre, il réclame les plus gros investissements et rapporte des gains gigantesques. Il nécessite une longue chaîne de « compétences » : acheteurs, passeurs, chimistes, vendeurs. Il implique des filières internationales, des banquiers pour cacher l'argent noir et des financiers-blanchisseurs pour le « laver » dans des affaires propres. Ce trafic industriel est toujours contrôlé, en sous-main ou directement, par la seule véritable multinationale du crime, la Mafia italo-américaine. En s'attaquant à ce « mur de l'argent » Michel s'en prenait au nerf de la guerre du milieu et aux plus dangereux des parrains. Il a même poussé l'audace jusqu'à aller les défier dans leur fief imprenable, la Sicile.

Selon les enquêteurs, Michel a commis là son premier pas de clerc. En interrogeant Bousquet dans sa cellule de Palerme, le magistrat aurait franchi une ligne invisible. Sa rage de faire craquer le trafiquant de mort l'avait amené à baisser sa garde. Il aurait menacé le chimiste de le faire extrader en France pour le rejuger et surtout, il lui aurait montré qu'il connaissait toutes les filières et les noms des gros bonnets marseillais — connus ou inconnus, voyous ou « respectables ». Le magistrat, emporté par son élan, aurait fait état de renseignements policiers qui n'étaient pas exploitables. Vieille méthode d'enquête : prêcher le faux pour savoir le vrai. Mais le magistrat jouait avec le feu car à la différence des policiers lui seul décidait d'expédier les trafiquants en prison. Michel était d'autant plus crédible que sa ténacité redoutable était célèbre dans le Milieu. Rarement un juge avait autant mis en danger la pègre. En Italie même, les puissants patrons de Bousquet ont pu s'inquiéter de ce petit magistrat *francese* qui mettait le nez dans leurs affaires. Or, la vie d'un juge ne pèse pas lourd en Italie et les chefs de l' « honorable société » ont pu demander à l'un de leurs correspondants français de régler le problème.

Revoilà l'hypothèse Zampa qui fleurit. « L'œil de la Mafia » en France aurait fait réaliser ce contrat à la demande de ses amis italiens ? Séduisante explication. Mais les parrains de la *Cosa Nostra* règlent généralement leurs comptes eux-mêmes et les tueurs à gages expérimentés ne manquent pas en Italie.

Or, l'assassinat du juge a été commis par des Français. Tout le prouve : la connaissance du terrain, l'itinéraire de fuite, l'enquête enfin, qui révèle que les hommes qui tournent autour de la moto sont tous des Marseillais bon teint. Les enquêteurs reviennent donc à leur première idée : le meurtre est décidé par un caïd qui — à tort ou à raison — se sent menacé et préfère prendre les devants. Un big boss qui ne craint pas de provoquer la justice et qui jouit d'une telle réputation que des hommes fidèles sont prêts à tuer pour lui. Chacun sait, en outre, que le moindre bavardage sera puni de mort.

Les policiers et le juge Guérin dévident alors le long écheveau de l'instruction : que leur reste-t-il au terme de deux ans d'enquête ? Trois hommes arrêtés et soupçonnés d'avoir participé au crime.

Gilbert Ciaramaglia, c'est le plus « accroché », celui qu'on relie le plus directement à la Honda Bol d'Or utilisée pour le meurtre. Lors de son arrestation on a même trouvé sur lui le nom d'un truand italien. La thèse de la Mafia remonte en flèche. Mais vérifications faites en Italie, le truand désigné était unc vaguc rclation qui se trouvait en prison au moment des faits. Le soufflé retombe. Ciaramaglia, sorti de prison dix mois avant le crime, n'a aucune raison d'exécuter Michel. S'il a directement participé au meurtre — ce qui reste à démontrer — il a agi en « service commandé ». Ciara, muré dans son silence, sait évidemment beaucoup de choses. La preuve ? Le juge a intercepté cet étonnant message adressé par le voyou à l'un des détenus des Baumettes libérable le lendemain : « Dis au grand P. de mettre le chose à l'abri, sinon je suis dedans »... Malgré tous leurs efforts les policiers n'ont pu retrouver le « chose », le messager suivi dès sa sortie de prison a réussi à leur fausser compagnie et ce message laconique conserve encore tout son mystère...

Bien sûr, l'ombre du Grand Z plane derrière cette affaire. Ciara l'a connu en 1976 en prison et il est fasciné par lui. Ses imprudentes confidences au couple Giardina confirment l'importance de leurs liens. Les deux autres amis de Ciara, André Cermollace et Gérard Denis, évoluent eux aussi dans la galaxie Zampa. Ce qui, dans le milieu marseillais, est assez courant. Eux aussi ont été vus alors qu'ils utilisaient la moto rouge et tous les deux l'ont même apportée à réviser. Plus, les écoutes prouvent qu'ils étaient en contact avec Gilbert Necco, installé à Paris et originaire du même quartier de Marseille. La bande de Necco et de ses « frères » du milieu, Vigier, Borghino, Caloda, Abramovitch, des spécialistes du coffre-fort, conversait régulièrement avec Tany. Le « Grand » lui distribuait par téléphone conseils et recommandations. Après la mort du juge, les règlements de comptes se sont soudain accélérés à Paris et à Marseille. Certains policiers pensent qu'une partie de la bande aurait désapprouvé l'assassinat de Michel, « un crime inutile et dangereux », susceptible de déchaîner les foudres judiciaires. Ces « contestataires » auraient pris du champ, mettant en cause l'autorité et la « santé mentale » du Grand Chef. Ce dernier aurait alors rétabli l'ordre dans ses rangs à coups de flingue, ce qui expliquerait une partie de l'hécatombe des années 1982-1983. Seulement ces séduisantes supputations policières sont encore invérifiables. Et si en justice la répétition des hasards et des coïncidences peut forcer la conviction, cela ne donne pas la preuve évidente — et nécessaire — qui permettrait d'inculper de meurtre le grand caïd. A tel point que peu de temps après l'assassinat de Pierre Michel, Zampa appelait froidement le patron du S.R.P.J. de Marseille, Jean-Pierre Sanguy, pour lui proposer de le rencontrer. Le caïd voulait renouveler l'opération réussie à la suite du casse de Nice. Mis en cause par la presse, il s'était spontanément présenté au cabinet du juge d'instruction chargé de l'affaire et, faute de preuve, en était ressorti libre comme l'air. Cette fois, le commissaire Sanguy décline l'offre : il répond sèchement qu'il le trouvera bien tout seul quand ce sera nécessaire. Cette date est plus proche que Zampa ne l'imagine.

Presque deux ans jour pour jour après la mort du juge, les policiers découvrent une ouverture leur permettant de plaquer Zampa au sol. Ils abandonnent le terrain criminel pour une piste plus sûre, la fraude financière ; bilans, comptabilités, factures et reconnaissances de dettes constituent des preuves solides et palpables. « Ne suivez pas la femme, disait un vieux commissaire à ses hommes, suivez l'argent, il vous mènera toujours du bon côté. » C'est donc par le col blanc que les policiers de la financière vont interpeller le grand Gaëtan. Il était temps : juste avant son arrestation, les menaces du caïd avaient transformé le Palais de justice en forteresse et il régnait à Marseille un climat à la sicilienne, le procureur Truche jouant le rôle du général Dalla Chiesa.

Ce dernier round commence toujours dans le milieu perpétuellement en guerre, par de sanglants règlements de comptes. L'été 1983 est meurtrier pour les truands qui tombent comme des palombes abattues en pleine ascension — pas moins de treize morts en quelques mois. Le 31 mai, Christian Gagliardi est fusillé au volant d'une camionnette, le 19 juin, un patron de boîte, Philippe Fanfulli, est exécuté dans sa voiture ; le 12 juillet, Albert Baronoti est assassiné en pleine rue ; le 8 août, Mathieu Syracusa et Henri Girgenti sont transformés en écumoires sur l'autoroute. Et le 8 septembre, Patrick Serra se tue au volant de sa Porsche... de sept balles de 11.43. Il faut désormais baisser la tête pour traverser certaines rues chaudes de Marseille. Les policiers qui arrivent tout juste à compter les morts cherchent une explication à ces tueries répétées. Ils pensent que deux bandes rivales s'opposent pour le partage des butins de plusieurs gros hold-up réalisés dans la région. Des équipes spécialisées et bien entraînées s'en sont prises avec succès aux transporteurs de fonds. En janvier 1983, « la surveillance française » s'est fait voler 20 millions de F (2 milliards de centimes), le 8 juin la société Protecval a perdu 8 millions et le 19 août enfin, l'agence Cook est délestée en plein Marseille de 4 millions. De quoi susciter bien des appétits et des convoitises. Mais le 6 octobre 1983, c'est un poids lourd qui tombe, provoquant un séisme dans le milieu : Gilbert Hoareau, 39 ans, est abattu à 18 heures par deux hommes qui l'ont pourchassé en haut de la Canebière. Pas de quartier : il est foudroyé de cinq balles de 11.43. Hoareau dit « le Libanais » (il est né à Beyrouth) était le nouveau prince des nuits marseillaises. Jamais condamné mais très connu des policiers, cet ancien coiffeur, au physique de docker, s'était constitué à la force du colt un empire en commençant par racheter sur le Vieux Port l'*Annabel's,* l'ancienne boîte de feu Guérini. Hoareau fut aussi un précurseur audacieux : c'est lui qui introduisit les jackpots à Marseille, obligeant le préfet à prendre un arrêté pour les interdire.

Les rois de Marseille se suivent et leurs méthodes se ressemblent. Pour s'imposer, Hoareau ne manquait pas d'arguments frappants. C'est ainsi qu'il aurait passé à tabac la propriétaire d'une boîte du vieux Marseille pour s'emparer de son établissement. Or, cette jolie femme, très liée à quelques politiciens importants, avait protesté en haut lieu. Ce qui explique peut-être la rapidité de la réaction policière. Dès l'annonce de son exécution, la police frappe comme la foudre. Avant même de se rendre sur les lieux du crime, la

P.J. débarque en force à son domicile et dans sa boîte de nuit. Effet de surprise complet. On ignore encore sa mort et aucune main prudente n'a eu le temps de mettre à l'abri les documents compromettants. Les enquêteurs récoltent ainsi une formidable moisson : la comptabilité occulte de plusieurs boîtes de nuit, les liens secrets qui unissent plusieurs de leurs gérants et surtout, divine surprise, ils détectent la trace de Zampa dans plusieurs d'entre elles. La brigade financière, qui a déjà fait chuter Nick Venturi, va jouer les petits chaperons rouges pour faire sortir le méchant loup du bois. Les documents saisis mettent en cause des proches de Tany dont sa propre femme, Christiane, et révèlent le rôle trouble joué par le conseiller juridique du groupe, un jeune avocat de 36 ans, Philippe Duteil. Aussitôt trois des associés de Hoareau sont ramenés dans les filets : Antoine et Jean-Pierre Gréco et Michel Cavalini. La cueillette est bonne : la famille Gréco est à l'origine de l'achat par le groupe d'un grand café d'Aix-en-Provence, *La Rotonde*. Quant à Michel Cavalini, il possède des intérêts dans deux boîtes du consortium : *La Mendigotte* et le *Kennedy's* de Marseille.

Un conseil de guerre ultra-secret se réunit alors dans le bureau du procureur de Marseille puis à la préfecture. L'armada policière obtient le feu vert du juge Yves Granger pour lancer les chaluts : l'avocat-conseil Duteil, qui vit avec la veuve d'un des lieutenants de Zampa, est aussitôt arrêté : nouvelle pêche miraculeuse, les enquêteurs saisissent des reconnaissances de dettes qui expliqueraient en partie l'origine de l'argent du groupe — un groupe financier qui mériterait d'être coté en Bourse. Il ne comporterait pas moins de dix établissements dans la région. L'avocat fragile craque et révèle les dessous des combines juridiques. Dans le même temps, c'est l'avalanche : le mercredi 19 octobre à l'aube, le juge Granger ramasse les petits cailloux blancs de l'enquête : vingt et un proches de Tany sont inculpés et dix coucheront aux Baumettes. Parmi eux, outre l'avocat Philippe Duteil, la propre femme de Tany, Christiane Zampa.

Ces arrestations permettent de mieux comprendre la structure du groupe. Au sommet de la pyramide, deux boîtes de nuit créées par un fabricant de night-clubs, Michel Roux : *La Mendigotte* de Marseille et *La Mendigotte* de Cannes. Cette dernière, un somptueux établissement construit sur deux niveaux et essentiellement fréquenté par une clientèle masculine, n'a tourné qu'un bref été. Peu de mois après sa tapageuse inauguration qui réunissait quelques vedettes du show-biz et de la télévision, la boîte était fermée par décision du préfet de police de Nice, Etienne Ceccaldi. Après plusieurs tentatives pour déjouer les systèmes de sécurité, les policiers étaient enfin parvenus à pénétrer par surprise au deuxième sous-sol où ils avaient constaté plusieurs attentats à la pudeur commis à l'encontre de mineurs...

Pour explorer le vaste empire du clan et identifier ses maréchaux, les enquêteurs ont dressé un complexe organigramme, très contesté par les avocats des inculpés. M^e^ Le Forsonney, le défenseur de Raphaël Di Nonno, le surnomme ironiquement le « bottin de la Mondaine ». En tête de liste donc, *La Mendigotte* de Marseille, gérée par Michel Cavallini et Jean-Pierre Parenti. Suivie par le *Kennedy's* (Parenti, Cavallini et Hoareau) ; le *Jeana,* ancien *Privé* (Jean de Simone, Hoareau et Myriam Korchia) ; *La Mendigotte* de Cannes (Berthe Crémier, Nadia Bakiri) ; *La Locomotive* de Cassis (Berthe Crémier, Nadia Bakiri, Christiane Zampa et Edgar Korchia dont la femme gérait le *Privé*) et trois établissements d'Aix-en-Provence, *Le Krypton* (Christiane Zampa, Françoise et Raphaël Di Nonno, Marie-Louise Prior et Patrick Royère) ; *Le Mistral* (une gérance libre tenue par Françoise Di Nonno) et enfin *La Rotonde* (la famille Gréco et Alfonsi et Henri Blanc).

Dans chacune de ces boîtes, les enquêteurs découvriront les classiques fraudes financières : actionnaires occultes, écarts entre les recettes réelles et les recettes déclarées, faux en écritures bancaires. Mais ils s'intéressent en priorité au navire amiral du groupe, *Le Krypton.* Cet immense cube de béton équipé d'une sono ultra-perfectionnée et de lasers est le temple des jerkeurs de la région. Cette merveille de l'électronique aurait coûté la bagatelle de vingt millions de francs dont seize apportés par Zampa. Pour découvrir l'origine des fonds les hommes de la financière épluchent les comptes de la S.C.I. Basse Fenouillère, propriétaire des murs du *Krypton.* La plupart des capitaux proviennent de prêts bancaires mais on découvre au cabinet de Me Duteil pour près d'un million de reconnaissances de dettes établies au mois de mai 1981 par Françoise Di Nonno et Christiane Zampa. L'avocat reconnaît qu'il les a rédigées à la demande de ses clientes. Qui sont ces généreux prêteurs ? Ce sera le fil d'Ariane de l'enquête. Interrogée par le juge Granger la compagne de Zampa, « directrice artistique » du *Krypton,* explique, par exemple, qu'elle a vendu un appartement boulevard du Prado pour acheter le terrain (un hectare et demi) sur lequel a été construit *Le Krypton.* Cet appartement de luxe acheté 165 000 F grâce à un prêt a été revendu un million de F, une belle opération immobilière. Quant aux prêteurs qui ont avancé l'argent, ce sont essentiellement des parents, tante, belle-sœur, belle-mère et quelques amis proches.

Plus de 500 000 F ont ainsi été récoltés au sein de la famille. Ce sera le rôle de l'instruction de vérifier la véracité de ces « prêts ». Ces généreux financiers devront à leur tour justifier l'origine de cette petite fortune et s'ils n'y parviennent pas, ils risquent de s'attirer les foudres de la justice et du fisc. Le but de la manœuvre est clair, frapper Zampa à la caisse, ruiner son empire. Le truand alors en fuite réagit vivement.

Trois jours après la rafle, Zampa, qui est l'objet d'un mandat d'arrêt lancé par le juge Granger, adresse une longue lettre d'amour à sa femme détenue aux Baumettes. Il sait, bien sûr, que cette lettre sera lue par la censure mais il tient à faire passer un message :

« Ma petite femme adorée, écrit-il, tu sais combien je peux être triste de cette situation. Mais ne t'inquiète surtout pas, ton mari n'est pas près de perdre le citron. Tu n'as rien fait pour que l'on te mette en prison, ils le savent pertinemment. Il souffle un vent de colère voire de folie qui ne se justifie que par la connerie humaine ! ! ! (...) enfin nous, nous sommes sûrs qu'au moment même où je t'écris, les ou la personne qui a ordonné ton incarcération doit être bien fière voire même honteuse (...) Moi de mon côté, malgré mon mandat d'arrêt international, je vais avec mon avocat essayer de mon mieux pour prouver que nous subissons la bêtise, l'ignorance, la haine et surtout pas la justice. D'ailleurs, mon amour, si le juge Guérin venait à vouloir t'interroger au sujet bien sûr de la mort du juge Michel, tu ne lui réponds pas. Ne lui dis pas un seul mot, ne réponds à rien ! ! ! Demande-lui seulement pourquoi ton mari aurait voulu tuer le juge Michel. C'est tout ! ! ! Ton mari n'est pas un mafioso, il est français ! ! ! » (...)

Mais les policiers interceptent en secret un autre message, bien plus inquiétant. Une écoute placée sur une boîte de nuit révèle que le procureur Truche, le juge Granger et le commissaire Sanguy seraient menacés de mort. On évoque même un attentat à la voiture piégée devant le tribunal de Marseille...

Aussitôt, c'est le branle-bas de combat. Le Palais de justice est transformé en forteresse. Les magistrats sont réunis et, sans leur expliquer la raison de cette alerte rouge, on leur indique les nouvelles mesures de sécurité : stationnement interdit dans la rue Fortia, qui sépare l'ancien du nouveau Palais, ainsi que rue Autran où se trouve le local des juges d'instruction. Un portique de sécurité — qui détecte les objets métalliques — est installé à la porte du tribunal. Tous les visiteurs sont passés à la « poêle à frire » et dans chaque ascenseur un C.R.S. en arme joue au liftier. Pour accéder aux bâtiments réservés aux magistrats instructeurs, c'est pire encore ; tout le monde doit être fouillé, y compris les juges, ce qui provoque des altercations épiques : « Tout le monde peut être acheté », lance maladroitement un C.R.S. à un juge, « les C.R.S. aussi », réplique un jeune magistrat... Le procureur Truche, lui, est placé sous la protection directe du fameux commissaire N'Guyen Van Loc. Le mirobolant chef du groupe d'intervention de la police nationale (G.I.P.N.) ne le lâche pas d'une semelle et deux inspecteurs du groupe campent à son domicile au grand dam, dit-on, de Mme Truche. Le juge Granger, aussi, est doté de deux anges gardiens, deux C.R.S. qui habitent chez lui et par mesure de prudence, sa femme et ses enfants ont été placés à l'abri chez des parents. Le commissaire Sanguy préfère s'attaquer aux causes de la menace et tout le S.R.P.J. est monopolisé pour la chasse au Zampa. L'O.C.R.B. parisien et la P.J. de Marseille ont déjà longuement travaillé sur le caïd, la plupart de ses planques sont, comme disent les policiers, « logées » et ses proches identifiés. Les enquêteurs se mettent alors sur les traces de tous ceux qui l'ont rencontré récemment, mais aussi sur celles de son demi-frère, Jean Tossi, et de ses lieutenants — eux aussi en fuite — Gérard Vigier et Jean-Marie Lucchesi, dit « Nono ». Encore un « ex » de la *French Connection,* arrêté en 1972 en flagrant délit dans un laboratoire d'héroïne à Aubagne, il avait écopé en 1974 de 14 ans de prison. L'un de ses complices de l'époque était une vieille connaissance du juge Michel, Fernand Chaffart qui devait retomber dans l'affaire de Chambon-sur-Lignon. Nono a été libéré avant terme pour raison médicale...

Une fois n'est pas coutume, ce sont les femmes qui vont perdre Zampa et Lucchesi. En suivant deux de leurs amies, Marie-Françoise, 25 ans, et Oria, 29 ans, les policiers ont eu la surprise de les voir louer un bungalow isolé dans un camping proche de l'étang de Berre, à Saint-Mitre-les-Remparts. On se doute qu'elles ne vont ni faire de la méditation transcendantale ni de la « bronzette » en ce rude automne. Le paisible camping se remplit alors de curieux chasseurs qui sillonnent le camp avec leurs fusils de chasse et leurs grandes gibernes. A tel point que le propriétaire inquiet de ces furtives allées et venues alerte... la police. Celle-ci le rassure : « Il s'agit d'un nouveau dispositif d'anticambriolage, surtout ne vous inquiétez pas... » Le dimanche 27 novembre, la tenaille se referme sur le caïd. Il débarque tranquillement avec Lucchesi, tous deux en tenue de jogging, d'une Golf GTI bleue immatriculée dans les Alpes. Alors qu'on imaginait le grand Z à Naples, à Palerme, voire en Amérique du Sud, il se fera plus modestement cueillir à Saint-Mitre-les-Remparts, une commune désormais célèbre dans l'histoire du milieu, en bordure de l'étang de Berre.

Après quelques sommations, les policiers lâcheront dans le

bungalow deux grenades lacrymogènes pour faire sortir les deux voyous qui se rendront sans résister. Zampa s'étonnera seulement que les « flics travaillent même le dimanche »... Tany est alors conduit à l'Evêché où il est entendu pour une « babiole » qui prouve que le grand caïd ne répugne pas à mettre lui-même la main à la pâte. En novembre 1982, lors d'un contrôle de routine, des agents ont interpellé dans un bar de Clermont-Ferrand, *L'Entonnoir*, deux voyous armés qui cherchaient à imposer des jackpots. L'un d'eux est parvenu à s'esquiver en abandonnant ses faux papiers aux policiers. Sur la photo du fugitif, on reconnaît Zampa... Les policiers rêveraient bien sûr de l'entendre sur toutes les autres affaires auxquelles son nom a été — à tort ou à raison — associé : casse de Nice, *Bar du Téléphone,* assassinat de Michel, mais ils doivent repasser la main à la justice. Avec une impressionnante escorte — trois voitures banalisées, deux fourgons de police —, conduit par le commissaire N'Guyen Van Loc, Zampa fait au Palais une arrivée de star, posant quasi pour les photographes, un énigmatique sourire aux lèvres. Devant ses deux avocats, Mes Gélabert et Pelletier, il plaisante même avec le juge Granger : « Tiens, je croyais que vous portiez la barbe. Ah, je vois, vous vous étiez dit, si j'attrape le Zampa, je me coupe la barbe... » Le magistrat l'inculpe d'abus de biens sociaux et de faux en écritures et le fait écrouer aux Baumettes. La chasse au Zampa est donc provisoirement fermée mais pourra-t-on garder longtemps le caïd pour de tels motifs financiers ? Sa détention va-t-elle permettre enfin de résoudre les autres affaires brûlantes qui ont secoué Marseille ces deux dernières années ? « On ne prête qu'aux riches », répondent ses défenseurs. Or, justement après le passage de la brigade financière et du fisc, le voyou risque de se retrouver fort démuni. Pour la première fois, les policiers français ont appliqué la méthode fiscale pour mettre K.O. un parrain, une méthode qui a permis outre-Atlantique de faire tomber les intouchables de la pègre dont le célèbre « King » de Chicago, Al Capone.

3.

RENÉ LUCET : UNE BALLE DE TROP

Crime ou suicide ? L'énigme de la mort de René Lucet, le vigoureux patron de la Sécurité sociale de Marseille, a divisé la France en deux camps : les « prosuicides » et les « promeurtres ». Premier scandale du nouveau septennat, elle a soulevé l'épineux problème du « pouvoir syndical », de l'intolérance politique et de la gestion des caisses de la « Sécu » qui brassent de faramineux budgets. Enfin, cette mort mystérieuse a révélé une cascade d'arnaques financières mettant en cause la mairie de Marseille et de nombreuses autres villes de France, « l'escroquerie du siècle » assurent les policiers, qui continuent d'enquêter.

A droite comme à gauche, on s'est renvoyé sans vergogne ce grand cadavre encombrant. Ce qui comptait alors, ce n'était pas tant la mort d'un homme que le sens politique de cette mort. Aujourd'hui, on peut reprendre sans passion ni préjugé le fil de cette enquête et essayer de démêler cette énigme policière à la Agatha Christie : peut-on se suicider de deux balles ?

UNE BALLE DE TROP ET UNE INSPECTRICE TÊTUE

« Venez vite, je crois qu'il a fait une grosse bêtise », dit Françoise Lucet au téléphone. Jeudi 4 mars 1982, 6 h 10 du matin, Paul Muraccioli, l'un des quatre chauffeurs protecteurs de René Lucet, décroche son téléphone. Françoise Lucet lui annonce que son mari s'est suicidé. « Paul », l'un des fidèles de Lucet, abasourdi, lui conseille d'appeler la police. Avant de se précipiter au « château » — ainsi qu'on appelle l'imposante villa des Lucet dans le quartier Saint-Barnabé — il prévient son frère Marc et les deux autres « anges gardiens » de Lucet, Serge Cuello et Marcel Shembri. Une minute après cet appel, à 6 h 11 exactement, Mme Lucet appelle police secours, l'heure est enregistrée. Aussitôt les marins-pompiers, prévenus par interphone automatique, s'élancent vers Saint-Barnabé. A 6 h 36, le fourgon pile devant le porche de la villa et les pompiers trouvent sur la terrasse Françoise Lucet en conversation animée avec Paul Muraccioli. Cet « attaché de secrétariat » de 29 ans au strict costume explique : « J'ai mis entre 20 et 30 minutes pour arriver à la villa. Devant la porte, j'ai trouvé Mme Lucet, complètement affolée. Elle ne cessait de répéter : " Je ne sais pas, je ne sais pas... je n'en ai jamais vu... " Le temps de la calmer et les pompiers ont débarqué. Je les ai aussitôt suivis dans la chambre de René Lucet. Là, je n'ai vu que mon patron en pyjama allongé sur son lit un revolver à la main avec un trou dans l'oreille et du sang... » Pendant ce temps, la police elle aussi s'agite mais bien mollement.

La permanence de l'Evêché — l'hôtel de police de Marseille — alerte le directeur des polices urbaines, Yves Souterene, puis le commissaire Agnès qui n'estime pas utile de se déranger pour un simple suicide. Le commissaire d'arrondissement de garde, Josette Dauvergne, qui termine sa permanence de nuit, très préoccupée par la fugue d'un mineur qui a disparu de la cité de La Cayolle, ne se déplace pas non plus. Elle expédie sur place — première erreur de l'enquête — l'inspecteur de permanence, Etienne Plazza, qui vient de prendre son service au commissariat de l'Estaque. Il arrive sur les lieux à 6 h 50 et découvre le corps de René Lucet en pyjama, couché en chien de fusil sur son lit, la main gauche levée, un revolver à ses côtés. Pas de traces de lutte, pas de contusions apparentes sur le corps. Une balle a traversé la tête de part en part. L'inspecteur appelle l'Evêché : « Suicide R.A.S. » Et, deuxième grossière erreur, il ramène l'arme dans le fourgon de police avant l'arrivée de l'Identité judiciaire (I.J.). Il faudra, pour prendre des photos, faire revenir le revolver et le placer au jugé dans la main de Lucet...

Mme Lucet, qui s'était postée dans l'escalier pour intercepter ses enfants — que le bruit n'a heureusement pas réveillés —, réclame du calme et de la discrétion pour les faire descendre et les préparer. Marcel Shembri a déjà demandé à l'une des secrétaires de Lucet, Aline Chavaillaud, de venir s'occuper d'eux. Les autres « gardes du corps » arrivent à la maison.

A 8 h 30, l'inspecteur Plazza accueille le substitut du Parquet et une fougueuse inspectrice du XIIe arrondissement, Simone Grivel. C'est cette petite femme rousse et énergique qui va lever le lièvre. Le hall de la maison est déjà rempli d'employés de la Caisse dont de nombreuses jeunes femmes venues, comme on dit en Provence, « prendre le deuil ». L'inspectrice doit montrer patte blanche pour pénétrer dans la villa. Plazza opère dans la chambre. Simone Grivel lui propose aussitôt de l'aider à perquisitionner : « Inutile, répond l'inspecteur paisible, c'est un suicide. L'I.J., qui a enfin récupéré le revolver, mitraille le corps de flashes. La jeune inspectrice est frappée par la position du corps, couché en chien de fusil, le bras droit en arrière, comme si la mort l'avait surpris dans son sommeil... Bizarre... Elle remarque aussi des taches de sang au plafond et de nombreux tracts et documents répandus autour du lit. A vrai dire, l'inspectrice trouve ce désordre un peu « théâtral ».

Une demi-heure plus tard, les deux policiers se retrouvent au café devant le commissariat.

— As-tu retrouvé la balle ? demande l'inspectrice à son collègue.

— Non, répond Plazza, fatigué par sa nuit blanche, j'ai trouvé deux douilles dans le barillet du revolver : il a dû essayer son arme à la campagne.

— Deux douilles ! sursaute l'inspectrice, et tu n'as pas retrouvé les balles ?

— Non, s'excuse distraitement Plazza. Tu devrais y retourner.

— Comment donc ! Mais j'y fonce avant que les pompes funèbres n'aient enlevé le corps.

A 9 h 45, elle est de retour au « château ». Le corps est toujours là mais, compte tenu de la personnalité de Lucet, elle n'ose pas le faire déshabiller (selon que vous soyez puissant ou misérable...). Elle se contente de le faire retourner et finit par dénicher une balle qui a traversé l'oreiller et s'est arrêtée sur le matelas. Aucune trace du second projectile. Il doit bien y avoir une explication, se dit le policier. Ces deux douilles vides dans le revolver l'obsèdent. Elle s'entête, examine les murs, le plafond, à la recherche d'un impact. Rien. A 10 h 15, elle retourne au commissariat. Commence alors la grande valse-hésitation des autorités, qui sentant qu'elles marchent sur des œufs, redoublent de précaution. Pourtant, l'inspectrice, têtue, poursuit son idée. Se payant d'audace, elle appelle le substitut, une jeune femme, Mlle Faglin, et lui suggère très diplomatiquement — c'est à la justice de décider — de faire pratiquer une autopsie ou, du moins, un examen médical très approfondi.

— Pourquoi donc ? s'étonne le substitut de service.

— On a trouvé deux étuis dans le barillet mais une seule balle. De plus, la position du corps me paraît inadéquate avec un suicide. Je suis troublée...

Le magistrat, gêné : « Vous mettez en cause Mme Lucet ? », demande à l'inspectrice de rappeler son supérieur dans une heure... Dans ce contexte miné, le Parquet qui fait preuve d'une prudence d'artificier décide tout de même de procéder à une autopsie — on ne sait jamais.

12 h 30, à la morgue du Pharo.

Avant de se rendre à l'hôpital, l'inspectrice, prudente, demande qu'on envoie une patrouille d'agents à la villa pour préserver les lieux. Au Pharo, deux médecins légistes commencent leur travail. Il s'agit des célèbres duettistes de la médecine marseillaise, les Drs Mazaud et Mariotti.

Lorsque le corps arrive, le Dr Mariotti, de mauvaise humeur, marmonne devant les policiers : « Absurde, impossible qu'il se soit tiré deux balles... » Avant de procéder à l'autopsie les deux médecins accompagnent sur les lieux le substitut Francis Frédeche et l'inspectrice. Surprise, la porte du bureau de Lucet est fermée à double tour, le matelas, les oreillers et les draps de la victime sont étalés sur la terrasse. Sa chambre a été passée à l'eau de Javel et la tapisserie — lessivable — a été arrachée. Mme Lucet n'est pas là. L'inspectrice, très étonnée, demande des explications aux personnes présentes, trois femmes et un homme employés de la Caisse : en fin de matinée, Françoise Lucet a demandé aux agents l'autorisation de nettoyer la pièce : « Je veux épargner la vue du sang au père de René qui doit arriver », a-t-elle expliqué. Le matelas est transporté à la morgue où l'autopsie du corps commence à 14 heures. Simone Grivel apprend qu'il existe un seul orifice d'entrée de 2,5 cm de diamètre situé devant l'oreille droite et un seul orifice de sortie de 1 cm sur le pariétal gauche, dans le cuir chevelu. L'os du crâne a éclaté sous le choc sur 5 cm. *A priori* donc, rien d'anormal : une seule balle aurait traversé la tête. Pourtant, dans le crâne, les médecins découvrent un morceau de métal.

— La deuxième balle ! s'écrie Simone Grivel.

— Tu deviens fada ou quoi, rétorquent les « experts », il s'agit bien sûr de la chemise en laiton (le revêtement) de la première.

Simone Grivel, toujours pas convaincue, retourne au commissariat avec cette « chemise » et tente de glisser à l'intérieur la balle trouvée dans l'oreiller. S'il s'agit du même projectile, aucun problème, elles devraient coïncider. Or, elles ne peuvent s'emboîter...

Elles appartiennent donc à deux projectiles différents. C.Q.F.D. C'est mathématique, pense l'inspectrice, cette fois, c'est sûr et certain, il existe une autre balle. Je ne rêve pas. Intrépide, elle tire à nouveau la sonnette du Parquet et rappelle le Dr Mariotti.

— Docteur, la chemise et la première balle ne coïncident pas, il faut absolument pratiquer une deuxième autopsie...

A 17 h 30, les médecins se remettent à la tâche. Finalement, ce sera le Dr Vuillet chargé d'examiner le matelas qui, prêtant par hasard main-forte au Dr Mariotti, va découvrir, dissimulée sous le haut du cuir chevelu, la fameuse deuxième balle. Le flair de l'inspectrice était bon. Les légistes pensent même qu'il s'agit en réalité de la première balle tirée. Elle aurait fait éclater la boîte crânienne et serait restée dans la tête ; la deuxième, qu'on a retrouvée dans l'oreiller —, aurait traversé sans difficulté. Mais, mystère apparemment insoluble, les deux balles paraissent mortelles et elles ont toutes deux pénétré par le même orifice... L'énigme de la deuxième balle est posée...

LE SCANDALE DE LA « SÉCU » DE MARSEILLE : GUÉRILLA SYNDICALE ET ARRIÈRE-PENSÉES POLITIQUES

Pour bien comprendre le fracas de cette mort, il faut connaître le contexte « historique » de l'affaire qui, depuis six mois, chauffe à blanc le monde syndical et politique.

La Caisse de la « Sécu » de Marseille est devenue progressivement une affaire d'Etat, un test national où se sont engagés le ministre de la Solidarité nationale, la C.G.T., F.O., le P.C., l'opposition. Le suicide du directeur de la caisse va en être le point d'orgue. René Lucet avait entamé avec son ministre, Nicole Questiaux, une guérilla féroce où le pouvoir a utilisé, il faut bien l'avouer, tous les coups pour l'abattre. Et, nul doute que cette affaire a contribué à faire perdre son portefeuille au ministre de la Solidarité nationale, dont la diplomatie n'a pas été la qualité essentielle.

D'abord, première énigme, qui est vraiment René Lucet ? « Saint et martyre » pour l'opposition, « trouble et sectaire » pour la majorité. « Fonceur, sympathique, chaleureux » pour ses amis ; « mégalo, paranoïaque, autoritaire » pour ses ennemis : il n'existe pas de portrait nuancé de René Lucet parce que l'homme ne l'était pas. Grand, d'une belle prestance, à l'allure rétro dans ses complets croisés gris anthracite à fines rayures, il sait être tour à tour cassant et exigeant, attachant et charmeur. « Macho » ou tendre, ce meneur d'hommes excessif joue sur tous les registres pour convaincre et séduire. Il impressionne autant les délégués du patronat, du conseil d'administration de la Caisse que ses secrétaires qui l'adorent et qui lui brossent ses vêtements avec dévotion. Autour de Lucet, tout est passionné. « Ça passait ou ça cassait », explique l'un de ses proches. Dans les « lettres mensuelles » qu'il avait décidé d'envoyer à tous les salariés de « sa » Caisse, il se présentait lui-même comme un « homme de caractère indépendant qui assume ses responsabilités. J'écoute avec attention tous les avis mais je décide seul ».

Ce bulldozer, bourreau de travail, possède toutes les qualités et les défauts des autodidactes : issu d'un milieu modeste — son père est exploitant de salles de cinéma — il sera de ces étudiants acharnés qui travaillent le jour et étudient le soir. A vingt ans, il démarre au bas de l'échelle, simple employé aux écritures à la Caisse de Melun, tout en préparant une licence en droit. Très vite, il passe par le Centre national supérieur de la Sécurité sociale à Paris qui forme les futurs patrons de la « Sécu ».

Brillant, aimant déjà commander, il est retenu comme membre du jury de l'école. Tellement brillant qu'il saute les étapes : à 32 ans, il se retrouve le plus jeune directeur de Caisse de France, nommé à Melun, une petite caisse qu'il va bouleverser comme un cyclone. Cela l'oblige à mettre en sommeil l'une de ses autres grandes passions : la politique. Jeune homme, fanatique du « Général », il s'était inscrit à l'U.J.P. de Fontainebleau et restera toute sa vie sympathisant de l'U.N.R. puis du R.P.R. Il deviendra conseiller municipal de sa ville. « Il siégeait à la Commission des Finances, explique le maire de Fontainebleau, Paul Seramy, qui l'a eu comme élève au lycée. Au Conseil, il y développait déjà ses idées sur la gestion. Impétueux et violent oui, mais incapable de haine ou de rancune. Quand il avait été trop vif avec quelqu'un, il l'appelait pour lui dire : « Je croyais avoir raison ! » Débordant d'activité, infatigable, il devient franc-maçon (obédience Grande Loge) et milite activement au sein du syndicat F.O.

En 1972, il provoque déjà une mini-révolution dans la caisse de Melun en introduisant à titre expérimental l'informatique. A la Sécurité sociale, royaume tyrannique de la paperasserie, c'est un tremblement de terre administratif. Or, ça marche : en moins d'un an tous les règlements de la caisse sont informatisés. Au hit-parade français de la « Sécu », la Caisse de la Seine-et-Marne remporte la palme. Elle enfonce tous les autres centres départementaux pour la modicité de son prix de revient par dossier traité. C'est la revanche de Lucet sur les vieux ronds de cuir rassis. Il appartient à cette génération des nouveaux « patrons-fonctionnaires » qui veulent gérer les entreprises d'Etat comme des « boîtes privées ». Une audace scandaleuse en France que Lucet va payer très cher. Pour l'instant, il triomphe : la productivité de la caisse de Melun s'est accrue de 40 %, l'absentéisme — fléau social de l'administration — a diminué de 15 % et le personnel charmé par ce patron de choc fait avant tout le monde des semaines de moins de 39 heures. Au plus haut niveau, on cite « sa » caisse en exemple. Lorsque Jacques Barrot est nommé en 1979 ministre de la Santé, on lui désigne cette caisse modèle. Le ministre vantera les mérites de cette réussite exemplaire dans l'administration. Mais les envieux à manches de lustrine ricanent : « Melun est une petite caisse. Ailleurs, il se cassera les dents. La gestion seine-et-marnaise n'est pas exportable. »

Piqué au vif, encouragé par le ministère, René Lucet pose sa candidature pour s'occuper d'un « monstre administratif », la caisse de Marseille, la plus importante de France avec Paris : un million et demi d'assurés, 3 500 employés et le budget d'un petit Etat : 30 millions de francs de remboursements. Une gageure à la mesure de Lucet car cette caisse monstrueuse est l'épouvantail de la « Sécu ». Elle n'est pas seulement la plus grosse de France, elle est aussi, selon l'expression de Lucet, la plus « bordélique » : 800 000 dossiers en souffrance, des grèves à répétition, un absentéisme de 31 %, des délais de règlement d'un mois et d'interminables files d'attente aux guichets. Lucet relève le défi : un moyen de prouver ce qu'il vaut vraiment. Mais il pose ses conditions : il imposera ses méthodes de travail à lui, draconiennes. Déjà sa nomination n'est pas « dans la poche ». Les caisses sont gérées à égalité par des représentants du patronat et des syndicats locaux où toutes les grandes centrales sont représentées. Bien que Lucet appartienne de longue date à F.O., celle-ci ne votera pas pour lui mais pour l'ancien directeur adjoint, Jean Delezon, la cinquantaine, plus « transparent » et « administratif » que le jeune loup de la « Sécu ». Cela n'empêche pas Lucet de l'emporter haut la main le 14 juin 1979. Il est élu par 10 voix favorables : 9 voix patronales et 1 « C.F.T.C. », la C.G.T. et la C.F.D.T. n'ont pas participé au vote. Lucet est dans la place.

Son entrée en lice officielle n'est fixée qu'au 5 novembre, mais cet habile tacticien prépare soigneusement son action. Il se fait communiquer les dossiers et effectue à trois reprises des visites d'éclaireur à Marseille. On lui explique le mode d'emploi de la ville et on lui présente de nombreuses personnalités locales.

Ces quelques visites à Valmante, la caisse de Marseille, lui suffisent pour constater que cette grande bâtisse de briques roses fonctionne dans le chaos le plus complet. Mais cette gabegie qui lèse les assurés et l'Etat n'est pas perdue pour tout le monde : elle assure le profit des mutuelles qui, peu à peu, par nécessité, se sont substituées à la Caisse. Les Bouches-du-Rhône sont aux mutuelles ce que la Suisse est à l'argent noir, un paradis ! On en compte quelque 220 dans le département qui totalisent 1 250 000 adhérents. Les plus imposantes et les mieux organisées sont tenues, bien sûr, par la C.G.T., très puissante à Marseille. La centrale d'obédience communiste dirige le plus légalement du monde des centres de paiement qui concurrencent ainsi directement la « Sécu ». Elles aident les travailleurs, soit, mais elles rapportent aussi des espèces sonnantes et trébuchantes qui tombent dans la bourse du syndicat et peut-être, dans les caisses du P.C.

En 1977, deux ans avant l'arrivée de Lucet, le nombre de dossiers réglés par les mutuelles atteignait 36 % au détriment de la Caisse primaire. Or, pour chaque dossier traité, la caisse leur verse — toujours légalement — 20,47 F pour « frais de dossier », sur 1 500 000 assurés, cela représente un joli pactole. « Un véritable détournement, accuse Lucet, qui alimente les caisses du parti communiste. » « Intolérable », prévient le nouveau directeur qui, de plus, voit rouge quand on lui parle des communistes : « Ces fascistes qui libèrent les peuples avec des chars et des lance-flammes », écrira-t-il. Propos, on s'en doute, qui échauffent les oreilles des représentants C.G.T. de la Caisse. Ils ont compris, sans qu'on leur fasse un dessin, que la bataille qui s'annonce va être farouche face à ce patron de combat. D'autant que celui-ci s'en prend également à un autre « privilège », le « tiers payant », cette mesure qui permet à un assuré social de se faire soigner sans débourser un seul sou. Un simple bon de prise en charge et l'adhérent peut consulter un médecin sans régler l'ordonnance. Tout le monde y trouve son compte, les malades bien sûr, certains médecins qui se constituent ainsi à peu de frais une confortable clientèle très fidèle, mais aussi les mutuelles. Car, subtilité du système, les praticiens leur reversent une ristourne de 5 à 20 % de leurs honoraires — un autre pactole, et d'autant plus « juteux » que la « Sécu » avance aux mutuelles les sommes nécessaires pour payer les médecins et, pour peu que les paiements s'étalent sur plusieurs mois —, elles se constituent ainsi de grasses et rentables réserves de trésorerie. « Inacceptable », scande encore Lucet.

« Dès son arrivée, explique l'un de ses proches collaborateurs, on a compris qu'il se sentait investi d'une mission : reprendre en main cette caisse où « tout foutait le camp... » Pour commencer, il met au pas ses adjoints. Des contacts noués avant son arrivée, il a tiré cette leçon : sa seule chance de réussir à Marseille est de frapper vite et fort. De plus, il sait qu'il est aidé par l'équilibre politique très particulier qui règne alors à Marseille : un maire socialiste, Gaston Defferre, qui, en 1979, joue la carte de l'Union de la gauche à Paris mais qui, dans sa ville, s'appuie sur F.O. et sur la droite centriste, contre la C.G.T. et le P.C. Lucet ne laisse pas le temps à ses adversaires de le rattraper... Dès son intronisation officielle, le 5 novembre 1979, son système est fin prêt. Un système despotique mais très efficace, contrôle absolu de la direction, goût du secret, et, corollaire, installation aux postes clés d'hommes sûrs, de « fidèles ».

Le jour de son arrivée, le nouveau patron convoque l'équipe de direction : il lui expose succinctement ses méthodes et son plan de bataille et, à la stupéfaction générale, lui donne une minute pour se décider. En somme : « Ou vous êtes avec moi ou vous prenez la porte ! » Et pour bien montrer qu'il ne plaisante pas, il supprime dans la foulée toutes les délégations de signature. Débarque ensuite le bataillon de « ses » hommes, le premier quarteron de ses fidèles qu'il intronise dans son fief. Paul Devilleneuve, d'abord, sous-directeur adjoint de la caisse de Melun, devient directeur adjoint de celle de Marseille. « Le poste n'existe pas... eh bien, créons-le », rétorque Lucet, qui ne s'embarrasse pas de subtilités administratives. Il faudra bien quelques mois pour régulariser ce petit « hiatus administratif ». Tant pis, cela n'empêche pas Devilleneuve de coiffer dès novembre toute la partie technique et administrative de la caisse sans se soucier des états d'âme des anciens de la maison : « Ça passe ou ça casse... »

Autre lieutenant, George Dochier, son « aide de camp — homme à tout faire », ancien directeur d'une maison de retraite en Seine-et-Marne, est bombardé « chef de cabinet » et patron d'un nouveau service, original, les " relations humaines "... Lucet, venu d'abord en reconnaissance sans sa femme, partagera un temps avec lui un appartement de célibataire à Aix-en-Provence. Car Dochier, autre grand bouffeur de communistes — avec lesquels il aurait, dit-on, flirté très jeune — est un enfant du pays, un Marseillais pure souche. Servant à Lucet de *Who's Who* des Bouches-du-Rhône, il l'initiera aux méandres et aux souterrains minés des affaires et de la politique à Marseille. C'est lui enfin qui embauchera pour son patron une équipe de jeunes gens qu'il a vus grandir dans son quartier de Saint Loup : Marc et Paul Murracioli, Serge Cuello et Marcel Shembri. Ses « attachés de secrétariat » suivront désormais Lucet comme son ombre, lui servant de « gardes du corps-porte-serviettes ». Question de standing. Lucet, qui découvre le Midi, a cru qu'à Marseille il fallait « briller », comme on dit sur le Vieux Port, pour se faire respecter. Ce sera, nous le verrons, une autre cause de sa perte.

Pour l'heure, deux femmes viennent compléter son état-major, sa « cour », diront ses ennemis. Aline Chavaillaud, sa secrétaire particulière à Melun, qu'il entraîne dans son bouillonnant sillage, et enfin, une jolie et piquante jeune femme brune, Sylvie Peuvion, responsable d'un centre de paiement dans la Seine-et-Marne qu'il charge de contrôler ce qui se passe dans la Caisse — pas moins ! — une sorte de service d'inspection interne.

Ses fidèles installés aux commandes, Lucet s'attaque aux choses sérieuses et reprend la recette qui lui a si bien réussi à Melun : l'informatique. Le 8 novembre, il présente son vigoureux plan de bataille au Conseil d'administration, assez sidéré, qui approuve des deux mains, sauf la C.G.T. bien sûr. Toujours pressé d'agir, Lucet fait aussitôt installer à la Caisse un système très sophistiqué de lecture optique relié à un ordinateur I.B.M., ce qui permet un énorme gain de temps pour les remboursements. Mais là encore, il a été plus vite que la musique administrative : il commande ce matériel sans avoir ni le feu vert du ministère ni l'autorisation de la commission informatique. « Qu'importe ! On régularisera plus tard », rétorque Lucet serein. Le matériel ne sera en effet remboursé qu'à partir du 1er mai 1980, date à laquelle le projet est enfin agréé : les gaietés de l'administration. En attendant, l'ordinateur ronronne depuis cinq mois à la grande satisfaction des assurés des Bouches-du-Rhône. « Qui veut la fin prend les moyens », c'est la grande devise de Lucet.

Deuxième étape de la reconquête de la Caisse, la bataille des mutuelles. Il faut, se dit Lucet, reprendre ces forteresses édifiées par la C.G.T. Là encore, il ne lésine pas sur les moyens et fonce droit au but : « La Sécurité sociale assure le service public, elle doit demeurer la première institution qui paie les prestations. D'autres n'ont pas à le faire à sa place. C'est un point sur lequel je reviendrai... », déclare-t-il le 8 novembre 1979, lors de son premier conseil d'administration. Les délégués C.G.T. s'agitent sur leur chaise. Par la suite, il martèlera à tous ses interlocuteurs : « La “ Sécu ” doit redevenir une et indivisible. » Et, pour illustrer ses propos, il lâche une volée de roquettes : il décide de rapatrier à la Caisse la plupart des dossiers traités par les mutuelles. Hurlements des responsables C.G.T. « Ce n'était pas le genre à contourner les obstacles mais à les détruire, s'indigne Louis Calisti, l'ex-président de l'Union des mutuelles de travailleurs. Il nous a mis devant le fait accompli. Il a même essayé — en vain — de détruire illégalement les sections locales des mutuelles. »

Lucet mène cette bataille avec un plaisir de seigneur de la guerre, politisant à fond le débat. Ce « Zorro de la “ Sécu ” », comme l'appellent ses ennemis, aime porter le feu. De plus, il est sûr de son bon droit. A tel point qu'emporté par son élan — et par souci d'« égalité » — il tire aussi sur ses amis politiques. Sa guérilla à outrance contre les mutuelles l'amène à mettre aussi en péril la société mutualiste des Bouches-du-Rhône d'obédience patronale. C'est au tour des patrons de crier au loup. Eux qui soutiennent à fond Lucet lors des séances animées du Conseil d'administration trouvent un peu saumâtre de se faire poignarder dans le dos. Le président du Conseil, Jean-René de Laroche, prend la mouche. Au bout de trois mois, il souhaite même le départ de Lucet qu'il veut renvoyer à sa chère caisse de Melun. Mais Lucet, prudent, a assuré ses arrières. Il a rencontré à Paris son ministre de tutelle, Jacques Barrot, alors à la « Santé ». Il lui a exposé ses difficultés et sa volonté de combattre les mutuelles de travailleurs. Jacques Barrot qui a entendu parler du « phénomène » l'a d'abord calmé. « Je lui ai dit, expliquera l'ancien ministre au lendemain de la mort de Lucet, qu'il pourrait prendre un peu plus de temps et aller moins vite dans son action. Il avait, en effet, aussi provoqué quelques grincements de dents dans d'autres mutuelles qui restaient favorables à son action et politiquement plus modérées que celles des travailleurs. Mais si Lucet ne faisait pas toujours preuve d'une grande diplomatie, poursuit Jacques Barrot, c'était à mes yeux un excellent gestionnaire et un grand réorganisateur. Exactement l'homme qu'il nous fallait à Marseille. Aussi, avec mon secrétaire d'Etat, Jean Farge, je l'ai toujours soutenu. »

Fort de cet appui, Lucet se rend le cœur léger à une convocation du préfet de région, Lucien Vochel, chargé d'une mission délicate : arbitrer le conflit entre Lucet et de Laroche. Il tranche sans appel : « Vous avez voulu Lucet, lance le préfet au président du Conseil, et bien gardez-le ! » Bon gré mal gré, les deux hommes signent donc un pacte de non-agression. Plus, Jean-René de Laroche s'engage à soutenir l'action du nouveau directeur si celui-ci accepte de se montrer un peu plus « coulant » avec la mutuelle patronale. Un traitement de faveur qui relève, se justifie Lucet, de la « défense des minorités dans tout système démocratique »...

Mais le bulldozer Lucet est déjà reparti. Bouillonnant d'idées, il caresse un autre projet tout aussi casse-cou : décentraliser les centres de paiement dans Marseille. Pour cela, il faut rénover ceux qui existent et en créer de nouveaux. Il veut les faire passer de 28 à 45 ; avantage du système : rapprocher les employés de leur travail et faciliter la vie des usagers. Une idée audacieuse qui sera votée au conseil le 19 décembre 1979, y compris par la C.G.T., qui s'en mordra plus tard les doigts. Cette fois encore, Lucet sait que cette belle unanimité sera éphémère et que la C.G.T. sortira bientôt les couteaux du vestiaire. Il veut donc avancer au pas de charge. Son mot d'ordre, faire vite. Pour cela, il choisit une procédure discutable mais rapide, les marchés de gré à gré et il engage un budget colossal de près de 23 millions de francs lourds. Efficacité, efficacité... : « Pas question de gêner les assurés, ordonne-t-il, les travaux seront exécutés la nuit et les week-ends. » « Ici, objectent timidement ses subordonnés, aucune société n'acceptera de travailler dans ces conditions. » « Moi, je vais vous en trouver », rétorque Lucet qui contacte alors des « amis ».

Nous reviendrons sur cet épisode. C'est en effet dans cette « faille » — les travaux de la caisse — que vont s'engouffrer les policiers après la mort du directeur pour soulever un des plus gros scandales financiers nationaux, l'affaire des « fausses factures ». René Lucet n'en est pas l'auteur mais sa mort sera le détonateur d'une gigantesque enquête de la brigade financière de la P.J. de Marseille qui mettra également à jour une autre face du personnage : un Lucet imprudent qui joue avec le feu, grisé par Marseille et ses ombres troubles.

En attendant, le « T.G.V. Lucet » comme le surnomment ses collaborateurs, fonctionne à pleine vitesse. En moins d'un an, il a réalisé la plus grande partie de son programme : il a muselé les mutuelles en rapatriant, comme promis, leurs dossiers et en supprimant les conventions de tiers payant. « J'ai frappé le P.C. à la caisse », se félicitera-t-il. Selon ses estimations, il le prive ainsi de 5 à 6 milliards de centimes. Il a négocié de nouvelles conventions mais à sa main, sous son contrôle exclusif. La C.G.T. qui encaisse les coups n'en continue pas moins le combat. D'autant que, sur le terrain strictement syndical, le nouveau directeur lui mène aussi la vie dure : il a muté cinq responsables de la centrale et carrément jeté dehors une responsable du centre d'Aix. La cour d'appel, saisie par la

C.G.T., le condamne à 500 F d'amende pour « délit d'entrave »... cela ne ralentit pas l'ardeur du nouveau directeur. Au contraire : il porte l'affaire en cassation. Il a l'habitude des procès syndicaux. La C.G.T, acharnée, lui en intentera vingt-deux en un an et demi pour « entrave à l'activité syndicale », elle en gagnera vingt et un ! Qu'importe au volcanique patron de la Caisse qui ne cesse de fustiger dans sa « lettre mensuelle » les « professionnels de la critique orientée », les « tenants du facisme soviétique qui libèrent les peuples avec des chars... »

Ses ennemis jurés ne le ménagent pas. Le 20 juin 1980, *La Marseillaise,* l'organe officiel du P.C. à Marseille, le prend violemment à partie. Elle tape bas : elle l'accuse simplement d'avoir transformé son fameux service des « relations humaines » en repère de brigands. N'y allant pas par le bout de la faucille le journal du P.C. titre : « Les truands du patronat » de la « Sécu » et explique « qu'à Marseille, d'authentiques truands émargent sous le couvert de la direction générale de la Caisse » et il livre des noms de « barbouzes » :

> « G. dit Gaby le Corse, mêlé à des affaires de drogue et de recel, M. dit Michel Le Boiteux, impliqué dans certaines (?) affaires criminelles (recel et autres) et zélé agent électoral de la majorité (de l'époque), N. connu pour des hold-up, enfin J., fiché au grand banditisme (...). Et ce service, poursuit l'organe communiste, est rattaché directement au cabinet du directeur général. »

L'article met également en cause les « marchés de gré à gré » :

> « Nul n'ignore que dans ce secteur il existe des combines appelées commissions occultes par la loi mais que le public aime qualifier de " pots-de-vin "... »

Aussitôt reproduit en tract par la C.G.T. et le P.C., cet aimable papier est accompagné d'une délicate légende manuscrite : « M. Lucet porte depuis son arrivée le surnom de " Borsalino ". Mais ça c'est de la petite histoire. Ce qui le caractérise surtout, c'est son appartenance à F.O. et sa " complaisance à l'égard de l'U.P.I.M. (le syndicat patronal) ". »

C'en est trop ! Lucet ne peut pas laisser passer... les truands du patronat. C'est lui, pour une fois, qui attaque. Il porte plainte le 24 juin pour diffamation et six mois plus tard le tribunal de Marseille lui donnera raison, estimant que « certaines expressions de l'article ont été employées non pas dans un but d'information objective, mais manifestement pour nuire à l'honneur et à la réputation de René Lucet ».

Le directeur de la Caisse défendra un peu plus tard son « service des relations humaines », expliquant que ce service — en réalité un contre-pouvoir à la C.G.T. — « a pour mission d'informer le directeur de tous les problèmes humains, individuels ou collectifs qui existent toujours dans une communauté de travail ». « Sans méconnaître, poursuit-il dans une lettre à son directeur régional, le rôle des organisations syndicales et de la hiérarchie dans ce domaine, j'estime que selon le bon sens populaire celui " qui n'entend qu'une cloche n'entend qu'un son ". »

Le ton monte encore. Mégalomanie ou danger réel ? Lucet fait installer le mois de son arrivée une grille électrique pour protéger son bureau d'éventuelles manifestations et surtout pour éviter une « séquestration de patron », très à la mode dans les conflits sociaux. « Provoc », grogne la C.G.T. Ses fameux chauffeurs — « attachés de direction » — qu'on lui reproche tant, ressemblent de plus en plus à une garde prétorienne, chargée de protéger « le patron ». Lucet affiche ostensiblement sur tout un mur de son bureau les fiches personnelles de chacun de ses employés avec leurs états de service. « Pour distinguer les bons « F.O. » des méchants « C.G.T. », accuse le syndicat proche du P.C. En février 1981, dans une de ses lettres mensuelles, il va jusqu'à écrire ces mots, étonnamment prémonitoires : « Pour que je sois battu définitivement, il faudra que je sois mort. » Ce climat délétère provoque évidemment quelques gestes ignobles : des inconnus téléphonent chez lui pour le menacer de mort ou pour annoncer à sa femme qu'il l'a trompée... Lucet, qui figure sur la liste rouge, change plusieurs fois de numéro de téléphone. En vain. Les appels continuent.

Sur le plan politique, la situation se dégrade aussi : le 16 mars 1981, pour la première fois, la C.G.T. refuse d'approuver le budget de la caisse pour l'année passée. « Trop de faits irréguliers, explique le procureur de la C.G.T., Michel Caciotti, un cacique du parti dont les violentes prises de bec avec Lucet sont devenues légendaires. Caciotti, pour justifer sa position, met dans le même sac « les paiements du directeur adjoint Devilleneuve, certaines dépenses irrégulières, les marchés de gré à gré, l'achat inutile d'une grille de sûreté et d'un ensemble vidéo, enfin l'abus de pouvoir caractérisé du nouveau directeur ». En réponse, René Lucet met en avant son excellente gestion et considère que le « travail de l'équipe de direction a été bien exécuté » : qu'on approuve ou non ses méthodes, ses résultats sont sans conteste brillants : la quasi-totalité des dossiers sont réglés en moins d'une semaine (au lieu d'un mois auparavant) et la Caisse a réalisé douze millions de francs d'économie en généralisant le paiement des prestations par virement à la place des paiements en espèces qui occupaient trop de personnel. Lucet s'est même payé le luxe de réduire, avant le législateur, la durée de travail de ses employés à 37 heures et demie. Ce qui renforce la popularité, entretenue par F.O., de ce patron de choc osant damer le pion à la C.G.T. D'ailleurs, le directeur Lucet ne délaisse pas sa casquette syndicale : « La première fois que je l'ai rencontré, se souvient Marc Borgna, le secrétaire départemental F.O. des Bouches-du-Rhône, il m'a d'emblée tutoyé. Il émanait de lui un certain magnétisme dont il se servait pour imposer des méthodes un peu trop " directes "... Je me suis parfois copieusement engueulé avec lui, poursuit le syndicaliste, ce " manager " qu'on se serait arraché dans le privé, appliquant à la " Sécu " des méthodes administratives contestables mais rudement efficaces. » L' « aura » de Lucet.

Mais si l'orage gronde, voici le coup de foudre fatal. Le 10 mai 1981, François Mitterrand est élu président de la République. Phénomène historique : la gauche arrache le pouvoir en France. Pour Lucet, c'est un uppercut. Il n'y a jamais cru. « Il avait parié sur le maintien de l'ex-majorité », reconnaît l'un de ses proches. Du coup, sa position politique devient acrobatique. Sous l'ancien pouvoir, il voltigeait au-dessus d'un filet : nommé et soutenu par la droite, il bénéficiait de l'appui discret mais bienveillant des socialistes locaux. Ceux-ci soutenaient l'adhérent du syndicat F.O., l'un des piliers de la mairie. Même s'ils estimaient parfois que Lucet en faisait trop, ils n'étaient pas mécontents de compter les coups qui pleuvaient sur la C.G.T... D'ailleurs, on lui avait fait savoir que Gaston Defferre, qui l'avait reçu, appréciait sa gestion. René Lucet avait même fait plus. Pour se ménager la gauche marseillaise, il avait noué des relations dangereuses avec un homme de l'ombre réputé proche du maire. « Plus qu'une erreur, une faute. » Nous en reparlerons.

Pour l'instant, la gauche au pouvoir, c'est, pour Lucet, le plongeon en avant. D'autant qu'il ne plie pas. L'un de ses amis affirme que quelques jours après le 10 mai, on lui a proposé une carte du P.S. : « Alors, tu n'auras pas d'ennui... » Il répond à sa façon, fin mai, dans sa lettre mensuelle : « On devrait savoir qu'il existe encore en France des hommes de caractère qui ne s'entourent pas de précautions peureuses pour leur avenir. » C'est clair... De plus, comble de malheur, il hérite d'un ministre « engagé ». Il se trouve opposé à une femme de tête, Nicole Questiaux, elle aussi militante de choc, mais de l'autre côté. Ce ministre, dont le bon sourire à la mère Teresa dissimule une rigueur sévère et un engagement au sein du C.E.R.E.S., mouvement à l'extrême gauche du P.S. qui flirte souvent avec le P.C. et la C.G.T., les ennemis jurés de Lucet : « L'ennemi est aux remparts », affirme le directeur de la Caisse.

Habillée à la « va-comme-je-te-pousse », éternel chignon blanc noué à la diable, Nicole Questiaux est un mélange détonnant de grande bourgeoise, de haut fonctionnaire technocrate et d'idéologue de gauche. Carrière brillante et classique : Sciences-Po, l'E.N.A., le Conseil d'Etat. Elle a été la première femme nommée en 1963 commissaire du gouvernement au Conseil d'Etat, une révolution de palais. Cette femme, qui n'appartient officiellement à aucun parti et ne possède aucune carte, est pourtant choisie par François Mitterrand en 1970, la veille du congrès d'Epinay, pour remplir une mission impossible : l'unification des socialistes. A l'époque, il est vrai, les hauts fonctionnaires ne se battaient pas pour adhérer au P.S. — « un parti sans avenir... », disait-on. Et le côté amateur de Nicole Questiaux rendait sa tâche d'arbitre plus facile. C'est ainsi qu'elle devient « déléguée nationale pour l'union des socialistes ». Elle préside aussi avec patience et sérénité des réunions interminables. « De sa mère écossaise, elle a gardé, dit-on d'elle au P.S., un *self-control* absolu qui la fait parfois passer pour une naïve. »

Mais dès 1975, la passion politique pointe sous la technocrate sereine. Elle prend du galon. Nommée déléguée nationale du P.S. pour les affaires européennes, elle se heurte à François Mitterrand sur le problème de l'Europe et se met alors sous la bannière exaltée — très à gauche — de Jean-Pierre Chevènement, le leader du C.E.R.E.S. Cette pure théoricienne touchée par la grâce marxiste manifeste une foi que n'effleure pas le doute. Le mot « justice » revient sans cesse dans sa conversation et, bien avant 1981, on lui reproche son manque de souplesse ; sa difficulté à s'adapter aux faits, préférant les rigueurs de la théorie aux difficultés du terrain. « Elle écoute, elle écoute, elle est pleine de bonne volonté, dira l'un de ses proches lorsqu'elle sera nommée ministre, mais elle est totalement manipulée par son administration et flirte trop avec la C.G.T., comme si elle voulait en rajouter à gauche pour se faire pardonner son engagement politique tardif. » C'est cette bonne volonté et cette rigueur que François Mitterrand a récompensées en la nommant en 1981, ministre de la Solidarité nationale, un poste créé pour elle. D'emblée elle se refuse à être considérée comme un « ministre des comptes », sous prétexte qu'un souci exagéré du financement de la Sécurité sociale est « un réflexe de droite » (l'heure de la rigueur n'a pas encore sonné...)

NOTES DE FRAIS GONFLÉES ET GARDES DU CORPS MUSCLÉS

C'est à cette femme rigide que le « Zorro » de la « Sécu » se trouve opposé. Le choc va être rude. Dès l'arrivée de la gauche, les événements se précipitent à Marseille, comme un mauvais film en accéléré. Le 10 juin 1981 — coïncidence ? — Lucet apprend que les comptes de la Caisse des Bouches-du-Rhône vont être vérifiés. Tiens, tiens... « L'étrangeté de la gestion de Lucet ne date pas d'hier, se défend-on alors au ministère, et il faut bien aller voir ce qui s'y passe. » On y va d'autant plus vite que la C.G.T. trépigne et réclame la tête de Lucet, version syndicale du « changement ». De plus, les élections à la Sécurité sociale doivent avoir lieu le 8 octobre et la campagne électorale bat son plein. Belle occasion pour la centrale de Krasucki de montrer sa force. Le 21 septembre, une délégation de la C.G.T. rencontre à Paris un conseiller de Nicole Questiaux et lui remet un épais dossier sur les « exactions » marseillaises du « réactionnaire » Lucet. La machine qui va écarter le directeur se met en marche. Cette démarche de la C.G.T. se soldera trois jours plus tard par une tonitruante lettre du directeur régional, Michel Lombardot, à Lucet. Il exige la réintégration immédiate des cégétistes mutés. Et le ton, croit-on, n'admet pas la réplique :

« Madame le ministre de la Solidarité nationale a été saisie par l'union départementale des syndicats C.G.T. des atteintes portées dans votre organisme aux libertés syndicales et plus particulièrement des sanctions, parfois camouflées sous des mesures d'ordre interne, prises à l'encontre de personnes adhérentes à la C.G.T. ou soupçonnées d'en être sympathisantes (...). Elle estime, poursuit Michel Lombardot, chaussant les bottes toutes neuves de son ministre, qu'il n'est pas possible de tolérer de la part du directeur d'un organisme un comportement volontairement provocateur (...). »

Suit une demande de réaffectation des militants mutés.

« Je vous prie, conclut la lettre, de faire preuve à l'avenir de la plus stricte neutralité qui s'impose à tout agent investi d'une mission de service public. »

Comble de maladresse, cette missive expéditive sera publiée dans un tract C.G.T. avant même que Lucet ne l'ait reçue. De l'huile sur le feu...

Comme il fallait s'y attendre, Lucet dégaine aussitôt. Sautant sur sa plume, il rétorque à son directeur sur le même ton :

« La procédure concernant l'envoi de cette correspondance et ses termes sont inacceptables. La transmission à une organisation syndicale et sa publication par la presse communiste locale avant réception par son destinataire me paraissent contraire à tout usage et même aux règles les plus élémentaires de la civilité. D'autre part, certaines expressions (...) relèvent d'un langage polémique (...). Or, votre lettre constitue une véritable provocation en vue d'instuire un procès politique (...). »

Se payant d'audace, Lucet menace presque son patron :

« Je vous croyais plus diplomate et plus prudent tant il est vrai que vérité d'aujourd'hui n'est pas forcément celle de demain... »

A bon entendeur... Enfin, le morceau de choix, le directeur de la Caisse refuse de céder sur les sanctions et il s'en explique à sa manière :

« Monsieur C. a été muté pour gestion défectueuse, Mme B. avait tendance à confondre son engagement syndical avec l'exercice de ses fonctions, MM. L. et V. ont été placés dans des centres où leur inactivité chronique — lorsqu'ils sont présents ! — se fait moins sentir en fonction d'effectifs suffisants. Enfin, Monsieur L. a été affecté parce qu'il avait insulté et menacé les cadres de son service. »

Il termine sur ce coup d'éclat :

« Je sais que les temps sont difficiles, aussi je crois que pour réussir le changement en cours ce n'est pas de zèle dont a besoin le service public, mais de réalisme »...

Et cette dernière boutade, un tantinet provocatrice :

« Me connaissant bien, je suis sûr que vous ne serez pas déçu de ma réponse »...

Intolérable, tranche le ministère qui décide, en parade, d'expédier à Marseille l'I.G.A.S. — l'Inspection générale des Affaires sociales — les « superflics » de la Santé. En octobre, trois inspecteurs débarquent donc à Marseille où ils ont décidé d'examiner les comptes de la Caisse, évitant d'évoquer les rapports complexes de Lucet avec son personnel. « Ce fut terrible, confessera plus tard l'un de ces hauts fonctionnaires. Le Directeur nous a accueillis avec violence et mépris. Lucet, qui régente la caisse comme « son » royaume — son fief —, reçoit les contrôleurs à coups de bombarde. Il les considère comme des sortes d'émissaires « rouges » ; des procureurs à la solde du pouvoir et dont les convictions sont déjà établies. Pour lui, l'intention politique est flagrante et il n'est pas homme à subir un

« procès de Moscou » sans résister. L'inspection, jamais plaisante, prend cette fois des allures de véritable guérilla : les inspecteurs, humiliés par les « hommes » de Lucet, devront user de ruse pour consulter certains dossiers ; ils seront même, affirment-ils, contraints d'en arracher d'autres quasi de force. Heureux climat ! Ils se rattraperont dans leur rapport, vingt feuillets sur « certains faits graves relevés dans la gestion administrative de la caisse des Bouches-du-Rhône ». Malgré le titre alléchant, il ne contient aucune révélation fracassante — beaucoup moins que l'enquête policière qui sera déclenchée quatre mois plus tard.

Que découvrent donc les superinspecteurs de la Santé ? Des abus et des irrégularités sur des notes de frais, mais — faiblesse du contrôle — elles portent sur des sommes relativement dérisoires en regard du budget gigantesque de la caisse : pas de quoi fouetter un fonctionnaire. Voyons en détail ce rapport déterminant : c'est lui qui allume la mèche de la machine infernale.

Les contrôleurs remarquent que le compte 661 (« frais et mission) fait chaque année un bond de gazelle : (plus de 184 % de 1978 à 1979 — avant l'arrivée de Lucet — et plus 453 % de 1979 à 1980 !) Mais si les pourcentages sont impressionnants, les sommes qu'ils recouvrent sont infiniment plus modestes : ainsi, le total des notes de frais « de réception » s'élève à 587 000 F. Elles profitent essentiellement à quelques personnes. Qui ? Les hommes de Lucet bien sûr et « le patron » ne s'oublie pas : il a touché environ 77 000 F de frais en un an, son directeur adjoint 21 000 F, son chef des fameuses « relations humaines » 13 000 F et ses quatre « protecteurs-chauffeurs » 27 000 F, c'est donc 130 000 F — 13 millions de centimes — de frais injustifiés qu'on reproche à Lucet.

Son entourage est encore plus gourmand. S'ajoutent en effet à ces « frais de repas et de réception », 210 000 F de « frais de voyages » (compte 641). Le directeur n'est pas concerné : il est transporté gratuitement par la Caisse — on le lui reprochera — et il paie de sa poche son abonnement d'Air Inter pour Paris. L'I.G.A.S. relève donc en tout 340 000 F de frais indus (la caisse paie 30 millions de prestations par jour... et grâce à sa gestion, Lucet lui a fait faire 12 millions d'économies en un an). Qu'importent les sommes, notent les Saint Just de la Santé, les principes sont les principes et un sou de l'Etat est un sou. Ils détaillent donc avec délectation les « abus du directeur général », les « fraudes de certains — suivez leur regard — membres du personnel » et ils déterminent les responsabilités.

Les « abus » de Lucet ? Essentiellement des invitations à déjeuner, à dîner ou des réceptions (avec « champagne et même cigarettes », notent-ils sérieusement). Or, les bénéficiaires de ces repas demeurent vagues, trop vagues, pour l'I.G.A.S. : l'Evêché, l'hôtel de police de Marseille, note Lucet, la préfecture, le Conseil régional, la Mairie, et, sans doute une pointe d'humour, l'I.G.A.S. !

« Si le total de ces sommes peut apparaître extrêmement faible, reconnaissent eux-mêmes les inspecteurs, il n'en demeure pas moins, affirment-ils, que rapporté à une seule personne, il traduit un abus certain dans les circonstances actuelles. » L'austérité socialiste n'était pourtant pas encore de rigueur...

En outre, marchant sur les pas de la C.G.T., les inspecteurs reprochent au directeur sa grille électrifiée — 22 000 F —, son système vidéo — 61 000 F — et l'achat d'une 604 Turbo de fonction « dont le prix, écrivent-ils, aurait permis l'achat de deux ou trois petites voitures »... Ils lui reprochent enfin — scandale intolérable — une invitation à déjeuner à Monte-Carlo et le remboursement d'une réparation en Suisse d'une R.16 appartenant à la Caisse : mais qu'allait-il donc faire dans cet Etat, symbole du luxe et de l'opulence ?

Enfin, plus sérieux, on critique l'engagement de trois chauffeurs « promus ensuite dans des fonctions mal définies “ d'attachés de direction ” ». Ce sont eux qui se livrent, d'après le rapport, aux fraudes et abus constatés. Deux d'entre eux, par exemple, se font rembourser le même jour, 14 repas — c'est évidemment beaucoup... Ou bien, ils facturent des repas pris à Nice alors qu'ils se trouvent en déplacement à Paris. Bref, la « gratte » classique de certains fonctionnaires qui, ne pouvant déclarer leurs frais réels, s'en inventent d'autres ou se remplissent tout bonnement les poches avec ce « bénéfice » au noir. Des astuces naïves face aux systèmes de frais de certaines grosses sociétés privées. Mais les contrôleurs — ils sont là pour ça — dénoncent naturellement ces abus : « Il est impossible, s'indignent-ils, d'admettre de tels faits qui sont en contradiction avec la plus élémentaire probité. » Certes, mais il s'agit de désigner les responsables. Premier visé : l'agent comptable. En bon fonctionnaire zélé, celui-ci se défausse aussitôt sur son patron. Agitant comme une bouée le parapluie administratif, il explique aux inspecteurs, selon leur rapport, qu'il avait signalé ces irrégularités à Lucet. Réponse du directeur : « Ne t'occupe pas, ce n'est pas tes oignons ! » C'est bien la preuve, exultent-ils, que René Lucet était au courant de ces pratiques illicites et — nouveau refrain moraliste — : « Même si ces sommes ne sont pas considérables — leur modicité les gêne — il est inadmissible qu'un directeur d'organisme social couvre de telles escroqueries. » Puis, second volet de l'enquête, les hommes de l'I.G.A.S. dénoncent les relations privilégiées qui existeraient entre la Caisse et la mutuelle patronale de Marseille : mise à la disposition de locaux, de matériel et même de personnel. Enfin, ils critiquent le Conseil d'administration qui n'a su, blâment-ils, « exercer son pouvoir de contrôle ».

Les inspecteurs pointilleux, enfermés dans leur carcan administratif, n'ont pourtant pas levé les deux « lièvres » qui, après la mort de Lucet, feront basculer l'affaire et remettront en cause sa gestion.

Une première anomalie échappait, c'est vrai, au cadre de l'enquête de l'I.G.A.S., c'était son train de vie. Beaucoup à la caisse et dans son entourage savaient qu'il vivait nettement au-dessus de ses moyens. Il « flambait », comme on dit à Marseille, plus au rythme d'un gros P.-D.G. privé qu'à celui d'un modeste directeur de caisse de la « Sécu ». Mais, motus ! Si l'on est à Marseille expansif pour le folklore, l'on sait se montrer prudent, et discret sur les affaires de gros sous. Dans la plus importante ville corse de France, on applique à la lettre ce vieux proverbe de l'île : « Qui de rien se mêle, rien ne démêle... »

Les inspecteurs n'avaient pas le droit de fouiller dans les comptes privés du directeur, mais ils auraient dû, en revanche, s'inquiéter davantage des formidables travaux entrepris par Lucet. Et s'intéresser de plus près aux destinataires de la coquette somme de 23 millions de francs. Les hommes de l'I.G.A.S. ont bien critiqué ces troublants marchés de « gré à gré » — mais ils n'ont pas été plus avant. S'ils avaient étudié le choix des entrepreneurs, leurs noms, célèbres à Marseille, leur auraient peut-être mis la puce à l'oreille. Empêtrés dans les notes de restaurant et d'essence, ils ont une fois encore sous-estimé Lucet. Ce patron de choc, passionné par la politique, voyait plus loin que le nez des contrôleurs. La police, plus tard, fera preuve de plus de flair et d'audace. Elle déterrera à Marseille le pot aux roses, portant par là même le feu à la mairie. Mais n'anticipons pas...

Pour l'instant, Lucet pourfend, dans une contre-attaque foudroyante, les accusations de l'I.G.A.S., luttant pied à pied dans ce maquis administratif qu'il connaît lui aussi parfaitement.

Le 10 décembre à 10 h 30 du matin, il reçoit le rapport brûlot accompagné d'une lettre du directeur régional. On lui octroie généreusement une semaine pour répondre à Paris, mais il doit se justifier l'après-midi même lors du Conseil d'administration qui doit se tenir à 14 h 30. Lucet, pris de court, réclame quelques jours pour préparer sa défense mais, dès l'après-midi, il annonce la couleur : « Il s'agit, déclare-t-il au Conseil, d'une affaire purement politique qui ne tient qu'à mes divergences avec le gouvernement actuel. Le seul objectif de ce rapport, c'est de " descendre " le directeur »...

Et, six jours plus tard, à la même table du Conseil, il contre-attaque en force et présente un rapport musclé de 28 pages, une critique en règle des « méthodes » de l'I.G.A.S. Lucet s'échauffe d'abord et note que les inspecteurs utilisent plus de 12 fois les termes de « fraudes », « manœuvres frauduleuses » et même « escroqueries ». Déjà, dans la forme, remarque-t-il, la volonté de nuire est manifeste. D'ailleurs, ajoute-t-il, « compte tenu de l'insuffisance des éléments retenus, il est clair que l'enquête relève d'un règlement de comptes téléguidé à partir d'idées préconçues, parisiennes et partisanes... ». Ça commence bien.

Ce prélude terminé, il monte sur le ring et démonte le rapport avec une redoutable efficacité de gestionnaire. « Mes frais? Ils n'ont pas augmenté plus, ils ont plutôt diminué et il était absolument indispensable de nouer des contacts pour relever la caisse qui piquait dangereusement du nez. Quoi de plus efficace que des repas d'affaires? Ainsi, explique-t-il, j'ai déjeuné à plusieurs reprises avec des représentants des banques et des P.T.T. pour promouvoir une politique de virement, résultat de l'opération : plus de 10 millions — lourds — de bénéfices pour la caisse! » Le déjeuner de Monte Carlo? « Un administrateur d'une maison d'informatique qui assistait avec moi à un congrès à Monaco. J'avais besoin de ses conseils pour changer l'ordinateur de la Caisse. Heureusement, plaisante Lucet, je n'ai pas mis en frais les danseuses... Impensable, souligne-t-il aussitôt prudemment, mais l'ironie est la meilleure forme du mépris »... Ça chauffe.

Très en verve, il pourfend l'accusation « suisse » : « J'étais en vacances explique-t-il, et j'ai dû rentrer précipitamment pour faire démarrer un nouveau système de prestations qui faisait renâcler certains agents. Ma voiture étant tombée en panne, un chauffeur de la Caisse est venu me chercher. »

La grille de sécurité? « Elle a servi plusieurs fois. » La 604? « C'est un turbo " diesel ", indispensable à un directeur qui effectue 50000 kilomètres par an. » En réalité — et c'est le fond du débat — Lucet s'estime P.-D.G. d'une grosse société et comme il réalise des économies, il peut s'octroyer des frais, au-dessus des normes d'un frileux petit fonctionnaire, une attitude peu prisée dans l'administration. Il l'avoue sans ambages : « 80000 F de frais par an, c'est faible pour le dirigeant d'une entreprise de 3500 salariés (...) : cela représente, a-t-il compté, 0,12 % des dépenses de gestion et 0,005 % du total des dépenses de la Caisse... »

LA TUERIE D'AURIOL

La bastide « hantée » de la Douronne, au flanc de la colline des Adrets, théâtre du massacre de la nuit du 18 au 19 juillet 1981. *(Photo A.P.)*

Photo de famille avant la tuerie dont seront victimes *(de gauche à droite)* le grand-père, Maurice Jacquèmes; la grand-mère, Emmanuelle Jacquèmes; leur fille, Marie-Dominique Massié; son fils, le petit Alexandre. A droite, en numéro 6, l'inspecteur de police Jacques Massié, chef départemental du SAC. *Debout,* la sœur du policier, Marina Massié (5), entourée de ses deux enfants. Son compagnon a également péri dans le massacre. *(Photo A.F.P.)*

LA TUERIE D'AURIOL

Le chef présumé du commando de tueurs, Lionel Collard, dit « l'homme à l'oreille coupée », ancien parachutiste de la Légion étrangère, délégué syndical dans une fabrique de yaourt, membre du SAC. Son alibi : un footing dans les calanques de Luminy. Arrêté le 20 juillet 1981. *(Photo A.F.P.)*

Le secrétaire général du SAC, Pierre Debizet, conseiller technique à la présidence de la République gabonaise. Arrêté le 24 juillet à Paris et libéré le 7 septembre 1981, il n'est mis en cause nommément par aucun de ses coïnculpés. *(Photo M.P. Guéna-C.F.D.)*

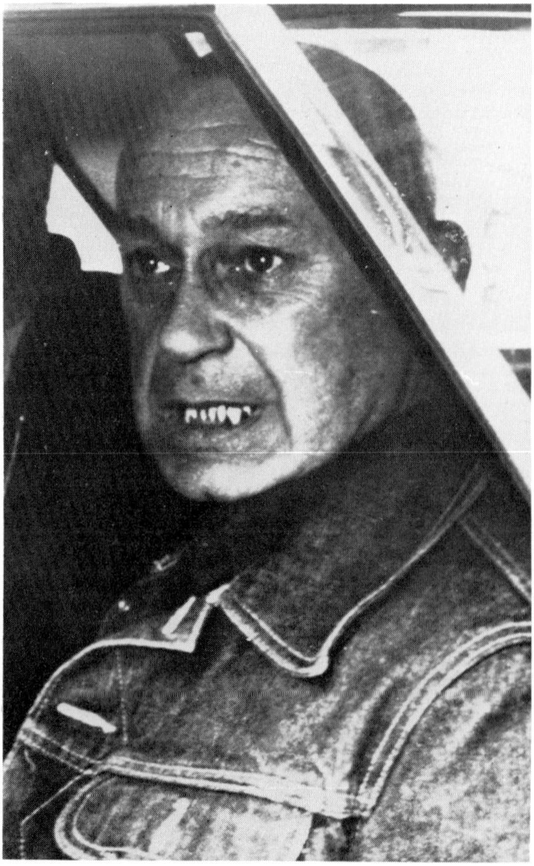

Le commanditaire présumé de l'opération, →
Jean-Joseph Maria, dit « Kojak », entrepreneur en peinture, chef départemental du SAC par intérim. Arrêté le 20 juillet, il proteste également de son innocence. *(Photo A.P.)*

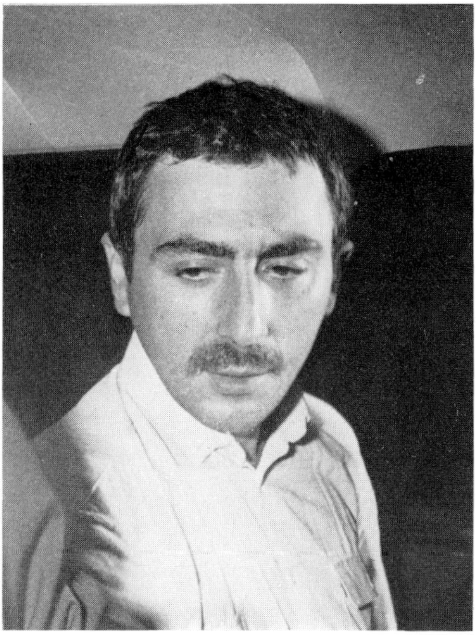

Ange Poletti, postier au centre de tri de la gare Saint-Charles, moniteur de karaté, membre du SAC. Arrêté le 29 juillet, il reconnaît avoir frappé l'enfant et son père avec un tisonnier et accuse Collard d'avoir étranglé les quatre autres victimes. *(Photo A.F.P.)*

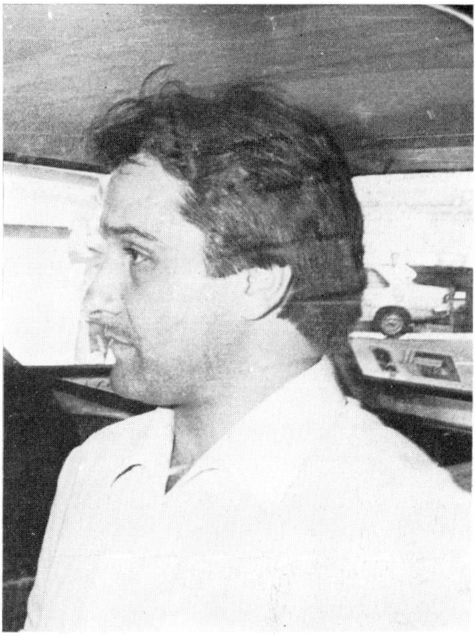

Jean-Bruno Finochietti, instituteur à l'école publique de Malpassé-les-Olives et père de deux jeunes enfants, membre démissionnaire du SAC. Arrêté le 20 juillet, il reconnaît avoir achevé le petit Alexandre et égorgé Jacques Massié, mais refuse de nommer ses complices. *(Photo A.F.P.)*

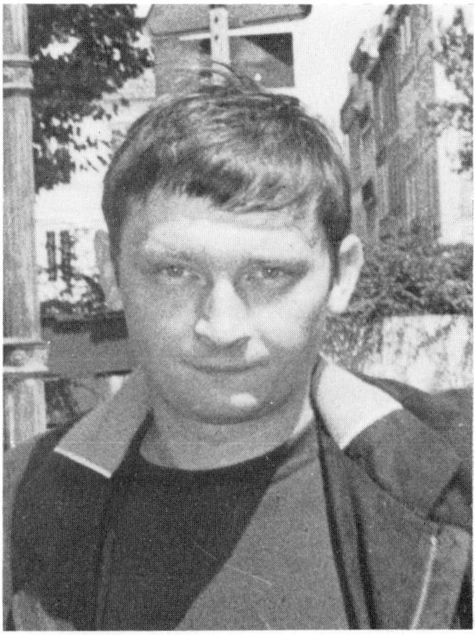

Didier Campana, collègue de Poletti, amateur de moto, syndiqué à la C.G.T. et membre du SAC. Arrêté le 29 juillet, il accuse Collard d'avoir procédé au massacre. *(Photo A.F.P.)*

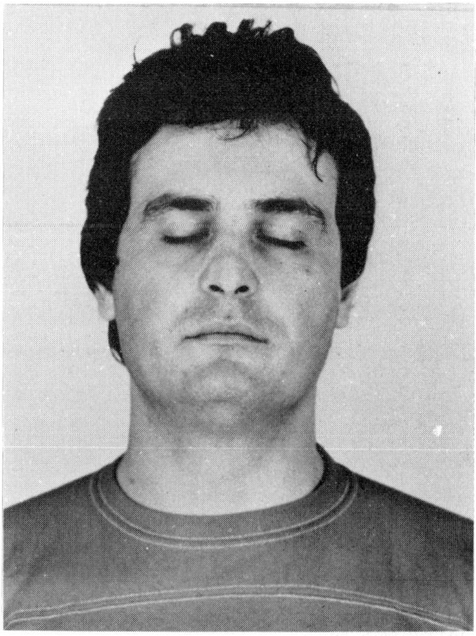

Jean-François Massoni, guichetier au bureau de poste de La Pomme, membre du SAC. Arrêté le 29 juillet, il a conduit les enquêteurs à la mine où il avait aidé Collard, selon lui, à ensevelir les corps des victimes. *(Photo A.F.P.)*

Le 21 octobre 1981, le juge Pierre Michel vient d'être abattu de trois balles de pistolet dans la contre-allée du boulevard Michelet. Il regagnait son domicile à moto pour déjeuner avec ses deux enfants. *(Photo P. Garrigue.)*

MORT D'UN JUGE

Le juge Michel sortant du Bar du Téléphone, où « le massacre de la Saint-Gérard » (3 octobre 1978) a fait dix morts, deux de plus que le record historique de la Saint-Valentin établi par Al Capone le 12 juillet 1929 à Chicago. *(Photo A.F.P.)*

Le juge de permanence, Patrick Guérin, sur les lieux du crime en compagnie de sa femme Françoise Llaurens-Guérin qui instruit le dossier d'Auriol. Il sera chargé de l'instruction du meurtre de son collègue Pierre Michel. *(Photo A.F.P.)*

Charles Giardina, apprenti mécanicien, arrêté le 24 février 1982 pour avoir maquillé la moto des tueurs. *(Photo S. Assier-Gamma.)*

Gilbert Ciaramaglia, repris de justice arrêté le même jour pour avoir fourni cette moto. *(Photo S. Assier-Gamma.)*

LUCET : UNE BALLE DE TROP

René Lucet, patron de choc de la Sécurité sociale marseillaise, déclare la guerre à la C.G.T., dans son bureau directorial de Valmante, peu avant sa destitution par le ministre Nicole Questiaux. *(Photo A.F.P.)*

Françoise Lucet a gardé sur les épaules le manteau de son mari le jour des obsèques à Fontainebleau. *(Photo A.P.)*

Dominique Venturi, dit Nick, figure légendaire du milieu d'après-guerre, tombe le 7 juillet 1982 pour corruption de fonctionnaires. « Ça, c'est pour pas que je me casse », dit-il en exhibant ses menottes. *(Photo S. Assier-Gamma.)*

LES FAUSSES FACTURES

Jean Masse, le « Vieux Taureau », ancien adjoint de Gaston Defferre à la mairie de Marseille, inculpé en août 1983 pour complicité d'escroquerie. *(Photo Morel-Le Point.)*

Roger Salel, secrétaire parlementaire de feu le sénateur socialiste Antoine Andrieux, arrêté le 23 juin 1982 pour avoir animé à Marseille le réseau de fausses factures monté par l'inspecteur du fisc Julien Zemour. *(Photo P. Garrigue.)*

LA BAUMETTES CONNECTION

Solange Troisier, dernier médecin-inspecteur général de l'Administration pénitenciaire, devant la prison de Fleury-Mérogis. Elle était accusée d'avoir favorisé par un faux la libération du trafiquant de drogue Robert Kechichian, disparu depuis. *(Photo B. Charlon-L'Express.)*

André Fraticelli, ex-avocat de Kechichian, s'est rendu le 24 octobre 1983 aux gendarmes de Versailles pour l'ouverture du procès dit des Grâces médicales. Il s'était enfui le 16 mai du palais de Justice de Marseille pour échapper à son inculpation. *(Photo Keystone.)*

Bernard Mariotti, médecin légiste, est resté détenu près de huit mois à cause de son expertise « bidon » du cas Kechichian. *(Photo F. Persuy-Moba Presse.)*

Alain Colombani, médecin-chef de la prison-hôpital des Baumettes, arrêté le 10 février et libéré le 28 octobre 1983. *(Photo A.F.P.)*

Le juge Christian Raysseguier, qui a instruit le dossier de « l'évasion sur ordonnance » de Kechichian, utilise une moto à l'instar de son prédécesseur Pierre Michel. *(Photo S. Assier-Gamma.)*

BORSALINO ET SUCCESSION

Les deux caïds François Spirito et Bonaventure Carbone, blanchis du meurtre d'un magistrat chargé de l'affaire Stavisky, raccompagnés au train de Marseille par leurs avocats Milani et Ceccaldi, pour recevoir, le 30 mars 1934, un accueil triomphal à l'hôtel de ville. *(Photo J.G. Seruzier.)*

Barthélemy Guérini, dit « Mémé », arrêté le 4 août 1967 pour le meurtre d'un petit voyou. Jugé à Paris, condamné à vingt ans de réclusion, il a bénéficié d'une grâce médicale le 4 mars 1978 et survécu trois ans à son cancer. *(Photo Team International.)*

Antoine Guérini, le chef du clan, assassiné le 23 juin 1967, par deux inconnus à moto. *(Photo Keystone.)*

Gaëtan Zampa, dit « Tany », dernier prétendant à la succession des Guérini sur l'empire de la nuit, s'était fait une réputation d'intouchable. Capturé le 28 novembre 1983, le caïd, qui passait pour l'œil de la Mafia sur la Côte d'Azur, est tombé pour « simple » délit financier. *(Photo A.F.P.)*

Le procureur de la République Pierre Truche était placé sous la protection permanente de la brigade antigang du commissaire N'Guyen Van Loc, jusqu'à l'arrestation de Zampa. *(Photo A.F.P.)*

FIN DE RÈGNE

Dans son cabinet du ministère de l'Intérieur, Gaston Defferre savoure sa victoire à l'arraché qui, le 13 mars 1983, le maintient pour la sixième fois en trente ans à la tête de la mairie de Marseille. *(Photo J. Haillot.)*

Le cliché inédit retrouvé, vingt ans après, par le journaliste Jean Montaldo représentant Gaston Defferre bras dessus, bras dessous avec, à sa gauche, le secrétaire général de la SFIO Guy Mollet et, à sa droite, le garde du corps « Nick » Venturi. *(Document J. Montaldo.)*

Voici un point plus délicat, les « faux frais de ses chauffeurs-protecteurs ». D'abord Lucet, patron de choc, couvre ses subordonnés. Mais il va plus loin et développe une argumentation sans doute techniquement valable mais plus troublante sur le fond. « Ces quatre personnes engagées comme chauffeurs sont en fait, dit-il, des attachés de direction et, à ce titre, chargées d'un certain nombre de missions dont l'opportunité m'appartient. Ces missions, développe-t-il, les font travailler, comme moi-même, en dehors des horaires de travail habituels. » On aimerait connaître la teneur de ces missions « extraordinaires » et à quelle nécessité impérative répond l'emploi de ces « protecteurs ». Là-dessus, pas un mot, Lucet ne condescend pas à s'expliquer. Dédain, mépris, tâches inavouables ? On ne le saura pas. En revanche, il s'explique sur les frais : en raison de ces horaires décalés, il leur a fait obtenir une indemnité forfaitaire pour les « repas du soir » (une prime camouflée ?). Mais lorsque l'agent comptable — « qui a bien accompli sa tâche » martèle Lucet — lui a signalé des dépassements anormaux, il a fait récupérer ces frais. Quant aux fameux « repas multiples », un contrôle n'aurait révélé que six cas douteux et ils auraient été redressés. Enfin, Clochemerle n'est pas loin, Lucet nie formellement l'expression : « Ce n'est pas tes oignons. » D'ailleurs, indique-t-il, la vérification des missions des membres de la direction revenait à lui et à lui seul, et l'agent comptable n'avait jamais osé y mettre son nez...

Ainsi, selon le directeur, tout était parfait, dans le meilleur des mondes administratifs possibles. « Chacun a fait sérieusement son travail, déclare-t-il, et des redressements ont été effectués. » C'est bien, selon lui, la preuve que les moyens utilisés par l'I.G.A.S. relèvent purement « du mensonge et de la tricherie. »

« En fait, s'échauffe le directeur, il s'agit d'une bataille pour m'évincer politiquement. Or, on ne pouvait m'attaquer sur ma gestion passée (la caisse de Melun a le meilleur indice de France) ni présente (la caisse de Marseille a opéré un redressement spectaculaire), il fallait donc bien trouver un prétexte. » « Je sais, finit-il en beauté, que les temps sont difficiles y compris pour des fonctionnaires soucieux de conserver leur place et d'en prendre d'autres qui, malheureusement, ne sont pas vacantes (...). Si ce n'est pas aujourd'hui, je suis sûr que demain il me sera rendu justice du travail accompli. Les responsables de l'actuelle machination entreprise à mon encontre peuvent compter sur ma détermination pour y parvenir. »

A la fin de cet exposé de cinq heures, le conseil, convaincu, à l'exception de la C.G.T. et de la C.F.D.T., renouvelle sa confiance au directeur. Un vote, on s'en doute, qui ne ravit pas le ministre de la Solidarité. D'autant que — naïveté ou maladresse — Nicole Questiaux croyait que l'enquête de l'I.G.A.S. allait déclencher un « processus de compromis ». Or, c'est le contraire qui se produit. La presse communiste et la C.G.T., qui a connaissance du rapport, le publient accompagné de roulements de tambour : « Un scandale mis au jour », « mettre fin à la mainmise du patronat », titre *La Marseillaise*. Lucet, de son côté, sûr de son droit, se débat comme un beau diable, il crie à l'injustice et à l'inquisition. Ses cris perçants parviennent même jusqu'à des responsables du parti socialiste qui craignent, enfin, l'explosion de cette marmite surchauffée. Un homme de la nouvelle majorité recommande de mettre la pédale douce, Philippe Sanmarco, le suppléant de Gaston Defferre, ancien secrétaire général adjoint de la mairie de Marseille. Il alerte Matignon. Pierre Mauroy recommande alors à Nicole Questiaux de muter Lucet dans une autre ville — mais « en douceur », insiste le Premier ministre. On rétorque aussi au député de Marseille que le bras droit de Lucet est membre de « Solidarité et Liberté », une organisation qui sert de « cache-sexe au S.A.C. », affirme-t-on. En plus, répond-on, le directeur de la « Sécu » de Marseille fait partie de ces membres de F.O. farouchement anticommunistes, très « gaullo-autoritaire ». Toujours la tolérance...

ZORRO CONTRE MÈRE TERESA : RENÉ LUCET AFFRONTE LE MINISTRE NICOLE QUESTIAUX

Lorsque l'affaire s'envenime, Sanmarco revient à la charge auprès de Nicole Questiaux cette fois. Après avoir constaté que ses collaborateurs, déjà mis en garde, ne lui répondent plus au téléphone et le tiennent totalement à l'écart, le député expédie, le 11 janvier, au ministre cette lettre prémonitoire et encore jamais publiée :

« Le processus engagé depuis quelques mois paraît suivre une voie suffisamment incertaine et non maîtrisée pour que, avant qu'il ne soit trop tard, et de manière interne, mon opinion personnelle soit enregistrée, opinion différente de celle du cabinet du ministre de la Solidarité.

Au préalable, je tiens à souligner deux points :

1) — Je ne connais pas M. Lucet. Je ne l'ai jamais rencontré. Mon

sentiment est donc dénué de toute interférence due à des relations personnelles, positives ou négatives.

2) — En tant que militant socialiste, j'observe son comportement depuis son arrivée avec une grande aversion. Sa conception agressive, autoritaire de l'exercice de sa fonction me paraît contraire à ce que l'on est en droit d'attendre d'un responsable d'un organisme public. Quels que soient les mérites d'un gestionnaire et la qualité de ses résultats, en termes de prestations apportées aux assurés, il me paraît intolérable que le responsable d'une caisse publique, quel que soit le statut de celle-ci, ait à ce point une attitude de patron de combat, un engagement à ce point partisan.

Cela étant posé, encore faut-il bien mesurer les forces en présence et notre capacité d'action, car toute erreur dans la méthode peut se retourner contre nous et engendrer une situation tout aussi mauvaise.

C'est ce que j'ai essayé de concevoir loyalement avec le cabinet de Mme Questiaux.

On aurait pu choisir dès le départ la voie la plus claire, la plus honnête : le retrait d'agrément pour les vrais motifs, c'est-à-dire le manquement à une certaine déontologie, au devoir de réserve. Certes, juridiquement, nous aurions rencontré des difficultés si M. Lucet s'était défendu devant un tribunal, processus probable, et nous n'aurions pas évité l'accusation d'opération politique. Mais nous nous serions défendus avec de vrais et nobles arguments. Et de toute façon, nous aurions opéré rapidement, mis en place un nouveau directeur. Le temps qu'un jugement soit rendu, une situation nouvelle aurait été créée qu'aurait rendue intouchable la réforme en cours de préparation de la gestion des organismes sociaux.

Ce choix n'a pas été fait. Personnellement, je le regrette. A partir de là, le ministère a cherché à justifier le retrait d'agrément par le résultat d'une mission de l'I.G.A.S.

C'était aller au-devant de difficultés car :

— il était de notoriété publique que la Caisse était bien gérée ;

— cette procédure allait demander du temps et donc renforcer la position de M. Lucet, ébranlée au lendemain du 10 mai ;

— enfin, on allait s'attaquer à M. Lucet, non sur le vrai terrain, celui sur lequel il était peu défendable et peu défendu, mais sur le terrain de sa gestion, sur lequel il était beaucoup mieux à même de se défendre, d'occulter toute enquête et de mobiliser un maximum de défenseurs.

Compte tenu de ces difficultés, il avait été convenu lors d'une réunion avec le cabinet de Mme Questiaux que, malheureusement, dans ces conditions on ne pouvait aller jusqu'au retrait d'agrément. Il fut convenu qu'un avertissement serait adressé au Conseil d'administration afin que celui-ci surveille plus directement les frais divers qu'engageait M. Lucet (réceptions, déplacements...), seuls éléments sur lesquels une critique pouvait être faite, mais pas suffisamment importante pour justifier le retrait d'agrément.

A partir de là, le cabinet de Mme Questiaux a poursuivi une autre ligne, sans qu'aucun lien ne soit plus assuré avec moi-même, ce qui ne peut être que délibéré.

C'est ainsi que s'est poursuivie et conclue une mission portant non pas sur la gestion de la Caisse, qui se serait conclue probablement sur trop d'éloges du directeur, mais uniquement sur ce qui était l'extériorisation de son comportement, c'est-à-dire des dépenses diverses, certes critiquables, mais :

1) — M. Lucet y apporte des réponses qu'il va être difficile de rejeter ;

2) — de toute façon, il sera difficile de justifier sur ces bases un retrait d'agrément pour des motifs de mauvaise gestion. Le désir de justifier à tout prix un retrait d'agrément décidé *a priori* va apparaître clairement et la manœuvre évidente.

Mieux aurait valu attaquer directement sur le plan politique plutôt que d'essayer de bâtir ce paravent trop grossier.

Nous en sommes là aujourd'hui.

Je maintiens que le choix d'opérer rapidement et clairement n'ayant pas été fait, nous étions contraints de maintenir M. Lucet et il était alors préférable d'entourer celui-ci de contraintes telles que son comportement soit bridé. C'est, je pense, toujours la seule bonne solution.

En effet, la poursuite de la procédure d'agrément me paraît extrêmement incertaine et difficilement maîtrisable.

Il va d'abord falloir contrer les réponses faites par M. Lucet aux accusations portées contre lui. Un combat douteux va s'engager sur son terrain avec l'avantage que lui donne le contrôle interne de l'appareil. Connaissant son caractère, on peut s'attendre à ce qu'il n'hésite devant rien pour se défendre.

Ensuite, il faut obtenir l'adhésion du Conseil d'administration. Or, la procédure engagée a cristallisé contre elle une majorité du Conseil d'administration qu'il aurait fallu, au contraire, diviser au maximum.

Bref, a-t-on mesuré l'amplitude de la vague qui aura ainsi été déclenchée ?

Le seul résultat tangible sera une victoire bien orchestrée de la C.G.T. Est-ce cela qui est recherché, au moment précis où cette centrale engage un combat majeur pour le contrôle d'un nombre maximum d'organismes sociaux au travers de la réforme en cours ?

Quelles que soient les vraies raisons, le résultat sera le même.

Quelle que soit notre hostilité envers M. Lucet, la partie engagée le dépasse largement et on ne doit pas être myope. Compte tenu de la manière dont s'est engagé ce processus, nous serons perdants à l'arrivée. Mieux vaudrait tenir enserrer, M. Lucet dans un corset, et préparer dans le calme son remplacement dans 12 à 18 mois.

La C.G.T. n'a pas à nous dicter sa loi. En particulier, au moment où son attitude envers les événements de Pologne permet de relativiser son combat pour la moralité dans la gestion des affaires publiques.

Paris, le 11 janvier 1982. »

« Combat douteux », « nous serons perdants à l'arrivée », bel exemple de prescience politique... André Bergeron, à son tour, secrétaire général de F.O., agite aussi le grelot et défend son « adhérent » Lucet. Mais Nicole Questiaux n'en a cure. Intransigeante et sûre d'elle, elle fonce. Le 21 janvier, elle annonce qu'elle n'a nullement l'intention de dissoudre le Conseil d'administration, comme le craignait Philippe Sanmarco, mais le 10 février, elle charge, sabre au clair, et engage le processus fatal de « retrait d'agrément », celui qui va mettre Lucet à la porte de la Caisse de Marseille.

« Cette mesure, lui explique le ministre dans une lettre glaciale, me paraît s'imposer pour les raisons suivantes : “ Vous avez, d'une part, assorti l'exercice de vos fonctions de procédés incompatibles avec votre qualité de gestionnaire d'un service public : (...) “ attachés de secrétariat ”, “ mesures de sécurité inusuelles ”, (...), documents adressés à l'ensemble du personnel au ton sans mesure et de nature à choquer une partie de ses destinataires dans leurs convictions et sensibilités... ”

« D'autre part, poursuit Nicole Questiaux, il est ressorti de l'enquête menée par l'I.G.A.S. que ces pratiques vous ont conduit à commettre des abus et à couvrir des fraudes au plan de la gestion des deniers du budget de la Caisse (...). Je vous prie, conclut le ministre, de me faire connaître dans le délai de 15 jours les réponses qu'appellent de votre part les observations ci-dessus formulées. »

Une claque ! Jusqu'au bout, Lucet pensait sans doute s'en tirer par un blâme ou un avertissement ; ce que mérite, selon lui, les « broutilles » révélées par l'I.G.A.S., mais ce désaveu public, cet exil honteux qui condamnerait sa gestion, jamais ! Aussi, quatre jours plus tard, saute-t-il le pas administratif et adresse-t-il à Nicole Questiaux une lettre vengeresse et professionnellement déjà suicidaire. René Lucet le sait, un fonctionnaire quel que soit son rang ne peut attaquer son ministre, il doit céder ou se démettre. Mais le directeur n'en est plus là...

« Madame le ministre, écrit-il, c'est avec un vif intérêt que j'ai pris connaissance des raisons motivant, selon vous, cette mesure qui, aux yeux de tous ceux connaissant notre différend, relève d'une intolérance indigne. Je suis même persuadé que cette façon de faire est loin de recueillir l'unanimité parmi vos amis politiques (...). »

Le ton est sec et il poursuit sur sa lancée :

« Si toutes les caisses étaient gérées comme celles de Melun et de Marseille (...) notre gouvernement aurait peu de problèmes dans ce secteur important de la vie nationale (...). D'autre part, il convient de se faire une raison, (...) l'opportunité des mesures visées par vos soins est du ressort de ma seule appréciation (...). »

« Enfin, sur le fond, poursuit Lucet, les attachés de secrétariat et le dispositif de sécurité ont été réglés sur des crédits votés et approuvés il y a plus de deux ans. (...) Quant au malaise provoqué par ma lettre mensuelle, je n'ai nullement conscience du “ profond malaise ” qui régnerait à l'intérieur de la Caisse (...). Tout cela est d'autant plus étrange qu'aux dernières élections et malgré l'aide empressée de vos proches collaborateurs (...) et une active propagande sur le thème “ le changement, c'est la mise à la porte de Lucet ”, les partisans de cette solution se sont vu infliger par le personnel dans sa majorité absolue, (+ 58 %), un revers électoral sans précédent...

« Pour ce qui est de la deuxième partie de vos griefs (l'enquête de l'I.G.A.S.), j'ai déjà eu l'occasion de vous répondre dans un rapport de 28 pages (...) où j'ai fait litière de soi-disant abus commis personnellement ou des prétendues fraudes exécutées par certains de mes compagnons de travail.

« Il est de notoriété publique que j'ai remis de l'ordre dans le capharnaüm que constituait la Caisse avant mon arrivée... Ne pouvant m'attaquer sur ma gestion, il faut trouver des prétextes futiles afin de tenter d'étayer le retrait d'agrément. (...) Personne n'est dupe, y compris vous-même (...). »

Et cette chute excessive, désespérée :

« Je vous dirai pour conclure que la sanction définitive de nature à briser ma carrière professionnelle (...) me fait connaître un sentiment nouveau, vraisemblablement celui que mes parents et alliés, dont certains sont morts pour la France, ont dû éprouver lorsqu'ils sont entrés dans la Résistance. »

Dès lors, la guerre à outrance est déclarée. Le lendemain, 23 février, le ministère le prend par surprise. Coup de grâce : à 17 heures, alors que le personnel quitte la caisse, Lucet apprend par son directeur régional que Nicole Questiaux a signé le 19 février sa notification de suspension... Ce n'est pas encore l'acte suprême, le « retrait d'agrément », mais rien ne peut arrêter la machine administrative. Colère noire de Lucet : le ministre n'a pas respecté le délai de 15 jours qu'elle avait pourtant elle-même fixé pour qu'il prépare sa défense. Pourquoi cette précipitation ? « On avait peur, explique-t-on au ministère, d'un blocage du fonctionnement de la Caisse. Beaucoup à la " Sécu " soutiennent " leur " directeur. Et la C.G.T. sonne l'alarme. Elle avait alerté Paris : " Attention, les bordereaux de précomptes absolument nécessaires pour les remboursements ont disparu. " Les amis de Lucet les mettraient sous clés pour empêcher les paiements... » Intox ou réalité ? Paris, en tout cas, s'affole et Nicole Questiaux précipite la sanction.

Dernier cri de Lucet qui hurle son indignation le soir même dans une lettre folle :

« A ce stade, il ne fait plus de doute que votre mauvaise foi, votre parti pris, en définitive, votre volonté de nuire pour des raisons étrangères à mon activité professionnelle sont évidents (...). Si quelqu'un doit être qualifié de fauteur de troubles, sans aucun doute, c'est vous-même. A croire que vous l'avez fait exprès pour des raisons particulières ou pour me jeter en pâture au parti communiste comme signe de bonne volonté et de coopération.

« Je n'ai rien à ajouter, un procès, une longue marche commencent, seuls les plus résistants arriveront au but ! »

Cette fois, Lucet tire l'échelle derrière lui. En accusant son ministre de « mauvaise foi et de parti pris », il ne peut plus se rattraper aux branches administratives.

Sa croisade ne peut continuer que par d'autres voies, plus « subversives ». D'ailleurs, ultime bras d'honneur, il fait afficher le jour même le courrier du ministre et ses réponses dans tous les bureaux de la « Sécu » des Bouches-du-Rhône, « dans un souci d'information précise », raille-t-il.

Et comme il l'espérait, la résistance s'organise. Le compte à rebours commence.

Mercredi, 24 février, la caisse se met en grève. Les « partisans » de Lucet occupent le bâtiment pour soutenir le « patron ». F.O., à son tour, entre dans la danse et sort un tract retentissant « Non au fait du prince ». L'Union départementale F.O. soutient à fond la grève décidée le 22. Tandis que le P.C. se déchaîne dans l'autre sens : « Il faut mettre hors d'état de nuire les fauteurs de troubles. »

Ce même jour — agité — le secrétaire fédéral F.O. des Bouches-du-Rhône, Marc Borgna, est convoqué à Paris pour une commission exécutive confidentielle. Ordre du jour : l'affaire Lucet ! Un membre du P.S. qui vient « en ami » menace : « Il faut, dit-il, que le Conseil d'administration de la Caisse vote le retrait d'agrément, sinon ce sera l'exclusion pure et simple. » « Alors, ce sera l'exclusion », rétorque André Bergeron, très ferme. Gaston Defferre appelle en personne Bergeron le jour même. Il se fait expliquer la situation et conclut : « Je verrai Borgna à Marseille. » Les deux hommes se pratiquent depuis fort longtemps et F.O. demeure le principal soutien du P.S. marseillais. Le lendemain, jeudi 25, une réunion houleuse se tient à Marseille : une délégation du bureau départemental F.O. va à la fédération locale du P.S. dirigée par Michel Pezet, l'un des dauphins de Defferre, président du conseil régional : « Vous devez voter contre Lucet, tonne Michel Pezet. — Jamais, répond un syndicaliste, nous n'avons pas d'ordre politique à recevoir ici ; nous sommes responsables devant Bergeron, pas devant Mitterrand... » Finalement, après une longue conversation agitée, Michel Pezet accepte d'intervenir auprès de Nicole Questiaux pour « trouver un compromis ». Il promet de rappeler Marc Borgna le lendemain, vendredi avant midi. On sait déjà que Lucet, qui fait feu de tout bois, a introduit une procédure de référé devant le tribunal de Marseille pour annuler la décision de suspension du ministre. Elle doit être plaidée six jours plus tard, le mardi 2 mars. (Le tribunal se déclarera incompétent.)

A la caisse, la tension grimpe d'heure en heure. Les « pro-Lucet » soutenus par le R.P.R. et l'U.D.F. locaux regardent en chien de faïence le P.C. et la C.G.T. A la moindre étincelle, la caisse peut s'enflammer. Et chaque parti souffle sur les braises : « Il faudra les forces de police pour nous déloger. Nous nous battrons et le combat ne s'arrêtera pas là, annonce le comité de grève, la vieille garde de Lucet. Les hommes n'ont pas seulement besoin de pain, mais aussi de justice et de liberté... » « Illégalité sans précédent », « usurpation de pouvoir ». La destitution de Lucet ? : une bouffée d'air pur, rétorque le P.C. qui ira jusqu'à faire poser une question écrite à Nicole Questiaux. Chacun sent qu'il faut sortir de l'impasse pour éviter l'affrontement.

Le vendredi à 12 h 15, Michel Pezet rappelle comme promis le responsable F.O. Marc Borgna : « J'ai eu le ministre, voici notre proposition. Lucet demande sa mutation sur Paris et nous, nous arrêtons le retrait d'agrément. Il aura le choix à Paris entre deux postes : conseiller technique d'un ministre ou président d'un office culturel. Mais, exige Pezet, il me faut absolument une réponse avant 16 heures. » Or, le Conseil d'administration de la Caisse commence à 15 heures. Borgna se précipite sur son téléphone et parvient à joindre le directeur. Première réaction de Lucet : « Jamais. » « René, ne débloque pas, insiste Borgna, réfléchis, il faut en sortir... » « Je dois consulter mes amis, répond Lucet plus calmement, je te rappelle à 14 heures. » A l'heure sonnante, Lucet appelle : « Ça va, j'accepte. » « Il faut rédiger tout de suite ta demande, dit Borgna, pressé d'en finir. » « Doucement, rétorque le directeur, je dis que j'accepte, d'accord, mais je veux quand même prendre mon temps. » Il est donc décidé que le lundi matin, Lucet fera la passation de pouvoir et demandera à ses troupes de « libérer » la Caisse. Après avoir raccroché, Marc Borgna, de joie, embrasse sa secrétaire... L'après-midi, comme prévu, le Conseil d'administration soutient Lucet par 13 voix contre 2 voix C.F.D.T., la C.G.T. ayant refusé de participer. « La sanction de retrait d'agrément (...) est totalement disproportionnée avec les reproches qui sont faits à M. Lucet. » Dès la fin du conseil, à 17 heures, René Lucet fait distribuer un tract ordonnant aux grévistes de reprendre le travail lundi matin sous la direction de son adjoint Jean Delezon.

« Ouf », souffle le responsable départemental de F.O. Il annonce lui-même, samedi matin, la bonne nouvelle à Gaston Defferre qui l'appelle chez lui à 9 heures. « Monsieur le maire, dit le syndicaliste, j'ai obtenu des camarades la fin de la grève en accord avec René Lucet. » « Parfait, rétorque le ministre de l'Intérieur, j'interviens de mon côté auprès de Nicole Questiaux. Mais je pars pour La Réunion demain, faites-moi une note pour mon retour. » Le syndicaliste s'apprête enfin à passer un week-end serein. Il a tort. Les « ultras » de Lucet refusent d'abandonner le combat. Après un week-end d'échauffement, ils réoccupent la Caisse le lundi à 5 heures du matin. Du coup, le beau château de cartes monté par F.O. s'effondre. Le syndicat, furieux, refuse alors de soutenir cette grève sauvage « inacceptable ». Le mardi matin 2 mars, Lucet, promu saint Georges luttant contre le dragon rouge, se rend au tribunal des référés pour plaider contre la décision de Nicole Questiaux. Pour la première fois, il montre des signes de faiblesse. « Je suis victime de mes idées politiques », déclare-t-il les larmes aux yeux. Mais, dès sa sortie, devant ses fidèles et son avocat, Me Mathieu Baffert, il reprend son rôle de « dur » inflexible. « Je les ai bien eus, hein !... » L'après-midi tombe pourtant l'estocade finale. Il apprend à 17 h 30 que le retrait d'agrément a été signé par le ministre. C'est le directeur régional qui l'a annoncé lors d'une conférence de presse... Irrémédiable. Il n'est plus rien à Marseille. « Il fallait en finir, dit-on au ministère », inconscient de cette nouvelle « gaffe » qu'aurait probablement évitée Gaston Defferre s'il avait été en France.

Pour Lucet, c'est le « knock out ». Bien qu'il s'y attende, le coup est terrible, c'est la fin, la déroute.

Le lendemain, ses « troupes » envisagent un coup d'éclat, une action exemplaire, monter sur le toit de la caisse pour alerter l'opinion publique. Mais Lucet les calme. Trop tard... Il envoie un message à tous les directeurs des « Sécu » de France contenant les pièces de son « procès », son testament administratif... Il tente encore de mobiliser les médecins en sa faveur, en vain. André Bergeron, qui débarque à Marseille, parvient à lui faire entendre raison : « René, il faut arrêter maintenant... » De la Caisse, par téléphone, le leader de F.O. lui décroche — enfin — pour le lendemain, un rendez-vous avec un membre du cabinet de Nicole Questiaux. Lucet retient même sa place d'avion. La rage au cœur, il accepte enfin de partir. Il promet à Paul Devilleneuve, son adjoint et ami, de revenir dimanche à Marseille pour lui raconter l'entretien. Mais, à ce dernier, il confie, accablé : « Dans huit jours, tout le monde m'aura oublié. Ils ont eu ma tête et bientôt ce sera ton tour. C'est fichu, Paul, tout le monde nous a lâchés. » Pourtant, il rêve encore de devenir un « symbole national », un « héros de la Résistance » et il veut une sortie triomphale, des « adieux de Fontainebleau ». Il convoque la presse pour assister à ce départ en fanfare. Déception, seuls deux journalistes locaux se déplacent. Cela renforce son impression d'être lâché, abandonné. Il quitte la Caisse, seul, au volant de sa 604 noire, saluant son « dernier carré », une quarantaine d'employés qui occupent encore le bâtiment. Dernière gloriole, il fait le V de la victoire et crie : « I will come back », je reviendrai, comme avait dit MacArthur en quittant les Philippines.

L'ÉNIGME POLICIÈRE : MORT MYSTÉRIEUSE ET QUERELLES D'EXPERTS

Le lendemain, 4 mars, 6 heures du matin. L'heure blafarde : la nuit est finie, le jour pas encore commencé. Deux coups de feu claquent dans sa villa du quartier Saint-Barnabé. L'ex-directeur est mort. Ce qu'il souhaitait tant arrive enfin : l'affaire Lucet devient un scandale national. Mais, fait imprévu, le « scandale politique » se transforme en polémique judiciaire : peut-on se suicider de deux balles ?

Pour résoudre ce mystère, la police va reconstituer méticuleusement son emploi du temps, lors des 10 heures qui séparent son départ de la Caisse du moment de sa mort. Mais avant de retrouver les inspecteurs qui enquêtent, il faut écouter gronder la tempête politique. « Démission ! » réclame *Le Quotidien de Paris* dont l'éditorialiste tranche sans nuances : « Jusqu'à plus ample information on peut affirmer que M. Lucet a été assassiné par le pouvoir socialiste. »

Dans les partis de l'opposition on n'est pas en reste. Dominique Audibert du *Point* décrit ainsi le climat au lendemain de sa mort :

> « La chasse aux sorcières conduite par les socialo-communistes a fait son premier mort », commente Jean-Claude Gaudin pour l'U.D.F., tandis que Charles Pasqua dénonce au nom du R.P.R. : « Nous nous acheminons vers une guerre civile larvée. » André Bergeron, lui, souligne « la campagne de dénigrement et de calomnie » qui aurait, selon lui, provoqué la mort de René Lucet.
>
> Du coup, à gauche, l'embarras est visible. Mis en première ligne, la C.G.T. et le P.C. esquivent en dénonçant ces campagnes indécentes. Le syndicat de Krasucki ira jusqu'à protester contre la fermeture 24 heures de la Caisse en signe de deuil… Quant au gouvernement, il tente comme il peut d'endiguer le flot d'indignation. Alors que Nicole Questiaux, bouleversée, se tait, Gaston Defferre regrette « l'utilisation électorale d'un drame si triste ».

Les « politiques » embouchent d'autant plus vite le portevoix que nous sommes à la veille d'élections cantonales importantes. Elles seront mauvaises pour la majorité. Peu après la mort de Lucet, Gaston Defferre conviendra que cette « affaire malheureuse a fait perdre plusieurs points aux socialistes ». Et, même s'il le cache, le malaise gagne jusqu'au gouvernement. Au Conseil des ministres du 10 mars, la communication de Nicole Questiaux sur « l'affaire » est suivie d'un silence pesant. En guise de conclusion, le président laisse tomber, sèchement : « Le Conseil des ministres est levé... »

Mais, très vite, retournement spectaculaire, les victimes d'hier vont faire figure d'accusés. Comme dans une pièce de Pirandello, le drame bascule. Dès le lendemain de la mort de Lucet, une rumeur tenace traverse Marseille comme un mauvais coup de mistral, « Lucet ne se serait pas suicidé, il existerait une preuve... » Il s'agit bien sûr de la deuxième balle extraite par les légistes. Cette découverte provoque un mini-cyclone à l'évêché et au palais de justice. Douchés par la nouvelle, les responsables se réveillent enfin.

Le lendemain de la mort de Lucet, le procureur de Marseille, Albert Vilatte, prend conscience de la situation : René Lucet se serait tué de deux balles qui ont pénétré par le même orifice... Et, de plus, la première était probablement mortelle... Embarras du magistrat qui marche sur un fil.

Il commence par dessaisir la petite inspectrice du XIIe arrondissement, Simone Grivel. Elle va enfin se reposer — sans son flair et sa ténacité, il n'y aurait jamais eu de « mystère Lucet ». Puis, il charge la Sûreté marseillaise de l'enquête.

Première erreur, diront plus tard ses détracteurs, il fallait ouvrir « à chaud » une instruction judiciaire et confier les investigations à la brigade criminelle de la Police judiciaire, plus spécialisée. Mais dans ce contexte politique surchauffé, le procureur sent bien qu'il manipule de la nitroglycérine et il n'ose mettre en cause Mme Lucet. Il appelle donc le patron de la Sûreté et lui demande d'enquêter. A 20 heures, le commissaire Yves Guillot et l'un de ses collaborateurs, Serge Marza, débarquent au « château », la villa du quartier Saint-Barnabé. Eux aussi avancent sur la pointe des pieds. Il ne s'agit pas d'une investigation criminelle classique. Ils agissent conformément à l'article 74 du code de procédure pénale applicable en cas de « mort violente » ou « de mort suspecte ». On ne cherche pas un meurtrier, on s'efforce seulement de reconstituer les circonstances exactes de ce qui demeure, pour l'heure, un suicide. Le commissaire Guillot, jeune policier consciencieux, visite d'abord la maison de la cave au grenier et ne découvre aucune trace d'effraction. Il saisit ensuite dans la table de nuit les munitions du revolver dont s'est servi René Lucet, un « Taurus 38 », une imitation brésilienne du Smith et Wesson américain. René Lucet appartenait à un club de tir et il possédait légalement un permis de détention : « Posséder une arme était un des grands plaisirs de René, un de ses rêves de jeunesse, expliquera plus tard sa femme. J'avais toujours dit non, je ne voulais pas d'armes à la maison mais ce n'était pas pour se rassurer, il n'avait peur de rien. Encore une fois de rien. C'était pour le plaisir d'avoir quelque chose d'un peu dangereux. »

Pour l'heure, moment délicat, les deux policiers interrogent pour la première fois Françoise Lucet. Elle reste, comme toujours, calme et maîtresse d'elle-même. « Je n'ai pas à recevoir de leçons de pleurs, de cris ou d'évanouissements », dira-t-elle ensuite. Elle raconte : « Hier au soir, René est rentré vers 20 h 30; il a dîné légèrement. Vers 21 heures, il a reçu un coup de téléphone d'un ami parisien. » « Je l'ai en effet appelé à 9 heures, confirmera quelques jours plus tard Georges Denizet, ancien chef de cabinet du vice-président du Sénat, Etienne Dailly. Nous avons parlé quinze à vingt minutes. J'ai lu à René ce que disait la presse nationale. Nous avons blagué à propos de Nicole Questiaux. Il n'avait pas la voix d'un type effondré. Il m'a annoncé qu'il m'appellerait après son entrevue, vendredi, au ministère de la Solidarité nationale et m'avait même donné son emploi du temps du week-end... C'était un fonceur... S'il avait des gardes du corps, c'est qu'à Marseille il faut des moyens marseillais ou on ne fait rien... Depuis quelques jours, je me pose des questions... Bien sûr, il a pu craquer dans la nuit. Je l'ai quitté en lui disant : “ A vendredi... ”. »

Après ce coup de fil, Lucet plaisante avec ses enfants, « vous avez un super papa », dit-il ; puis il s'absente une heure pour aller « chercher des cigarettes ». Que fait-il vraiment ? Mystère. « Je ne me permettais pas de poser des questions à mon mari », répond sèchement Mme Lucet aux policiers qui retrouveront seulement à la villa des cartouches de cigarettes neuves. Mais aucun bureau de tabac ouvert le soir ne se souviendra de lui en avoir vendu... « La prudence marseillaise », soupirent les inspecteurs.

« A son retour, explique encore sa femme, il s'est enfermé dans son bureau et n'a cessé de téléphoner. » A qui ? Cette femme de marbre ne le sait pas. On retrouve seulement la trace d'un coup de fil ; il a appelé l'un de ses gardes du corps pour lui demander de passer prendre ses enfants à la villa le lendemain matin afin de les déposer à l'école. Il devait aussi déjeuner avec ses quatre « protecteurs ».

Commence alors une nuit d'angoisse : un manège infernal, rage mêlée d'impuissance, semble tourner dans la tête de René Lucet. Il se couche, se relève sans cesse, allant fébrilement, dit sa femme, du lit au bureau et du bureau au lit pour examiner ses dossiers, et relire ses notes. Il rumine son échec, s'indigne contre l'idée qu'un autre, demain, va occuper « son » fauteuil, gérer « sa » caisse.

« Il ne voulait pas envisager, confiera plus tard Françoise Lucet, qu'il y ait un autre avenir pour lui que Marseille, du moins tant qu'il ne l'avait pas décidé lui-même. Il serait peut-être volontiers remonté à Paris dans un an ou deux avec une bonne place. Mais pas comme ça, pas congédié. »

Enfin, vers six heures du matin, il demande à sa femme d'aller lui chercher un verre d'eau à la cuisine, au rez-de-chaussée. Elle en profite pour préparer d'avance des jus d'orange pour les enfants. « Au moment de remonter, explique-t-elle, j'ai entendu un bruit curieux », comme une porte qui claque ou une vitrine qui éclate. Notre pare-brise a explosé un jour, c'était le même bruit sec. » Inquiète, elle s'arrête, attentive. Le second coup claque quelques secondes plus tard. Elle comprend soudain et se précipite dans la chambre. En arrivant, elle découvre son mari ensanglanté et entend comme un « bouillonnement ». Le croyant encore vivant, elle tente de téléphoner à Marc Muraccioli, l'un des quatre gardes du corps de Lucet. En vain. Son appareil est mal raccroché. Alors, elle appelle son frère, Paul, qui accourt aussitôt.

Les pompiers de Marseille arriveront alors qu'elle lui explique le drame sur le perron. La Sûreté, poursuivant son enquête, interroge les pompiers, les policiers, les « chauffeurs », tous ceux qui ont approché le corps. Rien n'alimente alors la thèse du crime mais tous les employés proches du P.-D.G sont sidérés. Aucun n'imaginait que ce « patron de choc » ce « dur », pourrait se donner la mort. « C'était un homme super, confie peu après Paul Muraccioli, un battant. Rien à voir avec un futur chômeur. Il est possible qu'il ait fait le sacrifice de sa vie pour les " emmerder " tous. C'est d'ailleurs la seule hypothèse. » Quelques jours plus tard, Françoise Lucet, le manteau bleu marine de son mari sur les épaules en symbole de lutte, confiera : « C'est un geste de désespoir de petit matin après une nuit sans sommeil. J'ai tout perdu mais ceux qui ont attaqué mon mari aussi. »

La Sûreté, bien embêtée, ne trouve rien à redire, mais il reste toujours cette fameuse balle de trop… Alors, elle se retourne vers le procureur : à lui de décider. Enquête, pas enquête ? Le magistrat, toujours sur la corde raide, repasse la main aux experts. A eux d'expliquer cette incroyable mort en deux temps. Mais comme d'habitude, au lieu d'éclaircir la situation, les « experts » vont l'embrouiller davantage.

L'autopsie pratiquée par les Drs Mazaud et Mariotti conclut au suicide. Pour l'instant, ces deux vedettes de la médecine légale marseillaise, qui vont être bientôt à l'origine du scandale des grâces médicales[1], sont comme d'habitude, sûrs d'eux-mêmes : voici la conclusion intégrale de leur rapport d'autopsie, un morceau d'anthologie :

« Nos constatations autopsiques permettent donc de dire qu'à l'exclusion de toute autre trace suspecte de violence, la victime présentait :

— Un orifice de pénétration de projectile d'arme à feu au niveau du conduit auditif externe droit avec éclatement de ce conduit et formation d'une sortie de chambre de mine.

— Un orifice de sortie extra-crânien de projectile d'arme à feu au niveau de la région pariétale gauche permettant de décrire une trajectoire orientée de droite à gauche et légèrement de bas en haut et d'avant en arrière.

— Un orifice de sortie de projectile d'arme à feu dans la région pariétale antérieure gauche, le projectile ayant seulement perforé la boîte crânienne sans traverser le cuir chevelu et étant resté dans le crâne, la balle de plomb et la chemise de laiton s'étant séparées. La trajectoire a été orientée de droite à gauche et légèrement de bas en haut. Les lésions cérébrales produites par ces deux projectiles ont été considérables et ont entraîné la mort immédiatement. L'importance de ces lésions permet de dire que la victime n'a pu tirer elle-même deux projectiles à trajectoire intracrânienne successifs.

Les déclarations de la femme de la victime faisant état de deux bruits différents, l'un initial mal défini et l'autre postérieur de peu et ayant les caractères d'une détonation, permettent de proposer l'hypothèse suivante : la victime a fait une première tentative de suicide la gueule du canon de l'arme étant dans le conduit auditif ; la charge a fait long feu donnant cependant une décharge de gaz qui a brûlé la conque de l'oreille et a lésé le conduit auditif et le tympan.

Sous l'effet de cette explosion, la victime a été projetée sur son côté gauche, mais sans blessure grave ; elle a été en mesure de faire un second tir avec l'arme dans la même position. Le second projectile a alors projeté devant lui une colonne gazeuse qui a propulsé le premier projectile hors du canon et à travers le crâne, suivi par le second pénétrant par la même porte d'entrée.

Cette hypothèse implique que les gaz du premier coup de feu aient entraîné une lésion du conduit auditif génératrice d'hémorragie, ce qui

1. Voir chap. 5, « Les Baumettes : évasion sur ordonnance. »

explique que le passage ensuite des deux projectiles ait donné les importantes projections de sang observées sur le mur et jusqu'au plafond.

L'hypothèse d'une première charge ayant fait long feu explique par ailleurs le premier bruit atypique décrit par la femme de la victime avant le bruit franc de détonation.

Conclusions

L'autopsie du cadavre de Lucet René et les constatations faites sur les lieux nous permettent de dire que :

1) le cadavre ne présentait pas de trace suspecte de violence ;

2) les constatations sont compatibles avec un suicide par arme à feu de moyen calibre ;

3) au moment de la mort, l'alcoolémie était nulle.

Marseille, le 10 mars 1982. »

Conclusion sans bavure : René Lucet n'ayant pu se tirer lui-même deux balles successives — les lésions sont trop importantes — une seule explication, la première balle a fait « long feu » (elle n'a pas percuté) et elle a été poussée par les gaz de la seconde.

Tout est clair. Trop clair... Car le rapport balistique effectué la veille par le laboratoire interrégional de police scientifique de Marseille dément catégoriquement cette thèse. Qu'on en juge :

« *Section technologique*

Résultat d'examen :

1) Il s'agit de :

— un revolver de calibre 38 spécial, de marque Taurus (Brésil), à six coups en simple et double action, doté d'un canon de quatre pouces (10 cm environ), immatriculé 1345547, qui nous est apparu, après essais, en bon état de fonctionnement, ne présentant aucune trace de gonflement au niveau du canon ;

— quatre cartouches de calibre 38 spécial de la marque norvégienne Norma à balles semi-chemisées à pointe creuse (l'une de ces munitions a été utilisée pour nos tirs expérimentaux), en très bon état apparent de conservation ;

— deux douilles de calibre 38 spécial de marque Norma percutées dans le revolver en question ;

— des fragments de deux projectiles de même calibre et type que les munitions saisies (un projectile entier, déformé ; un noyau de plomb et deux fragments de chemisage en cuivre émanant tous trois de la même balle) tirés dans le canon du revolver en question ;

— aucun élément technique ne permet de préciser si l'une des munitions a " fait long feu " ; cependant, il est certain que la première balle a été expulsée normalement du canon et n'a pas été poussée par la seconde.

2) La comparaison des stigmates d'individualité de tir de l'arme en

question avec les archives photographiques du Laboratoire interrégional de police scientifique de Marseille s'est révélée négative.

Signature illisible. »

« *N.B.* : Les recherches de traces digitales sur l'arme et les munitions ont été effectuées par les fonctionnaires du service régional de l'Identité judiciaire.

Marseille, le 9 mars 1982 »

« Il est certain que la première balle a été expulsée normalement du canon et n'a pas été poussée par la seconde... » De plus, expliquera un autre expert en tir, il faut 4,5 kilogrammes de pression sur la détente pour tirer une deuxième fois, c'est beaucoup pour un homme qui vient de recevoir une balle dans la tête... Bref, c'est l'hypothèse des légistes elle-même qui fait long feu...

Le commissaire Marza de la Sûreté qui doit rédiger, le 12 mars, le rapport de synthèse de l'enquête sent bien l'obstacle. Il tente de le contourner en mariant la chèvre et le chou :

« En l'absence de conclusions techniques et scientifiques des experts, nos investigations se sont poursuivies dans l'hypothèse d'un suicide de M. Lucet. Or, dès réception du rapport d'autopsie, nous pouvons remarquer que :

1) Les traces constatées sur le plafond surplombant le lit, qui sont des gouttes de sang éclaboussées, ne peuvent provenir de la pénétration d'un projectile intracrânien. Leur présence ne peut s'expliquer que s'il y a eu hémorragie préalable à la pénétration d'un projectile. D'où la conclusion de deux blessures successives.

2) La position du corps est incompatible avec les trajectoires des deux projectiles. Une explication est donnée par une projection du corps, lors d'un premier choc, et une déviation de trajectoire par la masse osseuse des rochers.

3) Les lésions cérébrales produites par ces projectiles ont entraîné une mort immédiate.

4) L'importance des lésions permet de dire que la victime n'a pu tirer elle-même deux projectiles à trajectoires intracrâniennes successives.

5) Les experts qui ont procédé à l'autopsie développent une hypothèse selon laquelle le premier projectile, ayant fait long feu, est resté dans le canon de l'arme, mais des gaz brûlants ont provoqué une hémorragie et le choc a projeté le corps. Un deuxième projectile a pu être tiré poussant le premier par compression des gaz contenus dans l'intervalle les séparant. Ceux-ci, sans se toucher, ont pu pénétrer pratiquement de manière simultanée, en faisant éclabousser le sang accumulé.

6) Cette hypothèse est démentie de façon catégorique par le rapport balistique qui déclare dans son 5ᵉ paragraphe : " Cependant, il est certain que la première balle a été propulsée normalement du canon et n'a pas été poussée par la seconde."

7) Cette affirmation du rapport balistique faisant échec à la théorie développée par le médecin légiste, en conséquence aucune explication ne peut être donnée au giclement au plafond, à la position du corps et enfin à la

possibilité matérielle de tirer deux fois, les deux balles étant mortelles et successives. »

Enfin, la conclusion générale :

« 8) L'hypothèse développée par les médecins-légistes apporte une explication à toutes ces interrogations et rend le suicide plausible. Or, seul le rapport balistique contredit cette hypothèse. »

Le procureur Vilatte qui examine le rapport dans son bureau trouve la pilule dure à avaler. Difficile de soutenir en même temps qu'on ne peut expliquer le sang au plafond, la position du corps et les deux balles successives ; et conclure tranquillement que le suicide est « plausible ». Le procureur trouve ce septième paragraphe, inspiré directement des observations de Simone Grivel, bien embarrassant : « Trop affirmatif, dit-il au policier en lui demandant de la faire sauter. » Ce magistrat imprudent ou... trop prudent ne se rend pas compte qu'en réalité c'est lui qui va sauter... Un mois plus tard, il sera « promu » avocat général à Paris, une de ces promotions-sanctions dont la justice a le secret. Le ministre lui reprochera d'avoir traîné les pieds pour l'avertir. Lorsque le 15 mars Gaston Defferre, prévenu par ses policiers, fait part à Pierre Mauroy de l'existence de la fatidique « deuxième balle », le garde des Sceaux, Robert Badinter, n'a encore rien reçu de Marseille, affirme la chancellerie. Les expertises ne lui parviendront que tard dans la nuit de lundi et un magistrat de Marseille apportera une copie du dossier à Paris pour que le ministre puisse enfin se faire une idée de l'affaire. Le procureur Vilatte, lui, affirme qu'il a alerté le conseiller technique du ministre, Hubert Dujardin, et l'informait heure par heure des nouveaux développements. Difficile de se retrouver dans ces chausse-trapes politiques car le nouveau pouvoir socialiste avait aussi quelques vieilles raisons d'en vouloir au procureur de Marseille et il n'était sans doute pas mécontent de profiter de l'occasion pour s'en débarrasser.

Mais pour Lucet, voici la justice au pied du mur avec des rapports contradictoires sur les bras. Que faire ? On gagne encore du temps et on tente d'apaiser les esprits : « Faisons des expertises complémentaires », ordonne la chancellerie. Quand on ne sait pas quoi faire, pourrait-on dire en paraphrasant Clemenceau, on nomme un expert. Cette fois, on en désigne six, tous des « pontes » nationaux, Pierre Ceccaldi, André Hadengue et Raymond Martin de Paris, Pierre Mullern de Lille, Bernard Falle, de Boulogne-sur-Seine, et Georges Dumont. Scène pénible : on déterre donc le corps de René Lucet inhumé entre-temps au cimetière de Fontainebleau pour lui faire subir une troisième autopsie. Nouvelles contradictions, nouveau dilemme.

Loin de n'occasionner qu'une brûlure sans gravité, le premier coup de feu a fait exploser « le rocher de l'oreille et disloqué la boîte crânienne, la balle se déformant et perdant sa chemise de cuivre au contact de la masse osseuse, avant de se ficher dans le cuir chevelu », expliquent les nouveaux légistes. « La poursuite des fonctions vitales élémentaires, constatent-ils néanmoins, dépend de l'indemnité des structures sous-jacentes. » Or, ils sont dans l'incapacité d'évaluer les dégâts causés par la première balle, faute de pouvoir identifier le trajet des deux projectiles à travers la substance cérébrale. Ils ne peuvent même pas mesurer la courte distance (bout portant ou bout touchant) à laquelle ils ont été tirés. Et pour cause, il leur est impossible de procéder à une véritable autopsie sur un cerveau non conservé dans du formol et réduit en bouillie lors de la première autopsie...

A tel point que les nouveaux médecins-légistes, furieux, convoquent le Dr Mariotti pour lui demander des explications. Selon la formule consacrée, une autopsie mal faite ne se rattrape jamais. Ils constatent bien la « poursuite des fonctions vitales élémentaires après le premier coup de feu » : on retrouve du sang dans l'estomac de Lucet. Preuve qu'il a dégluti après le premier coup. Cet acte, purement automatique, ne résout rien. Résumant les conclusions ambiguës du rapport, le procureur Vilatte se contente de souligner l'impuissance des nouveaux experts à « établir les structures nerveuses intéressées par le premier coup de feu » et par conséquent, à « exclure la possibilité d'une réitération du geste de tir ». En clair, rien n'est sûr !... Même mortelle, une balle peut ne pas terrasser sur-le-champ et René Lucet a pu replacer l'arme sur son oreille et actionner une nouvelle fois la détente. Mais dans ce cas, comment expliquer l'existence de deux orifices d'entrée très proches pour les deux balles — surtout s'agissant du calibre 38 spécial dont l'effet de recul est d'au moins 20 centimètres. Comment, dans ces conditions, un homme cliniquement mort a-t-il pu tirer un second coup de feu avec le même impact ? Le mystère reste entier. On retourne à la case départ.

LES PISTES DU JUGE : FRANÇOISE LUCET SE DÉFEND

Mais cette fois, un mois s'étant écoulé et les passions s'étant calmées, on nomme enfin un juge, Bernadette Augé, de Marseille, chargée d'une instruction sur les « causes de la mort ».

Aussitôt, ce juge énergique fouille dans tous les recoins de l'affaire : cinq cents procès-verbaux, plus de cent personnes entendues par la police. La brigade criminelle de la P.J. de Marseille, dirigée par le commissaire Jean-Pierre Sanguy, commence par reconstituer patiemment les faits et gestes de Lucet lors de cette soirée tragique. Elle dresse en même temps un étonnant portrait psychologique du personnage.

18 heures, mercredi 3 mars, René Lucet abandonne sa Caisse, en faisant le V de la victoire. Quelques instants plus tard, il s'effondre pourtant dans sa voiture. Un témoin imprévu racontera la scène ; l'électricien de la Caisse, M. Tissot, que Lucet a pris sur le chemin pour le déposer à l'arrêt d'autobus. Devant son ancien employé, Lucet éclate soudain en sanglots...

Ensuite, première énigme, il disparaît plus de deux heures avant de réapparaître chez lui à 20 h 30. Pour combler ce mystérieux « blanc », le juge Augé décide d'employer les grands moyens. Elle ordonne aux policiers d'aller interroger toutes les personnes qui figurent dans l'épais carnet d'adresses de René Lucet. La méthode est fructueuse. Après plusieurs jours de recherche, les policiers frappent enfin à la bonne porte. Première incursion dans le monde secret de Lucet.

Il s'est rendu ce soir-là chez une amie dans un appartement de la cité chic de la Cadenelle, où il a regardé avec plusieurs autres personnes les informations régionales de F.R.3. « Tu n'es pas fini, l'encouragent ses amis, au contraire, ton combat continue. » Avant de rentrer chez lui, il raccompagne une amie très proche qui se trouvait à la Cadenelle. « Il était très ému, confiera cette jeune femme aux policiers. En partant, je l'ai observé une dernière fois dans le rétroviseur, il était livide... »

Les policiers, en revanche, se cassent les dents sur le second « trou » de son emploi du temps, l'heure où il va « chercher des cigarettes »... Où cet homme en sursis a-t-il pu porter ses pas ? La police n'a pu le savoir. Va-t-il retrouver un ami fidèle ? Tenter une ultime intervention auprès d'un responsable politique ? — ce bruit a couru à Marseille... rumeur, rumeur... Veut-il revoir sa « Caisse » ?

Mais à cette heure, le bâtiment de Valmante lui a déjà échappé. A sa demande, un huissier parcourt le septième étage, dressant comme pour un décès un « état des lieux ». Va-t-il retrouver une dernière fois la femme de la Cadenelle ? Mais pourquoi ne l'aurait-elle pas avoué aux policiers ?

L'existence de cette femme, très attachée à Lucet, conduit les enquêteurs à envisager naturellement l'hypothèse d'un crime passionnel. D'autant que Lucet voulait à tout prix garder une attache à Marseille, n'importe laquelle ; il avait réclamé à sa hiérarchie qu'on lui y laisse au moins un bureau, une « fonction ». Mais les policiers devait abandonner cette hypothèse. La jeune femme affirme d'abord qu'elle ne voulait en aucun cas « briser son ménage » et puis la propre femme de Lucet connaissait les faiblesses de son mari et s'en était « accommodée ». Les rumeurs malveillantes grandissant à ce sujet, elle s'en explique dans une longue interview accordée le 6 avril 1982 à Virginie Le Guay et Jean-François Mongibeaux du *Quotidien de Paris* :

« Je n'ai jamais été une femme insatisfaite, à quelque niveau que ce soit. On se connaissait mon mari et moi depuis vingt ans. On était mariés depuis dix-huit ans. Il y avait une complicité entre nous que je souhaite à beaucoup de couples. J'en suis même fière. C'était un homme qui était heureux dans son ménage. C'était un homme libre. Libre d'aller et de venir. Le principal, c'était qu'il revienne. C'était un grand bateau, j'étais son port d'attache. Pour le garder, c'était ça ou le perdre. (...) J'ai eu des coups de fil, des lettres anonymes qui me disaient que mon mari n'était pas très sage, pas très raisonnable. Ça ne m'apprenait rien. Je le connaissais trop bien. Dès le départ, il était dédouanné(...). Mais vous savez, quand il me mentait, plus il me regardait droit dans les yeux, plus je le savais. De toute façon, je n'étais pas dupe. J'étais au courant sans l'être. Je préférais ne pas savoir. Mais cette liberté que je lui accordais, il la voulait aussi dans son travail. René Lucet voulait gérer sa Caisse comme une boîte privée. A la limite, j'essayais de faire abstraction de mes sentiments de femme et d'épouse pour le comprendre encore mieux. Au fond, c'était mon troisième enfant (...). Je n'étais pas heureuse. J'étais plus qu'heureuse. Je n'aurais pas pu supporter un autre homme. C'est tout. Je n'aurais pas pu. Je me serais ennuyée. Notre couple n'était pas conformiste, à l'image des autres couples. Et je souhaite à tous les hommes d'être traités de la même façon. Nous n'étions pas un couple désuni. Nous étions un couple libre. Et ce ne sont quand même pas les gens de gauche qui sont soi-disant si tolérants, et qui ont des vues tellement libérales qui vont nous reprocher ça, quand même (...).

« Mon mari n'était pas le genre d'homme à se supprimer pour une femme. Ni pour deux, ni pour trois, ni pour six. Je pourrais dire qu'il m'a presque surprise même en le faisant pour son travail. Mais pour une femme, ce serait grotesque, grotesque. Alors insinuer que moi, j'aurais pu le faire, ça dépasse tout ! La passion au bout de vingt ans ! Je ne me représente pas comme quelqu'un de passionné. Et puis dans quel but ? Et le sang-froid, le sang-froid, mais vous vous rendez compte, au point de vue financier, et à tout point de vue, où j'en suis ? Alors à ce moment-là, ce n'aurait pas été du sang-froid mais de la bêtise. Alors, je serais particulièrement bête ? »...

A sa mort, René Lucet laisse en effet à sa femme et à ses enfants un compte bancaire presque vide — nous y reviendrons — une maison gagée et une assurance vie souscrite à Melun en 1974 d'un montant de 114 000 F. Aux policiers qui lui faisaient remarquer la modicité de la somme, sa femme répondra amèrement : « Si vous croyez qu'il se souciait de ça... »

Mais surtout, ce sont les faits qui plaident pour Françoise Lucet. Le juge procédera à une perquisition et à deux reconstitutions. Aucune ne démentira sa version. On entend bien du salon les coups de feu tirés dans la chambre et le premier ressemble, comme elle l'a décrit, au bruit d'une vitre qui éclate. Mieux, l'un des premiers témoins arrivés sur les lieux a remarqué sur la table du salon la trace laissée par le verre d'eau précipitamment déposé par Mme Lucet en remontant dans la chambre. « Je préfère ne pas penser à ce qui se serait passé si j'étais arrivée pendant qu'il avait le revolver en main », dira-t-elle plus tard. Marc Murracioli, qu'elle a tenté de joindre en premier, reconnaîtra qu'en effet son téléphone était mal raccroché cette nuit-là. La police calculera exactement le temps qu'a mis son frère Paul, le premier arrivé, pour parcourir la distance de son domicile à la villa de Saint-Barnabé. La durée correspond à ses déclarations et à celles de Françoise Lucet.

Son récit résiste donc à tous les assauts de la justice et ce n'est pas faute d'y avoir été soumise. Toutes les pistes ont été explorées. Ainsi, une femme de ménage de la villa a raconté aux policiers qu'elle avait surpris un jour Madame avec l'un des chauffeurs en train d'examiner les plans de la villa. « Bizarre, bizarre », se disent les enquêteurs qui interrogent aussitôt la veuve de René Lucet. « C'est vrai, dit-elle, je voulais installer une salle de jeux pour les enfants dans les pièces d'en bas. » « Exact », confirmera l'architecte. Un coup d'épée dans l'eau. Plus, le professeur Ceccaldi, expert parisien en balistique, qui fait partie du nouveau collège de spécialistes, renforce lui aussi la thèse du suicide. A l'aide d'un mannequin, il a examiné s'il était possible de se tirer deux balles dans la position où le corps a été découvert ! Peut-on, malgré le recul de l'arme, se tirer deux balles par le même orifice, lui demande-t-on également. « Possible, répond prudemment l'expert, à condition que la victime se soit tenu avec l'autre main, la main qui tenait le revolver. » Il reprend curieusement, sans le savoir, la thèse de Françoise Lucet elle-même :

« D'après les photos de police, dira-t-elle, mon mari était couché sur le côté, il avait la main gauche en l'air et moi, en voyant cette position, j'ai toujours pensé qu'il s'était tenu la main avec son autre main pour qu'elle ne bouge pas. Cette histoire de recul ne veut rien dire (...). De toute façon, tout ce que je peux dire, c'est que s'il avait pu se tirer trois balles, le connaissant, il s'en serait tiré trois (...). S'il avait décidé de se tuer, rien au monde n'aurait pu l'en empêcher... »

Enfin, dernier élément en faveur du suicide, lors de la perquisition effectuée à la villa, le juge a découvert parmi d'autres pièces sans importance — un proche de Lucet aurait brûlé le lendemain de sa mort certaines de ses notes personnelles — un curieux petit dossier vert établi par René Lucet et relatif à la jurisprudence sur les cas d'accident et de suicide. Comme si le directeur de la caisse avait voulu s'informer sur les conséquences de son suicide. Prévoyance, hasard, ou prémonition ?

Mais l'enquête menée par la police débusque soudain un nouveau mobile plausible d'assassinat. Et si l'on avait tué Lucet pour l'empêcher de parler ? Parce qu'en vingt-huit mois, il en avait appris des choses René Lucet sur la vie secrète marseillaise ! Tellement, qu'il s'y est peut-être brûlé les ailes. Car, révèle l'instruction, derrière le gestionnaire rigoureux, le pourfendeur des rouges, « le Lucet lumière », il existait un « Lucet de l'ombre », un papillon de nuit attiré par les marginaux. Il aimait finir la nuit dans des boîtes à Aix-en-Provence, par exemple ; il y faisait des entrées fracassantes, costume croisé à fines rayures, cheveux plaqués en arrière, entouré de ses quatre gardes du corps, « porte-serviettes » ; sa « bande » qui tenait sa portière et le protégeait au restaurant. Il y tenait table ouverte : champagne, faux amis et vraies jolies filles. Attitude ambiguë qui provoqua même des malentendus savoureux. Ainsi, une jeune femme avec qui il avait lié connaissance dans un night-club des environs de Marseille voulut se renseigner sur son compte auprès d'un policier. « J'ai rencontré un type pas mal dans une boîte, il roule en grosse voiture et se fait protéger par des gorilles. Il m'a dit qu'il travaillait à la Sécurité sociale... » « Méfie-toi, répond son ami inspecteur, il doit s'agir d'un proxénète. Ne t'approche pas trop près. » Quelques jours plus tard, la jeune femme, ravie, retourne voir son copain : « Mais non, imbécile, c'est le directeur de la " Sécu " de Marseille... »

« Sa conduite était tellement voyante, raconte un proche, qu'à une époque, on l'a rappelé à l'ordre et qu'il a dû limiter ses virées. »

Mais cet homme passionné et excessif s'estimait au-dessus de ces frileuses prudences de petits fonctionnaires. Mêlant parfois l'utile à l'agréable, il traitait des affaires dans les boîtes. Au *Mille et Une nuits,* un restaurant-spectacle de Marseille, il avait ainsi recruté un entrepreneur, André Bénaïche, qui allait rénover de nombreux centres de la « Sécu ». A la caisse, on affirmait même qu'il participait parfois aux grosses parties de poker qui mêlaient la nuit gens du monde et du demi-monde. Les policiers n'ont pourtant trouvé aucune trace de ces parties clandestines. Bref, tout le portrait du « Cacou » comme on appelle sur la Canebière celui qui veut « briller ». René Lucet a été saisi, c'est certain, par ce que les Provençaux appellent le « démon du midi », le dangereux « syndrome » de Marseille. « Les gens d'ailleurs, explique un autochtone, sont émerveillés par l'exubérance et l'excès des Méridionaux, ils se laissent parfois séduire par des hommes troubles qui les " épatent ". Le vieux folklore du milieu marseillais... C'est l'éternelle histoire du bourgeois qui s'encanaille mais ici elle se termine toujours mal. D'autant, ajoute cet " expert ", que Lucet n'était ni corse ni sicilien... » Bref, un homme en danger.

Autre manifestation pernicieuse du « démon du midi », Lucet ruminait d'inquiétantes idées de grandeur. Emballé et exalté par sa « croisade antirouge », il se prenait à rêver d'un « destin local d'opposition ». « Pourquoi pas, songea-t-il, tête de liste R.P.R. aux municipales contre Defferre ? » Maire de Marseille ! Prodigieux tremplin pour toutes les ambitions politiques. Il s'ouvrit de ce projet à plusieurs militants R.P.R. qui le rapporteront après sa mort à la police.

Aux uns, il demandait de l'appuyer auprès du député R.P.R. de Marseille, Hyacinte Santoni : « Serait-il favorable à ma candidature contre Defferre ? » Aux autres, il proposait sérieusement de l'aider à préparer sa campagne et à recruter des colleurs d'affiches.

UN AMI BIEN ENCOMBRANT ET DES COMPTES BIEN COMPLIQUÉS

Mais les policiers, surpris par ces ambitions, sursautent lorsqu'ils découvrent dans son sillage un poisson de gros calibre, l'une de leurs vieilles connaissances, une « star » de la Canebière, Dominique Venturi. « Nick », comme on dit dans les bistrots du Vieux Port, appartient à la légende de la ville. Après avoir échappé dans sa jeunesse à tant de sanglants règlements de comptes, ce seront, ironie du sort, ses relations avec un « notable », René Lucet, qui feront trébucher cet intouchable et qui le conduiront à la prison des Baumettes. Chacun sait à Marseille que M. « Nick » et ses affaires n'étaient pas comme on dit « du mauvais côté du Vieux Port », entendez qu'il était réputé se trouver du côté de la mairie. Ses relations privilégiées avec Gaston Defferre remontent à la Libération. On raconte même qu'il aurait pris d'assaut en 1944 *Le Provençal* aux côtés du futur maire. « Faux, assurait le ministre de l'Intérieur lors d'une interview accordée au *Point.* J'ai libéré seul le journal avec une arme que j'avais rapportée d'Angleterre. Je me suis emparé de l'imprimerie. Puis j'ai convoqué un rédacteur en chef que j'avais choisi et, sur un coin de table, nous avons écrit les articles et le journal est reparti. J'ai même failli exploser en le distribuant, ma voiture avait pris feu... » Un point d'histoire... Mais si Nick n'a pas pris *Le Provençal,* tous les Marseillais savent qu'il a largement contribué à l'irrésistible ascension du maire. Ils se souviennent des meetings électoraux en 1953 où Dominique Venturi — « Venture », dit-on là-bas —, inspirait « silence et respect à tout le monde pour laisser parler le candidat Defferre », explique un vieux Marseillais nostalgique. A l'époque, le jeune Nick s'est déjà fait un nom. Il a été mêlé à l'hécatombe du *Combinatie,* ce bateau bourré de cigarettes blondes de contrebande, détourné vers la Corse, à l'origine d'une des plus sanglantes guerres des gangs qu'ait jamais connues la Côte : plus de vingt morts. Il est ensuite fiché au grand banditisme. Nick s'affirme alors dans le milieu corse comme un patron, sinon un « parrain », bref, un homme qui se fait respecter et rêve de devenir respectable. Dès l'élection de Gaston Defferre, il saisit une chance unique de « diversifier » ses activités et de se « ranger ». Il devient P.-D.G. d'une coopérative ouvrière de bâtiment, la C.E.G.M. (coopérative d'entreprise générale du Midi). Les lois sociales prévoient que les sociétés coopératives peuvent bénéficier du quart des adjudications par appel d'offres. Venturi saute sur l'occasion. Sa coopérative de peinture, comme par hasard, est presque seule sur le marché marseillais et travaille en priorité avec la mairie. Excellente affaire. Et, ce qui ne gâte rien, légale... : Le maire aurait voulu donner une chance de se « réinsérer » à ce « gentil » garçon. Car, côté « série rose », Venturi se présente comme un socialiste pur teint. Il a hérité d'un père syndicaliste prêchant la « foi » socialiste et la haine des communistes. Et il a mis cette haine en pratique après la Libération où, miraculeusement épargné par les bombardements, le port de Marseille est l'enjeu d'une véritable guerre de quartier entre le P.C. et la S.F.I.O. L'arme au poing, Venturi défend ses amis socialistes. Mélangeant habilement l'intérêt et les convictions, il restera toujours fidèle à ses premières amours politiques et demeurera toute sa vie militant au P.S. (adhérent à la deuxième section, quartier du Panier).

Les liens avec Gaston Defferre vont encore se resserrer en 1962, quand ce dernier est menacé de mort par l'O.A.S. Nick accepte d'autant plus volontiers de participer à sa protection qu'il partage les convictions du maire. Pourtant, dans les années 70, retour à la « série noire » : une commission de sénateurs américains dénonce publiquement les gros bonnets marseillais de la drogue, la célèbre *French Connection*. Parmi eux, Nick Venturi, dont les sénateurs exhibent un rapport de l'office central de la répression des stupéfiants qui le qualifie de « malfaiteur international ». Contrairement à son vieil ami Marcel Francisci qui se lance dans de spectaculaires procès contre les journaux français et américains, Nick ne bouge pas d'un cil. Retranché dans son fief marseillais, il fait le gros dos. Bonne technique : faute de preuves, l'affaire se tasse. On l'oublie... Il redevient alors une « personnalité locale », un intermédiaire plein d'entregent, toujours prêt à rendre service, à trouver du travail à un ami. Son affaire est alors prospère, il dispense prébendes et sinécures. Nick ouvre, dit-on, son gros portefeuille lors des campagnes électorales. On le voit en compagnie d'Emile Loo — dit « Milou » — alors trésorier du parti socialiste et tout-puissant secrétaire de la fédération des Bouches-du-Rhône. Il fréquente Antoine Audrieux, un ex-chauffeur de taxi, ancien résistant, devenu sénateur et responsable du vaste secteur des bâtiments communaux, et Jean Masse, député P.S. de Marseille. L'âge d'or. Pourtant, depuis 1981, cette belle réussite bat de l'aile. D'abord, sa chère coopérative, gérée par son fils, connaît des difficultés financières et puis, un comble, ses amis politiques, enfin au pouvoir, lui cherchent des noises. A la mairie, tout a changé. La vieille garde socialiste s'essouffle, talonnée par une nouvelle génération, plus « vertueuse », moins proche de ce clientélisme à la romaine qui unit parfois les honnêtes gens et les malfrats, les « copains et les coquins ».

L'un de ces jeunes « loups » de la politique marseillaise, l'énarque Philippe Sanmarco, tente justement d'évincer Dominique Venturi. Il le trouve trop voyant, trop compromettant et flaire du louche dans ses affaires.

En septembre 1979, Philippe Sanmarco, spécialiste à la mairie des problèmes économiques, trouve suspect certains marchés de la ville. Pendant trois mois, il épluche les finances municipales et sursaute : la coopérative de Venturi a raflé pour 70 millions de francs de lots. Seule agréée auprès de la mairie, elle était aussi la seule candidate…

Philippe Sanmarco, outré, se précipite chez Gaston Defferre et lui déroule un immense listing des marchés accordés à Nick : « Ça suffit, grogne le maire, apparemment surpris. Plus un seul marché pour Venturi. » « Impossible », rétorque Sanmarco qui va plus habilement redéfinir les lots de façon à éloigner peu à peu Venturi de la mairie. Furieux, Nick, qui sent la manœuvre, fonce vers le bureau du maire et réussit à obtenir un rendez-vous. Mais cette fois, faute psychologique, il monte sur ses grands chevaux. Gaston Defferre, expert en colères, se cabre et l'éconduit. Pour bien enfoncer le clou, Nick est rayé de la liste des grands électeurs de la ville — à laquelle il appartenait… avant les sénatoriales de 1980. Il tempête, menace, fait état de sa qualité de vieux socialiste. Il réclame même à Michel Pezet, l'autre jeune loup marseillais, le nouveau patron de la fédération P.S. des Bouches-du-Rhône, d'arbitrer ce qu'il présente comme un « conflit interne à la fédération »… Rien n'y fait. Nick, abandonné, inquiet, cherche d'autres contacts, voire d'autres amitiés. Parmi celles-ci, les policiers, stupéfaits, découvrent René Lucet. Venturi lui a été présenté par des amis communs dès son arrivée à Marseille ; son entreprise travaillait depuis plusieurs années pour la caisse de la Sécurité sociale. Les deux hommes sympathisent : Venturi, haut en couleur, a toutes les qualités pour séduire Lucet. « Nick » lui propose même de lui vendre sa maison et à un prix défiant toute concurrence. Ainsi, apprennent les policiers de plus en plus intéressés, la superbe maison de Saint-Barnabé avec piscine privée et dorures intérieures appartenait à Venturi. Il l'avait cédée au directeur de la caisse le 9 décembre 1980.

Les enquêteurs flairent le « gros coup » et s'engouffrent dans cette piste providentielle. Ils cherchent ce qui a pu rapprocher ces deux hommes et démontent avec ardeur le mécanisme de la vente de la villa. Premier fil de la grosse pelote.

Pour comprendre cette transaction, un peu d'histoire : en lui coupant les vivres, la mairie a affaibli Dominique Venturi qui a, dans deux sociétés parisiennes de sous-traitance, la S.A.C.E.R. et la S.M.A.C.-A.C.E.R.O.I.D., une grosse ardoise de 2 368 279,89 F. Obsédé de respectabilité, Nick refuse de lâcher ses ouvriers et de sombrer dans une déshonorante faillite. Il met alors, affirme-t-il, ses biens personnels dans la balance et donne une caution hypothécaire, sa somptueuse villa. Nick l'estime à 2 millions de francs. « Nous l'avons faite expertiser, explique aux policiers un responsable de la S.A.C.E.R., le rapport concluait à une valeur de 1 835 600 F, avec une fourchette de 10 % en plus ou en moins. En plus de la caution hypothécaire, nous avions obtenu le " mandat de vente ". La C.E.G.M. (la société de Venturi) n'étant pas en mesure de nous régler le montant de nos traites, nous l'avons mise en vente dès l'été 1980. Les agences n'ont trouvé aucun acquéreur, mais M. Venturi nous a proposé un client qui ne voulait pas dépasser 1 500 000 F. Il s'agit de M. René Lucet. Malgré plusieurs tentatives pour en obtenir davantage, nous n'avons pu la vendre au-dessus de cette somme. »

La S.A.C.E.R. et la S.M.A.C. qui autorisent la vente, en sont donc de leur poche de quelque 800 000 F, la dette de Venturi s'élevant à 2 368 000 F. Pourquoi cette générosité, ce cadeau à Lucet ? s'interrogent les enquêteurs. « Mieux vaut toucher 1 500 000 F que de mettre la villa en liquidation judiciaire », répond la S.A.C.E.R. « Comme c'est étrange », murmurent les enquêteurs, à la même époque la caisse de Sécurité sociale confiait à quelques entreprises la rénovation de nombreux centres, un très important marché dont Venturi allait bénéficier en priorité...

De plus, pour acheter cette somptueuse maison, transformée en forteresse par « Nick », René Lucet s'endette sérieusement. En arrivant à Marseille, le couple Lucet, qui possède déjà une résidence secondaire à Champrey en Suisse, hésite entre un petit mas à Eoures et une maison bourgeoise boulevard Bompard. L'imposante villa moderne de Nick avec vue imprenable séduit d'emblée Françoise Lucet en raison du « quartier calme et bien fréquenté ». « Mais, affirme-t-elle curieusement aux policiers, mon mari ne m'a donné aucune précision sur le précédent propriétaire. Il ne m'a pas appris non plus comment cette villa lui avait été désignée. » Pas bavard, René Lucet. « Je n'ai vu, poursuit Françoise Lucet, M. Venturi qu'à deux reprises, une fois pour la signature lors de la vente et une autre fois pour qu'il m'explique le fonctionnement de la piscine. Je ne le connaissais pas, conclut cette femme peu prolixe, il ne faisait pas partie de nos relations. De même, je ne connaissais pas les relations professionnelles de mon mari... »

Pourtant, pour acquérir cette maison de rêve, René Lucet doit vendre sa maison de Fontainebleau — 1 250 000 F — il rembourse les prêts qu'il avait contractés pour l'acheter et en sollicite deux nouveaux à Marseille : l'un de 500 000 F au Crédit Foncier, l'autre de 200 000 F à la Caisse d'Epargne. Le 9 décembre 1980, il réalise une belle opération en enlevant la villa pour 1 500 000 F, et la fait réaménager à son goût par un architecte d'Aix-en-Provence. Mais il doit chaque mois des traites de 9 955 F, soit près de la moitié de son salaire : 22 000 F. De plus, fin septembre 1981, il contracte à la banque La Hénin de Marseille, pour le compte de son frère Francis, un prêt de 120 000 F qui lui coûte 2 000 F de plus par mois. Or, le train de vie de Lucet ne s'en ressent pas pour autant. Du coup, les enquêteurs, intrigués, décident de se plonger dans ses comptes personnels. Ils veulent savoir, entre autres, s'il n'avait pas « négocié » le croustillant marché de la rénovation des centres. René Lucet, apprennent-ils très vite, possédait deux comptes : le compte N° 322038 V à la banque Martin Maurel de Marseille et le compte N° 231601667 à la Bred de Vincennes.

A partir de juillet 1980, le premier (Marseille) est crédité de 610 000 F et le second (Vincennes) de 371 000 F dont 93 000 F transférés de Marseille. René Lucet a le chèque facile : malgré l'importance des dépôts, le compte de Vincennes est régulièrement à sec : le 1er mars 1982, il est débiteur de 5 167 F et, à la date de sa mort, le 30 avril, le débit s'élève à 30 924 F. Le compte de Marseille également fait de fortes différences : René Lucet tire chaque mois au moins deux chèques de plus de 10 000 F avec des pointes de 40 000 F et il utilise fréquemment des « chèques omnibus » (des chèques de banques) allant de 2 000 à 10 000 F. De plus régulièrement, il dépose à son compte des petites sommes en liquide, ce qui est insolite pour un fonctionnaire : 5 200 F par mois en moyenne pour l'année 1981.

Mais voici la faille. Sur la somme totale de 981 000 F créditée sur les deux comptes, le salaire de René Lucet, pour la même période, ne représente que 377 000 F — auxquels s'ajoutent, il est vrai, 200 000 F de frais divers (réceptions, missions, transports, carburant). Mais la caisse n'en rembourse que 70 000, ces fameux 70 000 F découverts à grands cris par les inspecteurs du ministère.

Il reste donc environ 350 000 F d'origine inconnue, non déclarés au fisc. C'est ce que révélera — de façon inhabituelle — le nouveau procureur de Marseille, Pierre Truche, en un communiqué laconique du 23 septembre 1982 qui sèmera volontairement le doute : « Des sommes importantes ne correspondant pas à un revenu déclaré sont apparues au compte de M. Lucet... »

En réalité, environ un tiers de ces 350 000 F, soit 112 000 F, a été déposé à la banque en liquide, ce qui laisse songeurs les enquêteurs : il est rarissime qu'un fraudeur prenne le risque de mettre de l'argent noir à son compte, ou il le cache dans ses armoires à linge, ou il le dépense aussitôt. Alors ? Imprudence ? Maladresse ? A moins qu'il n'existe une autre explication encore ignorée. Françoise Lucet, une fois de plus, ne leur sera pas d'un grand secours : aux questions des policiers, elle répond sobrement : « Vous me signalez que des fonds figurant sur le compte bancaire de mon mari excèdent le montant de ses salaires et frais de 300 000 F environ, je ne connais pas la provenance de ces fonds, il ne m'a jamais entretenue de cet état de fait... »

L'enquête minutieuse menée par les inspecteurs Perrin et Pilet va finir par trouver d'où provient ce mystérieux argent. Du moins une grande partie. Au bout d'un an d'investigations, ils vont trouver l'origine des 180 000 F qui arrivaient par chèques et transitaient par la Bred de Vincennes. La réponse de la Bred lève une partie du mystère et « réhabilite » Lucet, car il ne s'agit pas, comme l'avait supposé un peu vite le procureur, d'argent « honteux ». 100 000 F proviennent de la vente de sa première maison à Fontainebleau. Son agent immobilier lui a versé le solde de l'opération. Les autres 80 000 F proviennent tout bonnement d'un héritage. Et oui... L'un de ses parents l'avait désigné comme légataire universel. Ce parent avait prêté de l'argent à de nombreux débiteurs qui espéraient bien ne jamais le rembourser. Mais l'énergique Lucet a vite fait rentrer cet argent par des huissiers. Bénéfice : 80 000 F qu'il a mis sur son compte et transféré à Marseille. Plus de doute donc sur l'origine des chèques. En revanche, certaines rentrées en liquide demeurent encore énigmatiques. L'argent déposé à Marseille provient, lui, vraisemblablement, de notes de frais réglées en liquide par la Caisse et que Lucet déposait à sa banque. Rien d'anormal. Le compte Bred de Vincennes porte néanmoins la trace de quelque 60 000 F déposés en deux ans par une main anonyme. L'enquête n'a pu identifier ce généreux donateur.

Il n'en demeure pas moins que, malgré ce petit accroc, l'origine de la quasi-totalité des revenus de René Lucet est aujourd'hui expliquée. La thèse « Lucet corrompu », « acheté » par les entrepreneurs, est loin d'être prouvée. Pourtant, découvrent les enquêteurs, il se produisait bien des opérations anormales à la Caisse. Certains entrepreneurs présentaient des faux devis et se servaient de fausses factures, ce qui prouve que de l'argent noir a bien circulé à la « Sécu ». Mais qui en profitait ? Qui a empoché ces sommes détournées ? Pour le comprendre, il faut retourner à la « Caisse départ » examiner à la loupe les comptes que gérait Lucet. Ce qu'on va découvrir va ébranler Marseille et soulever un scandale d'envergure nationale. Les policiers vont révéler un réseau de trafic d'influence et de corruption à la mairie de Marseille et mettre à jour une gigantesque escroquerie aux fausses factures qui alimentaient des dizaines de caisses noires. Une sorte de « S.O.S. fraude », l'une des plus grosses arnaques jamais découvertes en France.

Mais, malgré leur acharnement, les policiers ne découvriront rien de plus sur la mort de René Lucet. En dépit des « zones d'ombre », les deux balles, la position du corps, le papier de la chambre arraché, l'argent qui tombe du ciel, le juge Augé clôturera discrètement son enquête en janvier 1984 au risque d'un classement sans suite.

LA MORT EN FACE

René Lucet a donc emporté avec lui le mystère des deux balles qui l'ont tué. On ne saura jamais — sauf fracassant fait nouveau — comment l'on peut se suicider de deux coups de feu tirés l'un après l'autre, à travers presque le même orifice... La justice, elle, ferme le rideau sur le drame : cette mort demeure « mystérieuse », ce qui signifie qu'elle entérine la thèse du suicide.

Le 4 mars, René Lucet, chassé de Marseille, épuisé par une lutte sans merci avec la C.G.T., écœuré par la décision de Nicole Questiaux, aurait donc abandonné la lutte au petit matin. Cet homme excessif jusqu'à la provocation se serait supprimé, victime d'une autre intolérance. « Le ministre de la Solidarité nationale, disent ses amis, a traité l'affaire avec partialité. On ne l'a pas laissé se défendre et on l'a suspendu pour des mauvaises raisons. » Nicole Questiaux quittera d'ailleurs un peu plus tard le gouvernement, « victime » de cette affaire et de la politique de « rigueur ».

Finalement, au-delà du combat politique et du choc des idéologies, René Lucet n'aurait pas supporté qu'on mette en doute ses qualités professionnelles, l'orgueil de sa vie. Cet homme ambitieux, entreprenant et imprudent, était avant tout sûr de lui-même, de son intelligence et de sa compétence.

Revenons une fois encore à ce témoin privilégié, Françoise Lucet, souvent tenue à l'écart, mais qui a partagé dans l'ombre la guerre « sacrée » de son mari. Aux « ultras » de Lucet qui voulaient continuer la lutte après sa mort, elle dira, craignant le « retour du bâton » : « Vous savez ce n'est pas Jeanne d'Arc que vous avez enterrée l'autre jour, n'allez pas trop loin, n'exagérez pas... »

Depuis la mort de son mari, elle n'a jamais voulu retourner à la villa de Saint-Barnabé ; vivant « comme une terroriste », abandonnée par tous, excepté par un « carré de fidèles », elle s'est réfugiée chez la secrétaire de son mari puis chez l'un de ses « protecteurs-chauffeurs » qui l'a hébergée à son foyer pendant près d'un an. Aujourd'hui, elle s'est enfin débarrassée de cette maison, symbole de la réussite et du malheur : une association de médecins l'a achetée 2 millions de francs pour la transformer en clinique privée. Françoise Lucet a définitivement quitté Marseille avec ses enfants pour fuir « l'affaire Lucet » et retrouver l'oubli.

C'est encore elle pourtant qui explique le mieux le geste de son mari :

> « Aux excès, expliquera-t-elle, il répondit par des excès. A l'intolérance, par l'intolérance (...). Avec la désespérance, il perdit la prudence et le sens des réalités (...). Même à ceux qui le connaissaient bien, même à moi, il nous a fait illusion jusqu'au dernier moment, avec sa superbe, son orgueil blessé (...). Et l'orgueil parfois peut tuer » (...).

> « Au fond, dira-t-elle encore, je suis persuadée que s'il avait pu passer cette première journée du 4 mars sans être directeur, s'il avait accepté le premier regard du gars en bas qui l'attendait et ceux des autres qui allaient crier victoire ; s'il avait accepté les regards des autres, il aurait été sauvé. »

Et puis, comme pour tout suicide, la part indiscible de l'irrationnel. « Il n'y a rien de plus mystérieux qu'un suicide, que tout suicide, écrivait Henri de Montherlant. Quand j'entends expliquer les raisons de tel suicide, j'ai toujours l'impression d'être sacrilège car il n'y a que le suicidé qui les ait connues, et qui ait été en mesure de les comprendre. Je ne dis pas de les faire comprendre : elles sont les plus souvent multiples et inextricables. » (...)

Marseille, sa vie, ses amis, ses folies, ont sans doute, dans le cauchemar de cette nuit, tourné dans la tête de cet homme survolté — et épuisé. Un dernier acte de combat, de « résistance », un ultime bras d'honneur, refuser l'échec, la défaite, la chute. Un revolver. Deux coups de feu. Deux…

4.

NICK VENTURI :
LA PLANCHE A FACTURES

Retour à la « caisse » départ : les policiers de la brigade financière débarquent en force à la caisse de la Sécurité sociale. Mission périlleuse, l'ancien fief de René Lucet est encorc sccoué par la mort du « patron » et les clans opposés s'entre-déchirent de plus belle. Les inspecteurs vont à l'essentiel : ils s'attaquent aux « grands travaux » de Lucet. Il faut, pensent-ils, démonter le mécanisme d'aménagement des nouveaux centres qui ont coûté la bagatelle de 22 653 242 F… (plus de 2 milliards de centimes). Qui a empoché cette manne miraculeuse ? Première constatation : ces travaux ont bien été réalisés — les centres ont été rénovés — l'escroquerie, si elle existe, ne peut donc venir que d'une surévaluation des coûts. Mais d'abord, pourquoi ces travaux ?

Dès sa prise de fonctions à la caisse en décembre 1979, René Lucet annonce la couleur : il a mûrement peaufiné son projet avant son arrivée à Marseille. Il veut « secouer les habitudes et frapper un grand coup » : « Il faut, ordonne-t-il, décentraliser la vieille caisse, c'est l'intérêt de tous : personnel et assurés. » Comme tout ce qu'entreprend Lucet, son plan est très ambitieux. Il veut rénover et diviser les anciens centres de paiements et en louer de nouveaux. En trois ans, ils doivent, ordonne-il, passer de 28 à 45 et d'ici six mois une trentaine doivent fonctionner. « Impossible, soufflent ses collaborateurs. » « Chiche », rétorque Lucet. Une seule obsession, un seul mot d'ordre : aller vite.

« Lors du conseil de direction, déclarera Maurice Martelli, le sous-directeur des opérations immobilières de la caisse, René Lucet demandait la durée probable des travaux et il divisait systématiquement le délai par deux. »

Pas question non plus de s'embarrasser d'arguties administratives. Théoriquement, lorsque des travaux excèdent 100 000 F, ils doivent faire l'objet d'un appel d'offre. Mesure de précaution : le directeur doit obtenir une autorisation de la direction régionale, puis l'accord de la commission départementale et enfin le feu vert de la Caisse nationale... De plus, il est tenu de choisir l'entreprise la moins chère. Mais, foin d'obstacle, Lucet veut décider seul. Aussi choisit-il la technique plus souple des marchés de gré à gré. Une faille dans la législation : pour les petits travaux de moins de 100 000 F, le directeur peut choisir ses entrepreneurs. « Eh bien, décide Lucet, toujours pragmatique, nous allons multiplier les petits travaux... » Astuce légale qui verra fleurir des kyrielles de chèques de 99 000 F... De même, pour aller toujours plus vite, René Lucet fait régler les entreprises par des chèques remis de la main à la main — gain de temps. Et c'est toujours le même collaborateur qui remet les chèques.

Comme promis, Lucet trouve des entrepreneurs acceptant de travailler « hors cloche » (horaires de fermeture des bureaux) et pendant le week-end. Mais, cette procédure d'urgence diminue d'autant les contrôles. L'un de ses adjoints, Guy Laprie, expliquera plus tard qu'il n'avait plus le temps de vérifier les factures : « Plus grave : on fait remarquer à Lucet que ces " groupes amis " exagèrent et surchargent leurs factures de 10 à 100 %... Le directeur balaie l'argument d'un haussement d'épaules : « Peu importe le prix, il faut aller vite. » Guy Laprie, par exemple, remarque que les prix facturés sont sans commune mesure avec des prix courants. « Par exemple, explique-t-il, les prix des plafonds et des moquettes étaient systématiquement surévalués de 30 %... » Il s'en inquiète auprès de son chef de service qui lui fait cette réponse troublante : « Ne vous occupez pas, tout ça est politique... » Politique ? C'est René Lucet lui-même qui a passé la consigne : « Ces sociétés représentent des intérêts politiques locaux. Foutez-leur la paix... »

Les policiers constatent en effet que sur cent sept sociétés travaillant pour la Caisse, seule une dizaine se partage le gros du gâteau et elles appartiennent à deux clans « politiques » marseillais ; le groupe Venturi lié à la mairie et aux socialistes « historiques » et le groupe Mattout, un petit entrepreneur sympathisant R.P.R. C'est le directeur régional, Michel Lombardot, vieil ennemi de Lucet, qui va révéler le pot aux roses aux enquêteurs. Dès qu'il a eu vent des rumeurs concernant la somptueuse villa du directeur et d'éventuels pots-de-vin, le directeur régional a fait procéder en coulisse à des investigations qu'il qualifie pudiquement de « discrètes et approfondies ». Il apprend ainsi aux policiers que les travaux ont été effectués par trois principaux groupes. C'est le début de la grande traque de la brigade financière. Elle ne se doute pas encore de l'importance du gibier qu'elle va débusquer.

Le groupe Mattout. Il est en réalité exploité par André Benaïch, un petit entrepreneur de peinture qui a réussi en 1980 le record d'effectuer 1 900 000 F de travaux en n'utilisant que deux employés. De gros travailleurs...

Le groupe Cohen-Bodet. Un conglomérat complexe — très complexe — d'entreprises mêlant les mêmes personnes, femmes, maîtresses, secrétaires, gérants de paille. Emboîtées les unes dans les autres comme des poupées russes, certaines de ces sociétés fantômes n'existent qu'à l'état de boîte aux lettres rouillées dans la banlieue niçoise. Nous y reviendrons.

Le groupe Spapa Venturi enfin, qui comprend la fameuse coopérative de Nick, la C.E.G.M. Il a passé la main depuis peu à son fils, Jacques, dit « petit Jacky ». Le groupe abrite aussi la société d'un gros requin, l'écumeur de la côte, Roger Salel, un « neptune » de l'arnaque : c'est lui qui va craquer et tout dévoiler.

Fonçant dans leurs « sous-marins » (voitures de planque), les policiers vont faire un tour du côté des sièges sociaux des pseudo-sociétés de Marseille. Au 2, allée des Mésanges, au siège social de la société « Claude Bodet » et « Montolivet Construction », ils observent deux petites constructions d'un « caractère vétuste et à l'abandon, dit leur rapport, qui ne comportent aucune enseigne commerciale »... A deux pas, au 340 de l'avenue de Montolivet, se trouve une autre « importante société » : Delta Application. « Une boîte aux lettres fixée à un petit immeuble d'habitation... » L'examen approfondi du registre de commerce permet de mieux s'y retrouver. Les policiers pénètrent alors dans un inextricable maquis de sociétés-écrans, vraies ou fausses, qui se livrent toutes au même bonneteau fiscal. Avançant à pas comptés dans cette jungle commerciale, ils commencent à cerner l'arnaque. Le système est simple : multiplier les sociétés-écrans et placer à leur tête des hommes de paille, qui dissimulent les vrais responsables. Et le manège tourne — les millions aussi. Mais, s'interrogent les enquêteurs, qui dirige vraiment le jeu ? Au centre de ce maelström, ils découvrent deux *big bosses*, tapis dans l'ombre : Jacky Cohen, 41 ans, qui tient par l'intermédiaire de sa sœur et de sa maîtresse Lisbeth Helradjian les rênes de nombreuses sociétés, et un autre cumulard de talent, Roger Salel. Ce Stavisky marseillais est associé à l'Union Delta Décoration (U.D.D.). Il préside « Chaferman », une autre société coopérative ; il a aussi administré — tiens donc ! — la coopérative de Nick Venturi ; il est en outre — c'est bien pratique — l'un des secrétaires parlementaires du sénateur Antoine Andrieux, un socialiste historique de Marseille, aujourd'hui décédé. Salel rédigeait la feuille d'impôts du sénateur avec lequel il gérait — c'est bien naturel — un restaurant, le *Caribou,* à Valberg et deux sociétés dont les initiales — on se demande bien pourquoi — sont exactement identiques. Un cheik n'y retrouverait pas ses barils et un percepteur ses contribuables.

Les policiers plongent dans ce marécage. Honneur aux dames. Ils débarquent boulevard Raphaël, chez Lisbeth Helvadjian, et y dénichent le premier petit caillou blanc de l'enquête : le courrier de la fraude, une sulfureuse correspondance entre Salel et Jacky (Cohen), quarante et un feuillets tantôt manuscrits, tantôt dactylographiés, qui expliquent en détail le moteur de l'escroquerie. Un rêve d'enquêteur. Roger Salel y parle d'un autre complice, Pierre Truc, alors directeur général adjoint du siège marseillais de la Générale Sucrière, une très grosse entreprise nationale. Il évoque aussi un mystérieux « ami de Nice » qui joue un rôle déterminant dans l'arnaque.

Convoqué le 23 juin 1982 à la brigade financière, rue d'Oran, Roger Salel ne se doute pas du piège. Deux fins limiers de la brigade l'attendent de pied ferme : les inspecteurs Didier Garcia et Jean Grenouilleau. Ils se sont fait épauler par un inspecteur des impôts de Marseille, détaché à la police, Guy Champay. Le trio, qui va « lever » la plus importante affaire de fausses factures de France, est impatient d'entendre Salel. Ils commencent en douceur par lui faire la lecture des morceaux choisis du courrier avec Cohen. Le P.-D.G. commence par nier, mais lorsque les enquêteurs lui exhibent un document à en-tête d'une société niçoise (F.M.M.C. : Fourniture de matériel et de mobilier), il passe aux aveux.

Libérant une conscience chargée comme une bombe à retardement, cet ancien brancardier bénévole de Lourdes se « met à table » avec frénésie : les policiers ont à peine le temps de le suivre à la machine à écrire. Salel confesse avec une précision de comptable les mécanismes de la fraude. Le ressort de ce type d'arnaque est bien connu, mais elle atteint cette fois un niveau fabuleux : une dizaine de milliards de centimes, estimeront plus tard les enquêteurs... La technique ? Une société fictive vend des fausses factures à des hommes d'affaires soucieux de se constituer une caisse noire et de réduire leurs impôts. Le patron règle la facture bidon, le « taxi » (le faussaire) retire l'argent en liquide et, moyennant un prélèvement de 10 à 20 %, le restitue à son client. Facile, très facile. Tout le monde est content. Mais malheureusement, le fisc, trop curieux, repère souvent les sociétés fictives. « Aucun risque, explique Salel aux inspecteurs stupéfaits, nous avons un inspecteur des impôts dans la manche... » Il commence d'ailleurs ses aveux par cette phrase admirable : « J'en arrive maintenant à mes activités douteuses : le système frauduleux mis en place par M. Truc et moi-même consiste à créer des sociétés fictives facturant faussement à des sociétés réelles, dans le but de diminuer les bénéfices imposables et de permettre aux associés de se répartir les sommes d'argent dégagées par ces manœuvres (...). Par exemple, la F.M.M.C. dont vous m'avez présenté une facture est une entreprise imaginaire dont le siège social est une boîte aux lettres à Drap, dans la région niçoise. Elle a pour objet fictif la location, réparation et vente de palettes S.N.C.F... Seul existe son copieux compte en banque ouvert à la B.P.A.M. de Nice (la Banque Populaire des Alpes méridionales). C'est là que j'allais retirer de l'argent en liquide, environ 100 000 F par an. La F.M.M.C. facturait par exemple des matériels inexistants à une société civile immobilière (la S.C.I. Santi) qui loue des locaux à Marseille à la Générale Sucrière. M. Truc, P.-D.G. adjoint de cette grosse société, perçoit ainsi tous les mois de grosses rémunérations au noir... Cela se passait de la façon suivante, précise Salel, qui prend peu à peu ses aises. F.M.M.C. adressait une facture à la S.C.I. Santi. Cette dernière, représentée par moi-même, rédige un chèque à mon ordre que je vais toucher à la B.P.A.M. dont, par parenthèse, le gérant, Jules Diaz, est complice. » Les policiers suspendent leur souffle. « Je répartis ensuite l'argent ainsi : 75 % à M. Truc, 8 % à un autre homme d'affaires, M. Nicolaï, 8 % à Mme Zemour et 9 % à moi-même. »

— Mme Zemour ? relèvent les enquêteurs.

— La femme de Julien Zemour, tiens ! « l'ami de Nice », dont la femme servait de prête-nom. C'est un inspecteur central des impôts domicilié boulevard Gambetta à Nice. Je le connais depuis longtemps.

« Il y a vingt ans environ, M. Andrieux, sénateur socialiste des Bouches-du-Rhône, a acheté au nom de sa femme un bar-restaurant, le *Caribou,* à Valberg. M. Andrieux m'a associé avec son épouse à raison de 90 % pour cette dernière et 10 % pour moi. Dans la réalité des faits, ajoute Salel, soudain bien modeste, tout lui appartenait... C'est au cours d'une vérification fiscale que j'ai fait la connaissance de M. Zemour. Nous en avons gardé de bons contacts... Depuis trois ans, son fils, Albert, est employé fictivement par une des sociétés qui lui verse des honoraires. La femme de Julien perçoit également de l'argent. Ces libéralités, conclut Salel, perfide, ont été consenties en contrepartie de services rendus qui ne pouvaient être rémunérés directement... »

— Nous avions compris, rétorquent les policiers passionnés.

— Mais F.M.M.C. n'est pas la seule société fictive que nous utilisons, ajoute aussitôt l'intarissable Salel. Nous avons aussi dans la manche, Union Delta Décoration (U.D.D.). Une autre entreprise bidon.

— Racontez-nous ça.

— Cette S.A.R.L. gérée par Pierre Bodet — dont je suis l'associé — est en réalité dirigée par son beau-frère, Jacques Cohen. U.D.D. fabrique « à façon » des fausses factures pour de multiples sociétés : S.C.I. Santi, S.A.R.L. Serca, les Galets d'or, Brunetti, etc. Elle rapportait bon an mal an 500 000 F. Les fonds étaient retirés en espèces au C.C.F., place de la Joliette, par M. Cohen ou par Lisbeth Helvadjian, sa secrétaire. Il me remettait ensuite l'argent et, comme pour la F.M.M.C., je partageais à égalité avec M. Truc. Pour Brunetti, précise Salel, consciencieux, les fonds servaient parfois à payer les impôts de mon fils... » (Ah ! le bon père !...)

Un sénateur, un inspecteur des impôts, une noria de sociétés bidons, des milliers de fausses factures et une brochette d'industriels véreux, les inspecteurs de la brigade financière foncent avertir leur patron, le commissaire Henri Penaud. Celui-ci saute sur son téléphone pour alerter à son tour le nouveau procureur de la République de Marseille, Pierre Truche. Un spécialiste des affaires financières.

— L'affaire prend de l'importance. Nous débouchons sur un vaste trafic de fausses factures. Que faire ?

— J'ouvre une information séparée, décide le procureur. Foncez !

« Ordre de recueillir la déclaration de l'intéressé dans le cadre d'une procédure séparée et de pratiquer les vérifications urgentes nécessaires », écrit le commissaire. C'est parti !...

Les « vérifications urgentes » vont porter le feu à la mairie de Marseille et révéler une gigantesque arnaque. Mais nul ne s'en doute encore. Car le commissaire est déjà en retard d'une escroquerie. Pendant qu'il téléphonait, l'insatiable Salel s'est lancé sur un autre sujet « fumant » : les liens du consortium Venturi-Cohen-Salel avec la mairie et les enveloppes empochées par certains employés municipaux. Dès lors, l'enquête va s'orienter dans deux directions : la corruption à la mairie de Marseille et les activités du Paganini niçois de la fausse facture, le génial Zemour.

LA CORRUPTION À LA MAIRIE

— Corruption ? Vous avez dit corruption ? demandent les inspecteurs troublés.

— Et comment, répond l'infatigable P.-D.G. qui explique calmement comment on achète un employé municipal.

— En complément à mes précédentes déclarations, attaque allégrement Salel, j'indique d'abord que U.D.D. a ainsi établi des factures fictives pour la Coopérative d'entreprise générale du Midi.

Le nom fait dresser l'oreille des policiers. Tout Marseille sait que la C.E.G.M. appartient à Nick Venturi, le compagnon d'un moment de Gaston Defferre. Le bon Salel mérite bien son surnom de « Roger bouche d'or ».

— Début 1981, avoue-t-il, le patron du groupe qui venait de racheter la C.E.G.M., M. Valgalier, m'a demandé de lui rendre visite, dans son bureau marseillais. Il voulait me demander un « service ». En réalité, il voulait faire marcher la planche à fausses factures au profit de la coopérative.

« Aucun problème », répond le complaisant Salel qui est aussitôt expédié chez le patron de la C.E.G.M., M. Girardin. Cet honnête P.-D.G. lui remet les brouillons de factures qu'il faut remplir et qui concernent des marchés de la ville de Marseille dont la C.E.G.M. est adjudicatrice. Ces gros marchés portent sur des lots de peinture et de maçonnerie. En trois lots de fausses factures, le petit gang empochera quelque 250 000 F « hors taxe », en 1981. C'est l'inévitable Cohen qui va récupérer l'argent en liquide dans les banques à Nice ou à Marseille, et Salel retient à chaque fois sa petite commission : 12 % net... Une affaire qui marche.

Mais voici le plus grave : « Ces fausses factures, confirme le P.-D.G., servaient à verser des commissions aux adjoints techniques de la mairie. Moi, je faisais l'intermédiaire entre Zemour à Nice et les sociétés marseillaises. »

Décidément en verve, Salel avoue : « D'ailleurs, je pèse un milliard »... Sifflement admiratif des policiers. Ensuite, sa conscience en partie apaisée, il est amené dans le bureau du juge Chantal Coux, qui hérite de cette gigantesque affaire. Avant de quitter le bureau du magistrat, Salel aura ce superbe mot de la fin, un chef-d'œuvre d'ingénuité : « J'espère ne pas rester trop longtemps en prison. Ma détention me crée des soucis professionnels... »

En France, la fraude est toujours considérée comme l'un des beaux arts, une prime aux plus rusés, mais jamais comme un véritable délit...

Les policiers, eux, brûlent d'envie d'aller rencontrer le gentil Girardin de la C.E.G.M. qui gâte ainsi les employés municipaux. Au domicile de ce dernier, impasse Claire, nouveau miracle, ils saisissent un petit bréviaire de la corruption : cent quatorze feuillets où sont méticuleusement consignés les pots-de-vin versés à certains agents de la mairie. Pris la main dans la caisse noire, Girardin commente cette liste avec d'autant plus de facilité qu'il a l'impression de perpétuer une tradition locale. De plus, Girardin, qui a succédé à Jacques Venturi, le fils de Nick, sent qu'il va « porter le chapeau ». Ce qui l'incite d'autant à se montrer prolixe : « Lorsque j'ai été nommé président du conseil d'administration de la C.E.G.M., explique-t-il, on m'a présenté M. Salel comme étant un ancien administrateur de cette société et disposé à nous fournir une facturation ne correspondant pas à la totalité des travaux effectués » — qu'en termes galants ces choses-là sont dites... « En effet, poursuit Girardin, la C.E.G.M. doit posséder des fonds occultes pour lui permettre, comme les autres entreprises travaillant dans ce type de marchés communaux, de reverser des commissions à des employés de la mairie... Ce type de commission, reconnaît-il, varie entre 2,5 et 5 % des montants des travaux facturés à la ville. Il doit atteindre 500 000 F par an, ce qui correspond à peu près à la caisse occulte découverte à mon domicile... »

— Des noms, des noms ? scandent les policiers.

— Bien qu'il m'en coûte, avoue alors Girardin, pris de remords, voici la liste des employés qui « touchent ». Suit une avalanche de noms : Bernard, adjoint technique chargé des bâtiments scolaires (118 000 F en 1981) ; Boudinaud (54 700 F) ; Tassy et Peyric, bâtiments civils (20 000 F et 109 600 F) ; Esposito : bâtiments scolaires (30 000 F).

Egalité dans la fraude : « Le pourcentage, explique Girardin, était identique quel que soit le grade. » Pas de jaloux : « l'adjoint » est au même prix que le chef de secteur. Ces employés, dit encore le patron de la C.E.G.M., touchent régulièrement. Ils sont en quelque sorte au « fixe ». A ces habitués du bakchich, il faut ajouter les occasionnels : « Une fois de temps en temps »... Molina, des Sports, par exemple (11 500 F), Ristori, des bâtiments communaux (20 000 F). Plus quelques « gagne-petit » aux sports, à la voirie, aux plantations : « 5 000 F en moyenne ». En tout, le gentil Girardin a distribué 400 000 F en 1981, une rondelette petite prime. « Je suis catastrophé par cette aventure, conclut-il enfin, mais je précise que dans la profession, ces pratiques sont considérées comme des us et coutumes normaux. »

Passionnés par les traditions du bâtiment, les enquêteurs battent le fer chaud à tour de bras. Ils commencent la tournée des employés communaux « mouillés ». Non sans avoir auparavant passé commande d'une nouvelle livraison de menottes... C'est Alfred Bernard, 59 ans, modeste et ponctuel adjoint technique aux bâtiments — 7 500 F par mois — qui remporte la timbale. Il possède dans le parc Talabot, sur la corniche, face à la mer, une magnifique villa hollywoodienne de 1 500 000 F. En vingt ans, ce discret rond de cuir, entré à la mairie dans les années 60, a acquis une kyrielle de biens immobiliers, une véritable annexe d'agence : un studio, rue Madon, deux F2, rue de l'Horticulture et Allée des Pins, deux F3, rue Emile Duclaux. Sans compter sa résidence secondaire en Lozère. Et le replet bas de laine de la famille Bernard et fils abrite 500 000 F. L'adjoint technique a mâché le travail des policiers en dressant sur un carnet secret l'état de ses biens pour savoir s'il devait acquitter l'impôt sur les grosses fortunes...

Après avoir nié, Alfred Bernard explique : « A la réflexion, je dois reconnaître que des sommes en espèces ont été mises à ma disposition par des entreprises travaillant pour la ville. Mais je ne me souviens pas du détail exact de ces sommes, ni des dates de versements. (Quand on fraude, on ne compte pas...) Ces fonds provenaient de la C.E.G.M. (...).

« Je pense, se justifie-t-il, que ces pratiques ont toujours plus ou moins existé et dans la mesure où, simple fonctionnaire municipal, je voulais conserver mon poste, j'étais obligé de me plier à ces pratiques... C'est donc contraint et forcé que j'ai accepté. » Une victime...

— Qui payait ? demandent les policiers.

— Le fameux trio de la C.E.G.M. : Roger Salel, Jacques et son père, Dominique Venturi, répond Bernard. Ce dernier m'impressionnait le plus, car il était péremptoire...

Incarcéré par le juge Coux, cet employé modèle aura ce joli mot courtelinesque : « Je trouve excessif de m'envoyer en prison... » Roger Salel, toujours lui, expliquera plus tard en puriste que le terme de « commissions versées aux employés » est inexact. « Dominique Venturi, prudent, raconte Salel, ne voulait pas de versements au pourcentage, il préférait des " cadeaux " de fin d'année en fonction du " travail de chaque adjoint " », une prime au rendement en quelque sorte. « Mais, je suis formel, affirme le P.-D.G. loquace, tous les agents techniques du secteur D de la mairie ont reçu des enveloppes de fin d'année. »

Dès lors, les locaux de la brigade financière vont se transformer en une annexe de l'hôtel de ville. Dans le bureau du juge, les aveux tombent comme à Gravelotte.

Daniel Peyric, agent technique, ne fait pas de détail : « Je faisais comme les autres... La pratique des commissions était généralisée à tous les secteurs et à tous les adjoints techniques (...). Roger Salel me faisait appeler à son bureau et me remettait la commission de 5 % sur le montant des factures encaissées. Il est exact que les factures de ces entreprises étaient " gonflées ", approximativement majorées du montant de nos commissions. Jacques Venturi me donnait en fin d'année une enveloppe, 25 000 F par exemple en 1981. » Un petit Noël!

Jacques Tassy, un autre agent technique, est plus sensible aux usages : « Je ressentais cela comme une bonne manière au même titre qu'un cadeau en nature de fin d'année. » Un autre employé plus roublard explique qu'il ne connaissait Nick Venturi qu'en tant « qu'homme politique arpentant les couloirs de la mairie... » « Mais je ne peux pas dire ce qu'il faisait dans ces couloirs », ajoute aussitôt ce fonctionnaire prudent.

Philippe Esposito, franc : « M. Girardin — le P.-D.G. de la C.E.G.M. — ne m'a rien proposé et je ne lui ai rien demandé... la remise d'argent constitue une tradition. » Encore un autre adjoint qui exprime des regrets... Mais pas d'avoir touché : « C'est un truc qui se faisait. Aussi, quand on m'a proposé, j'ai accepté en me disant : " Après tout, pourquoi pas moi, puisque c'est la coutume ! " Je dois dire que j'ai été bien bête après 38 ans sans problèmes et à 2 ans de la retraite. Si j'avais agi ainsi depuis que je travaille à la ville de Marseille, je serais actuellement très riche... ce qui n'est pas le cas... » La nostalgie n'est plus ce qu'elle était.

Le bouquet, cet autre agent : « On ne m'avait rien promis mais, compte tenu des pratiques de la maison, je pensais bien que je recevrais quelque chose. »

Georges Gimero, agent technique, résume bien la situation : « Les instructions venaient d'en haut et m'étaient transmises soit par la voie hiérarchique, soit par des interventions directes comme celles de M. Carbuccia, le patron du département, qui venait dans les services pour favoriser telle entreprise, accélérer le paiement d'un mémoire ou soigner particulièrement tel artisan. C'était un service très politisé où les interventions étaient multiples et les anomalies nombreuses. Il m'est arrivé de voir, par exemple, des entrepreneurs dans le couloir avec entre les mains le listing confidentiel sur les dépenses et les crédits de la mairie. »

Voici justement qu'apparaît dans la lumière Jacques Carbuccia, le directeur du département architecture de la ville. « J'ai reçu, avoue-t-il, en 1979, environ 40 000 F en espèces de M. Dominique Venturi et trois fois 20 000 F de MM. Salel et Girardin. Seulement, murmure-t-il, il ne s'agit pas de pots-de-vin mais d'un salaire qu'on m'a versé au noir, pour avoir révisé les prix de certains travaux en cours. Un calcul compliqué que les entreprises devraient faire elles-mêmes mais qu'elles nous confient par facilité. »

Quant aux interventions de M. Carbuccia en faveur de Dominique Venturi, le directeur ouvre le parapluie rose : « Je suis formel, j'ai agi, affirme-t-il, à la demande de l'adjoint au maire, le sénateur Antoine Andrieux, président de la commission des offres à la mairie. »

Quatre mois plus tard, Jacques Carbuccia, réentendu par le juge, est atteint de curieux troubles de mémoire ; il s'était trompé à propos de Nick Venturi. « Le patron de la C.E.G.M. ne m'a jamais versé 40 000 F pour me remercier d'être intervenu à la demande du sénateur Andrieux. Il ne m'a donné que des caisses de champagne et de bordeaux, explique-t-il devant les policiers. J'étais fatigué, je ne savais plus ce que je disais... » Un moment de faiblesse...

Le sénateur Andrieux, ancien chauffeur de taxi, décédé le 10 mai 1983, ne sera jamais interrogé par le juge. Mais, un an avant sa mort, Gaston Defferre avait convoqué ce vieil ami, compagnon de Résistance, pour examiner sa feuille d'impôts, une procédure assez rare à la mairie... Rédigée par l'habile Salel, elle était certainement impeccable.

Cette fois, l'incendie se propage à l'hôtel de ville. Déjà, plus de 40 employés municipaux sont inculpés et un bon nombre dorment à la prison des Baumettes. Dans l'imposant bâtiment amarré sur le Vieux Port, c'est la tempête. Pour ne pas « tomber » seuls, des employés livrent leurs collègues de bureau ou leur patron. Dans les couloirs, on parie sur les noms des prochains inculpés. Le ministre Defferre a beau expliquer à Paris que 40 employés municipaux sur 10 000 c'est peu, le maire Gaston sait qu'à Marseille, cette affaire est un gros pavé dans le Vieux Port et qu'elle risque de peser très lourd lors des prochaines élections municipales.

Les Marseillais, eux, se demandent jusqu'où la justice poussera le bouchon. Habitués aux drames à la Pagnol qui s'arrangent au pastis, ils ne croient pas qu'on ira plus loin et qu'on osera toucher à Nick. Le premier boulet tombe pourtant tout près. Ménageant le suspense, les policiers interpellent le 30 juin « Petit Jacky », Jacques Venturi, le fils de Nick, ancien patron de la C.E.G.M. Il était maintenant recyclé dans une société de son tonton, Jean Venturi, spécialisée dans le ramassage d'ordures pour la mairie : Delta Vert. Nous en reparlerons. Petit Jacky admet qu'il connaît tous les responsables du secteur D à la mairie mais quoi de plus normal puisqu' « on travaillait ensemble ». En revanche, il n'a jamais entendu parler de « pots-de-vin ». Le mot même lui fait horreur. « Prohibé par la famille Venturi », déclare-t-il, indigné. Tous les documents qu'on lui présente n'éveillent « aucun souvenir de sa part ». Confronté à Roger Salel, il nie avoir manipulé des fonds occultes. « D'ailleurs, ajoute-t-il benoîtement, la C.E.G.M. a toujours été une affaire de famille et j'ignorais les agissements de Roger Salel, je les découvre maintenant. » Rude surprise.

L'arrestation de son « petit » met Dominique hors de lui. Nick parcourt Marseille en criant : « Retenez-moi ou je dis tout. » Lui, l'homme de l'ombre qui a toujours prôné la discrétion comme hygiène mentale, va parler à l'A.F.P., aux journaux et même, incroyable, à la télévision. Ses copains se pressent dans les bars pour le regarder à la télé. Un événement régional. Ses propos sonnent comme une menace : « L'incarcération de mon fils me crève le cœur. Mais cette affaire va me donner l'occasion de répondre à toutes les calomnies que j'ai subies depuis 30 ans. »

« Vous pouvez dire, déclare-t-il au *Provençal,* que je m'engage à partir du moment où je ne serais plus tenu par les exigences de l'information en cours à tenir une conférence de presse. J'y convie dès aujourd'hui tous les policiers — en activité ou en retraite — tiens ! — qui souhaiteraient me poser des questions. J'invite de la même façon tous les élus de la ville — tiens, tiens ! — quelle que soit leur tendance, à se joindre aux journalistes. »

Il y aurait sûrement eu foule à cette conférence prometteuse qui, hélas, n'a jamais eu lieu. Mais, parlant au téléphone à des amis, Nick, qui se doute pourtant qu'il est écouté, se montre plus direct : « Ils peuvent toujours gratter à la Coop, ils ne trouveront rien. Je travaille pour la ville et ce sont des amis. Et rompre une amitié, tu le sais, c'est pas notre mentalité... Mais, je vais te dire, s'ils me cassent les tintins, je parle de Marcel Francisci. Il était avec nous, avec Defferre... Tu veux rire... Je vais pas dire de mensonge, moi, je vais dire la vérité... » A bon entendeur...

Le lendemain, coup de fil de l'ex-député socialiste de Marseille, Jean Masse, adjoint au maire, conseiller général et responsable de la voirie. Il demande à Venturi de le rappeler chez lui. A 9 heures, Nick l'appelle : une conversation inédite qui vaut son pesant d'or...

— Nono, comment vas-tu, attaque gaiement Venturi.

Jean Masse, alias Nono. — Beh, ça va et toi ?

Venturi. — Mieux que jamais, mon cher.

Masse. — Tu devais venir me voir hier.

V. — Eh, non, j'ai beaucoup de soucis, je me suis occupé de mon fils.

M. — Moi, il me tarde d'avoir de tes nouvelles.

V. — Ben, tu les as ! Et je te promets, mon cher, que cette affaire va me donner l'occasion de mettre à jour mon passé depuis mon plus jeune âge... Que cela fasse plaisir ou non à certains. Je te donne la primeur ce soir, j'ai fait une interview à TF1. Evidemment, ils m'ont demandé, bidibim, badabam, les conneries. J'ai dit : « Monsieur, dans vos questions, il y a deux choses qui m'intéressent : me battre à mort pour faire libérer mon fils, la deuxième, organiser une conférence de presse pour répondre à mes calomniateurs (...). J'y invite des membres de la police et des élus... Je m'engage à répondre à toutes les questions quelles qu'elles soient (...).

M. — Ça, tu as raison, ils sont allés loin.

V. — Mais, tu veux rire...

M. — Tu étais le bandit n° 1 sur le plan international.

V. — Eh beh, on verra qu'en fait de bandit, il n'y a rien du tout.

M. — Il fallait que ça arrive, putain.

V. — Justement, cette affaire m'en donne l'occasion. J'ai eu de la patience depuis 30 ans, je n'ai pas écouté les conseils de certains de mes amis, mais maintenant, il y a mon fils (...). Son avocat est allé le voir et il a trouvé qu'il n'y avait rien contre lui. On l'a écroué parce qu'il s'appelait Venturi.

M. — Eh, fant de putain...

V. — Alors, Jeannot, je t'assure que je souffre dur et là je te fais un aveu. Je prie le bon Dieu pour qu'il me donne la force de me concentrer au maximum (...).

M. — Ils vont loin...

V. — Ecoute, Jeannot, je n'ai pas encore voulu le révéler mais quand tu vois que nous avons, dans la famille, deux autres sociétés qui travaillent pour la ville. Dans ces deux sociétés, Jacky est responsable. Mais si moi ou si mon frère on utilisait des procédés malhonnêtes, comment lui, comment moi, je serais en liberté ? Tu veux rire... Les fumistes... Alors, Jeannot, je te promets du spectacle. Je me retiens, je veux être calme, mais tu vas voir quand ça va exploser.

M. — Bon, j'aurais voulu te parler, parce que...

V. (coupant la parole) — Je viens te voir, Jeannot.

M. — Je vais te dire, Nick, il y a des adjudications en cours maintenant.

V. — Oui.

M. — Ils vont te balancer.

V. — Ça, j'en ai rien à foutre !

M. — Dis-moi un peu ce que je peux faire.

V. — Je t'explique : en ce qui concerne la C.E.G.M. aujourd'hui, ils peuvent faire ce qu'ils veulent. Mais il paraît que le maire veut supprimer tous les marchés en cours. Alors là, je vais rire, je vais faire une autre interview à TF1 (...).

M. — Combien tu as encore de marchés, toi ? Tu as des bâtiments communaux ?

V. — Hé, tout est là.

M. — Pas ceux de ton frère.

V. — Mais mon frère, il n'a rien à voir là-dedans.

M. — Non, mais Nick, mettons les choses au point...

V. — Non, attends, s'ils touchent les choses de mon frère, c'est clair et net, là, pardi, je mets le feu...

M. — Pardi !

V. — Mais laissons courir, restons sur la C.E.G.M. Moi, personnellement, j'en ai que foutre. J'ai fait ça pour ne pas mettre les ouvriers au chômage.

M. (insistant) — Moi je parle de la mienne...

V. — De la mienne ?

M. — Non, de la voirie.

V. — Eh beh, la voirie. Tu dis : « Ecoutez Monsieur, les gens c'est une chose, les employés, c'en est une autre. »

M. — Il m'a donné...

V. (coupant encore la parole) — Laisse faire, ne discutons pas, laisse-le prendre sa décision...

M. — Oh, Nick, tu sais moi, ho !

V. (soudain pressé) — Jeannot, je m'excuse...

M. — Tu représentes quelque chose pour moi, ho !

V. (prudent) — Jeannot, écoute, on se verra, on prendra la décision utile. Pas la peine d'épiloguer au téléphone (...). On verra ce qu'il y a lieu de faire.

M. — Tu sais où me trouver, à 10 heures, je serai à la piaule.

V. — Je t'embrasse.

M. — Je t'embrasse aussi.

Quelque temps plus tard, commentant devant le juge ces écoutes, Dominique Venturi expliquera sobrement : « A propos de Francisci je voulais dire simplement qu'il y a plus de 20 ans, alors que les frères Francisci étaient à Marseille, nous avons participé aux campagnes électorales de M. Defferre. L'autre communication est avec M. Jean Masse que j'appelle Nono. Son fils est député. M. Masse est un adjoint municipal, ancien député, conseiller général. J'indique au cours de la conversation que nous possédons encore deux sociétés, dirigées par mon frère Jean : Renocit et Delta Vert qui travaillent pour la mairie. Par ce coup de téléphone, M. Masse me fait savoir que la mairie avait l'intention de suspendre les adjudications en cours, ce qui n'était plus un secret pour personne... »

Nous reviendrons bientôt sur ces deux sociétés et sur « Nono », mais n'allons pas plus vite que la police. Pour l'instant, tout Marseille se pose la question : Nick va-t-il tomber ? Arrêté, pas arrêté ? La réponse vient d'en haut. C'est Gaston Defferre qui, devant les journalistes rassemblés à la mairie le 3 juillet 1982, charge à la hussarde. L'œil glacial, le maire, qui a dû se justifier à Paris devant le président de la République, lâche, furieux :

« Les marchés de gré à gré sont extrêmement rares à la mairie de Marseille. Et j'ai fixé pour plafond à ce type de marchés une somme inférieure à celle qu'autorisent les règlements. (...). De plus, depuis le début de l'année, un service spécial de contrôle a été mis en place. Seulement, que voulez-vous ! Je ne peux pas être derrière chaque contrôleur. Je serai sauvage, j'irai jusqu'au bout pour que la lumière soit faite. Personne ne sera protégé, qu'il s'agisse de mes collaborateurs ou de mes propres amis. C'est une question de morale et, vous m'excusez de le dire, d'honneur. »

« Mes propres amis »... Les « marseillologues » ont compris : Nick va tomber. Le 7 juillet au matin, alors qu'il sort du coquet sept pièces qu'il occupe boulevard du Prado, l'avenue Foch marseillaise, un policier pose la main sur son épaule... Scène de *Borsalino,* l'entrepreneur, amené en manches de chemise dans les locaux de la Financière, présente devant la porte ses menottes aux journalistes en criant : « Ça, c'est pour pas que je me casse... » Ce seront les seuls mots que Nick prononcera devant les policiers. Il refusera de dire son nom, d'être pris en photo et même de s'alimenter... Ecœurés, les enquêteurs l'expédieront 24 heures plus tard chez le juge Coux. Tirade classique : « Je m'expliquerai plus tard en présence de mon avocat mais je peux dire que je me sens innocent... »

Pourtant, la veille, le 7 juillet, dans le même bureau, Roger Salel, toujours intarissable, avait expliqué par le menu, comment de 1970 à 1980 la C.E.G.M. « arrosait » les employés municipaux : « Les commissions existaient déjà lorsque je suis rentré dans la coopérative en 1970. Pendant dix ans, nous pratiquions de cette façon : au cours du dernier trimestre de chaque année, nous nous réunissions, Jacques, Dominique Venturi et moi-même pour déterminer le montant des sommes à verser. Et en fonction des besoins, nous fabriquions les fausses factures. Moi ou Jacky Cohen retirions alors l'argent que nous remettions à Jacques Venturi qui le portait aux employés municipaux. Sauf pour Bartoli et Carbuccia — traitement de faveur — auxquels j'apportais moi-même l'argent. » Pour authentifier les fausses factures, l'entreprenant Salel avait même dérobé dans un bureau de la mairie un tampon de la ville.

Certaines « rétributions » aux adjoints seront l'une des rares irrégularités avouées par Dominique Venturi au juge. « Il m'est bien arrivé, confessera-t-il du bout des lèvres, à deux ou trois reprises, de verser en fin d'année de l'argent à des adjoints techniques. Personnellement, j'étais contre toute rétribution, mais il a bien fallu en venir là (...). Mais, ajoute-t-il plus prosaïquement, j'étais opposé à un " contrat " avec les employés communaux. Pas de paiement au pourcentage obligatoire. »

Marseille, tout émoustillée, attend alors la suite. Après l'arrestation du grand Nick, on réclame des têtes : celles des « politiques » qui se dissimulent derrière le caïd. On sait bien que les employés ne sont que du menu fretin et on exige le plat de résistance : les élus municipaux qui ne pouvaient ignorer la magouille, ou pire, qui la couvraient... Marseille frémit.

Il lui faudra pourtant attendre encore un an. La justice connaît l'art de calmer les passions. En France, tous les maires et les adjoints sont d'office officiers de police judiciaire (O.P.J.) Et, pour interroger ou inculper un O.P.J., la loi exige qu'on change de lieu et de tribunal. Sage mesure destinée à éviter les pressions locales. C'est une juridiction spécialisée, la chambre criminelle de la Cour de Cassation, qui décide de la ville où pourra être menée l'instruction. Si un juge, trop fougueux, transgresse cette règle sacrée, toute sa procédure est annulée pour vice de forme. Dans cette affaire, la haute juridiction traînera un peu les pieds, il lui faudra plus d'un an pour désigner Paris. Alors seulement, les policiers de la direction centrale des affaires financières pourront interroger Jean Masse et... d'autres élus. Car, rebondissement spectaculaire, plusieurs maires et adjoints communistes de villes de la banlieue parisienne tomberont aussi victimes du génial Zemour. Nous y reviendrons...

Pour l'instant, retrouvons en cet été 1982 le courageux juge marseillais, Chantal Coux, qui, débordée de dossiers, caracole sur une autre piste, encore plus prometteuse : la filière niçoise.

LE MIROBOLANT ZEMOUR

Sur la piste de Zemour, les policiers, alléchés, vont découvrir que Marseille n'est que la partie immergée d'un immense iceberg. Ils se trouvent face à une centrale de l'escroquerie dont le siège se trouve à Nice et qui rapporte à travers la France des dizaines de millions de francs de bénéfices : la société anonyme Julien Zemour et Cie. Une sorte de « S.O.S. Fraude » nationale spécialisée dans l'arnaque fiscale qui, selon les policiers, a détourné près de 100 milliards de centimes, un record digne d'Incroyable mais Vrai. Le système mis au point par Zemour a attiré des clients de tous les bords, à gauche comme à droite. Tous s'y sont brûlé les ailes, mais trop tard. Le parti communiste lui-même qui passe pourtant pour vertueux et rigide tendait complaisamment sa sébile et utilisait la « pompe à fric » Zemour pour renflouer ses finances.

A côté de ce gigantesque holding de la fraude, Roger Salel fait l'effet d'une P.M.E. médiocre. Julien Zemour, ce morceau de roi, est cueilli en douceur le 25 juin alors qu'il regagne son modeste quatre-pièces au cœur de Nice : l'un des principes de sa réussite, ne jamais attirer l'attention.

« Juste une vérification, une broutille, pure routine », expliquent les enquêteurs. Julien Zemour, petit homme frisé à la silhouette anodine, très à l'aise, ne se fait pas prier. N'est-il pas un peu de la maison ? Il se laisse donc embarquer sans broncher dans une voiture, direction la brigade financière de Marseille. La nasse s'est refermée, mais ce gros squale l'ignore encore. Une partie de la nuit, il joue à merveille son rôle de parfait honnête homme : Mon train de vie ? Limpide. Un salaire de 7 000 F par mois, un quatre-pièces acheté 290 000 F, une vieille 504 diesel et pas de résidence secondaire. Un couple modèle de Français moyens, un homme de verre. Zemour admet tout de même qu'il connaît Salel depuis qu'il a vérifié la comptabilité de son restaurant *Le Caribou* en 1975. Ils en ont gardé des « relations d'amitié » et Salel lui a même offert une marine accrochée dans son salon, représentant le port de Marseille, un cadeau de 1 600 F, une folie... Mais il n'est pas, il le jure, l'ami de Nice évoqué dans une méchante lettre. Zemour fréquente aussi, c'est vrai, Jules Diaz, le banquier de la B.P.A.M. « Je lui ai même recommandé Jacky Cohen, un autre ami. » — Il a beaucoup d'amis, Zemour. Il lui a même trouvé un local près de Nice, chemin des Arnufles à Drap, pour l'une de ses sociétés : Union Delta Décoration (U.D.D.), un nom qui fait tilt aux oreilles des policiers. Les questions se bousculent. Dialogue de sourds : « La société quoi ? Socres ? Qu'est-ce ? Mon fils en serait actionnaire ? Le cachottier... E.M.M.C. ? Curieux sigle. La société Serca ? Celle-là, je la connais. Mon fils y travaillait. Salel l'avait embauché à 2 700 F par mois... c'était une sorte de présalaire en attendant la fin de ses études... » Enfin, le plus beau : « le compte de ma femme aurait placé 79 000 F dans une société civile immobilière, la S.C.I. Santi. Incroyable !

Cette société ne nous rapportait que 800 F par an. D'où peut bien venir cet argent ? Ma femme me cachait quelque chose ?... »

Confrontation avec Salel : « Enfin, souviens-toi, Julien : ta femme a apporté 112260 F pour la création de la S.C.I.. » « Impossible, rétorque Zemour, je n'ai jamais eu une pareille somme sur mon compte bancaire. » Mais les politiciens, têtus, brandissent documents, factures, relevés de comptes. L'inspecteur du fisc véreux comprend alors qu'il est « fait aux pattes », que sa belle combine s'effondre. Mégalomane comme tous les grands escrocs, il avait cru son système infaillible. « Je suis marron », lâche-t-il, défait, à l'aube, aux policiers. Il aurait pourtant pu déposer un brevet dans le milieu, tant son arnaque était élaborée.

L'idée a germé, semble-t-il, à Lyon où a abouti en 1972 ce pied-noir né à Sétif. A 13 ans, en 1941, il est renvoyé de l'école parce qu'il est juif. Quelques années plus tard, sans diplôme, il entre à la manufacture de tabac et allumettes du Maroc. Ce gros travailleur, intelligent, se retrouve ensuite aux Finances. Après le douloureux exil pour la métropole, il réussit un difficile redressement aux Impôts et passe brillamment le concours de contrôleur : il est reçu second. En 1972, nommé inspecteur, il obtient un poste à Lyon où son épouse tient un salon de coiffure. Période calme, heureuse, expliqueront ses avocats Allegrini et Allemand, mais déchirée par un drame. L'un de ses fils, Alain, se tue accidentellement en 1973 dans un minicar de colonie de vacances. Pour fuir les mauvais souvenirs, Zemour demande sa mutation à Nice. Là, sa vie bascule ; ébloui, émerveillé, il découvre sur la promenade des Anglais un luxe qui le fascine. Le « syndrome de la Côte ». D'autant que sa famille, déjà riche, se moque du besogneux inspecteur et de son ridicule salaire de fonctionnaire.

Zemour se lance alors dans un tourbillon : maîtresses, hôtels, restaurants, voyages, ingrédients du roman à quatre sous. Mais ces sous, il faut les trouver. Il songe à l'affaire des fausses factures de Lyon : le plus important procès de ce type qui ait eu lieu en France ; plus de 200 P.-D.G. et ferrailleurs avaient détourné en 1971 40 millions de francs. Mais, pense-t-il, les « taxis » (faussaires) lyonnais sont tombés parce qu'un zélé inspecteur des impôts avait découvert les sociétés bidons... Si le collègue avait monté lui-même la combine, rêve Zemour, le scandale n'aurait jamais éclaté. L'inspecteur niçois ne le sait pas mais l'affaire des fausses factures de Lyon n'a pas éclaté grâce à la vigilance d'un inspecteur tatillon, c'est un complice qui a « donné » ses petits camarades...

Zemour, pourtant, est très fier de son idée, une idée originale, comme on dit dans le cinéma, qui fera sa fortune et sa perte.

Les policiers vont savourer en gourmets les ingrédients ajoutés par l'inspecteur marron à la recette classique. « Son génie, expliquent-ils, c'est d'avoir constitué dans l'arrière-pays niçois un petit paradis fiscal personnel. » Quoi de plus simple que de domicilier ses sociétés bidons dans le ressort de sa compétence territoriale ? Plus de contrôle surprise. Zemour poussera même le vice jusqu'à se contrôler lui-même : il inspectera ainsi en février et mars 1982 la société U.D.D. qui appartient à son complice Cohen et, scrupuleux, il la redressera de 150 000 F. Grande première, Cohen paiera le fisc dans les quarante-huit heures. Grossière erreur : à la perception de Nice, on n'avait jamais vu un contribuable si zélé. Les grands fraudeurs sont les meilleurs payeurs.

Les enquêteurs reprennent alors la route de Nice pour visiter les sièges de ces fameuses sociétés : Union Delta Décoration et la S.A.R.L. Matériels et Mobilier de Collectivités et la Société Européenne de matériel hospitalier. La plupart sont domiciliées à Drap, dans la vallée du Paillon, cet arrière-pays niçois que les cimenteries couvrent d'une pellicule grisâtre. A l'adresse indiquée, ils ne trouvent que les entrepôts appartenant à un exploitant de location de chaises publiques... Seul indice, une vieille boîte aux lettres balance sur le portail. Ses supports d'étiquette vides ont été forcés... La fouille permet de dénicher un peu plus loin, en contrebas du chemin, une deuxième boîte aux lettres marquée du nom des trois sociétés. Voici les somptueux sièges de ces sociétés qui brassaient des millions lourds. Les policiers apprendront plus tard que Zemour louait l'emplacement des boîtes aux lettres 100 F par mois... Chemin de Roseyre, à Contes, autre petite ville de la vallée de Paillon, siège théorique d'autres sociétés, les enquêteurs font carrément chou blanc. Pas la moindre boîte aux lettres rouillée.

Si le « groupe Zemour », comme le surnomment les policiers, n'a pas de siège social, il a un banquier dans la manche. Jules Diaz le directeur de l'agence de la B.P.A.M. de Nice apparaît alors dans le corps du ballet.

Ce banquier « distrait » ferme pudiquement les yeux sur les énormes ponctions en liquide effectuées sur leurs comptes par le petit inspecteur et ses gloutons amis. Les enquêteurs, sidérés, découvrent à la banque la grotte d'Ali Baba et des fraudeurs : les noms de toutes les sociétés ayant M. ou Mme Zemour comme titulaire ou mandataire. Les fiches d'ouverture des comptes tombent comme des feuilles mortes. Grande spécialité du chef Zemour, la salade de sociétés : Union Delta Décoration (U.D.D.), F.M.M.C., Serca S.A.R.L., S.C.I. Santi, Société commerciale Brunetti, Société de Métallurgie Générale (S.M.G.), Matériel-Mobilier de Collectivités (M.M.C.), Métal-Inox, Méditex, Société européenne de Fournitures Hospitalières (S.E.F.H.), Diffusion Mobilier Chirurgical (D.M.C.), Distribution Matériel Hospitalier (Di. Mat. Ho.), S.A.R.L. Européenne de Matériel Hospitalier (S.E.M.H.), enfin, la poétique S.A.R.L. Au Croissant de Lune.

Submergés sous ce Niagara de sociétés, les inspecteurs mettront plusieurs mois à démêler l'inextricable écheveau tissé par Zemour.

Observateur, le directeur de la B.P.A.M. avait quand même remarqué « qu'en dehors de ses fonctions officielles d'inspecteur des impôts, Julien Zemour devait sûrement servir de conseiller financier »... Mais le banquier n'a pas poussé la curiosité jusqu'à vérifier la réalité des sociétés aux comptes faramineux. « Ça ne m'est jamais venu à l'idée », déclare-t-il, benoîtement. Et puis ce n'était pas mon rôle. C'est la direction générale qui doit débusquer les sociétés fictives. « Je n'ai absolument pas cherché si les opérations que l'on me demandait de faire étaient régulières ou pas, déclare carrément ce banquier modèle, je n'ai cherché que l'intérêt de la banque (...). Et j'affirme que je n'ai jamais reçu d'argent ou de cadeau de Julien Zemour... »

Sceptiques, les policiers l'expédient en garde à vue. Là, Diaz livre quelques précisions sur les bénéfices empochés par le groupe de « Grand Z », comme le surnomment les policiers.

F.M.M.C., par exemple, recevait des hôpitaux de Nice la coquette somme de 500 000 F par an. Autre « vache à lait », la société de « Diffusion du mobilier chirurgical » qui rapporte bon an, mal an 200 000 à 400 000 F. De l'argent de poche... Plus consistant, la « Société de Métallurgie Générale » (S.M.G.). Son compte est crédité le 12 mai 1982 de 588 000 F. Neuf jours plus tard, un complice de Zemour passe récupérer à la banque 500 893 F en liquide. Voici 50 millions de centimes passés à l'as. Et les affaires tournent vite. Entre ces deux dates, un autre chèque de 80 000 F a déjà été déposé. Zemour avait découvert la véritable recette alchimique pour fabriquer de l'or avec du papier... Et ce n'est qu'un début.

Rien n'étonne le directeur Diaz. Zemour et son neveu retirent un jour 3 500 000 F en liquide — on y reviendra. Il ne se souvient pas bien en « quelles circonstances »... Le compte d'un modeste employé municipal de Nice, Joseph Girando, un complice de Zemour, a vu passer quelque 3,8 millions de francs entre 1979 et 1980. « C'était légal », répète inlassablement le patron de la

B.P.A.M. C'est Zemour lui-même qui a présenté Girando à Diaz. L'inspecteur avait demandé au banquier s'il était possible d'escompter de l'argent sur le compte personnel de Joseph Girando pour « rendre service » à quelqu'un. « Bien sûr, cher ami », répond le banquier complaisant. Une vieille connaissance de Zemour ce Girando. Du temps où il exploitait une petite société foraine, Zemour l'avait contrôlé. L'inspecteur des impôts lui avait ensuite notifié un redressement de 150 000 F. Et une amitié était née, nourrie de petites attentions charmantes. Ainsi, le comptable de Girando lui apprend que Julien Zemour cherche des places pour la bataille des fleurs. Girando lui en obtient aussitôt des gratuites. L'inspecteur lui demande ensuite s'il ne possède pas une boîte aux lettres ou deux à louer pour un de ses « parents » qui veut créer une société à Nice... « Mais, comment donc », rétorque l'aimable forain qui, entre-temps, a choisi la sécurité, il est devenu chef de travaux à la mairie de Nice. De là à « prêter » son compte en banque à un autre parent de Zemour, il n'y a qu'un pas que Girando franchit allègrement. Seulement maintenant, face aux policiers, l'employé municipal a bien de la peine à justifier les 3,8 millions déposés sur son compte. Ni la vente d'un appartement, ni des cessions de titres, ni l'héritage de sa belle-mère ne satisfont les enquêteurs têtus. Alors Girando flanche. « Ces opérations ont été effectuées pour le compte de Zemour, admet-il enfin. Mais jamais je n'aurais pensé qu'elles atteignaient de tels montants. Le banquier m'avait promis qu'elles étaient légales. » Encore une victime...

Girando est pourtant un cas, le seul qui n'appartient pas à la « tribu ». Tout le personnel d'encadrement du « consortium Z » est en effet recruté au sein de sa famille, classique technique méridionale. Zemour a un côté chef de clan à l'image de son homonyme réputé dans le milieu. C'est le « Grand Pardon », version commerciale. Les prête-noms remplacent les porte-flingues et les fausses factures les calibres. Tous les siens sont sur le pont. Sa femme Germaine, 54 ans, ingénue, porteuse de parts dans la S.C.I. (Société Civile Immobilière) Santi et la S.C.I. du parc Orangini (avec le naïf Girando...) a été aussi promue gérante de la société de Métallurgie Générale et de Métal Inox. Plus experte en brushing qu'en droit civil, elle admet avoir signé « sans les lire » les documents que lui présentait son mari. De plus, les policiers ont découvert des actes où sa signature est imitée — gain de temps sans doute. « Mon mari s'occupait des finances et des paperasses, explique-t-elle sincèrement. Je n'ai jamais suivi ses activités mais je me doutais bien que toutes ses affaires n'étaient pas claires. » L'intuition féminine... Sa fille, Odile, bras droit de son père, qui vient « lui donner un coup de main » le dimanche après-midi à la maison, collectionne elle aussi — une manie familiale — les titres de gérante de sociétés. Elle a épousé Zakarias Grava dont elle a eu deux enfants. La petite famille vit dans un modeste trois-pièces acheté à... Joseph Girando. « J'ignore, déclare-t-elle, les noms et les adresses des sociétés que je dirige... Je ne connais pas leur objet social et ne perçoit aucun salaire. Tout ce que j'ai fait, c'est à la demande de mon père et je ne me serais pas permis de lui poser la moindre question. » Le respect filial...

Et voici le benjamin Albert, 22 ans, qui poursuit à faible allure des études de marketing ; il réserve la vitesse pour les balades au volant de sa Sirocco G.T. Cet étudiant chanceux possède quatre comptes en banque dont trois à l'inévitable B.P.A.M., utilisés par son père. Papa avait oublié leur existence. Pure distraction... Né sous une bonne étoile, Albert est employé par une société qui n'existe pas, la S.A.R.L. Serca. Cela ne l'empêche pas de toucher chaque mois un salaire de 2700 F. Le rêve ! « C'est vrai, reconnaît Albert, je n'y ai jamais mis les pieds... Tout doit être lié aux papiers que mon père me faisait signer. » Le père prodigue. Albert n'est pas le seul à profiter des largesses de Julien. L'une de ses amies, Maud, reçoit aussi 2700 F par mois de cette société bienfaitrice. « J'ai su où se trouvait son siège, explique joliment la jeune femme, en lisant l'adresse sur mes bulletins de paye. Mais je n'ai jamais travaillé pour elle. — Il ne faut pas exagérer. Au bout de deux ans, j'ai été licenciée pour des raisons économiques (?). J'ai fait alors ma demande d'allocation-chômage... »

Avec la prospérité, le cercle de famille s'élargit. Il devient aussi compliqué que les arbres généalogiques des dynasties princières. La sœur de Julien, Marcelle Halimi, met la main à la pâte avec son mari, Emile — un retraité parisien — et leurs deux enfants, Jean-Claude, 45 ans, et Guy, 40 ans. Jusqu'au vieux beau-frère malade, Adrien Ghenassïa, 75 ans, bombardé, malgré lui, patron de la F.M.M.C. Le vieillard, qui se voit soudain réclamer des montagnes d'arriérés de cotisation par sa caisse de retraite, fonce sur ses cannes au tribunal de commerce, faire rayer son nom de la société...

Le groupe Zemour recherche des clients. De toute la France, des sociétés gourmandes font appel à lui. On se passe discrètement le mot : pour frauder, une seule adresse sérieuse, Zemour à Nice. « Sa devise, écrira Jean-Loup Reverier du *Point,* Satisfait, donc remboursé. »

Au fur et à mesure que le groupe Zemour étend sa toile à travers le pays, les étiquettes s'additionnent sur les boîtes aux lettres de Drap et de Contes, dans la banlieue niçoise.

Le consortium diversifie alors ses activités. Il se spécialise dans quatre grands secteurs : le *médical,* l'*immobilier,* l'*hôtellerie,* et les *bureaux d'étude,* auxquels il faut ajouter un péché de jeunesse de Zemour, la *métallurgie.*

L'exploration de ces quatre filières va nécessiter plusieurs mois, voire plusieurs années d'enquête. A chaque étape, un scandale en cache un autre. Et ce n'est pas fini.

Le *médical.* C'est le fleuron du groupe, le navire amiral : plus de la moitié du chiffre d'affaires. La découverte de cette escroquerie aux hôpitaux va entraîner une cascade d'inculpations. — A tel point qu'on dessaisira le juge Coux de ce dossier trop copieux et qu'on envisagera un temps de promener les inculpés de ville en ville, partout où la bande a sévi. Une sorte de tour de France de l'arnaque dont le maillot jaune serait Marceau Vial, 64 ans, un dynamique V.R.P. multicartes, spécialisé dans le matériel hospitalier. Julien Zemour est d'emblée séduit par ce vendeur hors pair qui a ses entrées dans le monde fermé — et juteux — des économats d'hôpitaux. Condition indispensable, Marceau fait partie du clan, il appartient à la famille : sa fille Joëlle, a épousé Guy Halimi, le neveu de Zemour. Le trio Zemour, Vial, Halimi, va ponctionner le monde hospitalier. Vial a introduit son gendre dans le négoce du matériel médical, un croustillant marché. Conseillé par tonton Julien Guy Halimi prend la tête d'une sarabande de sociétés aux initiales compliquées dont Zemour a le secret. But de l'opération : égarer les recherches toujours à craindre. Ainsi, en 1975, on a créé la S.D.M.H. (Société de Diffusion du Matériel Hospitalier) et la S.F.M.C. (Société Française de Matériel Chirurgical) ; en 1978 elles partent à la trappe et font place à la S.E.M.H. (Société Européenne de Matériel Hospitalier) et la D.M.C. (Distribution de Matériel Chirurgical). Enfin, en 1981, voici les deux dernières jumelles : la S.E.F.H. (Société Européenne de Fournitures Hospitalières) et la Di. Mat. Ho (Distribution de matériel hospitalier). « On en faisait toujours deux, ça faisait mieux auprès des clients », expliquera Zemour. De quoi donner le tournis à un inspecteur des impôts...

Une société taxis ne peut pas vivre trop longtemps. Trois ans, c'est déjà trop. D'où ce tourbillon vertigineux d'entreprises fictives. Si les trois mousquetaires jonglent avec les sièges sociaux — Paris, Drap, Conte : en réalité toujours les vieilles boîtes aux lettres rouillées — ils s'engagent à fournir aux hôpitaux tous les équipements nécessaires, l'hôpital clé en main : du matériel chirurgical au linge en passant par les brancards, les instruments médicaux, les chaises percées sur roulettes, le matériel de bureau, les slips et la literie. Et les contrats pleuvent. Le secteur « Santé » est en France en pleine expansion... Zemour apprend aux policiers stupéfaits que le compte de la D.M.C. (Distribution de Matériel Chirurgical) — la société pilote du secteur médical — a été crédité en un an de près de 10 millions de francs. Un milliard de centimes ! Interrogé, Guy Halimi répond, précis : « Mon oncle mélange les crédits et les comptes d'exploitation. Pour moi, cette somme représente le chiffre d'affaires de toutes les sociétés niçoises pour l'année 80-81... » Rien d'étonnant. Selon l'Assistance publique, les achats de matériel au groupe par les hôpitaux dépassent plusieurs milliards anciens.

Pour un peu, les enquêteurs applaudiraient. C'est que le groupe prospecte dans la France entière. Guy Halimi explique qu'il travaillait à Paris avec les hôpitaux Bichat, Joffre, Tenon, Clemenceau ; en province, il approvisionnait ceux de Saint-Denis, Nevers, Nice, Vence, Toulon, Nîmes, Montpellier, Elbeuf, Besançon. Les policiers qui vont devoir entendre les directeurs de tous ces établissements sont pris de vertige. Bien sûr, la plupart ignoraient absolument tout de l'arnaque. N'empêche que nos pieds nickelés font valser les étiquettes et les prix. Le tout largement « arrosé » de fausses factures. Le clan multiplie le prix du matériel hospitalier par 2,5 ou 3. Ainsi, une table roulante à 800 F, prix usine, peut être refacturée jusqu'à 2 500 F à l'hôpital. Comme beaucoup se « soignent » au passage, nul n'y trouve à redire. Sauf le contribuable qui acquitte à sa manière le déficit de la Santé et les coûts hospitaliers.

Guy Halimi explique un mécanisme : « Etant donné qu'il y avait des différences de prix entre les achats et les ventes, mon oncle m'indiquait sur quel compte je pouvais retirer les " bénéfices ". » « Lorsque j'allais à Nice, tous les mois environ, Julien me fixait le montant des sommes que je pouvais retirer des comptes. J'ai dû ainsi retirer 7 à 800 000 F par an. Je me rendais à ma banque — la S.C.D.B. — où je signais un chèque guichet contre lequel des espèces m'étaient remises. Avec ces dernières, j'acquérais des bons de caisse anonymes que j'emportais à la maison... » Pas plus difficile !

Impossible d'échapper au trio infernal. Certains fournisseurs, comme Michel Laurent, 51 ans, P.-D.G. d'une entreprise de blanchisserie à Créteil, ont tenté d'obtenir directement des marchés auprès des hôpitaux. En vain. Là où leurs offres sont repoussées sans appel, Vial le magnifique décroche le contrat sur un simple coup de fil. En 20 ans de métier, Marceau Vial a su, à coups de déjeuners dans les meilleurs restaurants et de cadeaux divers, s'attirer la confiance de certains directeurs et économes d'hôpitaux, trop confiants.

Intermédiaires obligés, les carambouilleurs du consortium soumettent même leurs fournisseurs à un véritable racket. En « compensation », ceux-ci doivent utiliser de fausses factures. C'est le cas de la société de Marcel Rupin, à Vitré (Ille-et-Vilaine) dont le représentant exclusif n'est autre que Marceau Vial. Marcel Rupin est contraint de verser 10 % de commission à Halimi sur les marchés médicaux. « Sinon, explique l'industriel aux policiers, je perdais ma clientèle. » Et les sommes sont rondelettes. En juillet 1982, sept fausses factures saisies à Vitré totalisent plus de 2 millions de francs. « Ces factures m'étaient adressées par courrier ou remises en main propre par Halimi, dit Rupin. Les traites de paiement étaient envoyées à Nice. »

Dénégations indignées de Guy Halimi : « J'ignorais totalement que mon oncle Zemour, que j'avais présenté à Rupin, lui faisait des fausses factures... J'ai appris leur existence par les policiers... M. Rupin ne m'a jamais parlé de problème de trésorerie. Il me disait qu'il faisait 6 à 7 milliards de chiffre d'affaires par an. Il me payait difficilement mais régulièrement. »

Homme-orchestre, Julien Zemour paie même de sa personne. Avec une audace incroyable, il démarche lui-même le matériel médical au centre hospitalier de Nice, sa propre ville. Il y passe au moins une fois par trimestre et qui songerait à faire un rapprochement entre ce représentant à l'élégance recherchée et l'agent local du Trésor discret et effacé. Même Rupin, le fournisseur attitré de Zemour, ignorait que celui-ci était inspecteur du fisc ! Cet homme aux deux visages, à la double personnalité, à l'emploi du temps mystérieux, traverse cette histoire à la manière d'un personnage de Simenon. De plus, c'est lui qui gère toutes les sociétés « médicales » d'Halimi. Il rédige bien sûr leurs déclarations d'impôts — c'est bien le moins — mais « il s'occupe aussi des déclarations d'assurances, gaz, eau, téléphone, T.V.A., Assedic, chiffre d'affaires », précise Guy Halimi qui en profite pour faire porter à son tonton un large sombrero. « Mon oncle seul peut vous dire où se trouve la comptabilité de mes sociétés. Je ne connais pas son comptable, M. Peyret. Je n'ai jamais été à son cabinet. Je n'ai jamais signé de bilan. Je n'ai d'ailleurs jamais rien signé... »

Son beau-père, Marceau Vial, en rajoute : « Nous avions une confiance totale en Julien, c'est lui qui nous disait de remplir tel ou tel imprimé, et nous le faisions sans méfiance. D'ailleurs, il conseillait toute la famille (...). Ce que j'apprends sur les anomalies des sociétés dirigées en fait par lui et sur les responsabilités qu'il nous a fait endosser est absolument démentiel. Je ne peux donner d'explication logique. Je répète que nous faisions absolument confiance à Julien... »

Mais l'oncle Zemour ne l'entend pas de cette oreille : « Mon rôle dans les sociétés de Guy Halimi s'est borné à m'occuper de leur constitution, de leur dissolution et de la surveillance de leur comptabilité, dit-il. Je ne me suis jamais occupé de facturation et je n'ai jamais eu la signature sur les comptes (...). Mon neveu est complètement fou quand il dit qu'il ignorait que deux d'entre elles avaient été dissoutes. » Le linge sale médical se lave en famille.

Pourtant, Julien Zemour, sans doute surmené, doit bien reconnaître qu'il a omis au passage quelques zéros. Alors que le compte de la D.M.C. était crédité en 1980 de plus de 10 millions de francs, l'inspecteur modeste n'avait déclaré au fisc que 760 000 F...

Mais l'affaire des hôpitaux se propage. D'abord sur la Côte. Pour décharger le juge Chantal Coux, qui croule sous les fausses factures, le Parquet confie en janvier 1983 une partie du dossier à un juge de Nice, Gérard Marnet. La ville d'adoption de Zemour n'a évidemment pas échappé aux rapaces. Parmi les marchés litigieux conclus avec le centre hospitalier de Nice, la justice s'intéresse de près à celui de la blanchisserie. Emporté en 1974 par l'entreprise Laurent — déjà citée —, ce marché de 40 millions devait permettre à l'hôpital de traiter quinze tonnes de linge par jour. Or, on en reste très loin et cette affaire va éclabousser un adjoint au maire de Nice. Sous l'œil goguenard de Gaston Defferre, pas mécontent qu'on pousse un peu le bouchon du côté de l'ancienne majorité. Le ministre de l'Intérieur a même tancé assez vertement le patron de la police judiciaire en lui demandant pourquoi diable ses hommes s'intéressaient tellement à Marseille... « Ce n'est pas de notre faute », a répondu, embarrassé, le directeur de la P.J. qui n'a pas inventé l'affaire des fausses factures. A Nice, l'heureux bénéficiaire de ce pactole de 40 millions, Michel Laurent, avait bénéficié de sérieux appuis pour être choisi. Il avait généreusement arrosé, comme l'a révélé *le Canard Enchaîné,* quelques personnalités bien placées : 20 000 F à l'architecte Jean-Claude Aragon, alors beau-frère de Jacques Médecin ; 100 000 F à Gilbert Stellardo, ancien conseiller municipal, président du tout-puissant syndicat des hôteliers, et enfin 250 000 F à René Pietruschi, adjoint au maire. Gilbert Stellardo et René Pietruschi sont deux éminents notables aux bras très longs. Gilbert Stellardo collectionne les titres et les honneurs : trésorier du comité régional du tourisme, secrétaire de la Chambre de Commerce, ancien président du C.N.P.F. local. Quant à René Pietruschi, c'est l'un des fidèles de Jacques Médecin : visage de boucanier et larges épaules de chevillard, cet ancien manœuvre du bâtiment, qui a passé son brevet de comptable à l'armée, est responsable de la police municipale et du « Nice Basket Club ». Nul n'ignore en outre qu'il a la haute main sur l'organisation électorale du « patron » dont il est le parrain de la fille. Ces trois personnalités dénoncent un « coup politique » et assurent qu'il s'agit de prêts personnels remboursés au généreux Michel Laurent. Jacques Médecin vole au secours de son ex-beau-frère : « Je m'étonne, dira-t-il à Radio Baie des Anges, qu'on jette quelqu'un en prison pour un chèque de 20 000 F. De plus, moi je ne connais pas de gens qui prennent des pots-de-vin avec un chèque. Il y a deux poids et deux mesures de caractère politique. Je m'inquiète un peu pour l'avenir de la justice dans ce pays. »

Roland Gogard, lui, l'ancien directeur de la blanchisserie de l'hôpital de Nice, ne peut évoquer la politique, il a empoché 450 000 F de commission. Inculpé et incarcéré, il sera bientôt suivi en prison par Francis Ceasseau, le directeur du service économique du C.H.R.

Une difficulté, pourtant. Les faits reprochés aux trois amis de Jacques Médecin remontent à plus de trois ans. Or, en matière de « corruption » — c'est la loi — il y a prescription. Qu'importe, décide la justice, il suffit de les inculper « d'abus de biens sociaux ». Adieu la prescription ! Ainsi, les policiers trouvent au domicile de Michel Laurent pour 7 millions de fausses factures au nom d'une des sociétés du clan. Le blanchisseur est désormais dans de beaux draps.

Et la fête continue. Car l'affaire de l'hôpital de Nice n'est qu'un épisode de la grande saga du clan. La fine équipe Zemour, Vial, Halimi travaillait avec une quarantaine d'établissements hospitaliers, et les possibilités d'arnaques sont infinies : gonflements des vraies factures ou multiplications des fausses. Le groupe avait ainsi mis au point une autre technique très habile : la récupération illicite de la T.V.A. Il fournissait aux hôpitaux le matériel commandé à des prix normaux, mais les éphémères sociétés d'Halimi disparaissaient régulièrement en empochant la T.V.A. payée par l'Assistance publique. Les directeurs d'hôpitaux n'avaient alors même pas connaissance de l'arnaque. Mais, en cas de surévaluation des prix, ou d'utilisation de factures bidons, certains responsables étaient forcément complices. A Paris, les policiers ont ainsi déjà détecté 2 millions de Francs lourds de fausses factures. Mais, comment traiter ce dossier-fleuve ? Impossible de laisser l'affaire entre les mains des deux juges niçois et marseillais, ils périraient engloutis sous les documents. Il faut donc, décide la chancellerie, « saucissonner la procédure » et désigner des juges locaux dans chaque ville concernée. Mais, découper l'affaire, c'est aussi rendre la justice impuissante. Qui aura une vue d'ensemble pour coordonner ce dossier ? Par ailleurs, on tarde à ouvrir une instruction à Paris. Cette brûlante affaire, qui met en cause la toute-puissante Assistance publique et de nombreux notables, est décidément bien embarrassante. Et personne n'a envie de soulever le couvercle de ce maléfique chaudron. Ce dossier-fleuve posera même un épineux problème à la justice. Nous verrons un peu plus loin comment elle le résoudra. — Mal ! L'O.P.A. de l'équipe de Zemour sur les hôpitaux fera encore parler d'elle « longtemps, longtemps, longtemps », comme dit la chanson.

L'HÔTELLERIE ET L'IMMOBILIER

Préoccupation principale de la bande : où investir l'argent qui entre à la pelle ? Zemour choisit d'abord l'hôtellerie, un secteur dont il connaît toutes les ficelles pour l'avoir contrôlé pendant des années. Ainsi, pour « occuper » sa femme, il commence en 1976 par lui offrir un petit cadeau, un hôtel en plein cœur de Nice, « l'hôtel National », avenue Jean-Médecin. Il l'achète 800 000 F avec l'aide d'un neveu parisien. Mais comme l'hôtellerie ne passionne pas Germaine Zemour, il le revend en 1979, 1 600 000 F, le double, à un autre de ses neveux, qui a décidé de s'installer à Nice, Jean-Claude Halimi, le frère du spécialiste « médical ». Le petit-neveu bénéficiera naturellement de facilités de paiement exceptionnelles. A tel point qu'il acquerra quelque temps plus tard le restaurant *Le Strasbourg,* rue des Assalets, à Nice. Une belle affaire obtenue à moitié prix. Le clan a la main heureuse et... l'imagination fertile. Comment dissimuler une partie des recettes ? Jamais pris de court, Zemour fait créditer une partie des chèques encaissés par ces établissements sur un compte de passage de la B.P.A.M. Une belle invention ces comptes dits « de passage » et trop mal connus. Subtilité bancaire : les mouvements sur ces comptes très spéciaux ne donnent lieu à aucun relevé — pas de trace pour le fisc. Une aubaine pour le groupe. Il s'agit de comptes destinés théoriquement à des opérations très courtes : une société par exemple qui vient de se créer et qui n'est pas encore inscrite au registre du commerce.

Mais avec Zemour, le provisoire va durer. Jean-Claude Halimi expliquera aux policiers que le produit des chèques ainsi encaissés par son tonton permettait d'acheter des bons de caisses anonymes (700 000 F). « Au fur et à mesure des encaissements, précise-t-il, j'annulais le bon de caisse précédent pour en prendre un plus important. » Ces petits comptes qui grimpent, qui grimpent... On en fait aussi profiter les copains... Un ami de la famille, propriétaire d'un luxueux restaurant sur la corniche de Villefranche, Fulbert Deportu, 69 ans, utilise lui aussi le merveilleux compte. Une histoire édifiante. « M. Fulbert », ancien proxénète, bien connu des policiers, a lui aussi rencontré Zemour à l'occasion d'un redressement. Ces contrôles permettaient surtout à l'inspecteur de nouer des relations utiles. Et, voyez comme le monde est petit, Fulbert Deportu connaît une employée des impôts qui travaille au même centre que Zemour : Eliane Beauchamps. « M. Fulbert », qui a estimé son homme, fait demander à l'inspecteur marron s'il n'a pas une combine pour encaisser des chèques au noir. « Possible », répond Zemour qui ne rate pas une occasion. Le système se met en place. A plusieurs reprises, Eliane Beauchamps, jouant les facteurs, porte une enveloppe contenant des chèques de Zemour. L'inspecteur les encaisse sur son compte de passage et remet l'argent en liquide à la collègue de Deportu, moins sa petite « commission » de 1,5 % — pas de petit profit. Près de 10 millions anciens échapperont ainsi tranquillement au fisc, grâce au serpent qu'il réchauffe en son sein... Deportu, outré d'être arrêté pour avoir fait confiance à un inspecteur des impôts — un comble —, exprime son indignation : « Julien Zemour pour moi, c'était une garantie, une sécurité, dit-il au juge. Je le considérais comme un des grands patrons des impôts de Nice. » On ne peut plus faire confiance à personne.

Mais l'hôtellerie ne suffit pas pour placer le pactole des fausses factures qui coulent à flots et qui gonflent les poches du clan Zemour. On décide alors de passer aux choses sérieuses et d'investir dans la pierre solide et anonyme en se dissimulant derrière des sociétés civiles immobilières (S.C.I.). La S.C.I. Santi, l'une des plus modestes, opère plutôt à Marseille, elle loue des hangars à la société de Pierre Truc, l'un des complices de la bande. La S.C.I. Madeleine, c'est plus sérieux, construit dans le centre de Nice vingt appartements. Même chose avec la S.C.I. Provence-Côte d'Azur qui bâtit huit villas de luxe à Garéoult, dans le Var. Le clan s'associe encore aux opérations conduites par les S.C.I. Alésia, rue d'Alésia à Paris ;

S.C.I. le Tiercelet et du parc Orangini en Provence, la S.C.I. Sainte Thérèse à Allauch.

Faisant feu de tout bois, il participe également au programme de la S.C.I. de la résidence Bellevue en Savoie. Le groupe s'offre aussi de temps en temps un petit voyage à l'étranger, en Amérique du Nord ou en Israël. Mais pour l'agrément de la famille et des amis, Guy Halimi et Marceau Vial voient plus grand. Ils rachètent à Mougins la propriété hollywoodienne du prince de Lignac, le célèbre marchand d'armes, estimée à 10 millions de francs. Pour l'acquérir, Guy Halimi et son beau-père sortent 3500000 F en liquide de la B.P.A.M., sous l'œil bienveillant du directeur. Dans cette résidence d'une dizaine de pièces avec quatre salles de bains, les enquêteurs découvriront même un revolver 357 Magnum, une arme puissante conservée par Marceau Vial qui se méfiait des voleurs... La villa est naturellement acquise par une S.C.I. Les Lions, signe zodiacal de Marceau et de Joëlle, et le symbole du clan.

Pour mettre également à l'abri des capitaux douteux, Zemour a aussi recours aux vieilles formules : la métallurgie. Un grand classique : ferraille et fausses factures forment de longue date un couple très uni. L'explication est simple : il est extrêmement difficile au fisc de vérifier la réalité des ventes de métaux, difficile en effet d'apprécier la composition exacte de douze tonnes de métaux vendus en vrac. D'autant que certains carambouilleurs astucieux revendent plusieurs fois le même lot. L'inspecteur marron a donc fait ses classes dans ce secteur initiatique. Sa première société — péché de jeunesse — était une société de ferraille, la S.M.G. (Société Métallurgique Générale) qui s'occupait de la vente des métaux inoxydables. Une certaine Germaine Zemour en était la responsable. La liquidation de la société n'empêche pas son compte en banque de tourner comme une horloge. En 1978, le dynamique inspecteur fonde « Metal Inox ». Germaine, bombardée gérante, est encore sur la brèche. L'objet social s'élargit : « Vente de métaux en tous genres »... On ne peut être plus précis. Quelques mois plus tard, Roger Salel, qui a compris la leçon, ouvre à son tour Méditex (Méditerranée Export... Import...), une société chargée d'importer du carton d'Espagne... Les affaires ronflent. Le scandale va causer la chute d'un gros client du groupe, un exploitant de métaux de Saint-Priest, Michel Jacquet. Les policiers découvriront chez lui 3 millions de fausses factures. Ce patron tardera un peu à retrouver sa modeste villa de 1000 mètres carrés. Ces sociétés sont surtout spécialisées dans l'import-export, en particulier vers l'Italie et l'Espagne. Une manière astucieuse, pensent les enquêteurs, d'exporter des bénéfices douteux.

Mais Julien Zemour, génie de l'arnaque, a encore d'autres idées en tête. Véritable chercheur en fraude fiscale, il innove toujours. Sa dernière invention, son « chouchou » : le bureau d'étude bidon.

LES BUREAUX D' « ÉTUDE »

C'est le joyau, la fierté du clan. Là, pas de subtilité, de faux contrats, de matériel à vendre, de prix à trafiquer, mais de la fausse facture à l'état brut. Tout est faux, archi-faux. Ainsi naît le nouveau prototype Zemour, la B06, une arme secrète ultra-sophistiquée, exploitée par sa fille. Cette « entreprise de nettoyage » fait exclusivement dans le « dégraissage » de capitaux. Succès foudroyant : le carnet de commandes est plein. De toute la France, on se bouscule pour obtenir les factures miraculeuses. En creusant cette piste, les enquêteurs vont faire exploser quelques mines politiques qui flottaient en profondeur. Les policiers l'ignorent encore, mais la B06 traite avec des sociétés liées au parti communiste. Séisme place du Colonel-Fabien. Zemour, lui, renvoie la balle à son petit camarade Salel. « Cette entreprise au nom personnel de ma fille, explique-t-il, a été créée à la demande de Roger Salel. Il avait besoin à tout prix d'une entreprise faisant de la facturation, mais il m'avait laissé espérer que cette société pourrait obtenir du travail sérieux et faire travailler ma fille. » Ah, le crédule Zemour ! « Nous avions, poursuit l'inspecteur des impôts, la signature en commun à la banque, mais je suis incapable de vous dire quelles sociétés ont bénéficié de fausses factures. » La seule chose dont se souvient Zemour, c'est que Salel lui remettait 8 % de « commission » sur chaque faux document.

Salel a la mémoire longue. « Cette société domiciliée à Roquebillière, dit-il, était purement facturière. Autrement dit " bidon ". C'est Zemour qui recevait les relevés de comptes et qui suivait les opérations bancaires — et toc !. « Pour la B06, raconte le P.-D.G., j'avais pour seul interlocuteur Roger Sentenac, qui dirige la société Siavit, 60, rue du Dessous-des-Berges à Paris. J'ai connu cette personne, il y a environ sept ou huit ans ; elle m'avait été présentée par M. Serge Agostinelli, une vieille connaissance. Sentenac est une très ancienne relation politique de M. Agostinelli. Ils militent tous deux au parti communiste depuis très longtemps. » Les policiers relèvent leur garde : au parti communiste ? « Oui, oui, poursuit sans broncher Salel, j'ai accepté les propositions de M. Sentenac parce qu'il me promettait des commissions intéressantes, je pouvais ainsi payer les employés de la mairie... Les commissions que je percevais étaient de 16 %, je gardais 8 % et laissais 8 % sur le compte pour Zemour. Mais, insiste Salel, toutes les fausses factures que j'ai faites l'ont été à la demande de M. Sentenac. Impossible de se souvenir de toutes, se lamente-t-il lui aussi, il y en a trop... Ah ! Si, deux opérations ont été réalisées avec la société de M. Agostinelli, l'Itac. Mais je n'ai pas pris de commission car j'avais de l'amitié pour lui. » Autre souvenir : « J'ai aussi fait des fausses factures pour les sociétés Total et Shell », des noms qu'on n'oublie pas.

Les policiers qui possèdent toute la comptabilité de B06 débarquent aussitôt chez Serge Agostinelli, membre communiste des Bouches-du-Rhône dont la femme a été conseillère municipale du P.C. de Marseille. Tiens, il est interrogé par le commissaire Penaud en personne ! Le policier, lui, brandit une fausse facture de 58 800 F du 8 août 1980. Le patron de l'Itac, une coopérative ouvrière marseillaise, ne se démonte pas : « Si la facture est fausse sur la forme, plaide-t-il, elle est vraie sur le fond ; je devais à peu près cette somme... De toute façon, Salel n'a rien touché. » L'amitié...

Agostinelli, défendu énergiquement par Me Daniel Borde, confirme ses liens avec Roger Sentenac ; cet autre vieil ami dirige une société de conseil en immobilier qui appartient au groupe Gifco : un groupe qui offre ses services en matière de relations commerciales. Les oreilles des policiers tintent à nouveau : la Gifco est une société-écran. Un groupement d'intérêt — très légal — qui truste les marchés immobiliers des municipalités communistes. Roger Sentenac y joue un rôle important. Ce gros poisson, ancien héros de la Résistance portant beau pour ses 70 ans, passe pour l'un des très secrets financiers de l'appareil communiste. Sa société, la Siavit, fait partie de la vingtaine de sociétés-satellites du P.C., coiffée par la Gifco qui anime un stand chaque année à la fête de *L'Humanité*. Ce n'est pas un secret dans l'immobilier : pour obtenir un marché dans une municipalité communiste, mieux vaut s'adresser à cette nébuleuse de sociétés. Un système dont le P.C. n'a d'ailleurs pas l'exclusivité, mais Sentenac a poussé le bouchon un peu loin. Il est ce qu'on appelle pudiquement dans l'immobilier un monteur d'affaires. C'est-à-dire un intermédiaire obligé entre les promoteurs et les municipalités communistes. Mais, pour justifier sa commission, Sentenac ne se contente pas, comme d'habitude, de fournir un quelconque dossier d'études « bidon », il tombe dans l'illégalité en utilisant de « vraies » fausses factures. Pour se les procurer, il s'adresse bien sûr aux sociétés Zemour, réputées en France, et à son honorable représentant à Marseille, le complaisant Salel. Le groupe, qui fournit à la demande, n'a pas de veto politique. Roger Salel, toujours prolixe, explique : « Sentenac me téléphonait et m'indiquait le libellé des factures et le nom des sociétés concernées. Une fois l'encaissement réalisé, Zemour m'appelait et j'allais à Nice récupérer l'argent à la banque. Julien et moi prélevions chacun 8 % puis j'apportais à Sentenac le solde, soit à Paris, au siège de sa société, 60, rue du Dessous-des-Berges, soit dans sa maison de campagne, à la Vachette, près de Briançon, soit à la Grande Motte où était amarré son bateau. Dans ce cas, il me recevait à l'hôtel Frantel... » L'argent à domicile, la belle vie.

Roger Sentenac, pris dans le sac à malice, nie pourtant en bloc ; il repousse avec indignation ces ignobles accusations. Encore un coup de la droite... « Je n'ai jamais perçu un sou de la B06, affirme-t-il. Salel ? Je ne crois pas l'avoir vu plus de trois fois dans ma vie et jamais pour traiter des affaires. Oser prétendre que j'aie pu utiliser des fausses factures serait une calomnie. J'ai toujours fait preuve de droiture et de rectitude. Les accusations de Salel ? Pur mensonge. » « Faut-il qu'il soit tombé bien bas pour oser prétendre cela », s'indigne le vertueux Sentenac. Pourtant, argumentent les policiers, la société Aipal, par exemple, règle une facture de 82 300 F à la B06 le 26 mai 1981. Or, comme c'est curieux, le 11 juin, Salel vous téléphone pour vous annoncer que son fils Christian viendra vous voir le lendemain à Paris. « A la réflexion, rétorque alors Sentenac qui fait un intense effort de mémoire, je crois bien que Salel a utilisé pour ses malversations certains de mes clients, mais sans que j'en sois au courant. Je suis en quelque sorte une victime de Salel... » Encore une !

« En quelque sorte... reprennent les enquêteurs, mais voyons dans le détail. » Ils sortent alors leurs munitions, des gros dossiers bourrés d'explosifs. Le tir de barrage commence : l'affaire de Montreuil, par exemple. Etrange, l'affaire de Montreuil. Mme Valenti, propriétaire d'un terrain de 2 700 m^2, rue des Oseraies à Montreuil, désire le vendre à un promoteur. Elle l'annonce à la mairie qui répond que les papiers déposés à la voirie pour autoriser la vente ne sont pas conformes et qu'elle entend exercer son droit de préemption. L'affaire est à l'eau. « Mais chuchote-t-on à l'oreille de la propriétaire, vous devriez rencontrer M. Sentenac, grand ami du maire. » Justement, Mme Valenti connaît bien Sentenac ; son mari, aujourd'hui décédé, avait déjà traité avec lui pour obtenir des chantiers à Villejuif. Un premier rendez-vous a lieu le 5 juin 1980, rue du Dessous-des-Berges, joliment rebaptisée par les policiers rue des Dessous-de-Tables. Là, Sentenac fait habilement comprendre que la municipalité de Montreuil ne voit pas d'un très bon œil les promoteurs privés, elle préfère les sociétés qui font des logements sociaux... Le message est reçu. Au second rendez-vous, le 13 octobre, il annonce carrément la couleur : pour son intervention, il serait élégant de lui régler une petite commission de 200 000 F. Pour justifier ce paiement devant le fisc, Sentenac fournira une jolie fausse facture de la B06. Et pour bien prouver son entregent, il appelle devant Mme Valenti le maire de Montreuil pour lui exposer les soucis de la malheureuse propriétaire. Très compréhensive, la mairie lève le droit de préemption le 14 octobre, le lendemain de la rencontre miraculeuse. Le promoteur interrogé confirmera qu'il a bien réglé en trois versements les 200 000 F à la B06. Pour modifier un document expédié par le bureau d'étude, ce candide a même tenté de joindre la société par téléphone au numéro figurant sur la facture... Aucune réponse. Et pour cause. La B06 n'a jamais existé que sur le papier et les (sociétés) fantômes répondent rarement au téléphone.

« Faux, archifaux, grogne Sentenac, je ne suis jamais intervenu pour faire lever un droit de préemption. J'ai bien connu un couple nommé Valenti dont le mari était à la tête d'une entreprise de construction, mais je ne l'ai pas vu depuis une quinzaine d'années. »

Les policiers lui présentent alors l'agenda du promoteur où sont notés les deux rendez-vous. Un pas en arrière : « Je me souviens maintenant : Mme Valenti, après le décès de son mari, m'avait contacté pour la vente d'un terrain à Montreuil. Mais elle demandait un prix excédant largement le plafond autorisé en matière de logements sociaux. Je lui ai simplement conseillé de s'aligner sur les prix fixés, mais jamais au grand jamais je ne suis intervenu auprès de la mairie de Montreuil. »

Hélas, on est toujours trop prudent : Roger Sentenac avait la mauvaise habitude de noter sur des carnets toutes les communications téléphoniques qu'il passait ou recevait. Une mine d'or pour les enquêteurs qui tirent leurs dernières cartouches :

« Voyons, le 28 mars, le maire de Montreuil vous appelle, le 27 août, il demande que vous le rappeliez. Le 12 juin, Mme Robert, de la mairie, veut vous parler. Le 28 août, le 12 et 16 septembre, le 7 et le 13 octobre, cette dame vous rappelle avec insistance. Et puis, après la levée du droit de préemption, plus d'appel, le silence... Au fait, que fait donc cette dame ? »

Sentenac, accablé, reconnaît qu'il s'agit de l'adjointe au maire, présidente de l'office des H.L.M... « Je suppose qu'elle m'appelait pour que j'intercède auprès de Mme Valenti pour que cette dernière accepte les prix autorisés. Mais j'ignore si l'affaire a abouti, se défend-il désespérément. « Bien sûr, bien sûr, acquiescent les policiers. Passons à une autre affaire, les “ Pépinières de Corbeil ”, par exemple... Voilà une belle histoire...

Cette fois, le gâteau est encore plus consistant. Il s'agit de la construction de 80 pavillons, « Les Pépinières ». Le promoteur, Dominique Jouannet, n'y va pas par quatre chemins : « Ayant appris qu'un terrain situé sur la commune de Corbeil pouvait recevoir un ensemble immobilier de 80 logements, je me suis adressé à la municipalité, à M. Jean-Luc Combrisson, responsable des services techniques. Dans toutes les municipalités, quelle que soit leur étiquette politique, explique ce promoteur blasé, il faut s'adresser à un bureau d'étude pour le montage de l'opération jusqu'à l'obtention du permis de construire — la routine. En ce qui concerne les municipalités communistes, le bureau d'étude est la Siavit, dirigée par Roger Sentenac. » Grâce à la diligence de la Siavit, le permis de construire de Corbeil est obtenu en septembre 1981 et peu après, le promoteur recevait deux factures de la B06, de 235 200 F chacune. Le petit bakchich de Sentenac. « Normal, confirmera le client, cette somme représentait 5 % du projet et nous savions que cela se passait dans de nombreuses municipalités du P.C., ce que nous ignorions, c'est que la B06 était fictive. »

Fureur de Sentenac : « Je ne connais pas de société “ Les Pépinières ”, ni ses dirigeants, affirme-t-il. M. Jouannet prétend que je suis intervenu pour l'obtention d'un permis de construire en échange de 400 000 F, c'est totalement faux. »

Confrontation Dominique Jouannet, Roger Sentenac.

Le promoteur. — A la réception du protocole d'accord, j'ai appelé M. Sentenac pour qu'il me confirme le montant de ses honoraires...

Sentenac. — Je ne me souviens pas que M. Jouannet m'ait appelé : je maintiens que je ne connais pas cette société B06.

Coup de grâce. Les policiers lui présentent une carte de visite à son nom, adressée au promoteur de la Pépinière, sur laquelle est inscrit : « Avec mes remerciements, en vous priant d'en retourner un exemplaire signé à B06. » Cette fois, le « monteur d'affaires » se démonte. « Je ne comprends pas comment j'ai pu mentionner le nom de la B06... C'est pourtant bien mon écriture... Inexplicable ! » « N'avouez jamais », apprend-on à l'école du Parti.

Profitant de leur avantage, les enquêteurs assènent un nouveau coup, une nouvelle carte de visite, celle de Dominique Venturi, saisie dans le bureau de Sentenac. Même surprise du P.-D.G. : « Je ne peux expliquer comment cette carte a pu atterrir sur mon bureau... Elle ne doit pas être de la première jeunesse... »

Dès lors, les policiers n'ont plus qu'à suivre le fil rouge des clients de la B06. Des militants communistes aux multinationales de l'or noir, les voies obscures du trafic se rejoignent parfois. A Fleury-Mérogis et à Noisy-le-Sec, ce sont en effet les riches sociétés pétrolières capitalistes qui doivent cracher au bassinet. Depuis plusieurs mois, la Mobil Oil tentait vainement d'obtenir de la municipalité de Noisy-le-Sec l'autorisation de construire une station-service sur l'autoroute. La mairie multipliait les petites tracasseries : construction d'un mur antibruit, etc. Et puis, soudain, paraissent le bon M. Sentenac et son épais carnet à souches. Mobil Oil verse 105 840 F et voici le terrain convoité. Début décembre 1982, les policiers de la Financière de Marseille, munis de cette coûteuse facture, débarquent au siège social cossu de la société à Paris. Devant un aréopage complet des hauts responsables, ils demandent : « Qui a honoré cette facture ? » Silence glacial. Finalement, l'un des directeurs explique qu'il a été très difficile d'obtenir le permis de construire, que la mairie a redoublé les difficultés, que...

« Qui ? redemandent les policiers tendus. Si vous refusez de répondre, affirment-ils, nous serons contraints de vous placer tous en garde à vue. »

Stupeur des patrons de la Mobil Oil qui n'ont pas l'habitude d'un tel langage. « C'est une menace ? tempête l'un d'eux. « Non, c'est le programme », rétorque un policier facétieux. « Après réflexion », comme disent les procès-verbaux, l'un des grands manitous de la Mobil — un Suisse — se dévoue. Il assume la responsabilité de cette détestable facture. Mais il désigne aussitôt du doigt la mairie de Noisy.

Même scénario à Fleury-Mérogis pour la station Total, dont les responsables ont dû payer 294 000 F de frais d'études, par le biais de la planche à factures niçoise. Pour ces coups de faucille dans le code, les camarades Agostinelli et Sentenac vont rejoindre un temps la cohorte des faussaires aux Baumettes.

Mais, le voyage des policiers à travers la B06 n'est pas terminé pour autant. Le piège de cette société bidon se referme sur d'autres gibiers. Les deux responsables d'une des plus grosses sociétés françaises de publicité, Interplans, vont « plonger » à leur tour pour avoir bénéficié de 2,5 millions de francs de fausses factures. Une plongée dans les marécages de la Pub. Le directeur adjoint d'Interplans, Claude Margueret, explique en effet « qu'en raison de la forte concurrence qui règne dans le monde de la publicité les agences sont obligées d'" arroser " certains clients pour obtenir le marché. » Et ils sont gourmands. « Ce sont eux qui réclament, gémit le publiciste. Ils demandent des cadeaux, de l'argent. Du liquide, bien entendu... » Entre gens du monde... Les cadeaux, l'entreprise peut les payer. Mais l'argent... Il faut bien le trouver quelque part. Un premier « courtier » alimentait depuis quelque temps la société en fausses factures, mais il n'avait pas les épaules assez larges. Un gros requin pointe alors l'aileron, Guy Halimi, le multi-représentant en matériel médical. Il vient « soigner » la société.

Le remède du bon docteur Halimi : deux fausses factures de 940 000 F et 588 000 F. Un deuxième tour de passe-passe et voici Interplans en possession de 600 000 F et 380 000 F en liquide, la « différence », c'est le petit « bonus » d'Halimi, un vrai. « Monsieur plus ». De quoi satisfaire bien des clients voraces. Naturellement Claude Margueret, qui n'est pas suicidaire, refuse de livrer le nom des clients bénéficiaires de ces largesses. Les policiers découvrent pourtant deux dossiers au nom de Rhône-Poulenc et Bongrain. « Pas de conclusions hâtives, rétorque aussitôt le directeur adjoint, ces noms sont pris au hasard, il fallait simplement mentionner de gros clients pour que la commission soit compatible avec le chiffre d'affaires... » Mais toute ressemblance avec des sociétés existantes ne serait que pure coïncidence... Le directeur adjoint n'en dira pas plus... « C'est trop bête, assure-t-il enfin, depuis le début de l'année, compte tenu de l'ampleur des demandes et surtout des exigences forcenées de nos clients — de véritables piranhas — j'avais décidé de tout arrêter... » Trop tard... « Margueret ajoute que son directeur, Alain Serval, n'était pas au courant du détail des opérations. »

Retour de volée, le P.-D.G. de la société affirme dès le début de son interrogatoire — déclaration rarissime dans une procédure, une pièce de musée : « Je tiens à assumer pleinement et totalement toutes mes responsabilités quelles qu'en soient les conséquences. Je me sens... Je veux être seul responsable des pratiques ou malversations constatées dans mon entreprise... » Alain Serval reconnaît qu'il « lui arrive de rémunérer en espèces certains intermédiaires, mais c'est, affirme-t-il, très rare... »

La B06, bonne fille, a alimenté aussi la Soppec, une société d'équipements spécialisée dans la construction de centres commerciaux. Pour son malheur, son P.-D.G., Philippe Robert, passe les fêtes de Noël au club Méditerranée du Sénégal en compagnie de Guy Halimi. Il lui confie ses soucis : « Je suis parfois obligé de verser des dessous de table et même de véritables pots-de-vin... », se lamente le

P.-D.G. « Comme c'est vilain, se désole Halimi, mais je peux vous être utile, je connais justement une société… » Trois factures B06 tombent du ciel : 180 000 F, 270 000 F et 250 000 F. Résultat, Philippe Robert a médité un moment à l'ombre sur les dangers des rencontres de « fortune ».

Ce premier tour de piste accompli, la justice voudrait grimper d'un cran. Puisque dans les affaires Sentenac, des élus de municipalités paraissent « compromis », on doit les inculper. Pas si simple. Ces élus, on l'a vu, sont tous officiers de police judiciaire. La justice se fait un peu tirer l'hermine : il faudra un an à la chambre d'accusation pour désigner Paris. Son président, Louis Gondre, inculpe alors l'adjointe au maire de Montreuil, Mme Robert — la « correspondante téléphonique de Sentenac » — vice-présidente du Conseil général de la Seine-Saint-Denis ; puis les trois Roger, Roger Gouhier, le maire de Noisy-le-Sec, ex-député de la Seine-Saint-Denis, Roger Clavier, le maire de Fleury-Mérogis, et enfin, le maire de Corbeil, Roger Combrisson, ex-député de l'Essonne et conseiller régional de l'Ile-de-France. Tout le « gratin », la nomenklatura du P.C. Roger Combrisson connaît parfaitement l'affaire, son fils Claude était l'adjoint de Sentenac à la tête de la Siavit et il assure l'intérim de son patron momentanément « empêché ».

Branle-bas de combat place du Colonel-Fabien. Déjà, au moment de l'arrestation de Sentenac, Georges Marchais était monté au créneau : « Le P.C. ne possède aucune société commerciale, avait-il expliqué, il n'a donc rien de commun avec les sociétés mises en cause. » Truisme douteux qui passe pudiquement sous silence le Gifco et sa vingtaine d'entreprises-satellites. Quant à Sentenac, qui « appartient peut-être au parti communiste » — on n'a pas la reconnaissance du ventre au P.C. — « il apparaît comme l'interlocuteur d'un certain nombre de municipalités et aurait pu, à ce titre, commettre certaines malversations ». En clair, il est « lâché », sacrifié à la cause.

Les quatre élus inculpés dénoncent tous un « coup bas politique » et s'écrient d'un même chœur : « Il serait question de transactions entre diverses sociétés privées. Il ne nous a été signifié aucun grief entachant la régularité de notre gestion. » Seul leur doyen, Roger Combrisson, optimiste et péremptoire, ajoute : « Il est évident qu'au terme de l'instruction cette inculpation sera levée. »

RETOUR SUR LES LIEUX DU « CRIME »

Dans la foulée, la chambre d'accusation désigne deux autres élus mêlés à cette affaire. Le pot pourri politique est ainsi complet. Après quatre notables du P.C., c'est un R.P.R., René Petruschi, adjoint de Jacques Médecin, qui est inculpé à Paris. Il est soupçonné, on s'en souvient, d'avoir touché une commission du blanchisseur industriel Laurent pour avoir favorisé l'obtention d'un marché avec l'hôpital de Nice (40 millions de francs).

Il manquait un socialiste au tableau, le voici : Jean Masse, 62 ans, ex-adjoint de Gaston Defferre à la mairie, ancien député socialiste et conseiller général des Bouches-du-Rhône, tombe à son tour. La chute de ce fidèle de « Gaston » braque à nouveau le projecteur sur Marseille. D'autant que « Nono » comme l'appelait affectueusement Dominique Venturi, est inculpé dans le cadre d'une autre affaire mettant encore en cause la coopérative de Nick. On comprend mieux l'inquiétude de l'ancien député lors du fameux coup de fil enregistré par la P.J. Jean Masse, surnommé en raison de son physique colossal, le « vieux taureau », ne rougit pas de ses liens avec Nick ! Au contraire : « Dominique Venturi et moi étions ensemble dans la Résistance, rappelle-t-il. Ensemble, nous avons pris *Le Provençal* à la Libération. C'était mon ami. Il le reste. Je ne renie jamais mes amis. » Sous-entendu : « Ce n'est pas comme certains... » Regard appuyé vers la mairie...

En juillet de l'année 1982, un curieux incident a ému le Tout-Marseille. Lors d'une grande réception, Gaston Defferre doit remettre la Légion d'honneur à son vieux compagnon Jean Masse. L'ancien député à l'honneur a envoyé un millier de cartons d'invitation. Et puis, soudain, la cérémonie est ajournée. Sans un mot d'explication. « Etrange, étrange », chuchotent les vieux Marseillais qui attendent la suite... Jean Masse est pourtant un homme de poids, « vingt fois candidat, vingt fois élu », aime-t-il à répéter. Ce socialiste historique a régné sans discontinuer depuis 1947 dans son fief de Château-Gombert, au nord de Marseille. En 1978, il passe le relais à son fils Marius, élu député à sa place. Une dynastie parlementaire. En 40 ans de vie publique « Jeannot », comme on l'appelle dans son quartier, a appris bien des choses. Il sait aussi le prix de la fidélité en amitié, y compris dans les mauvaises passes. La preuve : malgré l'affront de la Légion d'honneur et en se faisant quand même un peu prier, il va à nouveau au charbon en 1983 pour les élections municipales. Il arpente, aux côtés de Gaston Defferre en difficulté, les petites rues populaires de son quartier où il est très aimé. Son fils, tête de liste, passe de justesse. Gaston Defferre aussi... Jean Masse, qui se dit lui-même plus « massiste » que socialiste, espérait pouvoir enfin s'endormir sur ses lauriers. Aussi, l'inculpation pour complicité d'escroquerie le prend-elle au dépourvu. Il ne s'y attendait plus... On lui reproche, alors qu'il était adjoint chargé de la voirie, d'avoir concédé en 1978 un marché de 10 millions de francs à la C.E.G.M. de son ami Nick. Ce marché qui portait sur du « tapis bitumeux », un « lot noir », dit-on à la mairie, était confié à une coopérative spécialisée dans la peinture et la maçonnerie. Mais, plus grave, la C.E.G.M. l'aurait sous-traité à deux grosses entreprises de travaux publics parisiennes, la S.M.A.C. et la Sacer. Or, une coopérative n'a le droit de sous-traiter un marché communal à des sociétés privées qu'à des conditions exceptionnelles. D'autant que celles-ci lui reversaient sous la table 4 %. Et, pour trouver l'argent, la C.E.G.M. aurait fourni à la mairie des fausses factures. Une spécialité marseillaise qui rivalise avec la bouillabaisse. Le « vieux taureau », rendu furieux par cette banderille judiciaire, rue dans l'arène. « Je n'ai rien à me reprocher. Je n'étais pas le seul à prendre les décisions, souligne-t-il habilement, la commission responsable de ces marchés les attribuait à l'unanimité et vingt élus y siégeaient ! » Un ange municipal passe. « En outre, continue-t-il, ses choix faisaient l'objet d'un contrôle financier dont Irma Rapuzzi était responsable. Les intérêts de Marseille n'ont donc pas été lésés. » Irma Rapuzzi, la madone de la mairie, demeure la fidèle des fidèles de Gaston Defferre. Le futur ministre de l'Intérieur l'avait d'ailleurs choisie en 1977 comme premier adjoint, « à la droite du bon Dieu... »

L'inculpation du « baron » Masse, adjoint de Defferre, fait d'autant plus de dégâts qu'elle a été précédée quelques mois auparavant de celle d'un autre élu de la mairie, Elie Safrani, 58 ans, qui s'est pris les pieds dans les poubelles municipales. Cet ancien adjoint chargé de l'assainissement (!) a été inculpé « d'escroquerie au préjudice de la ville et de corruption active et passive ». Tout un programme... C'est l'arrestation du frère de Nick, Jean Venturi, qui a entraîné la chute de l'ancien adjoint. Ironie judiciaire, Jean a été arrêté et incarcéré, alors qu'il venait au palais de justice réclamer la mise en liberté de son propre frère. L'aîné des Venturi était à la tête de deux sociétés d'enlèvement d'ordures, Delta Verdure et Renosit, chargées du nettoiement du secteur nord-est de Marseille ; il expédiait chaque jour un train rempli d'ordures dans une décharge industrielle à Saint-Martin-de-Crau, près d'Arles.

Trop gourmand, « Jeannot » se serait imprudemment lancé dans l'entretien des espaces verts. Des difficultés avec ses sous-traitants l'auraient conduit à « gonfler » ses factures. Or, l'adjoint Safrani, étourdi, ne s'était pas étonné de cette flambée du coût des maigres espaces verts marseillais. Sa qualité d'élu devait le protéger. Mais subtilité juridique il n'était qu' « adjoint délégué » et le procureur de Marseille, Pierre Truche, fait jouer la « procédure d'urgence ». Le magistrat ne faiblit pas : « J'irai jusqu'au bout, déclare-t-il comme pour se justifier, je suis en charge de l'intérêt général comptable de la délinquance et de la sécurité de la société. » Un langage musclé applaudi à la chancellerie. Preuve de l'intérêt qu'il manifeste pour la région, Robert Badinter nomme son ancien directeur de cabinet, Georges Beljean, procureur général d'Aix-en-Provence. « L'œil de Badinter », dira-t-on place Beauvau. Il remplace Marcel Guilbot jugé trop « mou » lors de l'affaire Lucet. Du coup, l'enquête marseillaise repart sur les chapeaux de roue... Gaston Defferre, sans doute excédé par ce zèle, ne veut pas paraître en reste. Il observe laconiquement : « Avant mai 1981, quand des affaires de ce genre éclataient, elles étaient étouffées. » Dans la coulisse, on entend le cliquetis des armes entre les deux ministres. Mais les policiers qui occupent le devant de la scène s'en donnent à cœur joie. Ils retroussent leurs manches et repartent à l'assaut de l'ancien bastion de Lucet, la caisse de la Sécurité sociale. Ils veulent réexaminer les comptes. Cette fois, croient-ils, nous allons débusquer la vérité.

LA « SÉCU » SOUS INFLUENCE

En septembre 1982, six mois après la mort tragique du bouillonnant patron de la « Sécu », ils repassent encore la porte ultramoderne du centre de Valmante. Avec le recul, les langues se délient et les enquêteurs vont démonter le mécanisme de l'escroquerie.

En réalité, découvrent-ils, depuis l'arrivée du nouveau directeur, la « Caisse » était sous influence ; mise en coupe réglée par une équipe d'aigrefins qui avait utilisé les ambitions politiques et professionnelles de Lucet pour en tirer profit. De copieux profits. L'examen des factures des quelques entreprises « choisies » qui travaillaient pour la Caisse révèlent des surévaluations de prix exorbitantes. Des exemples ? S.P.V.A. (une entreprise de ravalement) réclame 120 544 F à U.D.D. (Union Delta Décoration, une des sociétés Salel) pour des travaux effectués au centre Les Chartreux. U.D.D. refacture froidement à la Caisse les mêmes travaux 302 867 F. Montant du « bénef » : 250 % ! S.P.V.A. encore : à Delta Applic (autre fleuron du consortium Zemour) 43 622 F pour le chantier Kléber. Delta Applic à la Caisse : 98 777 F, 226 % de majoration. Et ça continue : « Miroiterie et vitrerie » à l'entreprise Mattout : 31 929 F, Mattout à la « Sécu » : 77 976 F, 287 %... Une facture atteindra même les 636 % de bénéfices, le mur du son de l'arnaque. Comment expliquer des manœuvres aussi grossières ?

Premier temps de l'arnaque : obtenir le monopole des travaux. Lorsque Lucet arrive à Marseille il est obsédé, on l'a vu, par deux idées : pourfendre la C.G.T. et prouver rapidement ses qualités de bon gestionnaire. Pour démontrer son efficacité, il entreprend de rénover les centres de paiement. Seulement Lucet pressent déjà que Marseille n'est pas Melun (sa précédente caisse). Il imagine le Vieux Port grouillant d'embrouilles et de combines. Aussi veut-il préparer sa venue, tâter en quelque sorte le terrain. Il commence par s'entourer d'amis sûrs, d'hommes de confiance dont un ancien Marseillais, Georges Dochier, qui se vante de connaître par cœur les dessous de la ville et d'y promener Lucet. Quelques mois avant son arrivée, le directeur de la Caisse prend des contacts discrets avec des éminences grises de Marseille. Il adore ces rencontres clandestines qui flattent son tempérament de conspirateur et son goût du secret. Les hommes qu'on lui présente tirent, lui dit-on, les ficelles de la ville. Parmi ces hommes de l'ombre, Dominique Venturi, bien sûr, l'ancien grand voyou auréolé de son aura de mystère, de son pouvoir occulte et de ses petites et grandes « entrées » à la mairie. Un vieux compagnon de Defferre...

Rencontre-t-il Nick à Melun ou à Marseille ? Mystère. Dominique Venturi déclarera plus tard à la police qu'il a été présenté à Lucet dans un bar... On parlera d'anciennes liaisons familiales : les parents de Lucet auraient connu autrefois les Venturi. Plus vraisemblablement, c'est un proche du directeur qui sert d'intermédiaire. Les deux hommes en tout cas se rencontrent et sympathisent. Venturi offre volontiers son aide au nouveau directeur. Il peut le guider dans les méandres de la politique et des affaires marseillaises, l'appuyer auprès de la mairie et du P.S. Il va aussi — c'est promis — lui indiquer, en cas de besoin, des entreprises amies. Ne gère-t-il pas lui-même une coopérative de bâtiment qui travaille depuis des années pour la Caisse ? Sous le règne Lucet, les « affaires » de Venturi vont d'ailleurs faire un prodigieux bond en avant.

Deuxième temps de la manœuvre : les copains des copains : lors de ces fameuses rencontres préliminaires, Lucet convoque à Melun Maurice Martelli qui est, comme par hasard, un ami d'enfance de Nick Venturi. « Je le connais depuis toujours, confirmera plus tard ce responsable de la Caisse aux policiers. Nous sommes nés dans le même quartier et nous avons fréquenté la même école. Mais, se défend-il, ce n'est pas moi qui ai présenté Dominique Venturi à René Lucet. La preuve ? Vers la mi-novembre, à l'occasion d'un conseil de direction, le directeur m'a dit : “ Tiens, hier soir, j'ai dîné avec l'un de vos amis. ” » Il s'agissait de Dominique Venturi.

Piston ou renvoi d'ascenseur, Lucet nomme en tout cas Maurice Martelli, chef du service des opérations immobilières, un poste qu'il avait occupé naguère et dont il avait été écarté. Il fait ainsi un retour en force, marchant lourdement sur les pieds d'autres responsables mis sur la touche et mécontents. Autre promotion éclair, celle de Victor Allegrini, qui passe du poste de chef adjoint du service des opérations immobilières à celui, plus flou mais mieux rémunéré, d'attaché au cabinet du directeur adjoint, Paul Delezon, un homme effacé, totalement étouffé par Lucet. Or, le monde est décidément petit, Victor Allegrini est également un ami d'enfance du fils Venturi. Et il a été à l'école avec Georges Dochier, l'homme de confiance de Lucet...

Le décor est planté. Les acteurs en place. La pièce peut commencer. Voici comment les policiers ont reconstitué son scénario :

Le nouveau directeur des opérations immobilières, Maurice Martelli, interrogé une première fois en juin 1982, nie absolument avoir choisi des entreprises travaillant pour la Caisse. « A ma connaissance, affirme-t-il, M. Lucet ne m'a jamais cité de noms d'entreprises à faire travailler ; moi-même, je n'ai jamais introduit d'entreprises à la Caisse. Les travaux facturés sont bien les travaux réalisés. Mon service n'a jamais constaté d'anomalie... » Jamais...

Manque de chance, un autre employé de la Caisse, Guy Laprie, explique le contraire : « Un soir du début de l'année 1980, raconte-t-il, Martelli m'a convoqué dans son bureau avec un autre directeur : “ Dorénavant, je suis le seul à décider des choix des entreprises ”, a-t-il ordonné. Nous n'avions pas intérêt à discuter, sinon gare à la casse, précise l'employé. Une fois, j'ai pris sur moi de faire appel à une autre société. Mal m'en a pris : je me suis fait rudement taper sur les doigts. “ Alors, on joue au petit chef ”, a ironisé Martelli menaçant. »

Réinterrogé, Maurice Martelli met alors de l’eau dans son vin. S’il a menti au début, c’était pour une bonne cause... « Dans ma première déposition, dit-il, je ne voulais pas nuire à la mémoire de René Lucet. Aujourd’hui, j’ai mesuré le risque d’endosser des responsabilités qui ne sont pas de mon fait. En réalité, avoue-t-il, c’est René Lucet lui-même qui avait personnellement choisi les entreprises devant travailler pour la Caisse. » Et encore une coïncidence, c’est la C.E.G.M. de Venturi qui rafle la plus grosse part du gâteau, suivie par un autre groupe, « Mattout et Benaïch ». Pourquoi ce choix ? Ces entreprises, c’est vrai, acceptent de travailler vite et « hors cloche » (hors des horaires habituels). Mais Marseille ne manque pas d’entreprises acceptant ces conditions, alors ? Tous les « proches » de Lucet le répètent en chœur, il s’agit d’un calcul politique. La C.E.G.M., c’est le P.S., Mattout, le R.P.R.... « A mon avis, confirme Martelli, René Lucet souhaitait faire une carrière politique à Marseille et il comptait s’appuyer sur ces sociétés. » Peut-être. Et si tout bonnement, complice ou non, Lucet n’avait fait que fermer les yeux ? Car derrière ce bel idéal politique, la sarabande des gros sous défile. L’argent de la Caisse et des contribuables part à tout va. Plus de deux milliards de centimes de travaux, l’Eldorado. Ces sociétés « amies » qui « soutiennent » — paraît-il — Lucet, commencent en réalité par s’en mettre plein les poches. Elles surfacturent abusivement leurs travaux, se partagent les marchés et falsifient les appels d’offre... Certains responsables de la Caisse, inquiets, tirent la sonnette d’alarme. Ils préviennent à plusieurs reprises René Lucet. « Attention, les prix gonflent, gonflent, ça peut éclater. » Mais le jeune directeur s’en moque. Il poursuit aveuglément sa croisade politique : sus aux rouges, se débarrasser des mutuelles C.G.T., redresser la Caisse. Et puis un jour, pourquoi pas, ravir le siège de la mairie à Gaston Defferre ? Tout à son « combat », Lucet ne se soucie pas de l’intendance. D’ailleurs, il croit que la « surévaluation ne dépasse pas 25 % ». Ce petit « plus », pense-t-il, tient aux horaires imposés et à la rapidité des travaux. Autour de lui, des responsables s’agitent dont Victor Allegrini, par exemple, le nouvel attaché de cabinet du directeur adjoint, un homme honnête embarqué dans un train trop rapide pour lui. « Je n’aime pas le travail qu’on me fait faire », confesse-t-il à un ami.

Plus tard, lorsque les policiers lui présentent le détail des majorations de prix, il a ce cri du cœur : « Je suis stupéfait d’apprendre ce qui s’est passé au niveau de la facturation. »

Pourtant, certains savaient. Au tour de Maurice Martelli de se retrouver sur le gril. D'autant que les policiers de la Financière trouvent ses biens au soleil bien florissants. Une villa et un studio qu'il n'occupe pas — il est logé gratuitement par son beau-père — et une maison en Corse, plus les petites économies : 220 000 F répartis sur plusieurs comptes familiaux. Sa mémoire lui joue encore des tours. Il affirme par exemple qu'il n'a jamais entendu parler de Roger Salel et encore moins de la société Chaferman. Or, deux chèques de 90 000 F ont été payés par la Caisse à la société Chaferman via la C.E.G.M. Pourtant la C.E.G.M., qui avait le monopole de ces chantiers, n'avait pas le droit de les sous-traiter.

Réponse embarrassée du directeur des opérations immobilières : « J'ignorais que ces travaux avaient été sous-traités. J'ai signé les ordres de paiement parce qu'à mes yeux, c'est Chaferman qui avait le marché. »

— Mais alors, vous connaissez Chaferman ? »...

De plus, ces deux factures ont été portées à la Caisse par Venturi lui-même qui a reçu directement en échange les chèques correspondants. Qui les lui a donnés ?

— Je n'ai remis aucun chèque, s'indigne Martelli.

Il réaffirmera d'ailleurs au juge son innocence :

— Bien que Venturi soit un ami d'enfance, répète-t-il, je suis étranger au choix de la C.G.E.M. par Lucet. Je ne peux rien dire de plus sur les majorations des factures. Je ne peux pas dire si elles ont servi à payer des pots-de-vin.

— Pots-de-vin, vous avez dit « pots-de-vin » ?...

— Si je parle de pots-de-vin, ajoute précipitamment Martelli, c'est que la police y a fait allusion...

Cette vertueuse déclaration n'empêchera pas le juge Coux d'envoyer l'employé aux Baumettes. Le directeur des opérations immobilières sera en bonne compagnie, il retrouvera là-bas bon nombre d'entrepreneurs qu'il connaît bien. Le discret et paisible Jean Delezon, l'adjoint « officiel » de Lucet, responsable devant la loi, s'en tirera seulement avec une inculpation. Mais qui a empoché ces fameux pots-de-vin ? Les entrepreneurs, c'est maintenant prouvé, gonflaient les prix et s'entendaient entre eux pour obtenir les marchés. Ils devaient aussi remercier quelques responsables de la Caisse qui fermaient les yeux et facilitaient les combines. Lesquels ? Les comptes de Lucet sont, on l'a vu, « propres » et apparemment sans faille. Alors qui ? Probablement certains proches du directeur qui ont manipulé leur patron.

Les policiers de la Financière, qui sont en train d'estimer

exactement le montant des sommes détournées, assurent qu'ils démasqueront les coupables. Question de temps. En attendant, dans leur élan, ils ont fait trébucher un autre compère marseillais de l'équipe Zemour, Pierre Truc, un vieux copain de Roger Salel. Ce directeur adjoint de la succursale marseillaise de la Générale Sucrière (il sera renvoyé en 1981) avait raffiné la combine. Avec l'aide de Salel, il rackettait carrément certains fournisseurs de la Générale Sucrière. Pour travailler avec cette grosse société, il fallait payer une dîme obligatoire de 10 %. C'est le bon Salel qui servait de rabatteur. L'une des « victimes », le chaudronnier Marcel Degracia, expliquera au juge : « J'ai téléphoné à M. Salel pour qu'il me fasse obtenir des marchés. Je n'avais plus guère de travail et M. Salel avait beaucoup de connaissances... Il m'a dit qu'il allait voir. Puis m'a proposé des chantiers pour la Générale Sucrière. Mais il y avait une condition à la clé : je devais payer une commission de 10 % du montant hors taxe de tous les travaux obtenus. J'ai accepté car j'avais vraiment besoin de travailler. Tous les mois, je recevais les paiements de la Générale Sucrière et tous les mois, il y avait une fausse facture de 10 % du montant des travaux à régler à M. Salel — la dîme. Je payais parce que j'avais peur de perdre ma clientèle. »

Le chaudronnier, tenu à la gorge, honore ainsi toutes les fausses factures qu'on lui présente. Toujours les mêmes sociétés : BO6, Sonaris, Socres, F.M.G. A chaque fois, le jackpot tombe dans l'escarcelle du clan. Il se serait ainsi partagé 2 millions de francs.

Pierre Truc, lui, nie catégoriquement. « Je n'ai jamais rien touché pour des travaux effectués par la Générale Sucrière. Jamais. » « Jamais », « rien de rien », l'un des refrains favoris du clan. Le terrain est pourtant miné car, après avoir quitté la Générale Sucrière, Truc fonde avec Salel la Serca, cette société fantôme qui permettait à une amie de Zemour et au fils de l'inspecteur d'être payés sans travailler. Elle leur versait des salaires qui ne correspondaient à rien. Son seul but : fabriquer de la fausse facture pour une autre entreprise de groupe — une de plus —, la société commerciale Paul Brunetti...

Mais comment le groupe Zemour s'y retrouve-t-il donc dans ce fatras embrouillé de sociétés dont les liquidités circulent à la vitesse d'un championnat de bonneteau ? Eh bien, il ne s'y retrouve pas ! Julien Zemour, l'homme-orchestre, le Frigoli de l'arnaque, tour à tour inspecteur des impôts, gérant de sociétés, V.R.P. de matériel médical, conseiller fiscal, hôtelier, s'emmêle parfois dans ses propres embrouilles. Malgré leur talent de jongleurs, les chefs du clan ont besoin de faire de temps en temps le point. Ainsi, une réunion au sommet se tient fin 1980 à Nice dans le bureau de Julien Diaz, le banquier de la B.P.A.M. « Nous éprouvions le besoin de faire un tour d'horizon des différents comptes du groupe », expliquera sérieusement Truc aux policiers hilares. Et ces dizaines de millions de francs d'investissements reflètent à peine l'importance des bénéfices du groupe. Pour la mesurer, les policiers disposent d'un autre thermomètre : les factures vierges. Le clan en commandait une partie à l'imprimerie Orga à Marseille. Lorsque les enquêteurs débarquent à l'imprimerie, le patron de cette entreprise, parfaitement honnête, explique qu'étant donné le nombre de sociétés intéressées, il lui faudra six jours pour faire le compte des factures vierges imprimées. Le résultat donnera le vertige aux policiers : plus de 8000 liasses de fausses factures, de quoi alimenter toute la France...

La justice est d'ailleurs bien embarrassée de ce dossier gigogne. D'autant que Gaston Defferre tempête. Il ne supporte plus qu'on parle du « scandale de Marseille » à propos d'un trafic qui a pris des proportions nationales. Les fraudes sur les hôpitaux, en particulier, concernent de nombreuses villes de France. Elles atteindraient le chiffre record de 14 millions de francs lourds, 14 milliards de centimes...

De fait, le juge marseillais, Chantal Coux, pourtant déchargée exceptionnellement de tout autre dossier, croule sous cette procédure. On commence donc timidement par confier au juge Marnet de Nice les affaires concernant cette ville. Dans un deuxième temps, la chambre d'accusation renvoya l'instruction pour tous les élus politiques à Paris. On pouvait enfin envisager de regrouper ce monstre judiciaire dans la capitale qui comporte de nombreux juges spécialisés et un excellent parquet financier. Mais obstruction, Votre Honneur ! La chambre d'accusation, décidément tatillonne, souleva un épineux problème de droit : peut-on dessaisir le juge de Marseille au profit de magistrats parisiens, alors que Chantal Roux n'était pas véritablement saisie de l'affaire des fausses factures ? L'instruction a en effet démarré à la suite des problèmes de la caisse de Sécurité sociale et de la corruption d'employés municipaux. Ce n'est qu'après l'apparition du mirobolant Zemour qu'elle a abordé la piste des fausses factures et pris cette ampleur exceptionnelle. « Querelle d'Allemands, rétorquera la chancellerie, le juge Coux n'a fait que poursuivre normalement son instruction. Il est aujourd'hui légitime de la décharger d'une partie du dossier qui ne concerne plus Marseille. » Mais, nouvel obstacle, le procureur général d'Aix, Georges Beljean, est tout prêt à se décharger de cet encombrant fardeau. En revanche, le procureur général de Paris, Pierre Arpaillange, lui, ne voit pas d'un bon œil l'arrivée de cette hydre judiciaire. Finalement, le haut magistrat se laissera convaincre et c'est bien Paris et le juge d'instruction Michaux qui ont hérité du « monstre ». De la mort de René Lucet aux inculpations des élus communistes, en passant par le scandale des hôpitaux et l'incarcération des employés municipaux, ce feuilleton judiciaire à grand spectacle est loin d'être terminé. « C'est bien l'escroquerie du siècle, assurent les policiers épuisés, mais à ce rythme nous aurons tous une barbe blanche avant d'en venir à bout. »

5.

LES BAUMETTES :
ÉVASION SUR ORDONNANCE

DU RIFIFI AU BARREAU

Champ clos d'une escalade de règlements de comptes préélectoraux, Marseille se signale de nouveau avec fracas, lors de la rentrée judiciaire de 1982, à l'attention de la France. Après le défilé des cols blancs dans les couloirs du palais de justice, voici celui des robes noires et des blouses blanches convoquées à titre de témoins ou d'inculpés. Menacée de saturation, la prison des Baumettes va-t-elle demander grâce ? En passe de devenir, depuis le début de l'été, le monument le plus fréquenté de la cité phocéenne, la maison d'arrêt dont les murs s'élèvent au pied du massif de Marseilleveyre se révèle être, aussi, le théâtre de bien étranges transactions. Cela va d'une sombre affaire de subornation à un prétendu trafic de grâces médicales. Dans cette enceinte toute bruissante de rumeurs, un scandale peut toujours en cacher un autre.

Première et fâcheuse séquelle d'un de ces dossiers explosifs qu'affectionnait le juge Michel, un épilogue judiciaire vient jeter la consternation au barreau marseillais : le 11 octobre 1982, le tribunal correctionnel n'hésite pas à prononcer des peines de sept et huit mois de prison ferme contre deux jeunes avocats, Mes Michel Patureau et Dominique Larrouy, convaincus d'avoir tenté de circonvenir l'un des inculpés de l'affaire de la valise de la gare Saint-Charles pour exonérer le principal coupable, le trafiquant Hamou Sadji[1].

Ce détenu de 34 ans, de nationalité algérienne, qui exploitait des hôtels à Paris et semblait jouir d'étranges protections dans son pays,

1. Voir chap. 2 : « Pierre Michel : mort d'un juge ».

se trouve désormais au centre de plus d'un soupçon. C'est lui qui, le 28 septembre 1978, cinq jours avant la tuerie du *Bar du Téléphone* où il était connu comme buveur de verveine, transportait la valise de faux billets de 100 F à bord de la voiture conduite par son compatriote Lakdar Korichi, quand la police les a piégés avec un troisième complice sur le parking de la gare. Sans avoir pu élucider les tenants et les aboutissants de ce trafic, le juge Michel s'apprêtait à clore son instruction quand, le 20 décembre 1979, Korichi lui révéla les tractations auxquelles s'étaient livrés, au parloir de la prison, l'avocat de Sadji, Me Larrouy et son propre défenseur, Me Patureau, pour tenter d'inverser les rôles : par leur intermédiaire, Sadji lui avait demandé de s'attribuer la propriété de la valise et de son contenu afin de le mettre hors de cause, moyennant un vrai demi-million.

Le marché s'était conclu en décembre 1978 par la remise à Me Patureau de deux chèques, l'un de 440 000 F, l'autre de 60 000 F, tirés d'un chéquier du Crédit Lyonnais confié par Sadji à Me Larrouy. Or, le compte bancaire n'était plus approvisionné et Me Patureau avait fini par détruire ces chèques à la demande de son confrère soudain apeuré par des menaces de mort proférées par son client. Korichi s'était décidé à porter plainte pour la tentative de subornation dont il avait fait l'objet un an plus tôt. D'où le report du procès de l'affaire de recel de fausse monnaie qui n'a été finalement jugée que le 14 mai 1982 par la cour d'assises d'Aix-en-Provence [1].

Avant de se voir condamner à dix ans de réclusion criminelle, Sadji a récusé son nouveau défenseur, Me André Fraticelli, dès l'ouverture des débats. L'incident n'a guère surpris : l'accusé fait, depuis le 9 avril, l'objet d'une troisième inculpation, pour escroquerie cette fois, sur plainte d'un autre codétenu de la maison d'arrêt des Baumettes, Mohand Bonnaoura. Une arnaque assez singulière portant sur un trafic d'admissions à la prison-hôpital des Baumettes, considérée comme l'antichambre des mises en liberté anticipées pour raisons médicales. Elle va déclencher, maillon par maillon, l'affaire improprement dite des « grâces médicales ».

L'histoire commence par une grosse colère de ce Bonnaoura. Mettez-vous à sa place : condamné à sept ans de prison pour quelques kilos de haschisch, il a fait verser, par sa famille, 180 000 F d'acompte à un compatriote, garagiste à Marseille, Abdelkrim Kada, qui sert d'intermédiaire à Sadji pour son nouveau trafic. Sadji, qui

1. En appel, les deux avocats sanctionnés obtiendront le bénéfice du sursis.

paraît jouir effectivement d'un traitement de faveur à l'hôpital de la prison improprement dénommé le P.H.B. [1], où il passe le plus clair de sa détention, s'est fait fort, en effet, d'intervenir auprès du médecin-chef, le Dr Alain Colombani, pour lui fournir d'abord une entrée au P.H.B., puis un certificat de complaisance pour « sortir en médicale ». Ce bon docteur est, dit-il, en cheville avec son avocat, Me Fraticelli, afin de monnayer en haut lieu ce genre de combine. On l'appelle la « chaîne du bonheur » : une chaîne miraculeuse pour se procurer des avantages, du confort d'un lit d'hôpital à l'élargissement sanitaire — un haut de gamme hors de prix réservé aux gros caïds. Seulement, après la remise d'acomptes en espèces à l'intermédiaire, Bonnaoura a vainement attendu la libération promise pour 200000 F. Ne voyant toujours rien venir, il confie ses malheurs à son avocat, Me Henri Juramy [2], au cabinet duquel collaborait... Me Larrouy. Me Juramy n'a pas de mal à le convaincre de dénoncer au procureur les manœuvres frauduleuses dont lui et sa famille ont été victimes. Furieux d'avoir été roulé, le détenu, qui est analphabète, ne se doute pas du lièvre qu'il va lever en portant plainte... par écrit, le 29 mars 1982.

Ce genre de différend aurait plutôt dû se régler « à l'amiable » entre codétenus, mais le Parquet, en pleine révolution depuis l'affaire Lucet, le prend au sérieux et décide, dès le 1er avril, d'ouvrir contre X une information des chefs d'escroquerie, complicité et recel. L'instruction en est confiée à un jeune juge, François Ardiet, qui fait très rapidement établir par la brigade financière du S.R.P.J. la matérialité du paiement effectué par les proches de Bonnaoura. Arrêté le 5 avril, Kada reconnaît l'essentiel des faits et confirme ses aveux lors de son interrogatoire de première comparution devant le magistrat instructeur qui l'inculpe et l'écroue le 7.

« Oui, j'ai reçu 180000 F de plusieurs membres de la famille Bonnaoura, destinés en partie à Sadji et au Dr Colombani. J'ai appris que cet argent devait aider à la libération de Bonnaoura lorsque son frère m'a menacé de représailles par téléphone s'il ne sortait pas immédiatement. J'ai eu peu de contacts avec le médecin-chef des Baumettes. Je lui ai d'abord téléphoné à la demande d'Hamou Sadji... Au téléphone, le Dr Colombani m'a prié de ne pas citer de nom, mais de prendre rendez-vous auprès de son secrétariat.

1. Pour la prison-hôpital des Baumettes.

2. Président du « Club Riveneuve », Me Juramy déposera, le 3 novembre 1983, une requête auprès du tribunal administratif de Marseille contre le maire « responsable des irrégularités commises par des agents municipaux » au nom des contribuables lésés par la pratique des fausses factures (voir chap. 4).

Ensuite, je me suis rendu deux fois à son cabinet. La première pour une prise de contact et des politesses. La seconde avec mon épouse et le frère de Sadji. Nous avons porté des cadeaux de remerciements parce que le docteur avait fait lever l'arrêté d'expulsion (du frère). Il nous a reçus tous les trois, puis a demandé à mon épouse et au frère de Sadji de sortir. Il m'a dit en me retenant :

— Dis à Sadji de se calmer pendant quelque temps... J'ai l'impression d'être surveillé quand je vais le voir au P.H.B. On me surveille et on m'a à l'œil...

« Le samedi 3 avril, juste avant mon arrestation, je suis allé voir Sadji au parloir. Il m'a dit : “ J'ai entendu dire qu'une information allait être ouverte sur l'affaire Bonnaoura. Surtout, reste bouche cousue... Le docteur m'a interrogé pour savoir si on pouvait te faire confiance et m'a demandé d'insister auprès de toi pour que tu ne parles pas de lui... J'ai très peur... A chaque fois que je menace de craquer, Sadji me rappelle qu'avec le Dr Colombani, ils disposent d'hommes de paille qui pourraient me faire taire... ” »

Interrogé à son tour, Hamou Sadji nie d'abord avoir participé à une quelconque escroquerie, se bornant à justifier la réception des fonds par l'existence de transactions cambiaires ou commerciales invérifiables dans l'immédiat. Puis, comme un petit livre de comptes est découvert dans une cellule, avec, en regard des noms de détenus, les sommes versées par leurs familles, il prétend avoir des révélations à faire, car il ne veut pas porter le chapeau pour les autres : lui-même n'est qu'un intermédiaire, cela a toujours été son boulot, en particulier avec les pays du golfe Persique, pour des marchés immobiliers, des contrats de vente, des prises de contact, n'importe quoi... Pour le racket des places au P.H.B. qui, d'après les propositions écrites sous forme contractuelle, la comptabilité et les talons de mandats saisis par la police, a dû rapporter à lui seul quelque 800 000 F, il affirmera finalement n'avoir agi qu'en qualité de rabatteur pour le compte du tandem Colombani-Fraticelli.

Inculpé, le 9 avril, d'escroquerie dans l'affaire Bonnaoura, Sadji se pose à son tour en victime : sa propre famille s'est vu extorquer, le 14 juillet 1980, une somme de 300 000 F contre la fallacieuse promesse d'une libération pour motifs médicaux. S'il a accepté de marcher dans la combine, c'est pour « se refaire » aux dépens de ses codétenus. Mais c'est aussi, ajoute-t-il, que son avocat s'était vanté, d'une part, d'avoir ainsi monnayé, pour 200 000 F, la liberté d'un trafiquant de drogue, Robert Kechichian, et qu'il l'avait menacé, d'autre part, de lui « faire prendre » dix ans de réclusion à son procès s'il dévoilait le pot aux roses.

Que Sadji bluffe ou non, il reste que l'escroquerie n'a pu fonctionner entre détenus qu'à partir d'exemples concrets et réussis de régimes de faveur et peut-être de libertés achetées. D'où la fougue du magistrat à faire un coup d'éclat sans attendre d'avoir poussé plus loin ses investigations. Avec trop de hâte et pas assez de biscuits pour transformer son premier essai. Le 7 avril, il délivre une commission rogatoire à la brigade financière pour mettre, sans trop de gants, le Dr Colombani sur le gril.

NOTRE-DAME DE LA GARDE A VUE

Ce jour-là, huit inspecteurs en planque aux abords de la station de métro Les Réformés « sautent » un usager à la silhouette élancée et au visage encore poupin encadré de longs cheveux bruns, qu'ils conduisent, tel un suspect appréhendé sur la voie publique, au siège de leur service, rue d'Oran, à deux pas de la gare Saint-Charles. Ils se sont assurés de l'identité de l'individu avant de le mettre en présence de leur patron, le commissaire Henri Penaud : il s'agit bien du Dr Alain Colombani, né à Poggio-di-Nazza (Corse) le 23 août 1946, médecin-chef du P.H.B. depuis deux ans. Le commissaire le fait fouiller à corps et lui lance tout à trac en tombant la veste et en retroussant ses manches : « Je suis là pour vous faire tomber, c'est mon rôle de flic. Le juge m'a donné pleins pouvoirs, c'est pourquoi on vous a cueilli à la sortie du métro. Vous êtes maintenant en garde à vue. »

D'entrée de jeu, les questions pleuvent dru. A demi groggy, le médecin pense tout de même à faire inscrire au procès-verbal son intention de déposer plainte et de se porter partie civile contre ses accusateurs. Le soir venu, le commissaire lui signifie en ces termes le renouvellement de sa garde à vue pour vingt-quatre heures : « On va vous transférer à l'Evêché pour passer la nuit aux geôles. De toute façon, on se reverra demain, car le juge m'a dit de poursuivre l'interrogatoire pour vous inculper. »

Pourtant, au bout de trente-six heures de garde à vue, le Dr Colombani est relâché sans être présenté au magistrat instructeur. Les cinq perquisitions opérées, tant à son domicile à Aubagne qu'au cabinet de consultation privé qu'il partage avec un confrère, le Dr François Ferri, à La Penne-sur-Huveaune, n'ont pas donné plus de résultats. Cinq perquisitions parallèles ou ultérieures à son service hospitalier des Baumettes aboutiront à la saisie de 23 dossiers médicaux, dont ceux d'une quinzaine de gros bonnets de la fraude ou de la drogue ayant bénéficié d'une hospitalisation extérieure, voire d'une libération pour raison de santé. Pas encore de quoi étayer les griefs de détenus mal en point, mais infortunés, qui se prétendent victimes du racket des Baumettes. Mais de quoi alimenter la colère du personnel médical de la prison. Réunis, le 8 avril, en assemblée générale, les 17 praticiens exerçant au P.H.B., émus du silence de leurs autorités de tutelle, décident une grève administrative de huit jours contre « la campagne injurieuse et diffamatoire développée à l'encontre de leur médecin-chef, concernant un prétendu trafic de grâces médicales, et s'élèvent contre les pressions exercées sur eux par certains magistrats du parquet. »

Non seulement le témoin Colombani rejette en bloc toutes les insinuations dont il est l'objet, mais il fait déposer sa plainte en dénonciation calomnieuse, le 28 avril, par son conseil et ami, Me Fraticelli. Il ignore que, ce même jour, toutes ses lignes téléphoniques sont branchées sur table d'écoute, en vertu d'une commission rogatoire décernée, l'avant-veille, dans la foulée des dernières perquisitions, par le juge Ardiet au chef du service régional de police judiciaire. Toutes ses communications seront ainsi interceptées et enregistrées, du 28 avril à 20 heures au 19 mai à 10 heures. Il en est de même de celles de l'avocat, entre le 5 mai à 19 heures et le 12 mai à 20 h 30, en vertu d'une seconde commission rogatoire, en date du 3 mai, ordonnant de placer également ses lignes téléphoniques sur écoute.

Informé, le 18 mai, de la constitution de partie civile du médecin, régularisée par Me Fraticelli devant le doyen des juges d'instruction de Marseille, à l'appui de sa plainte en dénonciation calomnieuse, Ardiet communique sa procédure au parquet le 20 mai. Le nouveau procureur, Pierre Truche, sursaute : il le requiert de mettre fin sur-le-champ à cette écoute et de saisir la chambre d'accusation d'Aix-en-Provence sur sa validité : il s'agit de déterminer les cas de nullité frappant tout enregistrement de conversations à caractère professionnel entre un avocat et son client réalisé en violation des droits de la défense.

Le 16 juin, la haute juridiction annule l'écoute pratiquée sur les lignes de l'avocat, mais préserve celle du médecin qui, au décryptage, se révélerait utile à la manifestation de la vérité et dans la mesure où elle ne porterait atteinte ni au secret médical entre le Dr Colombani et ses patients, ni au secret professionnel couvrant ses relations avec

Me Fraticelli. Un exercice de corde raide frappé aussitôt d'un pourvoi en cassation de l'avocat de Bonnaoura, Me Juramy, qui aura pour effet de retarder, jusqu'au 19 octobre, l'ouverture des scellés placés sur les bandes d'enregistrement et donc le décryptage de ces conversations.

Pour justifier la mise sur écoute du téléphone du praticien, la chambre d'accusation retient, dans son arrêt, le fait que « les éléments recueillis sur son comportement permettaient au juge d'instruction de rechercher tout indice ou élément de preuve susceptible de déterminer l'existence de présomptions suffisantes pour une inculpation éventuelle de l'intéressé ». En effet, précise encore l'arrêt :

« De multiples investigations effectuées, consistant en des renseignements recueillis auprès du personnel de la maison d'arrêt des Baumettes, des auditions de témoins, des perquisitions et autres opérations, étaient de nature à pouvoir conforter les soupçons dirigés à l'encontre du Dr Colombani... et à s'interroger sur le rôle exact d'un avocat du barreau de Marseille, Me Fraticelli. Toutefois, si des doutes pouvaient naître sur la nature de leurs interventions, en l'état de la procédure, il n'existait aucune charge suffisante pour motiver leur inculpation. »

Parmi ces éléments de suspicion, les témoignages d'un ancien surveillant des Baumettes et de sept ex-pensionnaires du P.H.B., dont deux veulent porter plainte pour non-assistance à personne en danger. Des témoignages sujets à caution, car c'est la parole d'un gardien de prison mythomane et celle de sept repris de justice contre celle d'un médecin de l'administration pénitentiaire. Et comment faire la part de la simulation et de la rancune dans les dépositions ratissées tous azimuts par le juge Ardiet en attendant le feu vert de la Cour de cassation pour le décryptage de l'écoute téléphonique ?

Dans sa première déposition recueillie, le 14 avril, sur commission rogatoire, le surveillant Alfred Sauli, ancien parachutiste de 36 ans qui s'est fait muter à la prison de Draguignan depuis la mort du juge Michel, dont il se prétendait l'informateur, commence par mettre en cause la tenancière du bar de *l'Aiglon*, à La Joliette, Blanche Pantalacci. Elle était chargée, selon lui, de « collecter les fonds destinés au Dr Colombani de la part de certains détenus désireux de bénéficier d'une liberté médicale ». « J'ai moi-même assisté, précise-t-il, à des conversations sur ce point entre les détenus Henri Fredenucci et Marc Boyer (très proches de Blanche Pantalacci)... Il y a une quinzaine de jours environ, Me Fraticelli est venu me voir à la prison pour me demander de la mettre en veilleuse au sujet de l'affaire Colombani, me précisant en outre qu'aucune preuve ne pourrait être apportée à ce sujet. Fraticelli et Colombani sont des amis intimes et, d'ailleurs, le Dr Colombani a fait embaucher la première femme de Fraticelli comme ophtalmo à la prison-hôpital... J'ai téléphoné le soir même à Bignon, le surveillant-chef du P.H.B., pour lui conter cette entrevue. Il m'a répondu : " Je crois qu'on est en train de tenir Colombani avec l'affaire Sadji. " J'ai constaté qu'Hamou Sadji avait des relations privilégiées avec le Dr Colombani... M. Bignon a eu une discussion avec le Dr Colombani... Le docteur lui aurait répondu qu'il était " blanc comme neige ". Ce que M. Bignon semblait mettre en doute. »

Et, comme l'inspecteur Jean-Loup Tribes, qui établit le procès-verbal de sa déposition, lui demande quels sont, d'après lui, les détenus ayant pu bénéficier d'une libération médicale grâce à l'intervention de Colombani, Sauli répond : « Je n'ai aucune preuve, mais je crois savoir, par ouï-dire, que Gaby Graziani et Robert Kechichian, condamnés pour trafic de stupéfiants, Pierre Viazzi et enfin Simoni (fausse monnaie) ont bénéficié de libertés médicales grâce aux services du Dr Colombani. Kechichian aurait fait verser 150000 F à l'avocat et 100000 au médecin. Il est possible que d'autres détenus n'aient pu obtenir satisfaction, bien qu'ayant aussi versé de l'argent à cet effet. »

Cela aurait pu être le cas de Robert Darrieux, incarcéré pour émission de chèques sans provision et admis à deux reprises au P.H.B. pour de graves troubles circulatoires. Il y a fait la connaissance d'Hamou Sadji. « Sadji et moi avions, à l'époque, le même avocat, déclare Darrieux au commissaire Dominique Paulian qui l'interroge, le 27 avril, sur commission rogatoire du juge Ardiet. Il m'a conseillé d'en changer (comme il venait de le faire)... Sadji m'a d'abord parlé de Me Fraticelli en me précisant que c'était l'avocat tout désigné pour mon cas... Me Fraticelli est venu me voir et m'a dit que mon affaire était grave et qu'il se réservait de voir mon dossier pour prendre une décision... Je lui ai demandé si, de mon côté, je devais en parler au Dr Colombani. Il m'a répondu que c'était lui qui s'en chargerait et qu'il verrait le Dr Colombani à mon sujet. Il a alors abordé les questions financières que je croyais réglées par Sadji (ce dernier avait été transféré à Aix) : Me Fraticelli m'a demandé immédiatement 20000 F. Je devais encore lui verser 20000 F avant la chambre d'accusation, en me précisant que je n'avais pas le choix : il m'a fait savoir que j'aurais à lui verser ultérieurement des honoraires correspondant à sa défense... Me Fraticelli est revenu me voir plusieurs fois pour me demander si je réussissais à réunir la somme demandée. A la fin, je lui ai fait savoir que c'était impossible... Vous me citez les noms de Fredenucci et de Kechichian. Les rumeurs du P.H.B. disaient : on les a libérés par combine. »

Trois jours plus tard, devant le juge Ardiet, Darrieux évoque l'escroquerie dont Bonnaoura a été victime : « Lors de mon second séjour au P.H.B. et après le transfert de Sadji à la prison d'Aix, j'ai été intrigué par l'air anxieux et bouleversé de Bonnaoura... Il a fini par m'avouer, avec les quelques mots de français qu'il connaissait, qu'il était inquiet de ne plus voir le Dr Colombani. Il m'a expliqué que sa famille avait versé une somme de 180000 F (100000 F par mandat-poste et 80000 F en espèces) à Kada pour désintéresser les douanes et pour lui faire obtenir une mesure de libération pour raisons médicales. Il m'a expliqué que Sadji lui avait promis de tout arranger avec le Dr Colombani...

« J'ai fait passer un petit mot au Dr Colombani pour qu'il vienne me rendre visite. Colombani cst vcnu me voir le lendemain ou le surlendemain ; je lui ai demandé de faire sortir tout le monde, ce qu'il a accepté de faire. Je lui ai alors expliqué qu'à mon avis Sadji avait utilisé son nom et les bonnes relations qu'il entretenait avec lui pour escroquer de l'argent à Bonnaoura. J'ai remarqué que le Dr Colombani avait une réaction émotive, violente ; au bout d'un moment, il m'a affirmé qu'il n'était pour rien dans cette affaire... (Il) s'est défendu sans chercher à me demander des précisions sur ce que je savais... Il est parti en me disant qu'il allait voir Bonnaoura tout de suite. »

La semaine suivante, Darrieux se voyait transféré d'office à Toulon, sans un mot d'explication, alors qu'il était en cours de traitement...

Autre témoin entendu le 29 avril par le juge Ardiet qui, malgré sa grande timidité, encourage décidément les confidences : Arlette Vidal, la compagne du gros bonnet du « laboratoire » de Bouc-en-Bel-Air, Henri Malvezzi, condamnée à quinze ans de prison en septembre 1979 pour complicité de trafic d'héroïne[1]. Elle se plaint d'avoir été victime de brimades systématiques du Dr Colombani, alors qu'elle souffrait d'ulcère et de névrose, parce qu'elle n'a pas voulu payer les « trente unités » qu'il demandait pour la faire sortir. Le blocage de son dossier médical au P.H.B., sous l'étiquette « simulatrice aux comas hystériques », l'empêche de bénéficier d'une suspension de peine à laquelle lui donnerait droit la détérioration de son état de santé depuis son transfert à la centrale de Rennes, où elle

---

1. Voir chap. 2 : « Pierre Michel : mort d'un juge ».

n'a obtenu que de courtes permissions de sortie. Elle vient de profiter de l'une d'elles pour téléphoner, l'avant-veille, au directeur de la prison des Baumettes, Clovis Babin, qui, la peur au ventre, lui a avoué : « Je suis au courant pour les trente unités... »

Arlette Vidal évoque, par ailleurs, la libération monnayée d'une de ses anciennes codétenues du P.H.B., une restauratrice parisienne, Lydia Leroux, condamnée à cinq ans de prison pour avoir escroqué une compagnie d'assurances avec la complicité de son amant, Michel Schmitt, en faisant croire à sa disparition dans un naufrage en Méditerranée.

« En avril 1978, elle m'a expliqué qu'elle avait passé un contrat avec le Dr Colombani[1], qui lui proposa d'attester que les glandes qu'elle avait aux seins étaient d'origine cancéreuse. En nous racontant cette histoire, Mme Leroux a bien ri car, nous disait-elle, elle avait ces glandes depuis la naissance de ses fils et elles n'étaient absolument pas cancéreuses. Selon elle, le Dr Colombani lui avait recommandé de ne pas manger et de faire la malade lors des examens qui allaient être effectués en hospitalisation extérieure par des experts. Elle prenait des cachets bleus pour provoquer de brusques chutes de tension. »

Arlette Vidal dit alors se souvenir du scandale qu'avait fait Lydia Leroux à la suite d'une première expertise négative, alors effectuée par le médecin légiste François Vuillet au Centre régional anticancéreux de Marseille (C.R.A.C.M.), en hurlant dans la cour de promenade du P.H.B. : « Moi, j'ai banqué pour sortir et ça ne va pas se passer comme ça ! » Elle a fini par bénéficier d'une suspension de peine le 26 août 1978, après dix-huit mois de prison seulement, pour subir une simple opération esthétique à l'hôpital Saint-Antoine à Paris, en présence du médecin inspecteur général de la médecine pénitentiaire, le Dr Solange Troisier. Celle-ci lui a même obtenu une remise définitive de peine et la libération de son concubin en adressant, le 19 avril 1979, au procureur de la République, un certificat indiquant que « Mme Leroux est vraiment dans un état lamentable » et que « si la malade perd la présence à ses côtés de M. Michel Schmitt en ce moment », elle « ne répond guère de ses jours »...

Revenant à ses démêlés avec le Dr Colombani, Arlette Vidal relate la visite qu'il lui a faite un jour, à la suite d'un nouveau coma : « En me prenant le pouls, il a constaté que je portais une montre de

1. Alors médecin-chef adjoint du P.H.B.

marque Rolex. Il m'a dit : " On est en prison et on se paie des Rolex... Alors, on doit être solvable... " Je lui ai répondu : " Par solvable, vous voulez dire comme Lydia Leroux ? " Il s'est mis en colère : " Que voulez-vous insinuer par là ? " Quinze jours plus tard, il m'a fait la proposition suivante : " Arrêtez vos bêtises. Je ne suis pas venu pour vous soigner. Etes-vous prête à payer ? Dans ce cas, ça vous coûtera trente unités... " Je lui ai répondu non. Il m'a dit, alors : " Ici, c'est moi qui commande et, quel que soit votre état de santé, vous ne sortirez pas de prison... "

« Quelques jours avant mon transfert à la prison-hôpital de Fresnes (en avril 1981), et alors que j'étais dans un état de coma vigile, Colombani est venu me faire une piqûre de penthotal pour me faire parler. Il a essayé de me faire dire que j'avais été mise dans cet état par Mme Ferrie, sous-chef de la détention. Plus tard, j'ai tout raconté à cette femme... J'ai appris par la suite qu'elle s'est pendue en décembre dernier... »

Arlette Vidal termine sa déposition du 29 avril en annonçant au juge Ardiet son intention de déposer plainte pour non-assistance à personne en danger. Un autre plaignant, qui, également malade, n'avait pas davantage de raison de « cracher au bassinet », s'était manifesté en vain, en écrivant, dès le 5 février, au procureur de Marseille, Albert Vilatte, pour lui signaler la tentative de racket dont il prétendait avoir été victime lors de son récent séjour au P.H.B.

Condamné par défaut à trois ans de prison pour escroquerie, Daniel Laurent, photographe de presse au Maroc, avait été intercepté, le 3 août 1981, à l'aéroport de Toulouse. Frappé d'une syncope, le détenu, qui est cardiaque, a été transféré au P.H.B. le 21, puis hospitalisé le 25 au C.H.U. de La Timone. A son retour aux Baumettes, le Dr Colombani lui aurait demandé, selon lui, de faire venir sa femme, Kheira Hayat Goual, une Iranienne réfugiée au Maroc. Elle se serait rendue, le 4 novembre, à son cabinet de consultation privé pour se voir proposer la libération de son mari moyennant la bagatelle de 70 000 F. Elle aurait refusé le marché et, du coup, le médecin-chef aurait brutalement changé d'attitude, certifiant notamment que son pensionnaire était maintenant en état de comparaître, le 26 novembre, devant le tribunal d'Angers. Nouvelle syncope dans le box. Réhospitalisé d'urgence sur place, Laurent a été finalement transféré à l'hôpital des prisons de Fresnes où, le 19 mars, il a entamé une grève de la faim : en effet, le dossier médical qui attestait la gravité de ses troubles cardiaques ne l'a pas suivi. Il serait resté bloqué au P.H.B. L'ancien procureur de Marseille n'ayant pas répondu à sa lettre, Laurent renouvelle sa plainte le 3 juillet auprès de son successeur, Pierre Truche. Six jours plus tard, un médecin de Fresnes, le Dr Gautey, vient, selon lui, le prier de la retirer sous promesse d'une prochaine grâce médicale. La veille, en effet, un expert, le Dr Christian Piedelièvre, commis par le tribunal de Dijon devant lequel il doit comparaître, a procédé à son examen. Ayant maintenu sa plainte, Laurent se voit renvoyé le 16 juillet en division cellulaire. C'est là que, le 23, il reçoit la visite inattendue du juge François Ardiet. Le timide magistrat marseillais, qui donnait paradoxalement jusqu'ici l'impression d'avoir peur de son ombre, est en effet convaincu du caractère explosif de l'affaire dont il a la charge. Il paraît du coup avoir chaussé les bottes du fougueux juge Michel, dont il croit épouser les crosses à l'encontre de ce que celui-ci nommait « la mafia de la Baumettes Connection ». Pour obtenir de rencontrer le témoin Laurent dans sa cellule, le magistrat n'hésite pas à taper du poing sur la table du chef de l'établissement. Le 24 juillet, il ramène donc une déposition de plus dans ses filets. Le 3 septembre, il reçoit copie de l'expertise du Dr Piedelièvre qui conclut à la nécessité de soins hospitaliers et à l'incompatibilité de l'état de santé de Laurent avec sa comparution devant un tribunal. Mais il attend en vain la déposition promise de la femme de Laurent (un témoin plus crédible que son mari, car sans passé judiciaire et donc sans compte à régler avec le personnel pénitentiaire) : malheureusement, la belle Iranienne joue les Arlésiennes. « J'ai son cadavre dans mon placard », se permet de plaisanter Me Fraticelli quand la presse commence à faire état de l'affaire Daniel Laurent.

Aucune des investigations entreprises par le petit magistrat, qui ferraille de tous côtés sans parvenir à prouver la réalité d'un trafic dont il s'est convaincu à la suite du juge Michel, ne permet, en effet, de conclure à une participation du tandem Colombani-Fraticelli à ce qui reste établi : une vulgaire escroquerie entre détenus. L'affaire en reste, après six mois de bruit et de fureur, à son point de départ. Et le dossier d'instruction peut encore basculer vers deux hypothèses : la plus simple, sinon la plus apparente, est cette escroquerie dénoncée par la plainte d'un simple détenu illettré. Elle est confortée par une troisième inculpation : celle du trop bavard et quelque peu vantard gardien de prison Alfred Sauli qui, réentendu le 29 juillet par les enquêteurs de la section financière, a accusé son ancien directeur, Clovis Babin, d'avoir détruit ses rapports dénonçant les libérations médicales frauduleusement accordées à Robert Kechichian, Pierre Viazzi et autres pensionnaires huppés du P.H.B. Dans son zèle d'informateur-redresseur de torts, il en est venu à s'accuser lui-même d'avoir servi d'intermédiaire entre Sadji, Kada et des familles de détenus, et de s'être fait rétribuer ses bons offices, qui lui permettaient de surveiller le trafic, pour des sommes totalisant 10 000 F. Avisé par téléphone, le juge Ardiet n'a pu faire autrement que de l'inculper de complicité d'escroquerie avec les deux Algériens et de l'envoyer, le jour même, derrière les barreaux de la maison d'arrêt d'Avignon.

L'autre hypothèse, où l'affaire d'escroquerie ne serait plus que la partie visible de l'iceberg, supposerait un trafic de certificats médicaux bidons généralisé et remarquablement organisé, mais impliquant la complicité de médecins et d'intermédiaires bien choisis. Si certains témoignages orientent le dossier d'instruction dans ce sens, les preuves matérielles font encore défaut.

Aussi le Dr Colombani a-t-il cherché, dès le 29 juin, à se constituer partie civile dans l'information menée par le juge Ardiet en raison du « préjudice professionnel résultant des violations du secret de l'instruction et des nouvelles calomnies propagées par voie de presse ». Le médecin-chef du P.H.B. se plaignait, en outre, des pressions intolérables exercées sur certains personnels de l'administration pénitentiaire, sur certains détenus ainsi que, par ailleurs, sur certains clients de son avocat, Me Fraticelli. Or, le 9 septembre, le magistrat rejette la demande du Dr Colombani qu'il ne juge motivée ni par l'existence d'un préjudice ni par le souci d'aider la justice à établir la culpabilité des inculpés. Le médecin fait appel de cette décision devant la chambre d'accusation.

« Cette seconde plainte est beaucoup plus précise et moins limitative que ne l'était la première, écrit-il dans son mémoire contresigné par son avocat. C'est la raison pour laquelle j'ai retiré des mains du doyen des juges d'instruction la plainte avec constitution de partie civile qui ne visait que la dénonciation calomnieuse, pour obtenir justice sur l'intégralité de la situation causée… Un journaliste m'a indiqué avoir vu le magistrat instructeur, M. Ardiet, déjeuner dans un restaurant marseillais avec un journaliste parisien… alors que je n'ai jamais été entendu par aucun magistrat, mais seulement maltraité par les services de police qui me déclaraient agir sur les ordres de M. Ardiet… (Celui-ci) a rendu une ordonnance de rejet, sans avoir cru devoir m'entendre une seule fois… A cet égard, je précise qu'aucun membre du corps médical n'a, à ce jour, été entendu dans le cadre de cette information. »

Ce que le médecin-chef des Baumettes ignore, c'est que, le 13 septembre, le petit juge a, sur les conseils du procureur Truche, commis deux médecins-experts, les Drs Gabriel Cau et Jean Faure, toxicologues assermentés du tribunal de Grenoble, pour examiner la situation sanitaire de vingt-trois détenus ou anciens détenus des

Baumettes, dont les dossiers médicaux et administratifs ont été saisis au cours des perquisitions au P.H.B., notamment ceux, jugés suspects, de quatorze « gros bonnets » de la drogue et de délinquants en col blanc. A l'occasion de cette saisie, on s'est aperçu de l'absence de deux dossiers, ceux du faussaire Pierre Viazzi et de l'escroc Henri Fredenucci, ayant fait tous deux l'objet d'une hospitalisation extérieure en cardiologie et libérés depuis. Les enquêteurs ont eu, en revanche, la surprise de trouver au cabinet du Dr Colombani le dossier fiscal de l'ex-banquier François Fériel, écroué pour fraude, bénéficiaire d'une ordonnance de mise en liberté pour raisons médicales et client de Me Fraticelli depuis qu'il s'est établi en Suisse...

La mission des deux experts grenoblois consistera donc à comparer le contenu des dossiers saisis aux conclusions de leurs confrères marseillais qui ont déterminé des décisions judiciaires, dont certaines permirent à leurs bénéficiaires de se soustraire à la justice. En attendant les résultats de cette contre-expertise, le juge Ardiet poursuit ses auditions tous azimuts. Le 17 septembre, il reçoit à nouveau la visite d'Arlette Vidal qui profite de ses courtes permissions de sortie de la centrale de Rennes pour faire avancer son dossier. Elle vient lui rendre compte d'une démarche insolite du directeur de la prison des Baumettes, Clovis Babin. Celui-ci a accepté de se rendre, le 10 août, à un rendez-vous nocturne qu'elle lui avait fixé au Café de la gare de Toulon, pour en savoir davantage sur les agissements de son médecin-chef. Convoqué par le juge, Babin ne pourra que confirmer...

LA BATAILLE DES ÉCOUTES

Le 19 octobre, le jeune magistrat croit enfin que sonne l'heure de vérité : ce jour-là commence, dans son cabinet, en présence des intéressés ainsi que des représentants qualifiés des deux ordres respectifs des avocats et des médecins, le décryptage des vingt-trois bandes magnétiques reproduisant près d'une heure de conversations téléphoniques du Dr Colombani. La chambre d'accusation en a autorisé l'exploitation sous réserve de respecter le secret professionnel et les droits de la défense. Elles comprennent, en effet, huit communications échangées entre le médecin et Me Fraticelli, interceptées du 28 avril au 19 mai. Interrompue à plusieurs reprises pour des raisons techniques et pratiques — une hospitalisation du Dr Colombani opéré à chaud d'une appendicite —, la retranscription de ces enregistrements sur procès-verbal se prolongera jusqu'au 25 novembre et représentera 165 pages.

Au cours de ce suspense dramatique, Me Fraticelli fait observer qu'il se sent très à l'aise car, rappelle-t-il à qui veut l'entendre, il ne compte que deux clients parmi les dix bénéficiaires de mise en liberté pour raisons médicales recensés depuis deux ans aux Baumettes. Quant au Dr Colombani, il se retranche derrière l'impossibilité d'une fraude quelconque dans ce domaine sans le concours d'experts, de magistrats et de la hiérarchie administrative. De la clinique marseillaise où il se repose entre les séances de décryptage, il proteste de son innocence, notamment auprès du correspondant de *Libération :*

« Le délire prend des proportions inquiétantes. Depuis sept mois, on s'acharne sur moi, on me salit sans la moindre ébauche de preuve. Insupportable. Heureusement, je ne m'appelle pas René Lucet et je n'ai aucune tendance suicidaire. Daniel Laurent ! Pour le connaître, je le connais bien celui-là. Quand il est arrivé aux Baumettes, il a exhibé un certificat médical établi dans un pays arabe. Qu'auriez-vous fait à ma place ? J'ai vérifié et j'ai fait établir un bilan complet qui s'est révélé négatif. C'est sûr, il m'en a voulu. Grâce à ses dons de mythomane, il a voulu me faire payer mon manque de compréhension et a sorti de sa manche une tractation que j'aurais eue avec sa femme. Je jure n'avoir jamais rencontré cette dame que, curieusement, personne d'autre n'a jamais vue. Cette histoire est totalement folle. Qui tire les ficelles de cette machination ?... Il me tarde qu'on termine le décryptage des fameuses écoutes qui ne révéleront rien... Quand l'affaire sera classée, je demanderai réparation pour tout ce qu'on m'a fait subir depuis le mois d'avril. »

Or le 23 novembre, le juge Ardiet procède à l'audition de la bande magnétique placée sous le scellé no 3. Cet enregistrement, correspondant aux appels interceptés le 30 avril, de 8 h 30 à 14 h 5, sur les lignes téléphoniques du Dr Colombani, va attirer l'attention du procureur général d'Aix-en-Provence. Il s'agit, en effet, d'une conversation avec Me Fraticelli sur la disparition des dossiers Fredenucci et Viazzi des archives du P.H.B., lors de la perquisition ordonnée aux fins de saisie des dossiers de cas litigieux. En voici les extraits les plus savoureux :

Me Fraticelli : Allô, allô ! Comment on va ?
Dr Colombani : Pas trop bien.
Me F. : Pourquoi ?
Dr C. : Bon, il manque deux dossiers. C'est ceux de...
Me F. : K. ?

Dr C. : Non ; ceux que j'avais... ce que j'avais répondu pour Mlle Coux, vous vous souvenez ?

Me F. : Oui.

Dr C. : Bon, ces dossiers, je ne les avais pas ramenés.

Me F. : Vous me téléphonez d'où, là ?

Dr C. : Du cabinet.

Me F. : Euh... ils étaient chez vous ?

Dr C. : Oui.

Me F. : Qu'est-ce qu'il y a dans ces dossiers ?

Dr C. : Ah ! je n'en sais rien.

Me F. : Et on vous les a demandés, ces deux dossiers ?

Dr C. : A moi, on ne m'a rien dit pour l'instant.

Me F. : Il y a une coalition des juges contre vous ! Ils cherchent tous les moyens. Tout y passera... Mais je pense qu'il y a autre chose.

Dr C. : Quoi ?

Me F. : Je n'en sais rien. Si je le savais, je vous le dirais. Mais ce truc d'agir comme ça, là... Bah ! Mais qu'est-ce qu'il y a dans ces dossiers ?

Dr C. : Ah ! j' n'en sais rien, c'est pas un problème.

Me F. : Et vous les avez emmenés chez vous ?

Dr C. : Eh oui ! Je les avais amenés pour répondre.

Me F. : Au cabinet ?

Dr C. : Non, non, là-haut... à la maison.

Me F. : Et ils sont toujours là-haut ?

Dr C. : Oui.

Me F. : Vous les amenez à midi au cabinet... Vous avez le double de la réponse que l'on avait faite ?

Dr C. : Oui, oui.

Me F. : Mais les patients ne s'étaient pas plaints dans ces affaires ? Qui est-ce qui s'était plaint ?

Dr C. : Personne.

Me F. : Personne... C'est le juge simplement qui s'était plaint... Je réfléchis si vous devez les ramener ou pas. (*soupir*) Vous savez ce que vous faites ?

Dr C. : Je donne un coup de fil à Calisti et je le lui dis.

Me F. : Non, même pas... Vous les déclassez, vous les remettez déclassés.

Dr C. : Non, non, c'est impossible...

Me F. : Bon, il faut que vous fassiez une lettre... Bon, eh bien, ils vont vous interroger.

Dr C. : Certainement.

Me F. : Eh bien, vous direz : c'est deux affaires où j'ai eu à répondre au directeur. Je les ai amenés à mon cabinet. Vous aviez le droit de les sortir ?

Dr C. : Je n'en sais rien.

Me F. : Non, vous n'aviez pas le droit... Et si vous les remettiez dans un tiroir ou n'importe quoi ? Et si vous les remettiez tout simplement ?

Dr C. : Où ?

Me F. : Là où ils devraient être maintenant.

Dr C. : On va se demander comment...

Me F. : Vous les remettez à leur place et, après, quand on vous dira qu'on ne les a pas trouvés, eh bien, vous direz : « Je les avais placés ailleurs parce que ce sont deux dossiers que j'avais conservés, car j'avais dû répondre au directeur régional. » Et ils n'ont pas à vous demander où vous les avez mis. Vous dites : « Ce sont deux dossiers que j'avais déclassés à une certaine époque et que je n'avais pas reclassés parce qu'ils étaient très particuliers et j'avais dû répondre au directeur régional à la demande d'une lettre d'un juge d'instruction. » Voilà, tout simplement... Vous les rentrez. Tout simplement. Vous les remettez à leur place... vous les mettez ailleurs même... faites comme vous voulez. Et puis, si on vous dit : mais pourquoi ces dossiers ? eh bien, vous dites : « Mais, il y a une raison très simple, c'est que j'avais dû répondre au directeur régional pour des raisons administratives. » Ne dites surtout pas que vous les avez sortis.

Dr C. : Ça va, O.K. !

Me F. : Je crois que c'est le plus sage, non ? Je crois que c'est le mieux. Ils emmerdent, hein, quand même ?

Dr C. : Ah ! Oui. Ça commence à devenir très désagréable...

Me F. : Au niveau de la presse, il faudrait qu'on... vous êtes libre quand là ? Entre midi et 2 heures, ou ce soir ? Je vous marque en rouge et je vous téléphone ce soir. On fera le point... Moi, je ne suis pas inquiet. Entre nous, j'y ai pensé : s'ils font tout ça, c'est qu'ils n'ont rien. S'ils avaient, ils n'auraient pas été chercher si loin.

Dr C. : Mais ils m'emmerdent.

Me F. Ah ! ça manque de délicatesse.

Dr C. : Ils débarquent à dix... Ils sont venus me chercher avant de commencer. Après, il fallait que je fasse la potiche, mais j'ai dit que j'avais autre chose à faire. On m'a dit : il faut que vous soyez présent. J'ai laissé l'interne de garde... je suis parti. J'en avais rien à foutre.

Me F. : Alors, ils prennent les dossiers ? Et qu'est-ce qu'ils en font, ils les regardent ?

Dr C. : Non, non, non. Ils les mettent sous scellés. Ils n'ont pas le droit de les regarder.

Me F. : C'est justement la question que je me posais. Et si vous en avez besoin ?

Dr C. : Eh bien, je vais demander la photocopie...

Me F. Vous n'avez pas le nom de ce qu'ils ont pris ?

Dr C. : Non.

Me F. : Ça ne vous a pas marqué ?

Dr C. : Non.

Me F. : Ecoutez, Alain, pour ces deux autres dossiers, vous faites comme on a dit : vous les remettez là-bas. Et puis, si on vous dit quoi que ce soit, vous dites : « Eh bien, je les avais déclassés ou sortis et, comme je ne suis pas resté l'après-midi, si on me les avait demandés l'après-midi, je les aurais donnés. Ils étaient déclassés pour la simple raison que j'ai eu à répondre au directeur régional et que je ne les avais pas reclassés. »

Dr C. : Bon, bon, d'accord.

Me F. : Le plus simplement, le plus bêtement du monde, je crois que c'est la sagesse qui veut qu'on fasse ça... Et ce n'est pas fini : on a à se battre, hein, tous les deux ?

Dr C. : Il faut, hein ?

Me F. : Comment ?

Dr C. : Il faut.

Me F. : O.K. !

Dr C. : Sinon, on tombe, hein ?

Fin de la communication téléphonique.

Comment interpréter ? Au moment où le juge Ardiet achève le décryptage des écoutes téléphoniques pour les soumettre à la sanction de la chambre d'accusation afin d'en purger les cas éventuels de nullité, les experts Cau et Faure lui remettent leur premier rapport. Il résulte, selon eux, de l'examen des deux dossiers manquants (dont les doubles ont été récupérés entre-temps) que ni l'hospitalisation de Fredenucci en service de cardiologie de l'hôpital nord de Marseille, ni celle de Viazzi à celui de La Timone n'étaient justifiées par leur état de santé. Mais, surtout, leur verdict est plus formel pour le dossier Kechichian (le K. cité au début de l'entretien téléphonique ?) : l'expertise médico-légale qui avait conclu à l'incompatibilité de son état avec la détention ne pouvait être justifiée par les documents médicaux soumis à leur contre-expertise.

Est-ce un hasard si, au même moment, dans un ancien bâtiment situé au milieu du parc d'un quartier désert proche des Baumettes, le local de la direction régionale de l'administration pénitentiaire, servant à entreposer les dossiers médicaux des anciens détenus, reçoit la visite de cambrioleurs ? Sans s'arrêter sur cet incident, le procureur général d'Aix-en-Provence s'apprête à demander le versement au dossier d'instruction de l'écoute portant sur la disparition des deux dossiers sortis par le Dr Colombani à la demande du directeur régional, Pierre Calisti. De son côté, le procureur de Marseille, Pierre Truche, saisi des premières conclusions de Cau et Faure décide, dans le plus grand secret, de disjoindre le cas Kechichian du dossier d'escroquerie instruit par Ardiet, et de mener lui-même une enquête préliminaire en vue d'ouvrir une nouvelle information pour connivence à évasion.

Le 20 décembre, le procureur général Georges Beljean, lui-même ancien directeur général de l'administration pénitentiaire, prend des réquisitions tendant au maintien de l'écoute téléphonique qui a attiré son attention. Le contenu de cet enregistrement ne lui paraît pas, en effet, couvert par le secret professionnel dans la mesure où il porte sur des investigations en cours à l'époque, notamment sur l'absence, toujours inexpliquée, des deux dossiers concernant deux anciens détenus dont les experts grenoblois estiment l'hospitalisation abusive.

« L'annulation des sept autres enregistrements repose sur le principe de la confidentialité des communications entre un justiciable et son conseil, et s'inscrit donc dans le double cadre des droits de la défense et du secret de l'avocat », écrit-il à la fin de son réquisitoire.

« Cependant, doit être considérée, non comme une dérogation, mais bien comme entrant dans un domaine distinct, la situation qui ferait apparaître une éventuelle complicité du conseil dans la commission d'un acte délictueux ou dans sa perpétuation.

« Il convient, en effet, de rappeler que, parmi les investigations entreprises, le magistrat instructeur a procédé, à la maison d'arrêt des Baumettes, à des saisies de dossiers médicaux dont le contenu était susceptible de conforter les dénonciations de la partie civile Mohand Bonnaoura.

« Deux dossiers, cependant, ne pouvaient être découverts : ils concernaient les détenus Viazzi et Fredenucci. Cette disparition (qui ne pouvait être la simple conséquence d'un archivage défectueux) ne pouvait, dès lors, avoir qu'une origine frauduleuse, s'agissant de documents appartenant à l'administration pénitentiaire. Elle serait, dans ces conditions, de nature à motiver... une inculpation soit de vol à l'égard de la personne qui aurait effectivement opéré cette soustraction frauduleuse, soit de recel à l'égard de la personne qui détiendrait ces documents... Se rend complice d'un tel acte délictueux celui qui, par instructions données, aide à perpétuer l'infraction...

« Telle paraît être la situation à l'égard de la communication extraite du scellé n° 3... Le contenu de cette conversation paraît donc l'exclure du champ d'application du secret professionnel pour la situer dans le contexte, non protégé, d'un entretien entre une personne susceptible d'avoir commis une des infractions ci-dessus visées et une autre personne qui pourrait se voir reprocher une complicité, par instructions données, dans la perpétuation du fait délictueux. »

Ce qui revient à dire que Me Fraticelli aurait conseillé à son interlocuteur, le Dr Colombani, de faire disparaître des dossiers compromettants, alors que les propos échangés au téléphone semblent signifier le contraire. C'est que, dans l'esprit du procureur général, la fin de la conversation enregistrée (« On a à se battre tous les deux, hein, sinon on tombe ») renvoie en fait à d'autres conversations, déjà censurées par le premier arrêt de la chambre d'accusation, mais connues des seuls policiers ayant procédé aux écoutes et donc de certains magistrats, à commencer par le juge Ardiet. Ainsi, dans une communication avec la belle-mère du Dr Colombani, l'avocat aurait fait une allusion sibylline aux deux dossiers introuvables en disant : « Rassurez-vous, mon cœur est parti en fumée. Vous comprenez ? » Sans compter ses échanges téléphoniques avec l'ex-banquier Fériel à Lausanne...

Du coup, le Dr Colombani dépose, le 4 janvier 1983, un nouveau mémoire au greffe de la chambre d'accusation pour lui demander d'annuler les procès-verbaux de toutes les écoutes de ses entretiens téléphoniques avec son avocat et pour dénoncer les pressions exercées par certains magistrats, en s'expliquant sur l'absence des deux dossiers manquants lors des perquisitions effectuées en avril 1982 au P.H.B.

« J'ai été informé par une personne du service hospitalier des Baumettes qu'une nouvelle perquisition venait d'avoir lieu et qu'il manquait les dossiers Viazzi et Fredenucci. J'avais personnellement dû sortir ces deux dossiers pour répondre à une demande du directeur régional (M. Calisti) qui, lui-même, faisait l'objet d'une demande du procureur de Marseille concernant ces deux cas. Je n'avais eu aucune difficulté dans ces deux affaires jusqu'au jour où j'ai reçu un coup de fil de Mme Coux, juge d'instruction [1], me demandant d'établir des certificats médicaux dont elle me donnait l'orientation. J'ai trouvé cette attitude d'autant plus inadmissible qu'elle n'était qu'une sorte de pression à mon égard, alors que je savais que des médecins experts venaient de déposer leur rapport. J'ai pu facilement établir par la suite que l'orientation des certificats qui m'étaient demandés était diamétralement opposée à la teneur des rapports d'expertise.

« C'est à la suite de mon refus que Mme le juge Coux adressa des doléances à M. le procureur, qui me fit interroger par le directeur régional... Lorsque j'ai été informé téléphoniquement que ces dossiers manquants étaient recherchés, j'ai cru spontanément les avoir conservés par-devers moi. J'ai immédiatement appelé mon conseil, Me Fraticelli, pour lui faire part de la situation. Ce dernier m'a indiqué ce qui est consigné dans l'écoute téléphonique soumise à votre censure... En définitive, je ne les ai pas retrouvés.

« Je tiens à préciser à votre Cour qu'il est regrettable que certains magistrats sollicitent toujours téléphoniquement la délivrance de certificats médicaux... Il est rare d'avoir des demandes orientées au point où le fit Mlle Coux pour les deux dossiers sus-indiqués, ou encore Mme Albertini, substitut à Marseille, dans l'affaire Graziani, ou M. Bartolomei dans le cas Simoni. »

Le Dr Colombani demande en conséquence à la chambre d'accusation de la cour d'appel d'écarter le « raisonnement totalement faux et spécieux » du procureur général dans son réquisitoire. Assuré, semble-t-il, d'être entendu, le jeune patron du service hospitalier des Baumettes multiplie les protestations d'innocence, tandis que le directeur de la prison, Clovis Babin, se voit notifier, le 18 janvier, sa mutation à Lille « dans l'intérêt du service », après sa dernière audition par le juge Ardiet.

« Aucune charge n'a pu être retenue contre moi dans cette affaire qui n'est qu'une escroquerie entre détenus, déclare à la presse le Dr Colombani. Moi-même, je n'ai jamais été entendu par le juge d'instruction, mais seulement par la police qui ne cache pas son animosité à mon égard, parce

1. Voir chap. 4 : « Nick Venturi : la planche à factures »

que je ne suis pas un petit soldat qui est aux ordres quand on le siffle. Je suis et reste avant tout un médecin, entré comme interne au P.H.B. en 1974, devenu l'adjoint du médecin-chef Louis Tosti en 1978 et son successeur en juillet 1979, à la tête d'un établissement d'une centaine de lits — le seul hôpital pénitentiaire, avec celui de Fresnes, doté de 300 lits — secondé par un médecin, cinq internes et onze spécialistes vacataires. Quand nous disons qu'un malade peut quitter le P.H.B., c'est après tous les examens nécessaires. Nous avons des dossiers en béton. En tant que médecins, nous ne pouvons que faire des propositions aux autorités administratives et judiciaires. Au cours de ma carrière, je n'ai eu à solliciter que deux suspensions de peine. Les experts et les magistrats m'ont suivi dans chaque cas. Il est bien évident que tout cela devient maintenant une affaire politique. Mais je ne vois rien qui puisse justifier un tel acharnement contre moi, sinon la précipitation d'un juge qui, croyant tenir l'affaire du siècle, s'est vu rapidement passer de la cave au dernier étage du ciel... »[1]

Le 2 février, la chambre d'accusation lui donne gain de cause en annulant pratiquement toute la procédure des écoutes téléphoniques effectuées en avril-mai 1982. Au bout de neuf mois de marathon juridique, elle écarte du dossier la totalité des communications enregistrées entre le Dr Colombani et Me Fraticelli « en raison de leur caractère confidentiel » qu'elle estime couvert par le secret professionnel et le respect des droits de la défense, pour ne garder que 33 des 165 feuillets de retranscription portant sur des conversations d'ordre administratif ou corporatif sans grand intérêt. L'arrêt prononcé retire en particulier la communication retenue par le procureur général, « attendu qu'elle ne comporte aucun propos qui ferait apparaître une éventuelle complicité du conseil du Dr Colombani dans la commission d'un acte délictueux ou dans sa perpétuation », contrairement aux conclusions du réquisitoire.

Déjà désavoué par le Parquet phocéen qui, le 20 mai, l'avait requis de mettre fin à ces écoutes, l'acharnement du juge Ardiet, dont l'instruction chaotique gonfle les rumeurs en montgolfière, semble devoir se retourner contre lui : il y a de la requête en suspicion légitime dans l'air. Fort de ce dernier échec du jeune magistrat qui lui paraissait attaché à sa perte et que la chambre d'accusation vient de désarmer, le Dr Colombani s'apprête à poursuivre ses « diffamateurs ». Victoire à la Pyrrhus : il ignore que son « persécuteur » s'est fait également dépouiller d'une partie de son dossier au profit d'un autre juge chargé fort discrètement, le 12 janvier, de l'information ouverte par le procureur Truche sur le cas Kechichian après vingt jours d'enquête préliminaire...

1. Interview avec François de Muizon, *Le Matin*, 26 janvier 1983.

Et le 10 février, coup de théâtre. Munis d'un mandat d'amener, des inspecteurs de police se présentent, vers 9 heures, au cabinet privé que le médecin partage avec le Dr Ferri à La Penne-sur-Huveaune. Mais le Dr Colombani est déjà à son service des Baumettes. Quand les policiers viennent l'y chercher, à l'heure du déjeuner, il croit à un mauvais *remake* du cauchemar vécu le 7 avril. L'inspecteur Pierre Conti détrompe le médecin : il appartient non à la « financière », mais aux « Stups », la section de répression du trafic des stupéfiants au S.R.P.J. Et son mandat émane d'un magistrat qui ne l'a jamais encore fait convoquer : le juge Christian Raysseguier, en attente de nomination comme substitut à la section financière du Parquet. C'est lui qui, depuis le 12 janvier, instruit en silence, mais au pas de charge, l'information ouverte dans le plus grand secret sur les résultats de l'expertise ordonnée par son collègue Ardiet, lequel a eu le tort de vouloir brûler les étapes et de courir trop de lièvres à la fois. Après avoir confronté experts grenoblois et marseillais, Raysseguier frappe, par surprise, ce 10 février, le premier maillon de la filière médicale dont semble avoir profité Robert Kechichian pour disparaître dans la nature avant son passage en jugement : il fait écrouer d'emblée à la prison d'Avignon le médecin-chef des Baumettes sous la quadruple inculpation de « connivence à évasion, corruption, trafic d'influence, fabrication et usage de faux certificats médicaux ». Et il renouvelle sa commission rogatoire délivrée aux enquêteurs des « Stups » qui n'ont jamais digéré la libération de Kechichian suivie, trois mois plus tard, de l'assassinat du juge Pierre Michel.

LE CAS KECHICHIAN

Cinq semaines, très exactement, séparent la mort de l'un de la fuite de l'autre. Le 17 octobre 1981, quatre jours avant de tomber sous les balles du tireur à moto, le juge Michel téléphonait à son père, notaire à Metz : « On va reparler de moi, je suis sur un gros coup ! » Le 31 octobre, Kechichian rend une dernière visite à son père, aubergiste à Orange : « On va encore me mettre l'histoire Michel sur le dos. Je préfère m'éloigner un peu. » Le 28 novembre, il cesse en effet de pointer au commissariat de Cagnes-sur-Mer, comme l'y obligeait le contrôle judiciaire auquel l'avait astreint Michel depuis qu'il l'avait remis en liberté sur la foi d'un dossier médical aujourd'hui contesté. Nul ne le reverra. Le 30 novembre s'ouvre, en son absence, le procès du premier réseau franco-italien de l'héroïne dont Michel estimait tenir avec Kechichian un maillon important[1]. « Il m'a fait part du souhait qu'on le laisse mourir en paix », déclare incidemment à la barre son défenseur, Me André Fraticelli.

Le 5 janvier 1982, Kechichian est condamné à dix-huit ans de prison par défaut. A-t-il pris le large pour se soustraire à une sanction pénale, qu'il savait inévitable, ou bien à l'enquête sur la mort de l'impitoyable justicier ? Existe-t-il un lien entre l'attentat et l'évasion, en dehors d'une proximité toute chronologique et d'un autre rapprochement tout aussi fortuit : le même médecin légiste, le Dr Bernard Mariotti, a procédé, à trois mois de distance, à l'expertise douteuse qui a favorisé la libération du trafiquant de drogue et à l'autopsie du magistrat qui l'avait commis ?

Dans son ultime croisade contre les filières de l'héroïne, qui devait lui faire affronter la mafia jusque dans son sanctuaire sicilien, Pierre Michel avait flairé sans doute l'existence d'un vaste trafic de grâces médicales et d'un iceberg de compromissions, dont le cas Kechichian n'aurait été que la partie émergée. Il s'intéressait de près, en tout cas, aux décisions médicales qui avaient déjà permis à de gros bonnets de la drogue d'échapper au châtiment, comme si une véritable organisation fonctionnait à cette seule fin, avec, à sa base, les conseils de truands marseillais et, à l'échelon supérieur, de hauts fonctionnaires corrompus. Il se souvenait des propos publics du substitut Paul-Louis Ameras, chez qui il faisait son stage d'auditeur de justice, au procès du dernier réseau de la « French Connection », en juin 1974 : « Sept des trente inculpés manquent à l'appel. Je considère comme très suspecte, pour quatre d'entre eux, la délivrance de certificats médicaux qui ont provoqué leur placement dans des cliniques privées. »

La complaisance médicale paraissait à Michel être devenue l'industrie complémentaire du trafic de l'héroïne, lequel draine un pactole incommensurable, mais expose aussi en France, depuis la réforme pénale de 1971, au doublement des peines correctionnelles maximales. Ainsi, le chimiste du « laboratoire » de La Ciotat, Louis-Georges Calmet, arrêté une première fois en 1969 dans un labo marseillais et condamné à sept ans de prison, avait-il bénéficié, dès 1972, d'une grâce médicale pour « sénilité précoce », qui lui permit de reprendre ses coupables activités pendant six ans. Ange Mosca,

1. Voir chap. 2 : « Pierre Michel : mort d'un juge ».

organisateur d'une filière d'héroïne, conduit sur une civière à son procès, en juin 1974, avait profité de sa mise en liberté en cours d'audience pour « troubles psychiatriques », pour éviter une condamnation à quinze ans de prison. Francis Tourdre, dit le Rouge, arrêté pour trafic d'héroïne en avril 1974, s'était évadé en juin 1975 de l'hôpital de La Conception, où il avait été admis à la suite d'une grève de la faim, pour trouver refuge en Italie. De même Jean-Baptiste Colonna, incarcéré en février 1975 pour avoir exporté 400 kilos de « blanche » aux Etats-Unis, s'était évadé, six mois plus tard, de la salle des consignés de l'Hôtel-Dieu, où il avait été admis après un simulacre de suicide aux Baumettes. Gabriel Graziani, dit Gaby-le-Magnifique, arrêté en mars 1977 avec des échantillons d'héroïne provenant du laboratoire de Giralt, à La Ciotat, et condamné à quinze ans de prison le 20 octobre 1979, était libéré un an plus tard du P.H.B. pour troubles cardio-vasculaires diagnostiqués par le Dr Colombani, sur présentation de certificats médicaux du centre hospitalier régional de La Timone. Sans oublier la grâce du célèbre Mémé Guérini [1], obtenue à l'arraché par son dernier avocat, Me Fraticelli, dix ans avant le terme de sa peine, le 6 mars 1978. (Guérini survivra quatre ans à son cancer.)

Ces précédents avaient conduit le juge Michel à faire transférer, le 17 novembre 1978, à l'hôpital des prisons de Fresnes, pour une contre-expertise, le financier du labo de La Ciotat, Louis Giralt, autre client de Me Fraticelli, pensionnaire du P.H.B. : quatre jours plus tôt, un expert en cardiologie, le Dr Roger Luccioni, commis par ses soins, avait estimé son état de santé incompatible avec la détention. Deux experts parisiens devaient alors contredire leur collègue marseillais, estimant que le malade, qui souffrait effectivement de diabète et d'artériopathie, pouvait très bien être traité dans le cadre hospitalo-pénitentiaire.

Aussi, le juge Michel accueille-t-il avec un scepticisme méprisant l'attestation fournie par le Dr Lucien Laroyenne, chirurgien à la clinique du Parc à Orange, le 24 juin 1980, seize jours après l'incarcération de Kechichian : « Je certifie avoir opéré Kechichian Robert, en juin et août 1965, d'une lésion de la plus haute gravité et qu'une récidive peut, à tout moment, réapparaître. » Lors de son interrogatoire de première comparution, l'inculpé lui a déjà signalé qu'il avait été réformé pour raison de santé. Et, à la fin de sa première audition sur le fond, le 2 juillet, il lui a demandé de

1. Voir chap. 6 : « Gaston Defferre : la fin d'une époque ».

consigner au procès-verbal la grève de la faim qu'il poursuit depuis son « arrestation arbitraire », le 4 juin, et qui l'a fait admettre, la veille, au P.H.B. Michel riposte à ce chantage en faisant écrouer, le 7 juillet, sa femme Kathy, pourtant enceinte de huit mois, et qu'il ne libérera, avec le bébé né en prison, que le 2 février suivant.

Ayant perdu 11 kilos en quinze jours, Kechichian réintègre sa cellule le 23 juillet. En septembre-octobre, l'enquêteur de personnalité, M. Vial, constate que le détenu présente « une très grande cicatrice de forme plus ou moins arrondie de 25 cm sur 20 cm au-dessus du nombril ». Il consigne par procès-verbal, le 22 octobre, le fait qu'après avoir été traité pour tuberculose de 1961 à 1963, Kechichian a présenté, en 1965, un sarcome de Darier-Ferrand qui a nécessité une troisième intervention du Dr Laroyenne, le 6 mai 1966. Il s'agit d'une forme limite assez rare de cancer de la peau à évolution très lente, récidivante mais sans métastases, dont le seul traitement consiste à enlever le tissu malade et à le remplacer par des greffons prélevés sur la paroi interne des cuisses. Elle n'est mortelle qu'en cas de récidive non traitée.

Le 15 décembre, Kechichian se fait réadmettre au P.H.B. : il se plaint de douleurs lombaires et souffre, en fait, d'une infection urinaire sans gravité. Il reste néanmoins hospitalisé dans le service du Dr Colombani à qui il fait tenir un autre certificat, établi le 15 janvier 1981 par son médecin de famille, le Dr André Pichon :

« Il a été opéré à deux reprises, le 28 juin et le 5 août 1965, d'une tumeur maligne de la paroi abdominale confirmée par l'histologie (sarcome de Darier-Ferrand). »

En avril, le Dr Colombani s'inquiète de l'apparition de nodules sur le pourtour des greffes, dont l'amaigrissement d'une vingtaine de kilos du malade accuse le relief. Il consulte le dermatologue du service, le Dr Jean-Pierre Alezard, qui, le 7 mai, fait pratiquer un prélèvement, aux fins de biopsie, par le laboratoire Andrac. Le 11 mai, celui-ci conclut à l'existence d'un « fibrome dermique, lésion bénigne », mais tarde à transmettre ce résultat insignifiant dans la mesure où le diagnostic difficile d'une récidive réclame une multiplicité d'examens en surface et en profondeur. Le Dr Alezard estime nécessaire l'avis d'un cancérologue. Le Dr Colombani prend contact, le 2 juin, avec le Pr Jean-Maurice Spitalier, à l'Institut Paoli-Calmette, le centre régional anticancéreux de Marseille (C.R.A.C.M.), à l'hôpital Sainte-Marguerite. Le 9 juin, il lui adresse la lettre suivante :

« Je vous confie M. Kechichian Robert qui a été opéré à deux reprises... d'une tumeur de la paroi abdominale... Actuellement, il présente autour de l'ombilic et sur les bords de la cicatrice des lésions suspectes. Une biopsie a été réalisée, dont je n'ai pas le résultat écrit, mais le laboratoire m'a répondu par téléphone : " Fibrome, lésion bénigne. " Malgré le résultat négatif de la biopsie, sa lésion m'inquiète et notre dermatologue, le Dr Alezard, pense qu'il s'agit d'une récidive indubitablement. Je vous remercie de me tenir au courant. »

Le lendemain, le médecin-chef des Baumettes prévient le juge Michel par écrit : « Je tiens à vous informer de l'hospitalisation au C.R.A.C.M. de M. Kechichian Robert, qui présente une tumeur de la paroi abdominale. Il est à noter qu'il a déjà été opéré d'un sarcome il y a quelques années. »

Intrigué par ce transfert, le magistrat se rend lui-même, le 15 juin, au C.R.A.C.M., où Kechichian a été hospitalisé sous bonne garde dans le service du Pr Amalric. Il constate *de visu* l'état de son inculpé en présence de l'un de ses défenseurs, Me Sixte Ugolini, qui en profite pour déposer une première demande de mise en liberté. Michel fait remarquer à l'avocat que, tout au long de sa filature, du 23 janvier au 4 juin 1980, Kechichian n'a jamais appelé ou consulté un médecin et que sa femme, au moment de son arrestation, n'a pas fait état de la moindre rechute de sa santé depuis leur mariage en 1975. Et le 16 juin, Michel prend une ordonnance de rejet. Mais, pour en avoir le cœur net, il commet, le surlendemain, les deux experts les plus régulièrement désignés depuis cinq ans par le tribunal de Marseille, les Drs Bernard Mariotti et Raymond Mazaud[1]. Le premier, seul, est allé examiner sommairement Kechichian au C.R.A.C.M. Il le revoit le 27 juin, après son retour au P.H.B.

Le 25, en effet, le Pr Spitalier, qui a supervisé le bilan d'examens, tous négatifs, a renvoyé le malade aux Baumettes, avec une lettre d'accompagnement informant le Dr Colombani que, si la maladie n'a pas évolué sur le plan histologique, l'état de santé du sujet, sans être alarmant, reste à surveiller : les biopsies étant revenues avec « des images scléro-cicatricielles simples », toute action chirurgicale est à différer en attendant « la véritable nidation ou de nouveaux foyers... Un examen clinique attentif mensuel doit être pratiqué. C'est lui qui commandera véritablement les nouvelles indications ». Le médecin-chef des Baumettes n'en prend connaissance que le 27.

Le 30 juin les deux experts désignés par Michel et qui n'ont pris aucun contact avec le Pr Spitalier signent leur rapport médico-légal

1. Voir chap. 3 : « René Lucet : une balle de trop ».

« dressé en leur âme et conscience ». Certifiant « avoir procédé personnellement et conjointement à la mission à nous confiée, les 19 et 20 juin au C.R.A.C.M. et le 27 juin à la prison-hôpital des Baumettes », ils écrivent que, à la suite d'une thermographie pratiquée au C.R.A.C.M. et d' « une biopsie montrant la présence d'un tissu spacélé (*sic,* au lieu de “ sphacellé ”), le diagnostic de sarcome de Darier-Ferrand était porté ». Et ils tirent trois conclusions de « l'interrogatoire médical, de l'examen et de l'étude du dossier médical de Kechichian Robert » :

« 1° Il présente une récidive abdominale étendue du sarcome de D.-F.
2° Cette lésion nécessite une intervention chirurgicale (qui est rendue difficile par le fait qu'il s'agit d'une récidive) et des soins très spécialisés et très prolongés — et le pronostic, malgré cette thérapeutique chirurgicale nécessaire, ne peut être établi.
3° Cette thérapeutique très spécialisée ne peut être mise en œuvre à la prison-hôpital des Baumettes et, de ce fait, son état n'est pas compatible avec la détention. »

Fort des résultats de cet « examen médical », qui lui ont été communiqués par téléphone, Me Ugolini renouvelle, le 1er juillet, sa demande de mise en liberté de son client. Le 6 juillet, le juge Michel, qui n'a connaissance que du rapport d'expertise et non du bilan médical établi au C.R.A.C.M., ni de la lettre du Pr Spitalier à Colombani, et qui manifeste à l'avocat l'inquiétude que lui inspire l'état de Kechichian, rejette néanmoins sa demande : il pense pouvoir obtenir de le faire soigner dans un établissement approprié, en se souvenant du cas de Giralt, dont le substitut, Marie Viangalli, avait obtenu le transfert à l'hôpital des prisons de Fresnes. Effectivement, ce magistrat, qui suit toujours pour le Parquet les dossiers d'instruction de Michel, a entamé les démarches nécessaires auprès de la direction de l'Administration pénitentiaire à Paris, l'opération prescrite par les experts pouvant être envisagée à l'Institut Gustave Roussy de Villejuif, via Fresnes. Marie Viangalli a téléphoné à Paris au chef de la division de l'exécution des peines, François Sebire, pour qu'il organise le transfert d'urgence à Fresnes du trafiquant de drogue Robert Kechichian, atteint d'un cancer des tissus, en vue d'une intervention chirurgicale. Le 6 juillet, un fonctionnaire de cette division de la chancellerie, François Jarrige, a reçu l'accord de principe d'un fonctionnaire anonyme du secrétariat médical de l'hôpital central de Fresnes.

Mais, le lendemain, deux missives atterrissent à quelques heures d'intervalle sur le bureau du juge Michel. D'abord, une courte lettre du Dr Colombani lui communiquant un message de la patronne de la médecine pénitentiaire, le Pr Solange Troisier : « Je vous prie de bien vouloir trouver ci-jointe la photocopie de la lettre du Pr Solange Troisier concernant M. Kechichian Robert. Je profite de cette correspondance pour vous demander les résultats des expertises médicales qu'il a subies. » Sur papier à en-tête du ministère de la Justice, le magistrat peut alors prendre connaissance du motif du refus catégorique répercuté par le bureau de l'individualisation des peines, le matin même, au substitut Viangalli :

« Je soussignée, madame Troisier, professeur à la faculté, chef de service à l'hôpital de Fresnes, certifie qu'il n'y a pas, à l'hôpital de Fresnes, les structures nécessaires pour soigner M. Kechichian Robert, âgé de 35 ans.

« Celui-ci est, en effet, atteint d'une affection si grave que ses jours sont en danger.

« Nous serions obligés de l'hospitaliser dans un service hospitalier spécialisé dans le traitement du cancer. Je m'oppose donc à ce transfert entre les Baumettes et l'hôpital central de Fresnes. Fresnes, le 4 juillet 1981. »

Le 4 juillet était un samedi. La lettre a été adressée le lendemain par Paulette Puntis, secrétaire du Dr Troisier, au cabinet marseillais de Me Fraticelli. L'avocat avait oublié de la retirer au bureau des messages à Orly, où elle l'avait d'abord déposée à sa demande. Mais qui avait informé le Dr Troisier de l'état du détenu et des démarches en cours à la Chancellerie ? Me Fraticelli qui l'honore de son amitié depuis belle lurette et qui a fait deux déplacements, de Marseille à Paris, les 24 juin et 3 juillet ? Le Dr Colombani, qui a été un de ses élèves et dont deux appels téléphoniques à Fresnes figurent à la date des 30 juin et 1er juillet sur les relevés des Baumettes ?

Toujours est-il que, devant sa greffière Meriam Amami, qui en témoignera après son assassinat, le juge Michel, préoccupé par la récidive cancéreuse de Kechichian, manifeste une vive colère à la lecture de ce certificat officiel lui interdisant de répéter la solution Giralt.

L'autre lettre parvenue à son cabinet d'instruction, ce même 7 juillet, est une troisième demande de mise en liberté, signée, cette fois, du codéfenseur de Kechichian, Me André Fraticelli, dont il connaît les relations familières avec Solange Troisier et qui lui bat personnellement froid depuis quelque temps.

« M. Kechichian ignore la nature du mal irréversible dont il est atteint. Les différents rapports médicaux en votre possession doivent attester la véracité de cette pathologie. Je ne vous demande pas la désignation d'un médecin expert cancérologue, car celle-ci aurait pour conséquence d'informer M. Robert Kechichian du mal dont il est atteint. Par contre, le médecin des Baumettes indique qu'il n'est pas possible qu'il puisse être ni opéré ni traité au P.H.B... L'hôpital central de Fresnes n'est pas plus spécialisé en cancérologie que le P.H.B. Les spécialistes consultés précisent que les chances de l'intervention à pratiquer sont extrêmement limitées et que, en tout état de cause, le fait que M. Kechichian soit détenu ne peut que les réduire davantage...

« Il est de l'honneur et du devoir de la défense... de ne pas être solidaire d'une perte de temps ou d'un retard hautement préjudiciable à un homme dont les jours sont comptés plus qu'à tout autre...

« Je vous rappelle le drame d'une famille face à la mort d'un des siens et en l'état du silence ou des refus que vous opposez contre l'unanimité du corps médical...

« Post-scriptum : je viens d'apprendre, directement de la chancellerie, que l'hôpital central de Fresnes ne dispose pas d'équipement permettant une cobaltothérapie. »

Le « drame d'une famille » rappelé ici par l'avocat fait clairement allusion à la mort, en prison, d'un docker père de famille nombreuse, Martinez Indelfonso, quc Michel avait placé sous mandat de dépôt pour avoir revendu cent grammes de haschisch. Après l'avoir fait hospitaliser, le juge s'apprêtait à le libérer, le 15 décembre 1980, mais le détenu succomba la veille de sa décision à une crise cardiaque. Ce drame lui a valu d'être accusé d' « assassinat légal » dans des tracts anonymes qui l'ont alors beaucoup affecté.

Quant aux autres arguments, développés par Me Fraticelli dans sa demande étrangement postdatée du 9 juillet, ils s'inspirent des termes mêmes utilisés tant par l'expert Mariotti que par le Pr Troisier...

Le 8 juillet, Michel transmet la copie du rapport d'expertise au directeur des Baumettes, Clovis Babin, pour communication à son médecin-chef. Avec une précision capitale :

« Qu'il soit pris toutes dispositions utiles, notamment en matière d'hospitalisation dans un établissement spécialisé où il pourra recevoir les soins nécessités par son état. »

Le lendemain, le substitut Marie Viangalli interroge par téléphone le Dr Colombani sur l'évolution de l'état de santé du détenu depuis son retour du C.R.A.C.M. au P.H.B., le 25 juin. Le médecin-chef répond qu'il s'est aggravé, qu'il s'agit bien d'une récidive, que l'opération est difficile à pratiquer et les chances de survie limitées à quelques mois, sans, toutefois, que le pronostic puisse être certain. Il fait même état de l'apparition d'une nouvelle tumeur ayant grossi en quelques jours depuis son retour. A l'appui de ses affirmations, ce compte rendu de la visite du dermatologue Alezard, le 2 juillet, au chevet de Kechichian : « A prévoir intervention la semaine prochaine : mise à plat d'une tumeur. »

Sur le registre du service, le Dr Colombani a fait porter en rouge, pour la nuit du 3 au 4 juillet, la mention suivante : « Kechichian ne doit pas sortir sans l'accord du Dr Colombani. »

A la demande, toujours téléphonique, de Mme Viangalli, il établit, le 10 juillet, un certificat écrit attestant « que M. Kechichian Robert présente une tumeur péri-ombilicale de la taille d'une noisette et des nodules à la périphérie de la cicatrice abdominale. Ces éléments sont apparus récemment, après son retour du C.R.A.C.M. ».

C'est ce qui entraîne, le jour même, l'ordonnance de mise en liberté prise par le juge Michel au motif « qu'il résulte du certificat du médecin-chef des Baumettes que l'état de santé de Kechichian s'est aggravé ». En l'assortissant d'un contrôle judiciaire limité à l'interdiction de sortie du territoire national et aux pointages hebdomadaires au commissariat de son lieu de résidence. Le magistrat ne fait d'ailleurs que se conformer aux réquisitions du substitut Marie Viangalli, qui sait qu'une longue hospitalisation extérieure d'un détenu dans un établissement marseillais pose des problèmes financiers et de garde trop importants, et que le C.R.A.C.M. n'aime guère recevoir ce genre de pensionnaires. Elle sait aussi que le Parquet général d'Aix-en-Provence ne fera pas appel de la décision du juge, en dépit de sa pratique constante dans les affaires de drogue. Et que Michel, de guerre lasse, ne tient pas à se voir reprocher un second décès en détention en moins de sept mois.

L'impitoyable traqueur des gros bonnets de la drogue a-t-il été joué ? Dans ce cas, sa décision n'a pas été libre : frauduleusement obtenue, la libération de Kechichian, suivie de sa disparition même quatre mois après, peut être considérée comme une évasion. Toute la question est alors de savoir comment, par qui et pourquoi.

La suite des événements, telle que l'instruction permettra en tout cas de la reconstituer, se prête à deux scénarios contradictoires. A la veille de la fête nationale, le juge Michel boucle ses valises pour partir en vacances, tandis que Robert Kechichian, après les formalités de levée d'écrou, sort des Baumettes par la grande porte. Le premier souci du trafiquant libéré est, une fois regagné son domicile, la résidence Le Derby à Cagnes-sur-Mer, d'aller à Nice consulter le Pr Maurice Gazaix, chef du service de gastro-entérologie au centre hospitalo-universitaire, faire constater la présence d'une cicatrice gênante sur son abdomen tourmenté. Le spécialiste l'adresse à un confrère, le Dr Abbès, chirurgien au centre anticancéreux régional Antoine Lacassagne et demande au Pr Spitalier de lui communiquer le résultat des examens pratiqués, en juin, au centre anticancéreux

Paoli-Calmette de Marseille. Le 20 juillet, celui-ci lui fait parvenir le bilan négatif des quatre biopsies pratiquées dans le service du Pr Lieutaut, chef du laboratoire d'anatomopathologie du C.R.A.C.M., sur des prélèvements opérés avec greffe par le Dr Henri Brandoné, de deux explorations au scanner et d'une thermographie, seule douteuse.

Kechichian se rend ensuite à Paris où il a obtenu, par Me Fraticelli, semble-t-il, une recommandation du Dr Solange Troisier auprès du successeur du célèbre « patron » Jean Bernard, le Pr Michel Boiron, au service d'hématologie de l'hôpital Saint-Louis. En l'absence du chef de service, c'est le professeur agrégé Christian Gisselbrecht qui le reçoit, le 27 juillet, en compagnie de sa femme, au vu de la lettre à en-tête du ministère de la Justice ainsi libellée par l'inspectrice générale de la médecine pénitentiaire :

« Mon cher collègue, je vous recommande très chaudement M. Kechichian que je viens de faire sortir des Baumettes en suspension de peine pour le faire traiter et opérer éventuellement à *Paris* et non au C.R.A.C.M. à Marseille. Je ne suis pas en mesure de le soigner ni à Marseille ni à Fresnes. Je souhaiterais que mon ami Boiron et vous-même le preniez en charge en milieu ouvert. Je connais mal le Darier-Ferrand. Lui ne sait pas non plus l'étiologie. Je vous remercie et vous assure de mes sentiments collégaux. »

Le 28 juillet, le Pr Gisselbrecht répond au Pr Troisier — qu'il ne connaît pas personnellement :

« Madame et chère collègue, je vous remercie beaucoup de nous avoir adressé M. Kechichian qui présente donc une histoire de sarcome cutané récidivant depuis 1965 et opéré à plusieurs reprises. La dernière intervention remonte en juin 1981. A l'heure actuelle, il présente manifestement une rechute et une nouvelle intervention est nécessaire. Celle-ci devrait comprendre une exérèse très large avec plastie cutanée. Pour cette raison, je l'ai adressé à l'équipe de Banzet [1] et, normalement, il devrait voir son assistant, le Dr Réale, le 20 août. Je pense qu'il sera hospitalisé dans les suites. Néanmoins il nous manque un certain nombre d'éléments importants au dossier : tout d'abord un scanner a été effectué au mois de juillet et il serait très important de pouvoir l'avoir en notre possession pour apprécier l'étendue de l'extension sous-cutanée. D'autre part, nous avons l'habitude de procéder à une relecture histologique des lames afin de s'assurer et de préciser le diagnostic. Je pense qu'il vous sera plus facile d'intervenir auprès de l'hôpital des Baumettes pour avoir communication de tout le dossier. Je contacte ce jour M. K. pour le prévenir de son rendez-vous. »

Le Pr Gisselbrecht ne recevra pourtant jamais le dossier du P.H.B., que le Pr Troisier semble bien avoir réclamé pour lui au

1. Le Pr Pierre Banzet dirige le service de chirurgie plastique à Saint-Louis.

Dr Colombani, pas plus qu'il ne reverra ce malade qui ne se rendra pas davantage au rendez-vous du 20 août dans le service du Pr Banzet. En revanche, Kechichian revient à Nice, le 30 juillet, consulter le Dr Abbès au centre Lacassagne. Mais connaissance prise de la réponse du Pr Spitalier au Pr Gazaix de Nice, la récidive ne paraît pas aussi évidente à ce spécialiste, qui conseille au patient de revenir le voir, si besoin, en septembre.

Le 11 septembre, en effet, Kechichian se représente à une consultation, accompagné de sa femme et de ses deux enfants, mais c'est à celle du Pr Gazaix, qui lui délivre un certificat médical préconisant une intervention chirurgicale au centre Lacassagne. Il lui propose même de l'hospitaliser dans son service au C.H.U. pour un bilan préopératoire, en attendant cet éventuel transfert, mais Kechichian ne se présentera pas à l'admission, se bornant à envoyer aussitôt son certificat à son autre défenseur, Me Ugolini. Peu après, il revient dans son Vaucluse familial consulter un cancérologue d'Avignon, le Dr Reboul. Il lui explique qu'il redoute une récidive du sarcome dont il a été opéré en 1965 et lui demande conseil pour éviter la nouvelle intervention proposée par le centre Lacassagne de Nice, qu'il semble redouter tout autant. Le spécialiste lui recommande, en l'absence de dossier médical établi dans son service, de s'en remettre à son médecin traitant. Le 28 septembre, Kechichian retourne voir le Dr Abbès, non pour l'opération envisagée dans son établissement, mais pour des douleurs épigastriques.

A toutes ces démarches, deux interprétations possibles : cette consultation fébrile de différents spécialistes n'a pour but que d'obtenir des certificats à produire pour éviter de comparaître en justice et de retourner en prison. Kechichian abandonne tout suivi lorsqu'il ne peut aboutir à prouver une récidive de son cancer ou qu'il y a un risque de voir sa supercherie découverte. Il finira par prendre la fuite, le 28 novembre, pour se soustraire au jugement parce qu'il ne pourra justifier d'aucune rechute fatale, ce qu'il sait depuis sa sortie du C.R.A.C.M., le 25 juin.

Ce sera la thèse de l'accusation au procès de la connivence à évasion instruit par le juge Raysseguier à partir de la contre-expertise des dossiers médicaux suspects du P.H.B.

Ou bien cette quête médicale est celle d'un cancéreux hanté par la crainte d'avoir à repasser sur le billard et qui espère toujours qu'un spécialiste lui donnera la possibilité de couper à l'opération, en attendant une miraculeuse guérison. Ce sera la thèse de la défense qui soutiendra qu'un faux malade n'aurait tout de même pas pris le risque de courir d'un spécialiste à l'autre. Tout dépend de ce qu'il est advenu du fugitif par la suite...

Mais quel est alors l'avis du juge Michel ? Non seulement il n'a pas ordonné de contre-expertise, comme il en avait le pouvoir avant de remettre Kechichian en liberté, mais il n'a même pas fait usage, dans son ordonnance, de la disposition prévue au contrôle judiciaire pour l'obliger à se soumettre à des mesures d'examen, de traitement ou de soins, voire d'hospitalisation dans un établissement spécialisé, comme le demandaient les experts commis par lui et comme il le recommandait, lui-même, encore deux jours plus tôt, au médecin-chef des Baumettes. A son retour de vacances, il ne paraît guère se soucier davantage de l'état de santé du moribond. Alors qu'il peut, à tout moment, s'assurer des diligences médicales de son inculpé, il se borne à vérifier, en septembre, à la demande du substitut Marie Viangalli, qu'il pointe bien, chaque semaine, à son commissariat. Mieux, le 2 octobre, il renouvelle son ordonnance maintenant Kechichian en liberté sous contrôle judiciaire réduit à cette seule obligation et, cette fois, sans demander aucun avis médical.

Le magistrat, qui sera tué dix-neuf jours plus tard, se doute-t-il alors qu'il s'est laissé abuser ? A-t-il cherché à en savoir davantage sur les auteurs d'une mystification orchestrée avec une telle maestria qu'elle aurait eu raison de son acharnement ? Encore un secret que Michel emportera malheureusement dans sa tombe, à en croire Alain Laville, premier journaliste à avoir eu accès aux pièces maîtresses du futur dossier d'instruction. A la fin de son ouvrage, aux allégations parfois discutables [1], il montre son héros sur le point de démasquer la fraude, par laquelle la mafia aurait payé son cancer à Kechichian, et tout près d'en coincer les auteurs qui seraient, selon lui, le trio Fraticelli-Colombani-Troisier avec le concours des deux « experts bidons », Mariotti et Mazaud.

C'est précisément cette filière qu'a entrepris de remonter, à partir des rapports des contre-experts grenoblois Cau et Faure et avec une logique imperturbable, le juge Raysseguier qui enfourche une moto pour se rendre au palais, comme son illustre et malheureux prédécesseur.

1. *Le Juge Michel*, par Alain Laville (Presses de la Cité).

LE PROCÈS ESCAMOTÉ

« Nous irons jusqu'au bout. Le plus loin possible. Le plus vite possible. » C'est en ces termes lapidaires que le procureur Truche, qui, venu des brumes lyonnaises tel le M. Brun de Pagnol, au printemps 1982, assainir le Parquet de Marseille, a fait rebondir l'affaire Lucet, commente, le 10 février 1983, l'incarcération du Dr Colombani. En moins de cinq semaines, le juge Raysseguier réussit, tambour battant, à faire tomber trois autres notables, déboulonnés de leur piédestal d'honorabilité par l'habile exploitation d'une enquête purement technique sur le processus médical et administratif qui a abouti à la libération de Kechichian : le 8 mars, le Dr Bernard Mariotti, 41 ans, médecin légiste, chargé d'enseignement de médecine légale à la Faculté et expert assermenté, est écroué à son tour sous les mêmes chefs d'inculpation que le médecin-chef des Baumettes et devient l'hôte de marque de la maison d'arrêt de Toulon. Le même jour, le Dr Raymond Mazaud, 64 ans, médecin légiste, médecin général retraité de l'armée, professeur agrégé du service de santé militaire, chargé de cours à la Faculté et également assermenté, est inculpé de simple complicité de fabrication et usage de faux certificats médicaux et laissé en liberté sous contrôle judiciaire.

Le 15 mars, le Pr Solange Troisier, 63 ans, médecin-inspecteur général de l'administration pénitentiaire, professeur associé de médecine au C.H.U de Lariboisière, titulaire de la première chaire mondiale de médecine pénitentiaire et expert près la Cour de cassation, se voit signifier la même inculpation, mais dispenser de tout contrôle. Est-ce à cause des origines et des titres dont elle est si imbue et de l'impressionnant *curriculum vitae* de sept pages, qu'elle dépose sur la table du magistrat auquel elle donne sa parole de déférer à toute convocation et de n'avoir aucun contact avec les autres inculpés ? Arrière-petite-nièce du bailli de Suffren, dont elle a hérité d'un domaine célèbre à St-Tropez, petite-fille d'Emile Ollivier, ministre de la Justice et premier ministre libéral de Napoléon III, fille d'un membre de l'Académie de médecine, elle a embrassé la carrière sanitaire par atavisme familial (cinq générations de médecins) en devenant chirurgien gynécologue-accoucheur des hôpitaux de Paris.

Parallèlement, elle est entrée en politique par la Résistance : engagée volontaire dans le réseau Eleuthère, puis dans la 1re armée au cabinet du général de Lattre, médecin-lieutenant au 151e régiment d'infanterie, elle a fait les campagnes de France et d'Allemagne et y a récolté la Croix de guerre avec étoile de bronze et la Légion d'honneur. Croisée de la croix de Lorraine, elle a gardé son allure de cheftaine au regard vif et au verbe haut pour enlever aux communistes leur bastion de Sarcelles (Val-d'Oise) aux élections législatives de juin 1968 à la demande expresse du général de Gaulle. Vice-présidente de la commission des Affaires culturelles, familiales et sociales, elle a quitté l'Assemblée nationale au renouvellement de mars 1973 pour entrer, trois ans plus tard, au Comité central et au Conseil national du R.P.R. Divorcée sans enfants, elle préside l'Ordre national des sages-femmes et le Conseil national des femmes françaises, et compte une vingtaine de filleuls à travers la France. Et elle sert la justice depuis vingt et un ans, ayant commencé d'exercer la médecine carcérale à la Petite Roquette, où sa forte personnalité de battante lui valut le surnom de « Saint-Just des prisons », alors que ses penchants en auraient fait, plutôt, un Bigeard en jupon... Devenue présidente du Conseil international des services médicaux pénitentiaires, elle a inspiré le « serment d'Athènes » qui fait un devoir aux praticiens exerçant en milieu carcéral de « baser leurs diagnostics sur les seuls besoins des patients dont l'état de santé a priorité sur toute autre considération ».

« Dans cette profession, a-t-elle déclaré en accédant, en 1973, au haut poste administratif qui coiffait 700 médecins, il faut être irréprochable, incorruptible, d'une honnêteté et d'une rigueur à toute épreuve... »

« La médecine en prison, c'est toute la médecine avec quelque chose en plus », déclarait, de son côté, le garde des Sceaux, Alain Peyrefitte, en inaugurant, à l'automne 1979, le premier congrès mondial de la médecine pénitentiaire. Ce quelque chose en plus, est-ce la part de mystère qui a scellé successivement le destin différent des Drs Georges Fully, Nelly Azerad et Solange Troisier, trois vedettes involontaires de la chronique judiciaire des dix dernières années ?

Le premier, qui fut le patron des deux autres, a été tué à 47 ans, le 30 juin 1973, par l'explosion d'un colis piégé à son domicile parisien. Quatre cents auditions de témoins par quatre juges successifs n'ont pas permis d'identifier ou de confondre ses assassins. Hypothèses : le médecin a pu être exécuté sur l'ordre d'un gros caïd malade qui, maintenu en détention malgré une fortune versée à un intermédiaire, s'est estimé floué. Les bénéficiaires de la transaction, après lui avoir fait miroiter la possibilité d'acheter sa signature, lui auraient fait croire que le Dr Fully avait empoché l'argent sans honorer ses engagements. On évoque le cas de Mémé Guérini, qui aurait payé 200 000 F pour sortir de prison, mais auquel le prédécesseur de Solange Troisier, ancien déporté de la Résistance, modèle de probité et d'intransigeance, a toujours refusé toute faveur. Ou bien, plus vraisemblablement, le Dr Fully aurait été sur le point de démasquer les auteurs de ce trafic, dont l'existence lui aurait été révélée par le cardiologue de Fresnes, Nelly Azerad, une amie qu'il avait lui-même initiée, en 1966, à la médecine carcérale.

Personnage fantasque et excentrique, la doctoresse tenait elle-même ses informations d'un truand, Gustave Frelin, qu'elle avait pris sous sa protection à sa sortie de prison et qui fut abattu par la suite. Le 30 novembre 1973, à la suite de l'assassinat du Dr Fully, elle avait fait part de ses soupçons au directeur de l'administration pénitentiaire, Georges Beljean, mais craint de signer son témoignage. Une information pour trafic d'influence, corruption et complicité, était ouverte en mars 1974. Trois ans plus tard, le Dr Azerad, soupçonnée elle-même d'un excès de complaisance, obtenait un non-lieu, mais le même jour elle était suspendue de ses fonctions par le Dr Troisier qui, ayant succédé à Fully, reprochait à sa consœur la fréquentation suspecte de ses patients élargis. La nouvelle patronne de la médecine pénitentiaire est alors menacée de mort et reste, de mai à décembre 1977, sous la protection permanente de la brigade criminelle, tandis que la cardiologue Nelly Azerad est incarcérée, une première fois, pour avoir détruit les traces de ses rendez-vous avec Pierre de Varga, le commanditaire présumé de l'assassinat du prince de Broglie. Solange Troisier ne se déplace plus sans un chauffeur armé et, de la mi-décembre 1980 à la mi-janvier 1981, va faire l'objet d'une nouvelle protection policière. Six mois plus tard, Nelly Azerad est réincarcérée pour avoir tenté de faire abattre de Varga au fusil à lunette, dans la cour de la Santé, par un aventurier, Serge Gherling, devenu indicateur de police, « à cause d'une ancienne affaire de grâce médicale », précise ce dernier au commissaire Lucien Aimé Blanc. Du coup, le dossier de l'attentat contre Fully, classé en 1979, est rouvert et confié en août 1981 au juge Jean-Louis Bruguière qui a inculpé Nelly Azerad de tentative de meurtre contre de Varga [1]. Le 4 décembre suivant, au procès de l'affaire de Broglie, le commissaire Aimé Blanc révèle l'existence d'un rapport de synthèse de

1. Voir *Enquête sur les Affaires d'un septennat*, par J. Derogy et J.-M. Pontaut (Robert Laffont).

l'O.C.R.B. daté de 1971 et accusant Nelly Azerad et Pierre de Varga de « s'activer pour obtenir la grâce médicale de Mémé Guérini ». Au même moment, un autre rapport de police, remontant à 1965, est divulgué par *Le Journal du Dimanche :* il fait état d'écoutes téléphoniques pratiquées sur la ligne de Me Pierre Lemarchand, alors député gaulliste et recruteur de barbouzes, soupçonné d'avoir joué le rôle de rabatteur dans un trafic de grâces médicales et d'avoir monnayé la libération de truands portés malades... Le rapport met encore en cause deux très hauts magistrats, mais l'enquête semble avoir été étouffée à l'époque. Sous l'hermine aussi, on préfère laver son linge sale en famille.

A l'écart de ces manigances, le Pr Solange Troisier poursuit son ascension dans le sérail jusqu'à l'arrivée, à la chancellerie, d'un garde des Sceaux de gauche, Robert Badinter, dont Georges Beljean devient le premier directeur de cabinet avant d'être nommé à la tête du Parquet d'Aix-en-Provence. La « papesse » de la médecine carcérale perd, successivement, son service à l'hôpital central de Fresnes et son haut poste à l'administration pénitentiaire qui est supprimé, le 26 janvier 1983, au profit de l'inspection générale des Affaires sociales relevant du ministère de la Solidarité. Au même moment, Solange Troisier se trouve déjà dans le collimateur du juge de Marseille, Christian Raysseguier.

Est-elle au sommet de la pyramide des responsabilités, ou a-t-elle été elle-même manipulée dans l'affaire Kechichian ? Avant d'établir l'enchaînement des compromissions, le magistrat a tenté de démonter les rouages d'une mystification coupable à ses yeux. Pour les experts grenoblois Cau et Faure, qui n'ont pu enquêter que sur dossiers, l'hospitalisation de Kechichian au P.H.B., de décembre 1980 à juillet 1981, n'était déjà pas justifiée par son état de santé, alors que son séjour au C.R.A.C.M., du 10 au 25 juin, l'était parfaitement, puisqu'il s'agissait de lever un doute sur une possible récidive cancéreuse. En second lieu, le Dr Colombani, qui a rendu visite à son détenu, le 17 juin, au C.R.A.C.M., en compagnie de Me Fraticelli, puis le 25, jour de son renvoi aux Baumettes, s'est abstenu de faire part au juge Michel des résultats des examens et des indications du Pr Spitalier. Il a pu également tromper sa patronne, Solange Troisier, en l'alertant sur les résultats à venir d'une expertise qu'il savait non conforme à ce bilan. Enfin, en s'abritant derrière son dermatologue, il a certifié d'une aggravation dont, dans sa déposition, le Dr Alezard a considérablement atténué la portée : « La mention du 2 juillet, " à prévoir la semaine prochaine mise à plat tumeur ", correspondait, dans mon esprit, à la décision d'enlever d'un coup de bistouri un petit nodule qui devait suppurer ou qui était rouge, ce que l'infirmière a qualifié dans le dossier de “ grattage de cicatrices ”. »

Ayant eu un contact permanent avec Kechichian, le Dr Colombani est donc le premier à tomber dans les filets du juge Raysseguier, même s'il peut apparaître comme le jouet d'une manipulation hors pair : sa chute ne peut qu'entraîner celle des autres protagonistes. Et d'abord celle du Dr Mariotti qui, prétendant ne pas reconnaître dans le dossier médical du C.R.A.C.M. les éléments sur lesquels il s'était prononcé, se dit victime d'une substitution de documents. Contre toute vraisemblance. Il est venu au C.R.A.C.M. le 20 juin ; les résultats (négatifs) de la biopsie des quatre prélèvements pratiqués le 18 n'ont été connus que le 22 ; aucun médecin du centre n'a donc pu lui donner l'indication d'une récidive au vu d'une cinquième lame anatomopathologique positive. Il n'a pas fait état, en revanche, du résultat négatif du scanner pratiqué le 10 juin et porté réellement à sa connaissance. Enfin, il a revu Kechichian, le 27 juin, au P.H.B., où la lettre du Pr Spitalier était mentionnée à son dossier. Confronté à toutes ses contradictions, le Dr Mariotti s'est effondré lors de son interrogatoire de première comparution : il se dit incapable d'expliquer ce qui a pu réellement se passer.

Le Dr Mazaud, lui, n'a jamais vu ni le malade ni le dossier, vrai ou faux du C.R.A.C.M. Il s'est fié à son confrère dont il était convaincu qu'il avait eu un contact avec le Pr Spitalier — ce qui n'a pas été le cas. Et il s'est contenté de cosigner son rapport médico-légal... et de partager les honoraires : « Si notre travail a été bâclé, plaide-t-il, c'est parce qu'on nous l'avait demandé d'urgence dans une période surchargée... La rédaction de ce rapport a été si rapide que la secrétaire, en le tapant, a oublié des mots très importants. En effet, elle n'a tapé, en ce qui concerne la biopsie, que la mention de “ présence de tissu spacélé ” (au lieu de “ sphacellé ”) et elle a oublié de mentionner celle de cellules sarcomateuses (cancéreuses)... La seule présence au C.R.A.C.M. de Kechichian, pendant une durée assez prolongée, a été pour moi une indication plaidant pour la gravité de son état. » L'inculpation de l'expert Mazaud est le seul intermède comique de cette affaire. Mais rien ne s'opposait, dans leur rapport d'expertise fantaisiste, à une hospitalisation sous surveillance du patient dans un centre anticancéreux ou même à l'hôpital des prisons de Fresnes.

C'est là que s'insère, dans la logique du magistrat instructeur, l'inculpation de Solange Troisier pour fabrication et usage de faux certificats : son attestation du 4 juillet venait comme un coup de pouce pour faire croire à Michel que la vie de Kechichian était menacée, trois jours avant le dépôt d'une nouvelle demande de mise en liberté par Me Fraticelli et quatre jours avant la transmission par Michel, au Dr Colombani, du rapport d'expertise truqué. Il lui est reproché d'avoir fait échouer les démarches du substitut Marie Viangalli auprès de la chancellerie pour faire transférer Kechichian du P.H.B. à l'hôpital central des prisons de Fresnes en vue d'une opération dans un établissement spécialisé de la région parisienne, en certifiant que ses jours étaient comptés.

Le Dr Troisier répond qu'elle n'avait pas à mettre en doute le diagnostic du médecin-chef des Baumettes qui l'a alertée, le 30 juin par téléphone, sur l'état alarmant du détenu et qu'il lui était impossible de vérifier elle-même chaque cas signalé par l'un des 700 médecins relevant de sa tutelle. Ne connaissant ni Kechichian ni son dossier médical et moins encore son dossier pénal, le « papier » qu'elle a établi à la demande du Dr Colombani « par confraternité » n'avait pas valeur de certificat médical, mais de simple avis administratif. Et elle n'a fait que confirmer par téléphone à M. Jarrige, du bureau de l'individualisation des peines à la chancellerie, l'impossibilité, reconnue depuis par l'instruction, de traiter à Fresnes un tel malade. L'interlocuteur anonyme qui, le 6 juillet, avait donné à ce fonctionnaire l'accord de principe de cet établissement ne connaissait rien, selon lui, au problème. A la demande de son supérieur, M. Fabrice Jacomet, Jarrige avait téléphoné au substitut Viangalli pour qu'elle envisage une « solution locale » avec le Dr Colombani. Il avait été surpris par la rapidité des événements quand, peu après, Mme Viangalli lui avait annoncé la libération de Kechichian. « Affaire réglée », avait-il noté sur une feuille manuscrite, qui porte la trace de ces échanges téléphoniques et des procédures administratives envisagées.

Pour M. Jacomet, le transfert à Fresnes n'aurait pu se justifier que si des raisons de sécurité avaient milité pour un éloignement de Marseille. Or, Kechichian n'était pas inscrit au répertoire des détenus dangereux particulièrement signalés (D.P.S.). Quant au magistrat de la chancellerie François Sebire, qui avait reçu le premier appel de Mme Viangalli et qui avait confié le dossier à ses subordonnés, il estime que « en toute hypothèse l'impossibilité de le soigner aux Baumettes et à Fresnes ne signifiait pas que le prévenu devait être libéré ».

Le Dr Troisier ne reconnaît du coup ni négligence ni imprudence de sa part. Mais pour l'accusation, sa mauvaise foi ressort de la lettre pour le moins imprudemment écrite au Pr Gisselbrecht pour lui recommander Kechichian à sa sortie du P.H.B. Certes, ce spécialiste a été lui-même « un peu imprudent », de son propre aveu, en parlant de « rechute manifeste » dans sa réponse. Pour lui, l'examen clinique ne contredisait pas le diagnostic de sa correspondante ; il n'avait donc aucune raison de le mettre en doute sans avoir fait une nouvelle lecture des lames qu'il réclamait et qu'il n'a jamais obtenues. Il s'agissait, selon lui, d'une lettre de politesse. Pour les experts Cau et Faure, il semble avoir été victime d'« informations inexactes de la part de Kechichian » : « Ce médecin affirme cliniquement une récidive, ce qui est peut-être imprudent. » Mais cette imprudence-là ne sera pas imputée à grief par le parquet. Il n'en est pas de même du certificat du 4 juillet de Solange Troisier, qui, en raison du crédit dont elle disposait, des fonctions qui étaient alors les siennes, « a eu un rôle déterminant dans la sortie de prison de Kechichian ».

Or, après ce démarrage en flèche, l'instruction bute sur deux ratés qui vont la faire déraper et tourner court : l'inculpation attendue de Me Fraticelli et l'inculpation supplémentaire de corruption retenue contre le Dr Troisier, « au vu des déclarations de l'avocat ».

Lutin souriant et hâbleur à l'œil d'un bleu candide et au rire méphistophélique, ce juriste de 42 ans, venu sur le tard au barreau pour défendre, selon son expression favorite, « le Corse, l'Arménien et le paria » et qui se vante d'avoir le bras long dans le Milieu marseillais et de détenir « la clé des Baumettes », s'est fait plus ou moins piéger par une équipe de reporters d'*Antenne 2*. Ses propos enregistrés à son insu sont diffusés dans le magazine dominical du 3 avril :

> « Solange Troisier en sait tellement sur des tas de saloperies, y compris celles qu'elle a couvertes, que, si on veut l'emmerder, elle ne se laissera pas faire. Je veux dire qu'il va y avoir des réactions terribles, car il n'est pas question de se laisser manger tout cru... »

Il révèle également qu'il se fait tenir au courant de l'évolution du dossier par l'avocat désigné d'office à sa place pour défendre Colombani, ce qui lui vaudra d'être radié. Mais ce n'est pas le seul ennui qui attend Fraticelli. Il est convoqué, le 16 mai, par le juge Raysseguier pour se voir signifier à son tour une inculpation des chefs d'usage de faux certificats, complicité et recel. Il arrive ce matin-là au palais en boitillant, à la suite d'un accident de moto. Mis en présence des déclarations de Solange Troisier, il nie farouchement avoir sollicité son certificat du 4 juillet, l'avoir transmis lui-même au

Dr Colombani et lui avoir dit, après la libération de son client : « Je n'y croyais pas du tout. J'ai réussi un coup de maître. » Puis il jette son venin comme on vide ses poubelles en faisant ajouter cette précision au procès-verbal de son interrogatoire de première comparution :

« Je tiens à faire état des faits suivants qui peuvent éclairer l'attitude qu'a cru prendre Mme Troisier à mon égard : une fois libéré, Kechichian m'a invité à déjeuner et m'a dit : " Vous autres, avocats, vous ne croyez qu'à la plaidoirie. " Intrigué, je l'ai questionné. Il m'a dit qu'un dossier, ça se préparait autrement. Et il m'a expliqué qu'il avait un ami, nommé Guy Penne, qui était médecin dans un village près d'Orange, que c'était son meilleur ami et qu'il était intervenu auprès de Mme Troisier avec l'administration fiscale. M. Papon, alors ministre (du Budget), avait " sous le coude " un dossier fiscal important concernant Mme Troisier : ça concernait un redressement fiscal sur un lotissement réalisé dans une propriété appartenant à Mme Troisier à Saint-Tropez. Papon avait gardé le dossier sans rien faire jusqu'en mai 1981. Guy Penne est alors intervenu, j'ignore comment, pour faire classer le dossier. Guy Penne, en échange, est intervenu pour Kechichian qui, je le répète, était son meilleur ami, auprès de Mme Troisier... »

Inutile, pour Fraticelli, de rappeler au magistrat que Guy Penne, édile du Vaucluse, est le conseiller du président de la République pour les Affaires africaines et malgaches. A bon entendeur, salut !

Satisfait de l'effet produit, Fraticelli demande une suspension de son audition, le temps de se dégourdir les jambes dans le couloir. Il profite de ce prétexte peu glorieux pour prendre la fuite — avec moins de panache qu'un Spaggiari[1] — avant d'avoir signé sa déposition et pris acte de son inculpation, dont il craignait qu'elle soit assortie d'un mandat de dépôt. On s'aperçoit alors qu'il a vidé ses comptes bancaires, y compris ceux réservés aux fonds consignés de sa clientèle... Sous le coup d'un mandat d'arrêt délivré le jour même, il accorde une interview exclusive au chroniqueur judiciaire du *Méridional,* son ami Jérôme Ferracci, depuis sa « retraite » où, dit-il, il médite et réfléchit sur les décisions à prendre.

« N'ayez crainte qu'elles seront précises et qu'elles sauront répondre à la mesure de l'agression dont j'estime être l'objet... J'ai totalisé contre moi une somme de haine et de jalousie ; et je peux vous dire que Mme Albertini, premier substitut, est le chef d'orchestre des poursuites dont je fais l'objet. C'est elle qui, à différentes reprises et publiquement, a déclaré qu'elle aurait ma peau... Elle est la marraine d'un des enfants du juge Pierre Michel et m'en a voulu affectivement des propos que j'avais tenus sur les méthodes du

1. Voir Derogy et Pontaut, *op. cit.*

juge Michel... Il y a dix-huit mois que je subis les agressions sans cesse répétées de Mme Albertini. »

Au Parquet, on hausse les épaules devant de telles affabulations qui « témoignent de la volonté de politiser une affaire strictement judiciaire ». Le procureur Truche revendique hautement la paternité des poursuites engagées. N'empêche ! Au seul vu de la déposition inachevée de Fraticelli, le 30 mai, Solange Troisier tombe sous le coup d'une inculpation supplétive assortie, cette fois, d'une mise sous contrôle judiciaire, pour corruption, trafic d'influence et connivence à évasion. Elle s'en indigne, en prenant la responsabilité de rendre public l'essentiel des propos prêtés à Kechichian, dont « le seul énoncé suffit à juger de leur incohérence et de leur invraisemblance ». Non seulement elle n'a jamais eu affaire à Guy Penne, mais la procédure l'opposant au fisc depuis 1978 pour le calcul d'une plus-value sur une malheureuse opération immobilière, réalisée en 1971 aux dépens de son domaine familial de Saint-Tropez, suit toujours son cours. Prenant connaissance « avec stupéfaction » du communiqué de Solange Troisier, Guy Penne déclare solennellement « ne connaître ni Fraticelli, ni Troisier, ni Papon, n'avoir jamais conseillé Kechichian sur son dossier, n'être jamais intervenu dans une quelconque affaire se rapportant à Mme Troisier ».

En fait, le nom du conseiller du président Mitterrand a déjà figuré une première fois dans la procédure à l'occasion d'une perquisition effectuée à Orange (Vaucluse) au domicile de Jacques Kechichian, le père du disparu. Deux cartes de visite remplies par un avocat retraité d'Avignon, Me Armand Cattan, ont été saisies. Me Cattan y avait écrit le mot suivant à l'attention de Me Ugolini, de Marseille :

« Etant l'ami de toujours de M. Jacques Kechichian, je suis très sensible à la situation actuelle de son fils Robert, que j'ai bien sûr connu tout gosse ! Il est nécessaire d'établir — *à l'attention d'un personnage important* — une note situant la position de Robert dans cette affaire, *mais* surtout et, si j'ose dire, dans l'immédiat, faisant état de sa *situation médicale* (en vue d'une liberté médicale basée sur ce seul élément) ! M. Kechichian père viendra vous voir à ce sujet. Mon " intrusion " ne se justifie que par l'affection immense que je porte à votre client. »

Interrogé, le 4 février 1983, par la police sur commission rogatoire du juge Raysseguier, Me Cattan s'explique sur le destinataire de la note demandée à son confrère :

« Convaincu moi-même du péril qu'encourait son fils sur le plan physique, j'ai conseillé à Jacques (K.) de demander à son avocat, au vu des certificats dont il venait de me parler, de déposer une demande de mise en liberté médicale... Jacques était fortement impressionné par la réputation du juge Michel qui était chargé de cette affaire et il préférait faire appuyer cette demande par l'une de ses relations très amicales, M. Guy Penne, professeur de chirurgie dentaire. Mon intervention se bornait donc à aiguiller Me Ugolini sur l'opportunité d'une demande de mise en liberté en fonction de son état de santé, démontré par une expertise préalable, et à remettre à Jacques Kechichian soit un double de cette demande, soit un " memo " récapitulatif pour que Jacques puisse en informer M. Penne... Et c'est environ trois mois plus tard que Jacques m'a appris, au téléphone, que Robert avait été mis en liberté sous contrôle judiciaire en fonction de son état de santé. »

Interrogé à son tour, le père de Kechichian, qui fut un agent électoral de Guy Penne, candidat de la fédération de la gauche démocrate et socialiste au scrutin législatif de 1967, répond qu'il est bien allé le voir pour son fils pendant les campagnes de mai-juin 1981, mais en vain : « M. Penne a dit qu'il ne pouvait rien faire pour moi, ni intervenir dans ce genre d'affaires. » La cause était donc entendue depuis le début de l'instruction. Pourquoi alors avoir tenté d'exploiter un ragot pour justifier l'ordonnance prise le 27 mai et signifiée le 30 à Solange Troisier, sur la base de charges aggravées qui la soumettent aux humiliantes astreintes du contrôle judiciaire : retrait du passeport, interdiction de quitter le territoire national ?

Le 9 juin, le Dr Troisier demande la levée partielle de ces mesures pour pouvoir se rendre à des réunions scientifiques internationales, notamment au second congrès des services médicaux pénitentiaires qu'elle doit présider, le 28 août, à Ottawa (Canada). Le 15 juin, le juge Raysseguier rejette sa requête en invoquant trois motifs : les faits visés par la nouvelle inculpation sont de nature à « apporter un trouble important et durable à l'ordre public » ; une éventuelle « concertation est à craindre » entre l'inculpée et son complice André Fraticelli, susceptible de s'être réfugié à l'étranger ; « l'intéressée n'étant plus médecin-inspecteur des prisons, sa présence à des congrès de médecine pénitentiaire ne paraît pas indispensable ».

Attendus inattendus : depuis sa mise en cause, le 15 février, et sa première inculpation, le 15 mars, le Dr Troisier aurait eu tout le temps de se concerter avec son ancien ami du barreau de Marseille. Enfin, son retrait fortuit de l'administration pénitentiaire par suppression de poste ne saurait remettre en cause son autorité scientifique et sa participation à des travaux internationaux en tant que titulaire de la seule chaire universitaire de médecine pénitentiaire... Aussi quand, le 6 juillet, la chambre d'accusation de la cour d'appel d'Aix-en-Provence confirme l'ordonnance du magistrat instructeur, elle a soin d'éliminer le troisième attendu invoqué. Mais, surtout, elle prépare l'abandon par l'accusation de la nouvelle inculpation, en ne retenant plus qu'un grief de nature à troubler l'ordre public : « Par son action, l'inculpée aurait permis la libération sur de faux motifs médicaux de M. Kechichian. » Ainsi, plus question de corruption et de trafic d'influence. Partant, plus de mobile à la connivence à évasion qui lui reste seule reprochée ! D'avoir foncé trop « vite » sans prendre le temps de remonter assez « loin », le juge n'a pu aller au bout de sa logique. Faute de preuve, le Parquet renonce aux deux poursuites les plus graves contre l'ensemble des inculpés, dès que le défenseur parisien de Solange Troisier, Me Marcel Bretagne, qui a déposé une demande de non-lieu total, se met à exiger du juge Raysseguier la vérification des déclarations d'André Fraticelli, celles-ci ayant motivé, à elles seules, l'aggravation des charges retenues contre sa cliente.

Alors, tout se précipite. Le 1er août, le magistrat transmet son dossier et ses conclusions au procureur qui, le 3 août, signe un réquisitoire de 27 pages. Le 4 août, la « bande des quatre », comme on dit sur le Vieux Port, est renvoyée en correctionnelle — le cinquième, absent, sera jugé par défaut. Le procès est fixé au 21 septembre. Un record absolu dans les annales judiciaires. De quoi agiter la gent de robe et celle des blouses blanches, dont l'esprit de corps a déjà réagi au déboulonnage des notables. Le 25 mai, une « association des amis du Pr Mariotti » a déposé ses statuts à la préfecture, pour « la réparation du préjudice moral et matériel » subi par leur confrère, à la suite de son incarcération. Depuis le 1er juillet, un comité de soutien au Dr Colombani diffuse tracts et affiches : « Les éléments à charge réduits à néant. Qui protège les vrais coupables ? » Des sommités médicales, comme le Pr Pierre Banzet et le chirurgien Raymond Vilain, spécialistes du sarcome de Darier-Ferrand, se mobilisent autour de leur consœur Troisier. Me Fraticelli est radié, lui, d'un barreau en plein remue-ménage. Le climat de règlements de comptes est tel que l'un des avocats, Me Sophie Bottaï, saisit la Cour de cassation d'une requête en suspicion légitime pour que le procès se déroule ailleurs qu'à Marseille.

Cependant, les autorités judiciaires phocéennes semblent décidées, au contraire, à faire sur place un exemple. Payant de sa personne, le procureur Truche s'est désigné lui-même pour monter au créneau de l'accusation et l'audience, claironne-t-on, sera dirigée, exceptionnellement, par le président du tribunal de grande instance. Mais, à quatre jours du lever de rideau, patatras ! La chambre criminelle de la juridiction suprême, présidée à Paris par André

Braunschweig, annule, le 17 septembre, la représentation à grand spectacle que la chambre correctionnelle de la juridiction marseillaise s'apprêtait à donner, avec un plateau extraordinaire pour un procès hors série annoncé comme un modèle du nouveau cours de la justice pure et dure. Les trois séances prévues à cet effet sont remises à la fin du mois d'octobre et, surtout, elles auront pour théâtre le prétoire d'un ressort judiciaire moins passionné : le tribunal de grande instance de Versailles.

« Dans l'intérêt d'une bonne administration de la justice », se borne à dire l'arrêt de cassation. Formule passe-partout suffisamment elliptique pour ne point trop froisser la susceptibilité à vif des magistrats marseillais ainsi disqualifiés, puisque dessaisis d'un dossier « sensible » qu'ils avaient pris la responsabilité de « sortir » et de monter en épingle. Tout en rejetant la requête en suspicion légitime déposée le 17 août, et qui mettait en cause leur honneur et leur probité, la haute instance parisienne a retenu la difficulté pour eux d'entendre, en toute impartialité, des témoins comme le substitut Marie Viangalli, et de juger, en toute sérénité, des prévenus qui leur avaient prêté régulièrement leur concours en tant qu'auxiliaires de justice. Certains magistrats de Marseille étaient en outre soupçonnés de vouloir venger, à travers le procès de certains de ses adversaires, la mémoire de leur collègue assassiné.

Le dernier acte de la « Baumettes Connection », selon l'expression prêtée à Pierre Michel, ne s'est donc finalement pas joué dans l'enceinte du palais de justice où il avait exercé ses activités. Et la montagne a, une fois de plus, accouché d'une souris.

Le 24 octobre, Fraticelli crée la surprise, en se rendant aux gendarmes de Versailles pour l'ouverture du procès. En fuite depuis son inculpation, le 16 mai, ce revenant volubile semble piaffer d'impatience en prenant place dans le box au côté de deux médecins détenus, Colombani et Mariotti. Mais trois absences vont peser bien plus lourd sur les débats dirigés avec une tranquille autorité par la présidente, Jacqueline Cochard : celles de Robert Kechichian, du juge Michel et du procureur Truche, dont les spectres ne cessent de hanter la salle d'audience de la cinquième chambre correctionnelle. Du premier, d'éminents spécialistes disputent doctement à la barre de la gravité de son Darier-Ferrand, sans parvenir à se mettre d'accord : dans le prétoire transformé pour un jour en amphithéâtre de C.H.U., la discussion oscille entre la vérité médicale du diagnostic clinique, concluant à une probabilité de récidive cancéreuse, et la vérité judiciaire d'examens de laboratoire tous négatifs.

A la place de son collègue assassiné, le substitut Marie Viangalli rapporte sa fureur de s'être trouvé acculé par un concert médical à remettre en liberté un malade qu'on leur avait présenté, à l'époque, comme un moribond.

Lié par le réquisitoire écrit de son *alter ego* de Marseille, le procureur de Versailles, Robert Barbat, manque de conviction pour soutenir une thèse qui relève plus de la rhétorique que de la jurisprudence.

Les cinq inculpés sont accusés d'avoir gravement troublé l'ordre public en trompant un juge par de faux documents médicaux et en se concertant pour faciliter l'évasion d'un trafiquant de drogue, même s'il n'a disparu que quatre mois après sa sortie frauduleuse d'une détention préventive de dix-huit mois. En effet, selon le réquisitoire, il fallait, pour réaliser cette « évasion sur ordonnance », l'expertise truquée des Drs Mariotti et Mazaud concluant à l'incompatibilité avec la détention, l'opposition du Pr Troisier à un transfert à Fresnes, où la supercherie risquait d'être découverte, et le constat, par le Dr Colombani, d'une aggravation du mal pour empêcher une hospitalisation surveillée : « Si un seul de ces trois éléments manquait, Kechichian restait en détention. Le lien entre les trois étapes a été fait par Me Fraticelli » (le seul à entretenir des relations intimes avec chacun des médecins inculpés).

Mais, à partir de là, le dossier d'accusation, construction judiciaire ficelée à la hâte, pose finalement plus de questions qu'il ne permet d'en résoudre. Rien n'obligeait le juge Michel, même circonvenu par des attestations alarmantes, à accorder, le 10 juillet 1981, une liberté encore refusée le 6. « Je me rappelle qu'il envisageait d'ordonner une contre-expertise, est venue dire à l'instruction son ancienne greffière, Meriam Amami, mais la position adoptée par le Dr Troisier et le dernier certificat du Dr Colombani l'ont incité à renoncer à ce projet. » Or, en quoi ces deux avis excluaient-ils une contre-expertise ? Pourquoi Michel a-t-il également renoncé à l'hospitalisation extérieure du détenu, qu'il prescrivait encore, le 8 juillet, dans son « soit-transmis » au médecin-chef des Baumettes ? Pourquoi, enfin, le Parquet n'a-t-il pas réagi quand Michel a renouvelé le contrôle judiciaire de Kechichian sans le soumettre à aucune obligation d'examen ? Le mystère de cette soudaine volte-face et l'inaction d'une hiérarchie judiciaire, toujours prompte à s'opposer à la libération d'un trafiquant de drogue, restent le meilleur argument des inculpés qui, divergeant dans leurs explications, sont d'accord pour s'étonner de l'attitude du magistrat assassiné.

D'où toutes sortes d'hypothèses qualifiées de trop « journalistiques » par les enquêteurs. Selon l'une d'elles, le juge Michel aurait pu avoir passé un « marché » avec Kechichian : sa libération contre des renseignements sur la filière franco-italienne de l'héroïne. « Le juge Michel roule trois fois jusqu'à Cagnes-sur-Mer et planque, comme un flic, devant l'immeuble Le Derby (la résidence de Kechichian) », écrit Alain Laville[1] qui croit, de son côté, que le magistrat cherchait plutôt, ainsi, à démasquer la « mafia des Baumettes ». Mais, en écartant la corruption « qui ne peut être établie avec certitude, compte tenu du système de défense des inculpés », selon l'étrange expression du procureur Truche, l'accusation n'a pas trouvé de mobile aux seuls délits retenus contre eux : toutes les recherches sur d'éventuels versements occultes aux inculpés sont restées vaines. Les enquêteurs n'ont jamais réussi, malgré leur conviction intime, à en retrouver la trace. Et si ce n'est pas pour de l'argent, pourquoi ces personnalités auraient-elles pris le risque de compromettre leur carrière et leur honneur ? Dans son réquisitoire écrit, le procureur Truche a balayé, avec raison, les insinuations de Fraticelli à propos de Solange Troisier : « Cette affirmation a été contredite par les résultats de l'information. » Or, il ne dit pas lesquels. Tout se passe comme si l'institution judiciaire cherchait, dans ce procès, à escamoter l'existence d'un trafic autrement plus vaste de « grâces médicales », pour se mettre à l'abri de plus réelles compromissions.

A partir d'une méchante rumeur — « le grand air de la calomnie joué sur les grandes orgues du mistral », dit joliment Me Bottai, défenseur de Colombani — le dossier, instruit tambour battant à Marseille, en est arrivé à l'hypothèse d'un complot du pouvoir médical — le seul capable de contrarier celui des juges —, complot dont il renonce à établir les motivations. En l'absence de preuves tangibles, le pourquoi a été évacué. A Versailles, le procureur Barbat tente de combler cette lacune en exploitant le silence incompréhensible de Solange Troisier encaissant, sans broncher, les coups bas de son ex-ami Fraticelli lors d'une audience de confrontation qui a tourné au psychodrame entre les coïnculpés.

« Il n'y a pas que l'argent qui corrompt : il y a la contamination intellectuelle, conclut le procureur. Quels lourds secrets ont mis Solange Troisier dans la dépendance du maître de cette partie de poker-menteur pour qu'elle ménage Fraticelli au lieu de lui répondre ? La loi du silence étant ainsi respectée, comme dans le Milieu qu'ils côtoyaient dangereusement, nous n'aurons pas la clé de l'énigme. »

---

1. *Op. cit.*

Ce que le magistrat versaillais ignore, c'est, d'une part, la mythomanie délirante de l'avocat marseillais, qui se vantait d'avoir le bras long tant dans le Milieu qu'à la chancellerie ; d'autre part, l'état d'abattement de l'ex-patronne de la médecine pénitentiaire si imbue d'elle-même et si meurtrie dans son orgueil. Et que ceci explique peut-être cela.

La véritable énigme ne réside-t-elle pas, plutôt, dans le comportement du juge Michel, un magistrat qui n'avait pas la réputation de se faire berner aisément, surtout par ce qu'il nommait la « mafia médicale » ? Sa collègue, Marie Viangalli, éprouve le curieux besoin d'affirmer à la barre : « Entre Kechichian et nous, il n'y avait pas de contrat. » Contrat ? Un terme insolite dans la bouche d'un substitut pour évoquer d'éventuels rapports avec un inculpé ! La défense fonce dans la brèche, Me Madeleine Vincenti en tête qui dit que tout le montage du prétendu complot orchestré par son client et ami, André Fraticelli, part de l'assassinat de Michel le 21 octobre 1981.

Mais c'est sur le plan du droit qu'en bon civiliste le défenseur de Solange Troisier, Me Bretagne, enfonce son coin. Le Parquet a dû renoncer, en effet, à poursuivre Kechichian pour évasion puisque, élargi légalement par une décision judiciaire, il ne s'est pas évadé au sens juridique du terme. Or, la loi n'envisage pas qu'une telle décision puisse être viciée par l'erreur ou la légèreté, la crainte ou la naïveté, le magistrat disposant d'un éventail de solutions (contre-expertise, hospitalisation surveillée ou contrôle judiciaire assorti d'astreintes médicales). La césure est donc totale entre l'ordonnance du 10 juillet 1981, renouvelée librement le 2 octobre par le juge Michel, et la disparition du prévenu, le 28 novembre. Comment, alors, tenir les inculpés pour complices d'une infraction qui n'a pas été commise, en « procurant ou facilitant une évasion » qui n'existe pas ? D'autant que, à les considérer tout au plus comme imprudentes, les attestations qu'ils ont délivrées ne constituent pas davantage des faux certificats médicaux, Kechichian étant incontestablement porteur d'une maladie à hauts risques : l'appréciation de l'existence et de la gravité d'une récidive en juin-juillet 1981 relève d'un diagnostic, dont l'erreur éventuelle ne peut être imputable à grief, l'accusation étant, pour sa part, incapable de prouver la non-récidive du cancer de Kechichian.

Enfin, conclut Me Bretagne, la procédure est entachée d'irrégularités susceptibles d'entraîner la nullité de toute l'information judiciaire : la carence d'actes d'instruction entre la signification et le retrait de l'inculpation supplémentaire de corruption atteste un manque d'impartialité de l'instruction menée à Marseille ; la communication préalable du dossier au procureur, qui n'a pas pu matériellement rédiger son réquisitoire en moins de quarante-huit heures, est contraire à la notion de procès équitable et au principe de l'égalité des armes.

Baleine vue des rives du Vieux Port, le procès de la « Baumettes Connection » est devenu sardine à l'échelle des bassins du parc de Versailles, le temps de cinq audiences d'une justice plus sereine : saura-t-on jamais si Kechichian a bénéficié d'un heureux concours de circonstances ou d'un concert frauduleux ? Le 28 octobre intervient le deuxième coup de théâtre de cette affaire, avec la libération des Drs Colombani et Mariotti, le tribunal se donnant trois semaines pour délibérer. Le 16 novembre, il rend un jugement très nuancé qui désavoue pratiquement la procédure marseillaise, sans aller, pour autant, jusqu'à la relaxe — sauf pour le pâle Dr Mazaud. Les qualifications de connivence à évasion et de faux médicaux ne sont pas retenues. Déclarés coupables ou complices d'attestations mensongères par amitié, complaisance ou légèreté, Colombani et Fraticelli sont condamnés à un an de prison, dont huit mois de sursis, Mariotti et Solange Troisier à six mois avec sursis [1].

« A-t-on affaire à une organisation ou s'agit-il d'un simple échange de services rendus entre les uns et les autres ? Quoi qu'il en soit, ça démontre bien qu'il faut réformer le système », commentait le patron du S.R.P.J. marseillais, Jean-Pierre Sanguy, après le jugement de l'affaire Kechichian. Celle-ci justifie, en tout cas, l'opportunité du rattachement de la médecine carcérale au ministère de la Santé, comme le réclamait, depuis belle lurette, un personnel médical las d'entendre dire que la médecine pénitentiaire est à la médecine ce que la musique militaire est à la musique.

L'affaire Kechichian pose également la question des expertises médico-légales. Le Dr Mariotti était un généraliste sans grande clientèle avant de passer un certificat de médecine légale à la faculté de médecine de Marseille où le titulaire de la chaire, médecin du travail, n'a jamais pratiqué d'autopsie. Sur les 3 000 experts inscrits sur les listes des cours d'appel, seuls 300 possèdent ce certificat et un millier ont à leur actif plus de 10 expertises par an. La plupart sont des praticiens qui ne peuvent revendiquer aucune compétence particulière. Le libre choix de l'expert par les magistrats confine le médecin dans une situation de dépendance et de docilité souvent

1. Ces peines ont été frappées d'appel par toutes les parties.

nuisible à la qualité des résultats, car l'expertise judiciaire n'est rentable que pratiquée de manière intensive.

Combien d'énigmes policières doivent-elles, à des ratés d'experts, de demeurer sans solution ? Et pas seulement à Marseille...

6.

GASTON DEFFERRE : LA FIN D'UNE ÉPOQUE

LA MAUVAISE RÉPUTATION

A tort ou à raison, une mauvaise réputation. En dépit des galéjades qui la dérident, de la mer qui la pénètre comme nulle autre ville, du mistral qui ne purifie que son ciel, tout se passe comme si Marseille, énigme entourée d'ombres, enclose au fond de sa combe, avec sa calanque endiguée qui lui tient lieu de forum, n'arrivait pas à se débarrasser de son passé. Comme si, prisonnière de ses mythes, tels les massifs rocailleux qui la ceinturent, elle ne cessait d'accréditer les stéréotypes qui reviennent en noria à la façon du refrain de Colette Renard : « Marseille, tais-toi Marseille, tu cries trop fort... »

Et une fois de plus, Marseille exagère ! D'avoir été fondée par des navigateurs venus d'ailleurs, d'avoir été colonisée par les Phocéens, les Grecs et les Corses, avant de devenir, elle-même, métropole coloniale, d'être restée longtemps cité marchande, indisciplinée et frondeuse, ouverte seulement aux appels et aux trafics du grand large, lui donne-t-il le droit de se considérer à l'écart de l'Hexagone au point de tenir trop souvent la légalité pour une « cagade » inventée par les gens du Nord ?

Allez la plaindre ensuite de l'image de marque qu'elle conserve aux yeux du monde ! La réputation est, dit-on, fille de la répétition. Et l'histoire a parfois de ces bégaiements... Est-ce un hasard si l'Ancien Régime avait édifié les forts Saint-Jean et Saint-Nicolas, ces sentinelles qui veillent à l'entrée du Vieux Port, non pour défendre la ville d'une agression extérieure, mais pour mieux la mater ? Et si la Révolution y a fait fonctionner la guillotine à tout va ? Et si André Gide a pu écrire en 1932 : « A Marseille, vraiment, ce n'est plus le peuple, c'est la racaille » ? Et si un plan de la ville, édité le

1er novembre 1943 à l'usage des troupes d'occupation allemandes, insistait sur le caractère mêlé de sa population et sur les dangers de sa criminalité. Et si la mission confiée par de Gaulle au nouveau commissaire de la République nommé le 24 janvier 1945, après les soubresauts de la Libération, a été d'y rétablir l'ordre républicain : « Il faut rattacher à la France une région qui lui échappe complètement. » ?

Gaston Defferre lui-même a toujours été sans illusions sur cette ville avec laquelle il a passé un pacte presque charnel et à laquelle on a fini par l'identifier, lui, le parpaillot puritain qui n'aime ni le pastis, ni l'ail, ni la pétanque. Une ville d'ethnies, de groupes, de métissages, de chocs culturels, mais aussi une jungle d'individus qui constitue un invraisemblable mélange de bourgeois, de dockers et de trafiquants. Une ville dure, indocile, où la scène politique a pu parfois ressembler à un carnaval de proxénètes, d'escrocs et de bandits.

Quand on lui reproche d'avoir pactisé avec tel ou tel, Defferre montre le chemin parcouru. Marseille a beau n'être plus de nos jours qu'une façade maritime qui a cessé d'être un port, elle n'en est pas devenue pour autant une cité qui se gère comme les autres : elle se gouverne comme un fief médiéval. Il y faut une poigne de fer et une grande connaissance des hommes, de leurs limites et de leurs faiblesses.

Derrière la franchise un peu abrupte du maire de Marseille, qui semble toujours dire ce qu'il pense sans ménager ses arrières, se dissimule une sorte de ruse au second degré : la ruse d'un homme dont la grande passion reste la mer et qu'il aime mauvaise. Rien ne lui plaisait tant que de tenir ferme la barre de son bateau, baptisé *Palynodie* (du surnom de sa deuxième épouse, « Paly » Swaters), lorsque des paquets de mer balayaient le pont. Il lui fallait des vents de force 8 à 10 pour mesurer son effort et jouer au plus fin avec eux.

C'est une bourrasque sans précédent que le vieux yachtman, si habile à tirer des bords entre les écueils de la politique, a eu à affronter aux élections de mars 1983. Des élections plus conformes à la fâcheuse réputation de Marseille qu'au pronostic des politologues. Cette tempête aurait eu de quoi démonter plus d'un capitaine, même habitué, comme lui, à bourlinguer par tous les temps. Mais, pour renflouer le bâtiment municipal qui faisait eau de toutes parts, sans lâcher le gouvernail, le capitaine Defferre n'a pas hésité à virer lof pour lof, après trente ans de navigation politique, quitte à gîter par tribord et à risquer la cale sèche. En battant, à 72 ans, tous les records d'amnésie. Mais les pages ne sont-elles pas faites pour être tournées ?

Le maire de Marseille a ceci de commun avec tous les vrais hommes politiques qu'il a le goût du risque. Avec son slogan « Nouveau Marseille », qui en a étonné plus d'un, Defferre a remis en jeu tout son pouvoir en rompant avec un système qui le lui assurait depuis trois décennies. Et sa réélection, il ne l'a obtenue qu'à l'arraché en totalisant moins de voix que son adversaire Jean-Claude Gaudin — « au vol » titrait malicieusement *Le Méridional,* devenu le plus opposant des quotidiens régionaux français depuis le retour de Gaston Defferre au gouvernement. Le voici donc, pour la sixième fois, sacré maître à bord, mais il n'est plus seul et l'équipage a changé. Même s'il dispose à nouveau d'une confortable majorité (64 élus pour 37 à l'opposition), son empire n'est plus ce qu'il était hier : il doit compter avec les 16 communistes élus sur les listes communes de l'Union de la gauche, dont 11 occupent, pour la première fois depuis 1947, des postes d'adjoints (pour 13 adjoints socialistes, 2 radicaux de gauche et 4 personnalités amies). Sans compter la révolution intervenue, dans son propre camp, avec la mise à l'écart de 20 conseillers sortants, dont les trois mousquetaires de la vieille garde socialiste S.F.I.O. : Charles-Emile Loo, dit Milou, ex-bras droit de Defferre, ex-adjoint aux espaces verts, ex-trésorier national du P.S., ex-coordonnateur des campagnes électorales jusqu'en décembre 1982 ; Antoine Andrieux, ex-adjoint aux bâtiments communaux et sénateur, décédé depuis ; et Jean Masse, ex-adjoint à la voirie, qui sera inculpé de complicité d'escroquerie en août 1983. Sur la touche également les anciens élus dont les noms ont été associés à divers scandales financiers : fausses factures, escroqueries aux A.S.S.E.D.I.C., ingérences, etc. Egarés parmi eux, un jeune député, René Olmeta, ex-adjoint aux sports, et l'ancien président du Comité des fêtes. Tout cela au nom de la rigueur autant que du rajeunissement, véritable remède de cheval, préconisées, l'une et l'autre, par une fédération socialiste qui a fait peau neuve en traversant de longs mois d'intrigues... Seule rescapée des chefs de file de la vieille garde, la doyenne d'âge, Irma Rapuzzi, qui fut la Pasionaria des compagnons du defferrisme.

Le renouvellement municipal de 1983, à Marseille, aura donc marqué la fin d'une équipe et d'une époque, et sonné le glas d'un règne : celui du système D comme Defferre. Ce système ne pouvait survivre plus longtemps à l'arrivée de la gauche au pouvoir — à Paris. Il a été sacrifié à la raison d'Etat... et à la solidarité gouvernementale. Il reposait, en effet, sur deux principes : l'anticommunisme local et le contrôle de l'information régionale.

« JAMAIS ÇA ! »

Depuis qu'il avait remporté la mairie, en 1953, avec seulement 15 élus, grâce aux 24 élus de droite, contre les 24 élus communistes de l'époque, chaque élection municipale se jouait à Marseille sur un seul thème : « Voter Defferre, c'est barrer la route au P.C. », même si, à Paris, il pouvait arriver au dirigeant socialiste Defferre de traiter avec le groupe communiste à l'Assemblée. L'affiche qu'avaient placardée les socialistes marseillais lors de la campagne électorale de 1965 représentait le Vieux Port barré d'une faucille et d'un marteau entrecroisés avec, pour tout message, ces deux mots : « Jamais ça ! » En dehors des coups de poing et des cassages de gueules, les seuls cadeaux échangés entre les deux partis de gauche dans les Bouches-du-Rhône consistaient en un soutien communiste aux socialistes pour le deuxième tour des élections législatives et un soutien socialiste aux communistes pour les cantonales : un siège sauvé au Palais-Bourbon valait le sacrifice de strapontins au Conseil général du département.

Defferre s'était lui-même expliqué à l'époque sur cette dichotomie électorale :

> « La politique est une chose et la gestion municipale une autre. Prenez le cas de mon adjoint, Jean Goudareau. Il a été pétainiste. Il a soutenu violemment l'Algérie française. Politiquement, nous sommes aussi éloignés l'un de l'autre qu'on peut l'imaginer. Mais, à la mairie, nous nous entendons parfaitement. J'apprécie ses qualités d'organisateur. Nous avons l'un pour l'autre de l'estime. Cela est vrai également pour un autre adjoint, Théo Lombard, président national des Ecoles libres. Dans le domaine de la philosophie politique, nous sommes souvent opposés. Dans celui de la gestion municipale, nous sommes toujours d'accord[1]. »

C'était le temps où son quotidien *Le Provençal,* « organe des patriotes socialistes et républicains », publiait les appels de l'U.N.R. en faveur d'un barrage anticommuniste... à la mairie de Marseille. En fait, Defferre ne faisait que respecter la vieille règle des notables S.F.I.O. de l'après-guerre : combattre la droite (gaulliste) à Paris,

1. Interview avec François Brigneau, *Minute,* 26 février 1965.

mais s'allier avec les modérés contre les rouges dans les fiefs électoraux de province. Après la rénovation de la « Vieille maison » sous la houlette de François Mitterrand au Congrès d'Epinay de 1971 et l'ancrage du parti socialiste dans l'Union de la gauche, le maire de Marseille avait su préserver plus longtemps que d'autres cette pratique locale qui avait assuré toutes ses réélections grâce au vote, en sa faveur, d'une partie importante de la bourgeoisie. Il fut l'une des exceptions remarquées à l'alliance électorale victorieuse de mars 1977. Defferre avait fait de Marseille une principauté imperméable aux remous de la politique nationale. Marseille, une fois de plus, n'était pas la France. Mais, après le 10 mai 1981, le jeu devenait différent. Le ministre de l'Intérieur ne pouvait pas siéger au gouvernement avec des communistes et les ignorer, voire les combattre, dans sa ville. Question de logique, sinon de morale politique... Au risque de perdre son électorat centriste et de désorienter ses propres troupes.

UN CANARD QUITTE LA MARE

Mais le premier effet de ce retournement a été la rupture du contrat tacite passé avec *Le Méridional,* qui fut le journal de son vieil adversaire, l'armateur Jean Fraissinet, et qu'il a sauvé de la faillitte en le faisant reprendre en charge, au printemps 1971, par un Centre méditerranéen de presse (C.M.P.) qui n'est qu'une émanation de son propre groupe, à travers une série de sociétés-gigognes. Une fructueuse opération très capitaliste consistant à regrouper dans un building de verre et de béton des faubourgs d'Arenc, loin du centre animé de Marseille, *Le Provençal, Le Soir, Le Méridional,* l'agence publicitaire « Eurosud » et les directions de l'Agence centrale de presse (A.C.P.) et de la Société d'étude de marché et d'information (Semi) qui monopolise les sondages pour le compte du Conseil régional et des services municipaux. Gestion, impression, distribution, annonces et pages locales communes, télex, photocomposeuses, standard et bureaux locaux communs, le tout orchestré par le fils de la deuxième femme de Gaston Defferre, Christian de Barbarin-Paquet, permettaient au maire de Marseille, véritable magnat de la presse régionale, de contrôler commercialement son opinion publique, à droite comme à gauche. Et d'empêcher toute nouvelle concurrence : c'est ainsi qu' « Eurosud » a contraint ses annonceurs à torpiller une édition régionale tentée par *L'Express* et une publication de spectacles indépendante, l'hebdomadaire *Sortir*.

L'accord du 3 mai 1971 laissait au *Méridional* sa liberté d'orientation, après licenciement de la majorité de son personnel technique pour 15 millions de F — prix de l'absorption sans douleur du quotidien assortie seulement de deux conditions : une tribune libre pour deux conseillers municipaux de centre droit et la rédaction en chef confiée à un polémiste d'extrême droite, Gabriel Domenech. Une clause morale non écrite recommandait au *Méridional* de ménager localement son sauveur. Exercice de style dans lequel excellait le nouveau rédacteur en chef : ses flots de vitriol quotidiens contre la gauche s'arrêtaient aux portes de l'hôtel de ville protégé jusqu'alors, par son maire, du péril rouge. On vit ainsi un vieux rédacteur du *Méridional,* dont les commentaires acides déplaisaient au seigneur et maître de la deuxième ville de France, muté à la rubrique des faits divers. En échange, *Le Provençal* resta complaisamment discret, en 1975, sur les condamnations de Domenech pour injures racistes. Entre les deux quotidiens s'articulait une politique systématique du parapluie, tempérée par l'appartenance de presque tous les correspondants régionaux de la presse parisienne et nationale au groupe des salariés du Centre méditerranéen de presse...

Cette harmonie préétablie de l'information sur Marseille a commencé à se dérégler après la victoire électorale de la gauche en France. *Le Méridional* devient le symbole de la résistance au pouvoir central — ce qui correspond à une seconde nature chez les Marseillais — et le dénominateur commun d'une droite qui retrouve son unité face à la coalition socialo-communiste et à ses prévisibles retombées locales. Et miraculeusement, le tirage du parent pauvre du groupe Defferre se met à remonter, gagnant 15 à 20 % de lecteurs en deux ans, tandis que *Le Provençal* voit sa diffusion se réduire dans les mêmes proportions. Financièrement, le groupe n'y perd rien, mais politiquement, l'envolée du *Méridional* prend un tour inquiétant.

Faisant fi des conventions tacites, le quotidien animé par Domenech se transforme en une redoutable machine de guerre contre la municipalité sortante qui l'avait, naguère, réchauffé dans son sein. Defferre s'est privé du pouvoir d'intervenir sur la ligne du journal — pour ne pas contrevenir aux ordonnances de la Libération sur la presse — et hésite à faire du sien un contre-brûlot du même acabit, car il sait sa rédaction rétive à toute forme de propagande et il ne tient pas, non plus, à valoriser le nouveau chef de file de l'opposition, Jean-Claude Gaudin, ancien partenaire de ses coalitions municipales et qu'il a la volonté de ravaler au rang d'un « petit calibre ».

Le Méridional peut donc s'en donner à cœur joie et ne manque pas de faire flèche de tout bois, depuis les « affaires » qui, à partir de l'été 1981, vont se succéder à Marseille, jusqu'à l'ouverture de la campagne électorale en janvier 1983, en passant par l'exploitation des deux thèmes les plus sensibles à l'opinion marseillaise tant ils donnent lieu à l'amalgame : l'insécurité et la prolifération des ghettos maghrébins. De mémoire de Marseillais, il y a bien lontemps que campagne de presse n'a été si rude : 87 articles en deux mois de tir à boulets rouges contre « trente ans de règne defferriste à la mairie ». Tout y passe, des embarras de la circulation aux faillites d'entreprises, de la « fatalité du béton » au « trop-plein de l'immigration » (en quatre épisodes).

Ce n'est qu'à la mi-février, après le passage de Jacques Chirac à Marseille, que *Le Provençal* se mettra au diapason, passant à son tour à l'invective, à l'amalgame, voire à la calomnie. Trop tard, apparemment, pour contrer l'offensive conjuguée de la coalition dirigée par Gaudin et des listes Marseille-Sécurité d'un dissident R.P.R., Me Bernard Manovelli.

K.-O. TECHNIQUE

Le soir du 6 mars, Gaston Defferre sort groggy du premier round électoral comme un boxeur poussé dans les cordes qui met un genou à terre. Sur les six secteurs du nouveau découpage de Marseille pourtant ciselé par le ministre de l'Intérieur à l'avantage de la gauche, deux sont emportés d'emblée par la droite, dont celui de Gaudin avec 63 % des voix, un par le communiste Guy Hermier avec seulement 59 % des voix, soit une perte du quart de son électorat habituel. Les trois autres secteurs — dont celui où se représente Defferre — en ballottage défavorable pour la gauche en recul de 23 à 25 % sur le scrutin de 1977, avec un taux moyen d'abstention de 33 % (et jusqu'à 37 % dans les quartiers les plus populaires de la périphérie). Sans compter 7000 bulletins nuls dans les bureaux de vote traditionnellement acquis à la gauche. Au total, les listes Defferre plafonnent à 45,9 %, les listes Gaudin atteignent 48,10 %

et, à la surprise générale, les listes Manovelli font un score de 5,61 % (17 000 voix), avec une pointe de 6,81 % dans le secteur ouvrier de Guy Hermier... Soit 53,71 % des voix pour une opposition qui n'en totalisait que 32 % en 1977 !

Quel a donc été le ressort de ce premier tour si néfaste au « Nouveau Marseille » defferriste ? Le renversement d'alliances ? Il lui a certes aliéné la fraction traditionnellement anticommuniste de son électorat, bourgeois comme ouvrier. Il n'a pas pour autant mobilisé les militants et les électeurs communistes tenus, depuis trente-six ans, à l'écart des affaires municipales et relativement préservés de la baisse d'influence du P.C. enregistrée dans le reste de la France (Marchais arrivait en tête à Marseille le 26 avril 1981).

Les mille rumeurs invérifiables nées des affaires qui ajoutent encore à la mauvaise réputation de la ville ? Après la tuerie d'Auriol et l'assassinat du juge Michel, la mort de René Lucet (au lendemain de sa destitution de son poste de directeur départemental de la Sécurité sociale) a provoqué un séisme dont les secousses ont ébranlé la mairie : elle a, en effet, mis au jour une vaste entreprise de corruption par le biais de marchés faussés et de facturations « bidons », qui a abouti à l'inculpation d'une quarantaine de fonctionnaires municipaux et à l'incarcération d'un revenant du Milieu d'après-guerre, « Nick » Venturi, ayant ses grandes et ses petites entrées à l'hôtel de ville. Les spéculations sont alors allées bon train : au-delà des lampistes et de ce gros poisson, l'entourage direct du maire n'est-il pas en cause ? Plus d'un élu marseillais n'a-t-il pas mené parallèlement à sa carrière politique une enviable carrière personnelle ? Et la justice à l'étouffée restera-t-elle une spécialité maison ?

Si elles ont alourdi le climat malsain qui affecte le Vieux Port — par quelle malédiction les énigmes policières y débouchent-elles si souvent sur les affaires politiques ? — ces questions n'ont guère pesé sur l'opinion des électeurs qui en ont tellement vu d'autres. « Les fausses factures... mais y a-t-il seulement quelque chose de vrai à Marseille ? » dit un chauffeur de taxi en désignant la statue dorée de Notre-Dame-de-la-Garde juchée sur son âpre piton de 162 mètres : la Bonne Mère — cette « géante debout au fond des lueurs bleues », selon Valéry Larbaud — a l'air de se draper dans ses échafaudages pour ne pas regarder rougir l'ocre fronton du palais Puget sur l'autre rive...

Ce nouveau feuilleton judiciaire n'a sans doute pas influencé le vote, mais il a contribué à détraquer la machine électorale mise en place depuis trente ans par Defferre : l'un de ses principaux rouages,

Force Ouvrière, véritable vivier d'inconditionnels, a fait défaut, éprouvé à la fois par le lâchage de René Lucet, son plus beau fleuron, et par la mise au pilori d'agents communaux, dont 7 000 sur 11 000 sont syndiqués à cette centrale. Les gros bataillons de la dixième section socialiste (2 400 militants), tenus en main par Emile Loo, ont traîné les pieds après la mise à l'écart de leur patron, de même que les équipes contrôlées par les adjoints mouillés dans l'affaire des fausses factures. La toile d'araignée des 200 comités d'intérêts de quartier et des 132 centres d'animation s'est, du coup, déchirée. Le représentant de l'importante communauté juive dans la municipalité a renoncé à se présenter, en raison de la présence des communistes sur les listes Defferre et de l'attitude du gouvernement socialiste dans le conflit libanais. De leur côté, les amis de Nick Venturi ont cessé de prêter leurs gros bras : l'affichage n'a plus été ce qu'il était ; on a moins collé et, surtout, on n'a plus décollé durant cette dernière campagne municipale.

Ces reniements, qui ont accompagné le changement de cap politique, eussent eu de moins désastreux effets si un autre handicap de taille ne s'était ajouté au précédent : le maire de Marseille a dû payer pour le ministre de l'Intérieur qui n'a pas su venir à bout des deux fléaux dont se plaignent les Marseillais, l'insécurité et l'afflux des immigrés.

« ON A VOLÉ LA CANEBIÈRE ! »

Même si, contrairement à une légende tenace, Marseille n'arrive qu'en quatrième position pour le taux de criminalité derrière Paris, Bordeaux et Grenoble, 85 % des Marseillais interrogés par Gallup en janvier 1983, y jugent la sécurité des biens et des personnes moins assurée qu'ailleurs. Et les trois quarts d'entre eux incriminent autant « l'invasion arabe » que le double laxisme des autorités en matière de répression et d'immigration.

Plus que les crimes hors série, les sanglants exploits du Milieu ou les troublants attentats manqués qui ont ponctué la campagne électorale, ce sont les nuisances de la petite délinquance qui mettent à vif les nerfs de la population. Et surtout le fait que ce sont les mêmes voyous qui recommencent les mêmes délits (63 000 délits en 1982). Un méfait toutes les huit minutes : la violence quotidienne s'exerce à Marseille avec l'implacable régularité d'un métronome. Or, 60 à 65 % de ces vols et de ces agressions sont le fait de mineurs d'origine maghrébine, appartenant à ce qu'on appelle la deuxième génération, nés en France après l'indépendance algérienne et, de ce fait, « protégés » par la nationalité française. Ceux-là forment le gros des « railles », ces bandes de loubards qui terrorisent les quartiers les plus déshérités de la périphérie marseillaise, tandis qu'en plein centre ville, les anciens quartiers ont pris des allures de casbah. Un peu comme si, à Paris, la Goutte d'Or et Belleville longeaient les Champs-Elysées. Cette casbah s'est étendue au cœur de la cité phocéenne, de la gare Saint-Charles à la Canebière, de la Porte d'Aix à la Bourse.

Dans le lacis des ruelles qui débouchent sur le cours Belsunce, l'air sent la merguez, le thé à la menthe et le couscous ont remplacé depuis belle lurette le pastis et la bouillabaisse. Des échoppes de fripes ont poussé au pied des vieilles demeures désertées par leurs occupants d'hier. Et cet immense souk forme, aujourd'hui, le supermarché de ce Maghreb en exil, un supermarché qui a ses lois, ses circuits, ses exploiteurs et ses exploités, ses grossistes et ses détaillants, ses sex-shops et ses prostituées, avec un chiffre d'affaires annuel estimé à plus de trois milliards de Francs... C'est que près de 1 300 000 Maghrébins transitent chaque année par Marseille, que 15 000 d'entre eux se relaient en permanence autour de la Porte d'Aix, à la fois point de ralliement et port d'attache, que 35 000 « célibataires » errent dans cette casbah dénommée « La Cage » par les policiers. Leur présence est devenue si envahissante qu'à la nuit tombée, elle a pour effet de vider la Canebière, ses cinémas et ses cafés. Comme si ce grand port méridional, foyer de tant d'immigrations, ne parvenait plus, aujourd'hui, à intégrer ces nouveaux apports, comme si cette métropole bigarrée, qui a assimilé pendant des siècles ses étrangers, ne les digérait plus ou les digérait mal.

Tant qu'elle fut la porte de l'Orient, Marseille accueillit à bras ouverts les couches successives d'immigrés qui ont constitué son peuple. Elle se fit, tour à tour, arménienne dans les années 20, italienne dans les années 30, espagnole quand l'Espagne devint franquiste, clandestine de toutes nationalités sous l'occupation, juive séfarade après Suez... Elle est même devenue la troisième ville juive d'Europe depuis le rapatriement des pieds-noirs. Mais, depuis l'opération porte ouverte à la main-d'œuvre algérienne décidée à Evian, en mars 1962, c'est une autre histoire... Où est le temps où l'industriel marseillais Edouard Rastouin demandait, en mars 1945, une large et audacieuse politique de l'immigration, de l'ordre de 500 000 immigrés par an ? Marseille était alors en pleine période de reconstruction et la France au seuil d'une ère de prospérité sans précédent. Mais, cette fois, à peine la ville a-t-elle absorbé l'afflux des anciens colonisateurs que la voilà envahie par les colonisés : un flux qui, en deux décennies, a pris la forme d'une immigration sauvage. Aujourd'hui, sur 150 000 étrangers vivant à Marseille et de Marseille, ce qui représente 15 % de la population urbaine, on estime à 120 000 le nombre des Maghrébins d'origine ou de nationalité. Dans les quartiers nord, les taux, selon les cités, varient entre 14 et 80 %. Environ 8 000 familles habitent dans les Zup et les H.L.M. Au rythme actuel, un enfant de Marseille sur cinq sera, en 1990, d'origine maghrébine...

Le phénomène de rejet à coloration raciste a commencé de se manifester à la veille du premier choc pétrolier qui allait frapper Marseille de plein fouet. Le 24 août 1973, un conducteur d'autobus est égorgé à son volant par un déséquilibré algérien. Scène de folie meurtrière qui horrifie la population. Une manifestation syndicale de très grande ampleur suscite des cris et des slogans racistes. Quatre jours plus tard, un adolescent algérien de 16 ans est abattu à coups de revolver. Le surlendemain, un manœuvre algérien est frappé à mort sur le chemin de son travail. Le lendemain, un autre Algérien gît sur un quai du Vieux Port. Le 14 décembre suivant, l'explosion d'une bombe fait quatre morts et vingt blessés au consulat d'Algérie. Peu à peu, la violence meurtrière fait place à une tension latente de plus en plus évidente. Le ton monte en 1978 avec les descentes de police et les bavures qui s'ensuivent.

Dans la nuit du 11 au 12 juin 1981, un engin explose dans la cité d'urgence de La Cayolle, peuplée de gitans et de Nord-Africains, au pied du massif des calanques. 29 familles sont sinistrées. Une autre bombe, placée à l'entrée de la cité Bassens, dans les quartiers nord, est désamorcée à temps. Le nom de cette cité, qui compte 295 taudis de l'après-guerre et 24 familles de plus de 12 enfants, est devenu le symbole de tous les maux causés par les immigrés, un peu comme le Bronx pour les New-Yorkais. La police évite, désormais, d'y pénétrer. A la fin de juin 1982, un jeune Maghrébin de la cité Bellevue s'empare de la sacoche d'un chauffeur de taxi qui s'est aventuré dans les parages. Cette nuit-là, l'incident manque de tourner à l'émeute : le chauffeur est en effet revenu avec son calibre et un groupe de collègues cerner la cité et se livrer à une véritable expédition punitive. Les policiers de la Sûreté urbaine sont intervenus à temps pour éviter le pire. « Ça va lui coûter cher à Gaston s'il ne nous débarrasse pas des Indiens », ont alors dit les chauffeurs dont la majorité passait, jusqu'ici, pour les meilleurs agents électoraux du maire.

C'est dire si l'opposition a eu beau jeu de tirer sur cette corde sensible. Thème de la campagne du R.P.R. Hyacinthe Santoni, le second de Gaudin : « On a volé la Canebière aux Marseillais. » Avec ce genre d'arguments, la droite la plus musclée joue sur du velours. C'est d'ailleurs dans les fameux quartiers nord, à forte densité d'immigrés, que les listes « Marseille-sécurité » du dissident R.P.R. Manovelli, appuyé par l'extrême droite et par le mouvement Légitime défense, ont recueilli le plus grand nombre de voix. Aussi bien, une sinistre concurrence s'engage-t-elle dès le lendemain du premier tour pour négocier le ralliement de l'avocat et de ses amis. Car, acculée à se battre le dos au mur, la gauche n'hésite pas à emprunter ses deux chevaux de bataille à la droite. Et à renchérir sur elle, en affichant un nouveau slogan suggéré dès le 26 février par *Le Provençal* : « La droite : 20 ans d'immigration sauvage. La gauche : enfin l'immigration contrôlée. »

Defferre va même jusqu'à se targuer d'être le ministre de l'Intérieur qui a fait expulser le plus d'immigrés en situation irrégulière, et d'avoir passé des accords avec les autorités algériennes pour enrayer l'immigration clandestine. Les affiches vert et noir qui disent le « Nouveau Marseille » et les affiches rouge et noir qui annoncent le « Changeons Marseille » finissent par tenir le même langage. Les immigrés sont devenus les arguments émissaires d'une campagne qui sent le soufre…

Côté socialiste, la négociation avec Marseille-Sécurité est menée par un avocat de la tendance Cérès (marxiste), Me François-Noël Bernardi, bras gauche du secrétaire fédéral Michel Pezet ; il s'agit, en application de la nouvelle loi électorale concoctée par Defferre, de proposer la fusion avec l'extrême droite pour le second tour !… Marseille vaut bien quelque messe noire qui ne devance que de quelques mois le psychodrame électoral de Dreux. En tout cas, des offres financières sont faites à des candidats des listes Manovelli pour appeler à voter Defferre. Et *Le Provençal* finira par publier un appel de six colistiers du dissident R.P.R. ralliés au maire sortant. Defferre s'est en effet vite ressaisi. Après avoir déclaré qu'il démissionnerait du gouvernement s'il était battu à la mairie, puis qu'il n'irait sans doute pas au terme de son mandat s'il était réélu, il annonce, coup sur coup, la création d'une commission permanente de sécurité et la réunion d'une conférence internationale pour résoudre le problème de l'immigration. Histoire d'exorciser les deux spectres qui hantent ses concitoyens.

L'obsession est si contagieuse qu'elle n'épargne pas dans leur campagne les deux leaders restés en lice après la fusion des listes Gaudin et Manovelli. A cet égard, deux saynètes rapportées par Pierre George du *Monde*[1] sont tout à fait typiques.

Un après-midi de cette semaine décisive de l'entre-deux-tours — la semaine la plus longue de sa carrière — Defferre est en tournée sur les hauteurs du XIIIe arrondissement, dans le secteur de Marius Masse où se joue le sort de la municipalité.

> « Au sortir d'un supermarché, alors qu'il serre les mains de tous et de toutes, il se trouve en face d'un groupe de Maghrébins. Ces hommes, visages fermés, ont en main les tracts qu'un militant socialiste étourdi leur a remis : " Avec la droite, c'est vingt ans d'immigration sauvage... " Defferre détourne la tête, change discrètement de direction et passe sans serrer les mains. Si jamais un photographe... M. Jean-Claude Gaudin, le lendemain matin, est en pleine terre defferriste, dans ce quartier du Panier, juste au-dessus du Vieux Port et de la Mairie. Le Marseille pittoresque, avec plus d'accent encore, plus d'odeur et plus de linge aux fenêtres. Il est à son aise, Jean-Claude Gaudin : " Aidez-moi, nous allons gagner. " Il embrasse, lui aussi, et il serre des mains, toutes les mains, bistrot par bistrot, commerce par commerce... Puis vient une épicerie et, à ses vendeurs, on voit bien, ici, qu'on n'a pas l'accent. M. Jean-Claude Gaudin file, brusquement pressé. Si jamais un cameraman... »

Cette peur, chacun des deux camps espère en fait la récupérer à son profit le jour du scrutin. Et, entre les deux tours, elle va insensiblement changer de camp. En reprenant à son compte le dangereux amalgame des deux dossiers les plus brûlants de la vie quotidienne à Marseille, la gauche rafle son initiative à l'opposition et lève, en quatre jours, l'hypothèque de plusieurs semaines. Le ministre de l'Intérieur en profite même pour se livrer à un petit chantage à l'efficacité sécuritaire : qui est mieux placé que lui pour décider des mesures et disposer de moyens propres à juguler les deux fléaux ? Avec les autres, ce serait l'explosion, le déchaînement d'une violence sans fin, la spirale infernale. D'ailleurs, voyez « les mines patibulaires des amis de Santoni », le « R.P.R. lié aux poseurs de bombes du Sac »...

Et voici l'adversaire transformé en épouvantail. Peur pour peur, c'est avec lui qu'il faut inquiéter l'opinion. L'explosion d'un engin meurtrier de deux petits gitans à La Cayolle, le 13 mars, à deux heures de la clôture des urnes, vient à point illustrer la crainte de voir

1. *Le Monde,* 11 mars 1983.

le racisme déferler sur la ville en cas de victoire du challenger Gaudin et de son « entourage doriotiste ». Trente années de déchirements socialo-communistes ne vont pas résister face à « l'affreuse perspective de l'arrivée du trio maudit Gaudin-Santoni-Manovelli à la mairie ». Le 10 mars, tout commence à basculer avec le développement accéléré de l'enquête sur un prétendu attentat manqué contre la grande synagogue de la rue Breteuil, dans la nuit du 7 au 8. La tension extrême suscitée par ce fait divers et ses troubles retombées politiques auront peut-être été l'ultime facteur du renversement de situation du 13.

UNE BOMBE TOMBÉE DU CIEL

Le 8 mars, donc, vers 2 h 10 du matin, une formidable explosion secoue la rue Dragon, une voie en pente montant vers le boulevard Notre-Dame. Un break Peugeot 504 flambe à la hauteur du n° 81 de cette rue à sens unique. L'essence enflammée gicle à 20 mètres, communiquant le feu aux voitures en stationnement. Deux corps gisent sur la chaussée, l'un déchiqueté, l'autre brûlé. Un témoin a vu un véhicule s'enfuir par une rue perpendiculaire aussitôt après l'explosion. Une unité mobile de C.R.S., qui patrouillait à proximité de la synagogue située dans une autre rue perpendiculaire, à plus de 300 mètres, surgit sur les lieux et son chef fait spontanément le rapprochement. D'autant que, le 26 février, un engin explosif de 300 grammes de dynamite-gomme a été découvert — et désamorcé à temps — dans les toilettes du Château des Fleurs où la communauté juive devait célébrer, ce jour-là, la fête du Pourim. Et que le magasin d'un commerçant israélite a été encore plus récemment plastiqué sur la Canebière.

Tandis que l'enquête policière démarre sur les chapeaux de roue et permet d'identifier très rapidement les deux victimes, Defferre se précipite sur les lieux et s'empresse de reprendre à son compte le rapprochement fait par les C.R.S. « L'hypothèse la plus vraisemblable, commente-t-il à chaud en s'entretenant avec le préfet de police Bernard Patault, est celle d'un attentat manqué dirigé contre la synagogue. » Ce qui permet à son journal *Le Soir* de titrer le jour même sur toute la largeur de sa une : « Un nouveau Copernic évité de peu. » Le lendemain 9 mars, sous le titre « L'ombre de l'antisémitisme », Defferre publie, dans *Le Provençal,* un éditorial évoquant la tradition antisémite de la droite, de l'affaire Dreyfus à Vichy. « On veut déstabiliser le gouvernement en faisant croire, notamment, que le ministre de l'Intérieur n'est pas capable d'assurer la sécurité en France… Sachez que je me dresserai contre l'antisémitisme. » Comme pour conforter ce hâtif amalgame, *Le Soir* annonce, l'après-midi même, qu '« une piste conduirait au milieu R.P.R. du Vaucluse ».

C'est que les deux victimes identifiées de la rue Dragon, Jean Chicin et Daniel Scotti, ne sont pas seulement deux repris de justice, le premier en cavale avec les papiers maquillés d'un barman de Carpentras, Jean-Claude Graf, le second fraîchement sorti de la centrale de Poissy. Ils étaient dans le collimateur des policiers des renseignements généraux qui, enquêtant sur un trafic d'explosifs au profit du terrorisme corse, surveillaient un bar marseillais de l'avenue du Prado, le *Kilt,* fréquenté depuis plusieurs semaines par les deux hommes en compagnie d'un autre repris de justice de Carpentras, Marc Monge, dont le père, Serge, militait au Service d'action civique (S.A.C.) jusqu'à son assassinat en octobre 1977 dans la banlieue lyonnaise. La police judiciaire a vite fait de reconstituer les dernières heures de leur emploi du temps. Les trois hommes venaient de quitter le *Kilt,* où ils avaient une fois de plus passé la soirée. Chicin et Scotti étaient montés à bord du break, volé il y a plus d'un mois, et Monge les avait suivis à bord d'une 104 prêtée par son ex-épouse. Les deux premiers s'arrêtent au milieu de la rue Dragon, l'un serrant le frein à main, l'autre descendant ouvrir le coffre où se trouve l'explosif. Monge les attend à son volant. Une manipulation sans doute maladroite provoque l'explosion. Monge prend la fuite, laissant les deux cadavres dans les flammes. Une écoute téléphonique permettra, par la suite, d'intercepter le coup de fil qu'il a alors passé à la gérante du *Kilt,* Michèle Pantalacci, pour lui apprendre que ses amis « se sont tués bêtement » et surtout pour qu'elle réponde à la police qu'ils étaient « allés coller ». Le *Kilt* est en effet le rendez-vous de prédilection des afficheurs de l'opposition, à deux pas de la permanence de Jean-Claude Gaudin, et sa patronne a adhéré à l'U.D.F. Enfin, des affiches de la campagne électorale sont découvertes dans la 104 de l'ex-Mme Monge retrouvée à Carpentras.

Fort de cette « surveillance administrative », le préfet Patault confirme, dès le 9 mars, les « liens relativement étroits » des apprentis sorciers de la rue Dragon « avec les politiciens de droite dans le Vaucluse et à Marseille » :

« Nous suivons une piste politique et raciste. Les gens interpellés ou recherchés évoluaient dans les milieux de droite et plutôt du côté de l'U.D.F. que du R.P.R. »

On se rend alors compte que cette bombe, tombée du ciel entre les deux tours dans le quartier de la synagogue, est susceptible de rameuter le camp de la peur autour du maire sortant, qui a fait, il y a peu, le pèlerinage d'Israël pour le jumelage qui unit Marseille à Haïfa. Titres du *Soir* du 10 mars :

« L'attentat contre la synagogue. Une bombe de trop pour la droite. Les preuves : 1/ le S.A.C. : les poseurs de bombe étaient liés au mouvement dissous. 2/ L'explosif : le même que celui du Château des Fleurs. 3/ Le préfet : les responsables étaient en relation avec les politiciens de droite. »

Et la presse nationale d'emboîter le pas en ouvrant quotidiennement une rubrique intitulée : « L'attentat manqué contre la synagogue. » Alimentée, surtout, par certains correspondants locaux. *Le Provençal* annonce, le 11 mars : « La piste politique se confirme. » *Le Méridional* tente bien de contre-attaquer : « Une piste cousue de fil rouge. » Mais les éléments de l'enquête distillés par l'entourage du préfet de police vont toujours dans le même sens. *Le Soir* du 11 mars publie la photo de Marc Monge : « Cet homme en fuite, un fardeau pour la droite. » A la veille du scrutin, *Le Provençal* du 12 mars met en exergue un témoignage qui « confirme la piste politique ». Mais il se garde bien de faire état de la déposition de l'inculpée Michèle Pantalacci, la tenancière du *Kilt*, devant le juge chargé de l'instruction de ce dossier, Mlle Bernadette Augé [1]. L'inculpée avait eu vent des projets du trio de la rue Dragon : elle a vu les trois hommes, plusieurs soirs de suite, revenir de mystérieux « repérages ». Ils parlaient de « régler son compte à quelqu'un ». On n'apprendra que plus tard — après l'élection — qu'ils destinaient leur bombe, non pas à la synagogue — à laquelle leur trajet tournait le dos — mais à un « homme d'affaires » résidant boulevard Notre-Dame et propriétaire de bars et de boîtes de nuit près du Vieux Port. Ce « concurrent » tentait d'implanter des machines à sous sur leur « territoire » du Vaucluse. Or, Chicin et Monge étaient surtout connus des milieux de police pour s'intéresser de très près au fructueux marché de ces appareils qui font triompher l'électronique au cœur de la pègre. Une de ces machines dans un bar, ça rapporte autant qu'une fille sur un trottoir et, en plus, ça ne parle pas et ça ne tombe pas malade. On

1. Son nom figure alors au bas d'un appel de magistrats à voter pour les listes Defferre.

comprend la guerre que se livrent les bandes rivales qui essaient de placer des appareils dans les arrière-salles de bistrots. Cette reconversion du Milieu ne se fait pas en douceur.

S'ils louaient leurs gros bras à des services d'ordre politiques, en l'occurrence ceux de l'opposition, les poseurs de bombe de la rue Dragon étaient d'abord liés à un gang de poseurs de machines à sous. Ce n'est que le 18 avril que le préfet Patault reconnaîtra que la synagogue n'était peut-être pas l'objectif visé. Mis en cause par le syndicat indépendant de la police nationale qui représente, à Marseille, 50 % des C.R.S. et 40 % des agents de la police urbaine et qui réclame sa démission, ce haut fonctionnaire nommé par Defferre ne s'en tient pas moins fermement à sa piste politique :

« Les gens qui ont monté cette tentative d'attentat se voyaient régulièrement avec des politiciens de droite. Ils collaient des affiches pour les listes Gaudin. Je n'ai pas dit que M. Gaudin les avait recrutés. Il est dangereux d'utiliser les truands en politique... »

A ceux qui lui reprochent d'avoir violé le secret de l'instruction, le préfet répondra :

« Mes déclarations relatives aux renseignements de caractère administratif en ma possession avaient précédé l'ouverture de l'information judiciaire. »

Quant à Gaston Defferre, qui avait demandé la comparution en Haute Cour de Michel Poniatowski pour sa maladroite intervention au début de l'affaire de Broglie [1], il se retranchera tranquillement derrière son préfet de police. Lui-même n'a fait que coiffer, tour à tour, ses trois casquettes de patron de presse, de premier flic de France et de candidat, dans cette affaire qui aura totalement occulté le débat politique entre les deux tours. Au demeurant, récidiviste de l'amalgame, il avait déjà tenté de transformer une énigme policière en une affaire d'Etat l'année précédente, à la veille des élections cantonales. Mais l'opération avait sombré dans le ridicule, peut-être parce qu'elle avait Paris, et non Marseille, pour théâtre.

---

1. *Cf.* J. Derogy et J.-M. Pontaut, *op. cit.*

JEUX INTERDITS

Le 15 janvier 1982, trois coups de feu foudroyaient « l'empereur des jeux », Marcel Francisci, dans le parking de son domicile parisien. Le 13 mars, à quelques heures du premier tour de la consultation électorale, ce crime, toujours inexpliqué, trouvait un écho inattendu dans l'enceinte du palais de justice. En pleine nuit, selon une procédure d'urgence exceptionnelle, trois magistrats ont jugé le ministre de l'Intérieur coupable, en tant que simple particulier, de diffamation publique envers le président du R.P.R. Jacques Chirac en tant que simple candidat au Conseil général de Corrèze. Pour avoir laissé entendre que ce dernier aurait bénéficié des largesses du patron du cercle abattu. Ces propos, Defferre les avait en effet tenus l'avant-veille, au cours d'un meeting à Marseille :

« Les cercles de jeu, cela rapporte beaucoup d'argent. D'abord à la Ville de Paris... Cela a peut-être aussi rapporté beaucoup d'argent à d'autres, à certains partis politiques, aux protecteurs, aux amis, aux complices de Francisci. A Chirac, à Pons, à Pasqua. »

Plainte de Chirac, procédure d'urgence. Pris de court, Defferre n'a qu'un échantillon de preuve à exhiber : une lettre du bras droit de Chirac, Charles Pasqua, datée du 8 juillet 1981, en faveur de la réouverture du Cercle Haussmann, fermé cinq jours plus tôt par décision administrative : « Je vous serais reconnaissant de rendre à M. Francisci l'autorisation dont il bénéficiait antérieurement. » Insuffisant, estiment les juges peu convaincus de la bonne foi du ministre. Ce n'est pas non plus parce que Francisci était vice-président R.P.R. du Conseil général de la Corse du Sud que Chirac et les siens se seraient trouvés mêlés à ces sombres affaires de jeux. Stupéfait de sa condamnation de principe, Defferre s'est empressé de rectifier le tir :

« Je n'ai jamais voulu dire que M. Chirac, pas plus que MM. Pasqua et Pons, ait touché personnellement de l'argent de M. Francisci. J'ai simplement envisagé, sous la forme interrogative, qu'un de leurs amis ait pu contribuer aux fonds recueillis par le R.P.R. »

Trop tard pour éviter l'impair et manque...

Vainqueur aux cantonales, Chirac a toutefois retiré sa plainte. Vaincu aux municipales, le président du groupe U.D.F. Gaudin, estimant que l'élection de Marseille a été faussée par les « diffamations » du préfet à son endroit et par l'exploitation qu'en a faite Defferre, n'a pu que déposer un recours devant le tribunal administratif. Et ruminer son échec en méditant sur la fameuse partie de cartes de Pagnol : « Tu me fends le cœur. » Dans l'art de maquiller les brèmes, son camp n'a pas été le plus fort.

Il y a d'abord eu le découpage électoral, véritable acrobatie topographique donnant à la gauche un avantage incontestable. Ce n'était après tout que réponse du berger à la bergère : aux élections de 1965, Roger Frey avait donné un coup de main au P.C. en divisant Marseille en huit secteurs qui regroupaient deux par deux les seize arrondissements de la ville de façon à en assurer trois aux communistes, un à l'U.N.R. et à faire dépendre la mairie du sort d'un secteur où des socialistes avaient fait dissidence pour s'allier aux communistes. Cette fois, son lointain successeur a taillé sur mesure six secteurs inégaux de telle sorte que les listes Gaudin auraient dû réaliser un score total supérieur à 52 % pour pouvoir l'emporter. Avec la nouvelle loi électorale — une « loi-pastis » rétablissant une dose de proportionnelle dans un scrutin majoritaire — l'opposition a obtenu 37 sièges sur 101 *en recueillant 3 483 voix de plus que la majorité*. Quant à la fraude... Tous les coups sont permis à Marseille sauf de « manquer » ou de perdre la face. Et tout Marseillais est petit-cousin d'Ulysse aux mille ruses. Quelque 5 000 bulletins de vote Gaudin ont été annulés parce que certains noms y avaient été systématiquement rayés d'un trait à peine perceptible à l'œil nu... au moment de leur expédition. *Le Provençal* a continué de véhiculer la propagande électorale de son patron après la clôture de la campagne, le 11 mars, jusqu'au jour même du vote. Les feuilles d'émargement des bureaux de vote ont été photocopiées dès le lendemain du premier tour au matin pour être saisies sur ordinateur et les listings informatisés, traités par la Semi dans les locaux du Centre méditerranéen de presse, ont permis de repérer tous les abstentionnistes. Y compris des sympathisants et même des adhérents qui avaient boudé les urnes — alors qu'autrefois ils auraient eu plutôt tendance à les bourrer.

LE COUP DE COLLIER

Et c'est l'extraordinaire spectacle de la chasse systématique aux abstentionnistes, le quadrillage militant des quartiers réticents : 46 300 électeurs contactés au porte-à-porte dans toutes les cages d'escalier ou rameutés par téléphone. Résultat : 10 % de suffrages supplémentaires au deuxième tour, 14 à 18 % dans certains bureaux de vote traditionnellement favorables au P.C., ce dégel ne profitant qu'à la gauche. On a même vu la vieille garde defferriste, ravalant sa rancœur d'avoir été écartée par les jeunes loups du renouveau fédéral, se mobiliser à son tour pour participer au sauvetage. Quelles promesses ont pu être faites aux plus compromis, aux pestiférés de la veille, pour qu'ils rentrent dans la bagarre ? « Milou », Charles-Emile Loo, éjecté de son siège de député en 1978, de son poste de trésorier national du P.S., puis de celui de premier secrétaire fédéral en 1979 au profit de Michel Pezet, déchargé en novembre 1982 de sa tâche de coordinateur de la campagne électorale, s'est mis à faire imprimer des dizaines de milliers de tracts destinés aux électeurs du troisième âge, à faire tourner les rouages des appareils syndicaux, à faire donner les réserves. Jean Masse s'est porté au secours de son fils Marius, tête de liste dans le premier secteur, en passant au peigne fin toutes les H.L.M. du quartier de Saint-Just. Marseille l'infidèle, Marseille qui commençait à assister avec une fascination morbide à la fin d'un tabou institutionnel, s'est reprise au dernier quart d'heure devant la perspective de la mort du père.

Car c'est une image paternelle qui est apparue, l'avant-veille du scrutin, sur le petit écran où Defferre a obtenu le face-à-face avec son challenger qu'il lui avait refusé au premier tour pour ne pas valoriser ce « petit calibre ». Dans ce duel télévisé retransmis uniquement sur les antennes régionales, Gaudin n'avait rien à gagner à paraître défier la statue du Commandeur. Le chef incliné, le regard tantôt glacial, tantôt bon enfant, mais plein de commisération amusée à l'égard de son ancien conseiller encore tout intimidé de son audace, le « vieux » ne pouvait qu'en imposer à une opinion traumatisée de lui avoir administré la plus belle claque de sa carrière. « Je ne suis pas prêt d'oublier cette soirée », avait-il confessé le 6 mars. Mais ce soir, au terme d'une semaine de tension presque insoutenable, sa présence est là pour calmer le jeu. Une présence rassurante : près d'un Marseillais sur deux n'a pas connu d'autre maire que celui-là.

Un jour, peu avant la rupture de sa bonne et belle alliance avec les modérés et les libéraux, il avait apostrophé les conseillers centristes de la municipalité : « A Marseille, leur dit-il, vous ne représentez rien : c'est moi qui détiens la légitimité populaire. » Cette phrase n'a cessé d'obséder Gaudin. Depuis ce jour, il n'a eu de cesse de conquérir cette légitimité en devenant conseiller général, puis député. Mais son rêve, c'était de retrouver la mairie dont l'avait exclu le scrutin de 1977, de liquider son « complexe Gaston » comme disent en souriant ses amis.

L'ENFANCE D'UN CHEF

Comment ne pas faire de complexe devant cet homme d'autorité qui s'est maintenu à Marseille contre vents et marées depuis qu'il y a jeté l'ancre ? S'il ne fait guère de ronds de jambe et manque totalement de diplomatie, s'il n'a rien non plus d'un pédagogue, ce protestant un peu froid qui ne prend pas de gants et s'exprime avec brutalité est finalement un méridional. Ses lèvres ne bougent pas quand il parle d'une voix rauque et nasillarde qui groupe curieusement les mots et boule les phrases d'un ton cassant ou goguenard. Ses paupières battent sous ses sourcils blancs, mais ses yeux restent fixes. Avec son feutre noir et rond posé sur des cheveux de neige, a-t-il pour Marseille la silhouette d'un père ou celle d'un « parrain » ?

La question ne fait qu'allumer un sourire presque juvénile sur le visage de ce septuagénaire sans enfants qui a fait main basse sur une ville à laquelle il a lui-même fini par s'identifier. Quel homme politique en France dispose d'un pouvoir aussi total sur une région ? Il règne sur les fédérations socialistes de Provence, il contrôle pratiquement le monopole de l'information et préside une dizaine de structures régionales. Responsable de la plus forte organisation du parti socialiste, directeur et éditorialiste du plus important quotidien de Marseille, retranché dans son bureau boisé Napoléon III du palais Puget comme dans une citadelle veillant sur le Vieux Port, heureux époux en troisièmes noces de la romancière Edmonde Charles-Roux, issue d'une des rares grandes familles phocéennes, sa puissance n'est pas sans inquiéter ses propres amis politiques. Le parti, la presse, la mairie sont, en effet, les trois piliers de sa carrière, les trois assises sur lesquelles il a bâti successivement un pouvoir quasi féodal sans autre ambition que celle du charbonnier d'être maître chez lui. Car Defferre n'avait jamais rêvé de destin national.

Ce bourgeois natif des Cévennes calvinistes, fils d'un avoué ami du président de la République Gaston Doumergue et émigré au Sénégal, lycéen à Dakar et étudiant en droit à Aix-en-Provence, est venu au socialisme aux alentours de sa vingtième année par révolte contre l'injustice. Pour s'inscrire au barreau de Marseille, en 1931, il s'installe chez sa sœur, mariée à l'une des huiles du patronat local, André Cordesse, qui présidera la Chambre de Commerce à la Libération. Il adhère à la 10e section de la S.F.I.O. dont un membre éminent, Ferdinand Bouisson, préside la Chambre des députés. Le vieux maire de Marseille, le sénateur Flaissières, venait de mourir. Il avait été, de 1882 à 1892, le premier maire socialiste de la ville, avant de céder la place à une délégation spéciale. Revenu à quatre reprises à la tête de la municipalité en tant que « socialiste indépendant », Flaissières se fit élire contre la liste socialiste en 1929 avec, comme premier adjoint, un transfuge de l'extrême gauche, Simon Sabiani, qui allait en fait tout régenter à l'hôtel de ville. Transitaire, Sabiani était alors l'homme fort des quais portuaires, arborant sa batterie de décorations et son célèbre bandeau noir de « gueule cassée » à Verdun. Conseiller municipal en 1919, député révolutionnaire en 1928, il ne va pas tarder à rejoindre le P.P.F. de Jacques Doriot. Le 3 mai 1931, il fait élire une autre potiche, le Dr Ribot, à la mairie où il fait plus que jamais la pluie et le beau temps. Au Panier et à la Belle de Mai, les colleurs d'affiches sabianistes se heurtent à coups de revolver aux partisans du candidat socialiste, le Dr Henri Tasso. Le jeune avocat Gaston Defferre n'a rien d'un militant. Il n'aime pas la foule ; incapable de faire vibrer une salle, il déteste la démagogie oratoire. Quand il monte à la tribune, il commence par décourager ses auditeurs les plus enthousiastes. Mais, enfin, il se fait assez remarquer lors de la campagne de 1935 pour mériter le secrétariat de la prestigieuse 10e section.

Elu maire au terme d'une campagne-pugilat contre Sabiani, Tasso devient sous-secrétaire d'Etat à la Marine marchande du gouvernement du Front populaire dirigé par Léon Blum. Les élections de 1936 ont marqué le premier recul socialiste au profit des communistes. Se sentant tenu à distance par Tasso, Defferre adhère aux Amis de l'U.R.S.S. et flirte un moment avec la fédération de François Billoux. Mais c'est la guerre qui va lui permettre de donner toute sa mesure. Dès 1941, il est du premier comité clandestin du parti socialiste animé par son confrère et ami André Boyer avec l'ancien député d'Aix-en-Provence Félix Gouin et Daniel Mayer.

Defferre fonde les milices socialistes qui deviendront l'un des éléments originaux de la résistance marseillaise. Sous le nom de guerre de Danvers, il est entré au réseau Froment du colonel Fourcaud — premier officier à avoir été parachuté en France — puis, sous le nom de Massereau, il succède à Boyer, tombé en septembre 1943, à la tête du réseau Brutus, responsable, entre autres, des liaisons aériennes secrètes avec la France libre. Il a effectué lui-même un aller et retour clandestin de quinze jours (entre deux lunes) à Londres et à Alger. Entre-temps, en novembre 1942, il est promu au Comité directeur du P.S. clandestin en zone sud, et nommé, un an plus tard, secrétaire national adjoint en dépit de ses divergences avec le secrétaire général Daniel Mayer sur l'opportunité de l'action directe[1]. En fait, ses milices comptent alors déjà 400 hommes répartis en cinq groupes paramilitaires prêts à se servir de leur petit arsenal. Leur commandant est un résistant corse, Horace Manicacci, un de ces bergers illettrés venus de Calenzana tenir le haut du pavé marseillais, franc-maçon d'obédience Grand Orient, lié à un ancien notable radical, Vincent Delpuech, patron du *Petit Provençal.* Manicacci exerce un fort ascendant sur les dockers, les marins, les wattmen et les voyous. En août 1944, trois commandos dirigés par Manicacci et son compatriote Louis Rossi, ancien employé communal, plastiquent le siège du P.P.F. de Sabiani dont les hommes de main avaient ouvert le feu, le 14 juillet 1942, sur un cortège de patriotes descendant la Canebière, tuant deux femmes et blessant cinq manifestants. Ils font également sauter les bureaux du S.T.O. à l'hôtel Californie. Le 20 août, ils sabotent les installations téléphoniques et dressent les premières barricades, tandis que les tirailleurs algériens et les goumiers marocains du général de Monsabert assaillent la garnison allemande forte de 17 000 hommes. Juché sur un camion d'incendie en uniforme de marin-pompier, Defferre exhibe deux revolvers à la ceinture.

Le 21 août, à 9 heures, le préfet régional intérimaire Maljean remet ses pouvoirs à un comité de résistance constitué par le personnel subalterne des bureaux de la préfecture. A 16 heures, un cortège s'ébranle de la porte d'Aix et pénètre, une heure plus tard, dans le palais préfectoral où s'installe le Comité départemental de

1. En février 1983, après la capture de Klaus Barbie, Defferre prétendra avoir rencontré Jean Moulin, quelques heures avant la rafle de Caluire, et tenté de le dissuader de se rendre à la réunion des chefs de la Résistance organisée chez le Dr Frédéric Dugoujon. Celui-ci contestera ces propos car personne, hormis les participants, n'avait eu connaissance selon lui de cette réunion et encore moins du lieu où elle devait se tenir.

libération présidé par un responsable du M.L.N. appartenant à la haute société protestante, Francis Leenhardt, dit Lionel, flanqué de deux secrétaires communistes. Nommé, pour sa part, président de la Délégation municipale provisoire, Defferre y attend la libération du palais Puget. Le 23, le général de Monsabert, débarqué en Provence, installe son P.C. au collège Michelet et s'empare de l'hôtel de ville où Defferre prend place dans un bureau du premier étage, en face de celui que doit occuper le commissaire de la République délégué à l'administration de la ville placée, depuis 1939, sous un régime spécial de tutelle. Le 24, le commissaire régional nommé le 7 août, Raymond Aubrac — l'un des rescapés du rendez-vous de Caluire fatal à Jean Moulin — s'installe à la préfecture et, le lendemain, désigne un préfet résistant, Pierre Massenet — neveu du compositeur de *Manon* — pour administrer Marseille, ville sans maire depuis 1938. Le 28, le général allemand Hans Schaefer sort du fort Saint-Nicolas avec un drapeau blanc pour signer la reddition de la garnison.

Le 29, le premier responsable communiste marseillais de retour d'Alger, Jean Cristofol, est placé à la tête du Comité régional de libération. Il connaît alors si peu Gaston Defferre qu'il estropie son nom en l'orthographiant Defert, le 30 août, dans le quotidien du Front national, *La Marseillaise,* sorti le 23 août en même temps que deux autres quotidiens issus de la Résistance : l'organe du P.C. *Rouge Midi* et l'organe des patriotes socialistes et républicains *Le Provençal* né d'une fusion de la feuille du M.L.N. *Le Marseillais* et du journal socialiste clandestin *L'Espoir.* Dans *La Marseillaise* du 2 septembre, Cristofol tranche : « Aujourd'hui, il n'y a plus d'hommes de droite ou de gauche, il n'y a plus que des patriotes et des traîtres. » Au nom de quoi la chasse aux « collabos » se double, à Marseille, d'une chasse meurtrière aux « hitléro-trotskistes », aux anarchistes et aux « renégats » du P.C., malheureusement couverte par le président du comité départemental Francis Leenhardt, ancien sympathisant des Croix de Feu avant la guerre. « Il flottait, sur Marseille, un air de tension et presque d'oppression… Les communistes avaient établi à Marseille une dictature anonyme », écrira plus tard le général de Gaulle pour relater la brève visite qu'il y fit le 15 septembre 1944. La cour de justice y fonctionnait depuis quatre jours, prononçant 17 peines de mort.

Condamnant le désordre qui règne à la préfecture et remettant scrupuleusement au trésorier-payeur général les sommes reçues par le réseau Brutus qui n'ont pas été dépensées, Defferre, lui, préfère s'occuper de réorganiser le parti. Au dernier comité directeur clandestin, il a été battu d'une voix par Daniel Mayer en faveur de la reconstitution de la « vieille maison » chère à Blum, l'ancienne structure S.F.I.O. avec son esprit de chapelle et ses exclusives. Lui était partisan d'une rénovation ouvrant le parti aux trois mouvements de résistance réunis au sein du M.L.N. et qui auraient pu faire le pendant à ce qu'était le Front national pour le P.C. A la Libération, le premier soin de Gaston Defferre est d'occuper l'ancien siège de la fédération départementale laissé vacant par l'ex-sénateur Léon Bon, exclu pour avoir voté les pleins pouvoirs à Pétain en 1940. Il s'y heurtera bientôt à un « vieux de la vieille », l'ancien secrétaire du syndicat des marins, Pierre Ferri-Pisani, de retour de déportation au printemps 1945. Celui-ci demande à figurer en deuxième position sur la liste des candidats socialistes de Marseille pour l'élection d'octobre 1945 à l'Assemblée constituante ; mais Defferre, poursuivant son dessein d'élargissement du parti, a réservé la place pour Leenhardt, qui vient d'adhérer à une petite formation, l'Union démocratique et socialiste de la Résistance (U.D.S.R.) animée, notamment, par François Mitterrand. Le conflit s'envenime entre celui qui représente alors la vieille garde et l'étoile montante de la nouvelle génération. Defferre met en cause les relations étroites qu'entretenait Ferri-Pisani, avant d'être déporté, avec des gens du Milieu comme Antoine Guérini ou avec des propriétaires de journaux collabos comme Vincent Delpuech. Il va même jusqu'à le présenter comme un disciple du doriotiste Sabiani, réfugié en Espagne après la pantalonnade de Sigmaringen, ce château souabe où agonise le régime de Vichy. Le Comité directeur de la S.F.I.O. doit dépêcher Jules Moch à Marseille pour trancher la question.

Le 11 septembre, la fédération des Bouches-du-Rhône est purement et simplement dissoute. L'intérim du secrétariat fédéral est confié au député d'Aix, Felix Gouin qui, en fait, patronne Defferre. Celui-ci se fait fort de reconstituer avec onze camarades, dont Antoine Andrieux, les 112 sections du parti, en absolvant au passage les socialistes qui, sous la houlette du traître Paul Faure, ont édité le journal *L'Effort* pour soutenir la politique sociale de Pétain sous Vichy. Durant la campagne d'octobre, la vieille garde fidèle à Ferri-Pisani, regroupée sous l'emblème « Socialisme et Liberté », édite des affiches dénonçant la « dictature des affairistes » instaurée par Defferre dont l'ascension politique coïncide avec son irruption dans le cercle fermé de la grande bourgeoisie locale : ses initiateurs ont été, tour à tour, son beau-frère, André Cordesse, issu d'une des dynasties protestantes prospérant dans les huileries, occupant d'importantes fonctions au sein du groupe Unipol et président de la

Chambre de Commerce à la Libération ; son ami Francis Leenhardt, issu d'une famille de banquiers également protestants et exportateur lié à la Société marseillaise de crédit et à Unipol ; enfin, la deuxième femme qu'il épousera, un an plus tard, en novembre 1946, Marie-Antoinette « Paly » Swaters, une Belge veuve d'un homme d'affaires du cru, Auguste-Marie de Barbarin, de la compagnie maritime Barbarin-Paquet. Un milieu phocéen aussi fermé que celui des soyeux lyonnais ou des chartrons bordelais.

En fin de compte, le gros des troupes ferri-pisanistes rejoindra soit le R.P.F. du général de Gaulle, soit la S.F.I.O. defferriste qui va devenir la plus puissante fédération du parti avec celle de Guy Mollet dans le Nord. Avant d'assumer officiellement, à partir de 1950, les fonctions de secrétaire fédéral, Defferre a confié à Louis Rossi, le héros des Milices socialistes, la responsabilité d'un service d'ordre musclé. Et avant de conquérir la deuxième ville de France qui va faire de lui le notable le plus puissant de son parti, il entreprend une carrière parlementaire et gouvernementale qui lui conférera une stature nationale : membre, dès 1944, de l'Assemblée consultative provisoire, il siège aux deux Constituantes, à l'Assemblée nationale, au Sénat quand la vague gaulliste de 1958 le prive provisoirement de son siège de député et, de retour à l'Assemblée en 1962, il préside le groupe parlementaire socialiste. Secrétaire d'Etat ou ministre de cinq gouvernements sous la IVe République, il se rallie au dernier moment à la Ve, mais c'est pour tenter de prendre le *leadership* de l'opposition en vue de la première élection présidentielle au suffrage universel. Il sera le M. X. lancé par *L'Express*... Appuyé par les technocrates des clubs (Jean Moulin, Jacobins, etc.), il s'efforce alors de rénover la S.F.I.O. en la rapprochant des formations libérale et chrétienne-démocrate au sein d'une grande fédération, dans la perspective de « l'Horizon 80 », mais il se garde, comme toujours, d'affronter son secrétaire général Guy Mollet qui finit par torpiller l'entreprise. Se sachant peu populaire dans son parti, Defferre aura réussi la performance de n'être presque jamais d'accord avec ses dirigeants, sans pour autant envisager une fois de se séparer d'eux. Sa candidature « pour l'honneur » à la succession du général de Gaulle, en 1969, sombrera dans le ridicule. Mais il s'en moque, car il est prêt à livrer la « vieille maison » aux ambitions unitaires de Mitterrand.

CITIZEN KANE

Ce qui lui importe, une fois de plus et avant tout, c'est de consolider le fief conquis à la Libération les armes à la main. Dans la deuxième semaine d'août 1944, les milices socialistes de Manicacci et de Rossi investissent les locaux du *Petit Provençal* rue de la Darse. Ce quotidien populaire, fondé en 1894, est la propriété de Vincent Delpuech qui a joué un double jeu sous l'occupation : ancien grand argentier de la franc-maçonnerie mais ami personnel de Pierre Laval, ce notable radical a mis son journal au service de Vichy tout en aidant les frères Fourcaud à fonder le réseau Brutus et Félix Gouin à diffuser les premiers numéros du *Populaire* clandestin. Aussitôt arrêté, il est transféré, le 26 août, à la préfecture Saint-Pierre avec les délateurs et les collabos, les « sabianistes » et les « gestapistes ». Entre-temps, le 23, une poignée de journalistes et typographes en armes sort de ses presses le premier numéro du *Provençal,* organe des patriotes socialistes et républicains, dirigé collégialement par Defferre et Manicacci — le berger illettré — pour le P.S., et par Leenhardt et Max Juvénal pour le M.L.N. La rédaction en chef est assurée par un professionnel, transfuge du *Petit Marseillais* (droite nationaliste), Léon Bancal, ex-supporter de Sabiani en 1936, ex-président du cercle Jacques Bainville. En tant que juriste, Defferre, qui a pris la tête de cette équipe, s'emploie à empêcher l'éventuel retour de l'ancien propriétaire des lieux. Le 27 septembre, il fait arracher publiquement sa Légion d'honneur à Delpuech qui est maintenu en état d'arrestation pour le protéger de la vindicte populaire. Le 13 décembre, il dépose sur le bureau de l'Assemblée constituante une proposition de loi tendant à confisquer les biens de presse des propriétaires de journaux publiés sous l'occupation, en vue de leur attribution aux nouveaux titres issus de la Résistance. C'est que, entre-temps, Delpuech a été remis en liberté sur l'intervention de Leenhardt. Au début de l'année 1946, il obtient même l'appui de Félix Gouin nommé président du Conseil au départ du général de Gaulle, tandis que Defferre devient secrétaire d'Etat chargé de l'Information. Une longue lutte fratricide s'engage alors entre socialistes et radicaux pour le contrôle d'une presse dont l'influence s'exerce plus que jamais sur la vie politique locale. Quand Defferre fait adopter son projet de transfert et de dévolution des biens de presse par le gouvernement, Edouard Herriot, le pape du parti radical, dénonce cette « expropriation pour cause d'utilité privée ». Avec l'aide de Gouin et de Me Juvénal, Delpuech prend la tête de l'association des créanciers des entreprises de presse dévolues à une société nationale. Il obtient d'abord la levée du séquestre des lieux de son ancien journal *Le Radical.* Puis un jugement ordonnant la remise des biens n'ayant pas servi à l'impression du journal à la société du *Petit Provençal.*

Le berger illettré Horace Manicacci, qui occupe le bureau d'administrateur du *Provençal,* commet un pamphlet : « Vincent Delpuech et *Le Petit Provençal* sont-ils au-dessus des lois ? » Il y stigmatise les interventions en faveur de ce « radical collabo » du successeur de Gaston Defferre au secrétariat d'Etat à l'Information, François Mitterrand. Celui-ci a fait savoir aux dirigeants du *Provençal* qu'il ne signerait pas l'arrêté de dévolution transférant à la S.N.E.P. les biens du *Petit Provençal.* En 1948, le bail consenti par l'administration des Domaines depuis 1945 est remis en cause. Finalement, un compromis est négocié par l'industriel André Cordesse, le beau-frère de Defferre devenu administrateur du *Provençal.* Le 23 septembre 1950, un décret signé du nouveau titulaire de l'Information, Albert Gazier, restitue à Delpuech la propriété et la jouissance de ses biens, *Le Provençal* s'engageant à l'indemniser à concurrence de 120 millions payables en trois ans et à accorder une tribune régulière au parti radical. Le 9 octobre 1951, Félix Gouin, Mitterrand et son représentant à Marseille, Bastien Leccia, président une réception de 1 000 notables, donnée en l'honneur de Vincent Delpuech dans les salons de la brasserie Colbert, à deux pas du *Provençal,* et « dans une atmosphère débarrassée des miasmes de la délation ». Ancien membre du Comité d'organisation de la presse sous Vichy, ex-administrateur de *L'Œuvre* de Marcel Déat, Delpuech se voit en effet confier, sept ans après la Libération, la trésorerie du parti radical et la présidence de la Fédération des hebdomadaires et des périodiques, et il reçoit des mains de René Pleven — alors ami politique de Mitterrand — la cravate de commandeur de la Légion d'honneur. Pour prix de sa conquête, Gaston Defferre, de son côté, s'emploie à faire retrouver à celui qu'il a spolié de son journal en 1944 son siège de sénateur. Il a, pendant ce temps, pris la tête de la croisade patronale contre le syndicat du livre C.G.T., au côté de Jean Fraissinet, l'armateur patron du *Méridional,* ex-conseiller national de Pétain qui a racheté l'organe fondé par les démocrates-chrétiens du M.R.P. Après avoir remplacé les 300 typos et rotativistes licenciés par des « jaunes » venus de Lyon et syndiqués à F.O., Defferre a jeté son dévolu sur le quotidien varois *La République* à Toulon qu'il absorbe sous la houlette de son frère Jacques Defferre, administrateur de la France d'outre-mer, et qui deviendra *Var-Matin,* sous la direction de la fille de Leenhardt. Il s'assure ensuite le contrôle de l'Agence centrale de presse (A.C.P.) fondée par son rival en journalisme socialiste, Henri Noguères, et qu'il confie au directeur de publication du *Provençal,* André Poitevin, dont il place le fils, Christian, à la tête de la régie publicitaire Eurosud. Enfin, ce sera en 1971 le contrôle du *Méridional* et l'opération du Centre méditerranéen de presse sur un terrain appartenant au groupe huilier Unipol animé par André Cordesse, le beau-frère du maire de Marseille.

LA PRISE DU POUVOIR

Son alliance avec l'*establishment* local a, en effet, permis à Defferre d'arracher l'administration municipale à la prédominance du P.C. Celui-ci semblait tenir tous les leviers de commande après la Libération : la police, le port, les syndicats, mordant même sur les éléments étrangers à ses principes et à ses méthodes, tel le commissaire de la République Aubrac. Inquiet, le ministre socialiste de l'Intérieur, Adrien Tixier, remplace Aubrac par Paul Haag dès le 24 janvier 1945. La mésentente socialo-communiste, d'abord masquée, va se dévoiler après l'élection d'une délégation municipale commune qui, en avril, maintient Defferre dans ses fonctions de président. Aux législatives d'octobre, le P.C. réunit 32 % des suffrages contre 26 % au P.S. Aux cantonales de novembre, le premier rafle 9 sièges sur 12, dont celui du IIe arrondissement de Marseille, le plus bourgeois ! P.S. et M.L.N. quittent la délégation municipale qui est dissoute. Le 8 décembre 1946, le communiste Cristofol est élu maire — le premier depuis 1938.

Neuf mois plus tard, les affrontements planétaires et nationaux vont trouver un terrain de choix à Marseille. L'histoire locale y rejoint la grande histoire, mais conserve sa couleur propre. Aux élections municipales d'octobre 1947, le raz de marée R.P.F. enlève 25 sièges avec 28,8 % des voix, contre 24 au P.C. (27,7 %). En votant pour Defferre, les 14 élus socialistes et M.R.P. permettent au gaulliste Michel Carlini de ravir la mairie à Cristofol. Avant de céder la place, ce dernier a augmenté le salaire des traminots, ce qui rend inévitable la hausse des tarifs homologués par le ministre socialiste des Transports, Jules Moch, le jour même de ce vote, le 27 octobre. Cristofol dénonce aussitôt « Carlini-la-hausse » et accuse Defferre et ses « acolytes de la 3e force » d'avoir livré Marseille aux fauteurs de vie chère... et aux Américains.

Le 6 novembre, les communistes marseillais invitent les usagers des trams à pratiquer « l'autoréduction ». Le 10, quatre ouvriers sont arrêtés pour rébellion et poursuivis en flagrant délit. Le surlendemain, leurs camarades des aciéries du Nord — 500 communistes sur 2000 employés — envahissent le palais de justice, saccagent prétoires, bureaux et bâtiments et libèrent deux des manifestants qui viennent d'être condamnés à des peines de prison ferme. Une délégation d'élus oblige le tribunal à revenir sur son jugement. Sept mille manifestants venus en camions de la périphérie convergent dans l'après-midi du palais vers l'hôtel de ville, de l'autre côté du Vieux Port, pour se porter à la rescousse des élus communistes aux prises avec les troupes de choc du R.P.F. Irma Rapuzzi excuse l'absence de Defferre, victime d'une indisposition diplomatique. Puis le groupe defferriste se retire, laissant gaullistes et communistes face à face. Au milieu des horions, Cristofol proclame au balcon la démission du « mal élu » Carlini. La manifestation provisoirement victorieuse se porte, alors, vers les rues mal famées de l'Opéra, à l'assaut des boîtes de nuit et des restaurants de marché noir. Du bar *Le Colibri* partent des coups de feu. Un jeune militant communiste, Vincent Voullant, est touché à mort.

Suivent trois semaines de grève générale. Le ministre socialiste de l'Intérieur, Edouard Depreux, demande au préfet d'expulser tous les étrangers qui ont pris part aux violences. A l'Assemblée nationale, Gaston Defferre accuse la 155e compagnie de C.R.S. d'Ollioules, affectée à la garde de la mairie de Marseille, d'avoir pactisé avec les émeutiers : composée d'anciens F.T.P., cette formation était commandée par un officier communiste, Francis Barrat, et l'un de ses brigadiers avait perdu sa mitraillette. « Cette arme a été vue entre les mains des manifestants », tonne Defferre. Le 15 novembre 1947, les C.R.S. 155 et 151, « communistes avant d'être républicaines », sont dissoutes et leurs officiers suspendus sans traitement.

Entre socialistes et communistes marseillais, qui s'accusent mutuellement de faire le jeu du R.P.F., c'est désormais la guerre. Selon *La Marseillaise* du 29 septembre 1951, « les gangsters du candidat S.F.I.O. (aux cantonales) tirent sur des colleurs d'affiches communistes : cinq blessés dont une femme ». Billoux fustige Defferre pour avoir fait élire un « fasciste gangster » dans le

IXe canton, pour s'être apparenté avec le conseiller général R.P.F. Francis Ripert dans le VIIIe et pour faire, dans *Le Provençal*, la propagande des candidats gaullistes du IVe et de Martigues.

Le 19 novembre 1951, *Le Provençal* se réjouit du « raid de représailles lancé contre la section communiste de la rue Saint-Saëns par les volontaires du corps expéditionnaire en partance pour la Corée ». La récompense ne tarde pas. Le 9 mai 1953, avec 15 élus sur 63 à la nouvelle consultation municipale, Defferre, qui ne pouvait prétendre qu'à une place de deuxième adjoint dans une coalition composée de 16 libéraux et conservateurs, 4 M.R.P. et 4 gaullistes face aux 24 communistes, s'installe en monarque minoritaire dans le bureau boisé Napoléon III de la mairie. En se présentant comme le rempart le plus efficace contre le P.C.

En dépit du séisme de la Ve République qui le chasse provisoirement de l'Assemblée nationale, il conquiert 8 sièges de plus aux municipales de mars 1959 et reconduit sa coalition centriste contre le P.C. qu'il talonne et contre les 5 élus de l'U.N.R. Mais la bataille qui va se dérouler pour le renouvellement de mars 1965 tient à la fois de Clochemerle et de Chicago, tant l'enjeu municipal est, cette fois, secondaire, tant gaullistes et communistes paraissent décidés à abattre celui qui vient de se lancer prématurément dans la course à l'Elysée au nom de l'opposition : Defferre veut conquérir Paris ? On va tenter de lui arracher Marseille. Le ministre gaulliste de l'Intérieur Roger Frey facilite la manœuvre en divisant la ville en huit secteurs. Tout doit se jouer dans le secteur où le bras droit de Defferre, « Milou » Loo, aura à affronter un dissident socialiste, Daniel Matalon, dont il fut le lieutenant en 1948 pour dégager le port de la plus longue grève de son histoire. Animateur d'une société de fret, Matalon avait alors mobilisé deux centaines de gros bras qui avaient fait le coup de feu à la Libération et chassé les cégétistes qui paralysaient les transports pour l'Indochine. Il avait ensuite mis sur pied une coopérative d'acconage pour tourner le monopole d'embauche des dockers. Mais, à la fin de 1964, il avait provoqué une scission au sein de la fédération socialiste contre le maintien de l'alliance avec les centristes. Mis en minorité, il a créé un hebdomadaire, *Le Phocéen*, et préconisé le rapprochement avec le P.C. En février, il entraîne 2000 militants des 10e et 11e sections dans la constitution de listes d'union Billoux-Matalon, face aux listes Defferre-Rastouin composées de 25 socialistes et de 31 modérés et aux listes U.N.R. du Pr Joseph Comiti. Au premier tour, les deux premières listes arrivent au coude à coude avec plus de 100000 voix chacune. Tout dépend du maintien de la liste gaulliste au deuxième tour dans le secteur où s'affrontent le tandem Loo-Gaudin et Matalon. Entre les deux tours, un candidat gaulliste dans ce secteur, M. Grosson, est victime d'un enlèvement : c'est que sa signature est nécessaire à l'éventuel retrait de la tête de liste, Francis Ripert, pour éviter une élection triangulaire défavorable à la liste defferriste. Ripert se rebelle en effet contre les consignes de maintien données par Comiti. Des hommes de main recrutés par un employé municipal conduisent Grosson dans un cabanon des quartiers sud de la ville, sous le fallacieux prétexte d'un rendez-vous avec Fraissinet, le patron du *Méridional*. Séquestré dans l'arrière-salle de ce qu'il croit reconnaître comme un bar de la Madrague-Montredon, ce malheureux cinquième de liste se trouve contraint de signer, sous la menace, son retrait de candidature qui entérinait celle de toute sa liste. Quelques minutes plus tard, l'avocat Théo Lombard, colistier centriste de Gaston Defferre, accompagné d'un représentant de la liste Loo et escorté d'une quarantaine d'individus, apporte triomphalement le document de retrait au chef de bureau de la préfecture. Mieux informé que quiconque, *Le Provençal* est le seul quotidien à pouvoir annoncer, quelques heures plus tard, le retrait de la candidature gaulliste dans le secteur où se joue la mairie de Marseille. Dès lors, la campagne defferriste se déplace vers la droite et permet à la municipalité sortante de triompher au second tour du péril communiste.

Dans la coalition majoritaire de Gaston Defferre, les modérés sont maintenant plus nombreux que les socialistes. Mais la proportion s'inverse aux municipales suivantes de 1971, où l'alliance anticommuniste du maire l'emporte, cette fois, dans sept des huit secteurs. Et c'est alors que l'atmosphère commence à se détériorer. Elle tourne franchement au vinaigre lorsque les modérés, devenus républicains indépendants sous l'impulsion de Jean-Claude Gaudin, appellent à voter Giscard à la présidentielle de 1974. Il est clair que la troisième force à la marseillaise vit alors ses derniers instants. Le 22 décembre 1975, après une séance particulièrement houleuse, les trois groupes de gauche à l'hôtel de ville votent une motion condamnant la politique gouvernementale. Quinze jours plus tard, Defferre retire quatre délégations à ses alliés du centre droit. Le lendemain, les autres élus modérés remettent leur délégation à la disposition du maire. C'est la fin de vingt-trois ans de collaboration municipale.

Aux élections de 1977, Defferre refuse certes encore de faire liste commune avec le P.C., assuré qu'il est de bénéficier de son désistement et de son soutien au second tour « face à la droite ». Il rafle sept secteurs, le huitième allant toujours au P.C. « La gauche whisky-caviar fait désormais peser son caporalisme sur la ville », constate Gaudin, en gagnant, aux législatives de mars 1978, ses galons de leader de l'opposition marseillaise.

MAIN BASSE SUR LA VILLE

Caporalisme ? Il serait plus juste de parler de quadrillage, d'encadrement mis en place depuis le début des années 50 et fondé sur le clientélisme propre aux agglomérations méditerranéennes. « Que les centristes fassent des affaires, moi je fais de la politique », disait Defferre du temps de la belle et bonne alliance au sein de laquelle il avait ainsi réparti les rôles. Vingt-cinq ans de gestion combinée à une manipulation des mouvements associatifs lui auront, ainsi, assuré la fidélité d'un électorat de base. La ville est divisée en quatre « baronnies » — est, nord, sud et centre — dont il s'agit de ménager la sensibilité électorale et quadrillée par les Comités d'intérêts de quartiers (C.I.Q.) fédérés par arrondissement et regroupés en une confédération paramunicipale que préside l'élu des Groupes d'action municipale (G.A.M.), René Olmeta, figurant sur la liste Defferre. La responsabilité du C.I.Q. du quartier chaud de l'Opéra a été attribuée à un restaurateur, animateur d'un comité de défense des Marseillais « contre la pègre nord-africaine », éphémère candidat du Front national d'extrême droite et... agent électoral de Charles-Emile Loo ! A chacun ses cibles. Tous les particularismes religieux ou ethniques, tous les corporatismes sont soigneusement flattés, entretenus, cultivés, des patrons pêcheurs au lamparo à l'Institut culturel grec. Mais la réalité du pouvoir appartient aux grands commis, hauts fonctionnaires, techniciens de l'Equipement, etc. dont s'est entouré le maire en confiant la gestion de sa ville à des préfets hors cadre dont il a fait ses secrétaires généraux.

Quant à la camarilla de la vieille garde, elle se taille encore la part du lion dans la coalition de 1977. Les bâtiments communaux sont l'affaire d'Antoine Andrieux, les espaces verts celle de Charles-Emile Loo, la voirie celle de Jean Masse, les finances celle d'Irma Rapuzzi. On les appelle les mousquetaires de la Socoma, du nom de cette société coopérative de manutention née en 1959 de la coopérative d'acconage mise sur pied par Daniel Matalon pour arracher le port à l'emprise communiste. Ils en restent les principaux actionnaires après en avoir été les fondateurs et les dirigeants jusqu'à la « démission » de Matalon. L'entrée de Loo au bureau de la main-d'œuvre sur le port comme représentant de la Socoma lui donne notamment accès à la délivrance de cartes permanentes de dockers. Mais des rivalités se font jour et un ancien administrateur porte plainte pour abus de biens sociaux. A l'automne 1973, sur réquisition du Parquet, la brigade financière de la police judiciaire perquisitionne dans les locaux de la Socoma et relève, effectivement, des anomalies dans la comptabilité. En décembre 1973, les administrateurs occupant des fonctions électives démissionnent précipitamment, car la Socoma est désignée comme l'une des « vaches à lait » du P.S. marseillais.

A la fin de 1976, le commissaire Jean-Claude Vegnaduzzi, chef de la brigade financière, reçoit mandat d'exhumer l'affaire qui repose depuis trois ans dans un cabinet judiciaire et de reprendre ses investigations. Il établit que la société a continué de « supporter le règlement de subventions ou de dépenses personnelles à certains administrateurs apparemment contraires à l'intérêt social ». Il s'agit, notamment, selon le rapport d'enquête, de « subventions pour des organismes politiques et syndicaux (P.S. et F.O.), des frais engagés par M. Loo et Mlle Rapuzzi à l'occasion de campagnes électorales, de remboursement de frais de déplacement ou de repas ». Ayant eu vent de ce rapport, Loo fait alors modifier les statuts de la Socoma dont l'objet est désormais, outre l'exercice professionnel, « le soutien à des œuvres de solidarité et à des organismes pouvant exprimer l'idéal socialiste »... Ainsi, le tour est joué : les pratiques constatées ne sont plus assimilables à des abus de biens sociaux...

Andrieux, qui a démissionné du conseil d'administration de la Socoma pour devenir sénateur des Bouches-du-Rhône et administrateur du port autonome de Marseille, peut fêter en toute tranquillité son premier milliard. Belle réussite pour un ancien chauffeur qui a fait du syndicat des petits propriétaires de taxis, fondé au lendemain de la guerre, la garde prétorienne de la municipalité dont il fait partie depuis 1953. Bel exemple de social-démocratie combinant la modernité du discours à Paris au pouvoir autocratique le plus conservateur à Marseille. Defferre n'a jamais toléré un partage quelconque de ce pouvoir nécessaire, selon lui, pour assainir, pour remettre de l'ordre dans les mœurs politiques et dans les finances de la ville qu'il a trouvées dans un état catastrophique à son arrivée à la mairie.

« Marseille n'était pas administrable depuis cent ans, explique-t-il. Or, il se trouve que je l'ai administrée, que j'ai mis de l'ordre. Pas facile dans une ville deux fois plus étendue que Paris, cinq fois plus que Lyon, avec un tissu industriel trois fois plus pauvre que celui de Lille et un demi-siècle de déficit. Avant moi, à la mairie, il y avait trois choses : les barbichons [1], les planqués et les flics. Chaque maire y laissait les siens : ça faisait comme des matelas superposés [2]. »

LE TEMPS DU BORSALINO

Il est vrai qu'avant-guerre, une série de scandales avait révélé l'omniprésence du Milieu — qu'on appelle encore le Mitan par nostalgie d'un folklore révolu — dans les affaires municipales. Deux drames sur la Canebière répandirent alors l'idée d'incurie, de désordre poussés si loin qu'ils en paraissaient presque criminels. Le 9 octobre 1934, l'assassinat par des terroristes croates du roi Alexandre III de Yougoslavie et du ministre français des Affaires étrangères, Louis Barthou, qui remontaient en cortège la célèbre artère depuis le Vieux Port où le contre-torpilleur *Dubrovnik* venait de jeter l'ancre, plongeait les autorités dans le désarroi. Le 28 octobre 1938, l'incendie des Nouvelles Galeries faisait 73 morts sous les yeux effarés des dirigeants du congrès radical — dont le président du Conseil, Edouard Daladier — logés à l'Hôtel de Noailles et qui ne pouvaient que constater la carence des secours : deux des trois pompes dont disposait seulement la ville pour ses 700 000 habitants étaient en panne. Du coup, les services municipaux étaient réorganisés par le décret-loi du 9 mars 1939 qui confiait l'administration de Marseille à un représentant du gouvernement — une extraordinaire tutelle maintenue jusqu'à la fin de 1946 !

Sur les 2 000 agents communaux, on dénombrait, à l'époque, 77 repris de justice qui devaient leur sinécure soit aux célèbres caïds Carbone et Spirito, supporters du doriotiste Sabiani, soit aux obscurs frères Guérini, attachés à la fortune politique du syndicaliste Ferri-Pisani.

Sans doute les parapluies qui s'étaient ouverts pour protéger les duettistes du Borsalino feront-ils défaut à leurs successeurs. Sans doute la « traite des blanches » n'est-elle plus, aujourd'hui, ce qu'elle

1. Souteneurs ou maquereaux en argot marseillais.
2. Interview à Jean Cau dans *L'Express* du 12 mars 1959.

était au temps de l'ère coloniale. Les fils des « macs » sont devenus promoteurs et les bouges à marins du Panier, des clubs privés. N'empêche ! La pègre fait encore partie du paysage.

Comme tout port, Marseille a toujours abrité une faune pittoresque de mauvais garçons. Mais, dès la fin des années 20 — années-étalon du gangstérisme modelé par le Chicago de la prohibition —, le Milieu débordait de ses cadres traditionnels pour peser désormais sur la vie politique et économique. Un monde tissé d'interférences si nombreuses que les truands vont y prendre racine. C'est le début d'un demi-siècle de saga politico-crapuleuse avec ses sinistres records de sang et d'argent. Chronique familière d'une ville où les affaires ténébreuses s'éclipsent à force de se succéder, où les scandales rejaillissent en boomerang d'un clan à l'autre. Car le banditisme à Marseille n'a pas une couleur politique, mais une couleur de pouvoir.

En s'acoquinant pour prendre le contrôle de la prostitution, de la contrebande et du racket qui constituent dans les années 30 l'essentiel des ressources du milieu marseillais, le Corse Bonaventure Carbone, dit le Tatoué, et l'Italien François « Lidro » Spirito, dit Beau-Ficelle, ne se bornent pas à plagier Al Capone, dont un lieutenant, Kid Tigger, venu tisser des liens avec les représentants de la Cosa Nostra, a été expulsé par la Sûreté urbaine. Ils sont les premiers à comprendre l'importance des appuis politiques pour développer leurs entreprises criminelles et le profit à tirer de la corruption d'élus locaux.

Le 30 mars 1934, en pleine crise nationale provoquée par la mort étrange de l'escroc Alexandre Stavisky, une affiche insolite tapisse les murs de la ville : « Peuple de Marseille, Carbone et Spirito sont mes amis. Je n'admettrai pas qu'on touche un seul de leurs cheveux. Simon Sabiani, adjoint au maire. » Les deux gangsters viennent d'être arrêtés par l'inspecteur parisien Bonny qui les soupçonne, à tort, du meurtre d'un magistrat, le conseiller Prince, chargé du dossier Stavisky. Relâchés, ils sont portés en triomphe de la gare Saint-Charles à l'hôtel de ville où ils ont droit à une réception d'honneur !

Ils n'ont pas besoin d'avoir lu, dans Stendhal, que « la Canebière tire son nom de ce qu'autrefois il y avait là des champs plantés de chanvre qui, en grec, s'appelle cannabis », pour penser que le port de Marseille est géographiquement prédestiné à devenir un jour la plaque tournante du trafic mondial de drogues encore plus dures. Ils vont donc installer dans une villa isolée de Bandol le premier laboratoire clandestin d'héroïne et mettre en place les premières filières entre le Moyen-Orient et les Etats-Unis. Adaptant en toute impunité leurs activités au goût du jour, ils tournent le blocus imposé à l'Italie fasciste et livrent des armes à la rébellion franquiste en Espagne.

Arrive la débâcle de 1940. Soucieux d'ordre moral, le régime de Vichy les interne à Sisteron. Mais la police allemande les ramène à Marseille munis de cartes jaunes de « V. Mann »[1], qui, non seulement, les mettent à l'abri de la justice française, mais leur ouvrent toutes grandes les portes du marché noir et des bureaux d'achat nazis. D'autant que leur ami Sabiani, remis en selle dans la délégation municipale nommée par Vichy, recrute à lui seul, sur place, 500 des 700 jeunes du P.P.F. — dont le premier geste est de déposer une bombe le 17 avril 1941 devant la synagogue de la rue Breteuil — avant de devenir secrétaire général de la L.V.F. (Légion des Volontaires français contre le bolchevisme) à Marseille.

L'occupation de la zone sud en novembre 1942 ouvre un nouvel épisode : celui de la collaboration politico-policière. Tandis que son ami Spirito se laisse embrigader par la sinistre Gestapo corse du boulevard Flandrin à Paris, Carbone se contente d'entretenir à grandes guides sa maîtresse, Germaine Germain, une tenancière plus connue sous le nom de Manouche et dont il attend un enfant. Il ne fait pas partie du millier d'agents que le chef de la Sipo-S.D. de Marseille, Ernst Dunker, dit Delage, venu des bas-fonds berlinois, a trouvé à recruter sur place.

La destruction de la partie nord du Vieux Port ordonnée par le commandement S.S. et exécutée sous la conduite des autorités françaises du 23 janvier au 19 février 1943, sous prétexte de salubrité, fend tout de même le cœur de l'intouchable caïd. L'opération, qui n'a pas d'équivalent dans l'histoire mouvementée de Marseille depuis sa mise à sac par les Catalans en 1423, a beau avoir reçu l'encouragement de l'académicien Louis Gillet :

« Sur la colline des Accoules, entre l'hôtel de ville et la Major, gîte une Suburre obscène, un des cloaques les plus impurs où s'amasse l'écume de la Méditerranée... C'est l'empire du péché et de la mort. »

Marseille va payer du rasage inhumain de ses vieilles demeures, telle la grande maison des Santonniens, la mauvaise réputation de ces ruelles grouillantes de réfugiés. Carbone et les siens ne sont évidemment pas concernés par la rafle monstre qui a fait tomber 43 bordels et 30 barbillons, disperser 15 000 expulsés et livré à la

1. Homme de confiance d'une des sections de la Sipo S.D.

déportation et à la mort 2000 « indésirables » juifs ou étrangers. Mais enfin, c'est toute une page de sa propre jeunesse que le caïd vient de voir brutalement arrachée.

Le 16 décembre suivant, près de Lyon, la Résistance fait sauter le train dans lequel Carbone a pris place pour regagner son palace parisien. Il meurt de l'amputation de ses deux jambes. A ses funérailles en l'église Sainte-Marie des Batignolles assistent le ministre Paul Marion, l'ambassadeur allemand Otto Abetz, Sabiani, Manouche, Mistinguett et 3000 personnes venues écouter Tino Rossi chanter *L'Ajaccienne* et l'*Ave Maria*...

Fuyant Marseille où, en août 1944, les dossiers brûlent dans l'hôtel de police dévasté par le feu, à l'emplacement de l'ancien évêché, Spirito doit à ses contacts déjà anciens avec la Mafia de pouvoir gagner les Etats-Unis sans dommage. Extradé seulement en 1954, à l'issue de deux ans de prison pour trafic de stupéfiants, il sortira blanchi de trois procès tardifs, pour mourir d'un cancer, en 1967, dans son restaurant de Sausset-les-Pins.

Mais, dès la Libération, d'autres Corses ont pris la relève, qui avaient choisi le bon camp non sans avoir fait bon ménage avec leurs aînés pendant toute la durée de l'occupation. Ainsi Carbone et Spirito avaient-ils déjà, peu à peu, abandonné le contrôle de la prostitution à deux de leurs anciens hommes de main, Antoine Guérini et son frère Barthélemy, dit Mémé, lequel sera décoré pour avoir suivi le syndicaliste Ferri-Pisani dans la Résistance. Auréolés de quelques actions patriotiques, ces successeurs naturels héritent donc à vil prix des établissements délaissés par les collabos. Grâce aux bénéfices du marché noir qui prospère avec les cigarettes, les rations K et les réserves d'essence de la Continental Base Section établie par l'armée américaine à Marseille, le nombre des maisons de plaisir et des boîtes de nuit s'accroît au moment où les restrictions alimentaires font conspuer le ministre du Ravitaillement Paul Ramadier, surnommé par les Marseillais privés d'œufs et de lait « Ramadier-Ramadan ». La veille de son passage à Marseille, le 29 décembre 1944, la commission permanente d'épuration alerte le commissaire régional :

« L'augmentation des lieux de plaisir est non seulement inutile, mais dangereuse, du fait du monde spécial fréquentant ces maisons où le marché noir se pratique sur une grande échelle, sans compter le reste. C'est pourquoi, en attendant que nous sollicitions leur fermeture, nous croyons utile de vous demander de prendre un arrêté interdisant l'ouverture de tout nouvel établissement de ce genre. Nous vous signalons que les propriétaires de ces maisons se servent généralement des licences de bar du Vieux Port[1]. »

Le 18 janvier 1945, la commission revient à la charge auprès du préfet :

« Dans toute la ville et plus particulièrement au sein de la population laborieuse, qui souffre de multiples privations, la question des boîtes de nuit revêt un caractère de véritable scandale. Il est inadmissible qu'une minorité de Français sans scrupule continue à gérer des établissements ou se livre à des tractations parmi une clientèle qui, dans sa majorité, devrait avoir à rendre des comptes à la morale et même à la justice[2]. »

La justice d'alors a bien d'autres chats à fouetter : 4200 collaborateurs à juger. Sabiani, le protecteur de Carbone et Spirito, lui a échappé. Réfugié en Espagne sous le nom de Pedro Multedo, il mourra le 29 septembre 1956 à la clinique Notre-Dame-de-Lourdes à Barcelone, non sans avoir fait un pèlerinage clandestin, en 1953, dans sa Corse natale. Le seul procès spectaculaire de collabo à Marseille sera finalement celui d'un truand corse nommé Palmieri, immatriculé agent 192 à la Gestapo et qui sera fusillé pour la mort de 200 Juifs.

Pendant ce temps, la Chambre de Commerce se plaint, le 17 juillet 1945, que « le port est mis en coupe réglée par de véritables équipes de pillage ». Et, déjà, certains hommes politiques du cru sont accusés de couvrir des scandales comme celui des vins en provenance d'Algérie, et de permettre à la prostitution et au milieu de s'étaler au cœur de la ville.

Un troisième couteau, enrôlé par Carbone au P.P.F. derrière Sabiani, Jo Renucci, a, lui, changé de camp à temps pour monter à Paris se tailler une part du marché du vice à Pigalle. Devenu membre du service d'ordre du R.P.F., il magouille avec deux députés gaullistes, échappe à un attentat en compagnie de l'un d'eux et fait exécuter par son futur lieutenant, Antoine Paolini, dit Planche en raison de sa maigreur, son concurrent parisien, un dangereux tueur myope, Ange Salicetti : Planche lui règle son compte en 1950 à la Porte de Pantin. Puis Renucci va s'épanouir au soleil de Tanger, port franc devenu la tête de pont d'une contrebande en plein essor : celle des cigarettes blondes. Là, il retrouve Manouche qui tient le bar *Venizia,* mais, surtout, il renoue des liens avec le *capo mafioso* Lucky Luciano, solidement amarré à Naples depuis son expulsion d'Amérique pour services rendus aux Alliés lors du débarquement en Sicile

1. Pierre Guiral, *Libération de Marseille,* Hachette-Littérature, p. 136.
2. *Op. cit.*

Pas question d'oublier Marseille. Renucci y recrute pour le compte de l'organisation de jeunes Corses aux dents longues qu'il détourne de la voie périlleuse des premiers hold-up, montés par le gang des Blouses grises de Marius « Meû » Salvati, pour de plus fructueux trafics. Parmi ces nouvelles recrues, un débutant qui a fait ses premières armes dans les milices socialistes de la Résistance : Dominique Venturi, dit Nick Venture.

Mitraillette au poing, Venturi a fait partie de l'équipe de Louis Rossi, l'ancien agent communal employé au service des sports de la municipalité, qui, le 22 août 1944, s'est emparée des locaux du *Petit Provençal*. Garçon de restaurant aux Messageries maritimes, Nick dit avoir trouvé une place de livreur au *Provençal* de Gaston Defferre. Il a été également promu à la commission des conflits de la S.F.I.O. chargée de dissoudre la fédération reconstituée par Ferri-Pisani. Puis il est à son tour monté à Paris avec son frère aîné Jean, pour tenter sa chance à l'ombre de Renucci. Le 10 juillet 1946, il est blessé par balle dans un bar de Pigalle, victime de la bande d'Ange Salicetti. En octobre 1947, il se fait arrêter en flagrant délit de port d'armes rue de l'Université, en compagnie de « Planche » Paolini. Trois ans plus tard, Renucci leur donne la haute main sur la réception à Marseille des « blondes » de Tanger.

Entre-temps, les Guérini ont imposé leur loi au milieu marseillais grâce, en partie, aux services secrets français et américains qu'ils ont aidés à chasser des quais et des docks les communistes opposés aux livraisons du Plan Marshall. Seul grand port en état de fonctionner deux ans après la fin des hostilités, Marseille est en effet devenu l'un des premiers enjeux de la guerre froide qui se profile à l'horizon de l'été 1947. Dès le 2 mai, le général J. T. Mac Narney, commandant des forces américaines en Europe, obtient l'autorisation du Département d'Etat d'envoyer des troupes et du matériel en France pour protéger la vie et les biens des citoyens américains en cas de soulèvement communiste. Le contrôle du port de Marseille — municipalité encore tenue par le P.C. — est indispensable à un éventuel débarquement de renforts. Pour briser le monopole de la C.G.T. sur l'embauche en favorisant une scission de la centrale ouvrière, un responsable de la C.I.A., Thomas W. Braden, formé à l'O.S.S. (Overseas Secret Service) durant la guerre, remet une somme de 15 000 dollars au représentant des syndicats américains A.F.L.-C.I.O. en Europe, Irwing Brown. Elle servira à recruter des équipes de gros bras capables de déloger les grévistes qui occupent les installations portuaires. Un commissaire de la D.S.T., Robert Blémant, met Brown en contact avec les Guérini, via le syndicaliste

Ferri-Pisani. Les frères de la Côte lancent donc leurs nervis à l'assaut des piquets de grève. Leur mainmise sur les quais va créer les conditions favorables au développement de nouveaux trafics, que Luciano s'apprête à mettre sur pied depuis son repaire napolitain.

Parallèlement, la rupture socialo-communiste fait perdre la mairie au P.C. en octobre. Au cours de l'émeute qui s'ensuit, les Guérini font le coup de feu contre la foule des manifestants déchaînés dans les rues chaudes de leur quartier général. C'est leurs balles qui atteignent mortellement le jeune Voullant. Mémé est arrêté mais Antoine, le chef du clan, obtient sa libération dès le lendemain.

Démissionné de la D.S.T. pour avoir racketté d'anciens profiteurs de la collaboration économique avec les Allemands, Blémant achève alors de basculer dans le camp des voyous : à Marseille, il s'associe avec les Guérini qui règnent sur toutes les activités de la pègre. A Paris, il cherche à s'introduire dans les cercles de jeux tenus par les Corses. A Tanger, il ouvre un cabaret sous la protection de Jo Renucci qui, en accord avec Luciano, vient de prendre sérieusement en main toute la filière des « blondes » : d'un côté M. Jo prélève sa dîme sur les cargaisons qui quittent le port franc, de l'autre, il confie au tandem Paolini-Venturi la réception clandestine des cigarettes dans les calanques marseillaises et leur revente sur le continent. Il monte donc une véritable flottille de vedettes rapides destinées à arraisonner en haute mer les flibustiers récalcitrants et à pirater les chargements soustraits à la « taxe » de l'organisation.

C'est ainsi que dans la nuit du 3 au 4 octobre 1952, un cargo néerlandais chargé de 2700 tonnes de cigarettes américaines de contrebande, le *Combinatie,* est abordé au large du cap espagnol de Balinal par la vedette *L'Esme* que commande un aventurier américain, Eliott Forest, pour le compte du tandem Luciano-Renucci. Après un débarquement manqué aux environs de Marseille, les deux bateaux, pris dans une tempête, trouvent refuge au fin fond de la baie d'Ajaccio, où la marchandise est planquée dans les caveaux d'un cimetière sur la route de Sartène. Libéré, l'équipage du *Combinatie* dénonce celui de *L'Esme* sans se douter que cet incident va déclencher la plus sanglante vendetta qu'ait jamais connue le milieu des trafiquants : vingt-deux cadavres en dix-sept ans !

Les organisateurs de l'opération décident, en effet, de geler le stock dans sa cache en attendant que l'affaire se tasse et d'en remettre l'écoulement à de meilleurs jours. Mais l'un des cousins de « Planche » Paolini, l'homme de confiance de Renucci, s'affronte avec le gardien du « trésor », Jean Colonna, un ancien patron de boîte à Pigalle, respecté et estimé dans l'île. Une gifle dans un bar d'Ajaccio va déclencher la vendetta. « Planche », pour venger l'affront, organise une expédition punitive dans l'île. Il tente d'assassiner Colonna à Ajaccio le 17 janvier 1955. Le chef corse, qui a vu arriver la traction avant des tueurs, ne doit son salut qu'à un plongeon sous une voiture en stationnement. Mais ses jambes, qui dépassaient, sont hachées à la mitraillette... L'hécatombe commence. Une affaire « d'honneur » dont l'enjeu est la domination du Milieu. Colonna reçoit l'appui de deux « jeunes loups » du milieu aux dents acérées comme des crans d'arrêt : Nick Venturi et Marcel Francisci. Ceux-ci n'auront de cesse de faire payer à « Planche » son « manque ». Le 12 mars suivant, près de l'Evêché où siège l'hôtel de police de Marseille, « Planche » est blessé de trois balles de 11,43 tirées d'un véhicule appartenant à Venturi. Faute de preuves, celui-ci est libéré au bout de deux semaines.

Le 4 novembre, l'ancien chef des Blouses grises, « Meû » Salvati, qui fait partie du dernier carré de ses intimes, livre Paolini à ses ennemis. Les bras tenus en croix, « Planche » meurt fusillé à bout portant contre le mur d'un cimetière. Trois mois plus tard s'ouvre le procès du *Combinatie :* il ne reste que 23 prévenus en vie sur 35. Venturi, autorisé à assister à l'audience dans les rangs du public, n'écope que de quatre mois de prison. *Le Provençal* estropie soigneusement son nom en l'orthographiant Ventura dans ses comptes rendus d'audience.

Le ballet de sang et de mort se poursuivra au fil des ans sans autre raison que de venger le sang par le sang. Jusqu'à l'exécution, en février 1972 — seize ans après ! — de « Meû » Salvati sorti promener son chien dans une ruelle du Panier. Il y a alors belle lurette que Nick Venturi s'est recyclé, lui, dans les affaires tenant pignon sur rue. Et quel pignon ! Amateur de yachting et de résidences cossues, il est notoirement à la tête d'une coopérative ouvrière de travaux publics, partenaire attitré des marchés d'entretien municipaux, coopérative fondée comme par hasard en 1953, dans la foulée de l'élection à la mairie de son ancien patron de presse, Gaston Defferre, dont il a assuré le service d'ordre pendant la campagne.

L'année précédente, les Guérini avaient suivi Blémant au R.P.F. Antoine, le chef du clan, a fait, cette année-là, le voyage à Naples pour rencontrer Luciano et un séjour à Bordeaux pour une mystérieuse réunion avec le syndicaliste américain Irwing Brown, son ami Ferri-Pisani et Jean Colonna. Se joint à eux un certain Joseph Cesari, qui se révélera plus tard comme le seul « chimiste » capable de raffiner de l'héroïne à plus de 95 %... Ces contacts se situent entre un séjour à Genève du trésorier de la Mafia américaine Meir Lansky, acquéreur de la Banque de change et d'investissement, et la première découverte par la police d'un « laboratoire » clandestin de transformation de la morphine en héroïne, le 23 mai 1951, à proximité de Marseille. C'est le point de départ de la fameuse *French Connection,* qu'une mission sénatoriale américaine dénoncera, vingt ans plus tard, en accusant sans détour quatre familles corses d'avoir été au cœur de la production d'héroïne qui a submergé les Etats-Unis : les frères Venturi, Marcel Francisci, Antoine Guérini et Joseph Orsoni. « Ces gros bonnets, ajoutera, en août 1971, le représentant du Narcotic Bureau en Europe, John T. Cuzack, se sentent parfaitement couverts à Marseille. » Il n'y a pas de preuves. Le seul indice, bien ténu, relevé jusqu'alors par la Brigade française des « Stups » est une rencontre Venturi-Renucci à Paris en septembre 1956 et la présence de Nick en Suisse avec une somme suspecte de 20000 dollars, en juin 1959, lors d'un rendez-vous avec un Libanais signalé comme un éventuel exportateur de morphine-base... Venturi obtiendra, en 1961, d'être radié du fichier infamant du grand banditisme.

Quant aux Guérini, qui, en 1962, auront fourni des équipes de barbouzes pour la lutte anti-O.A.S., on ne trouve à leur encontre qu'une condamnation de Mémé à trois ans de prison avec sursis en 1964 pour avoir « arbitré » un litige entre trafiquants de drogue. Car les Guérini ont été consacrés « juges de paix » du Milieu. Antoine a pris des allures de P.-D.G., Mémé assure les relations publiques et s'affiche en compagnie d'Alain Delon. S'ils ont investi dans la drogue à titre de banquiers, ils ont eu garde d'y toucher eux-mêmes. Et s'ils savent à peine lire, ils savent très bien compter. D'où leur différend avec Blémant, leur ancien associé qui, fourvoyé dans la guerre des cercles de jeux parisiens, a confié ses intérêts marseillais à un jeune loup d'origine italienne, formé à l'école des « Trois Canards » à Paris : Gaëtano Zampa, dit Tany.

Le 5 février 1965, Blémant est tué au volant de sa nouvelle Mercedes, près de Marignane. Un « contrat » de 150000 F, dit-on. Identifiés, les deux tueurs — dont le fils naturel de Barthélemy Guérini — seront abattus avant que la police ait eu le temps de leur demander des comptes. Le 23 juin 1967, Antoine Guérini, « l'empereur de la nuit marseillaise », tombe à son tour sous les balles de deux « anges noirs de la mort » qui inaugurent la série des exécutions à moto. Le clan s'affole. Le vol des bijoux de la veuve lors des obsèques lui fait perdre tout sang-froid. La mise à mort du voleur, un petit voyou bisontin inconscient de son crime de lèse-majesté, précipite sa chute. Mémé et ses frères sont arrêtés à la surprise générale, jugés à Paris et condamnés à vingt ans de réclusion ! Truands démodés de l'ère artisanale, ils sont d'abord victimes d'une redistribution des sources illicites de profit. La dynastie décimée, l'empire n'a pas d'héritiers. Les nouveaux businessmen du crime n'ont plus besoin de forcer le respect, tant leur façade bourgeoise est devenue respectable. Le démantèlement de la *French Connection* conduira Cesari, le chimiste analphabète qui meublait ses « moulins » d'Aubagne d'œuvres de Dante illustrées par Dali, à se pendre dans sa cellule après sa seconde arrestation en février 1972.

Quant aux jeunes loups, ils s'entre-déchirent déjà dans une interminable guerre de succession pour le contrôle du racket, des tripots et des courses truquées. Et ils contestent les nouveaux prétendants au titre de « parrain ». Ainsi Constantin Tramini, dit Tintin, ex-coéquipier de Salicetti, de Venturi et de Blémant, se fait-il abattre dans son ranch de l'étang de Berre le 27 octobre 1972. Tany Zampa ne réussit à s'affirmer qu'en faisant tomber son concurrent, Francis Vanverberghe, dit le Belge bien que né à la Belle de Mai, condamné à dix-sept ans de prison pour trafic de stupéfiants (après le massacre de cinq clients fichés au bar *Tanagra,* le 31 mars 1973). Le 1er février 1977, à Cassis, Zampa laisse pour mort son associé, Jacques Imbert, dit Jacky-le-Mat, avec sept balles dans le corps. Noircie de quelque 27 cadavres en cinq ans, l'ardoise n'est pas encore effacée entre les deux derniers caïds de Marseille à rester à colts tirés. Elle s'est même allongée de 13 croix supplémentaires, entre le 1er juin et le 11 octobre 1983, dont une au nom de Gilbert Hoareau, le nouvel empereur des nuits marseillaises préposé au blanchiment des profits illégaux.

D'autres tueries, demeurées mystérieuses, déroutent davantage les enquêteurs réduits trop souvent au rôle de simples chroniqueurs du crime. Du moins n'hésitent-ils plus à dépasser cette comptabilité de croque-morts pour frapper le milieu à travers ses finances, en épluchant les comptes de la délinquance en col blanc — laquelle n'exclut nullement la violence crapuleuse. Après le sang, l'argent.

Faute de pouvoir accrocher Tany Zampa pour des affaires de meurtre, magistrats et policiers ont décidé de changer leur fusil d'épaule, en frappant au tiroir-caisse : les enquêteurs du fisc n'auront qu'à relayer les inspecteurs de la Brigade financière. Une méthode qui, outre-Atlantique, a permis aux « incorruptibles » de faire tomber les intouchables de la pègre. Le coup de chalut lancé, le 19 octobre 1983, dans les boîtes de nuit de la Côte a déstabilisé le milieu marseillais avec la même efficacité que la chasse aux fausses factures avait déstabilisé le système des marchés réservés de la ville. Un caïd cueilli comme un col blanc, ses vingt hommes de paille et son avocat inculpés, des magistrats placés sous protection policière : l'affaire Zampa a tout du roman noir américain, avec une touche de crime organisé à la sicilienne.

D'Auriol aux Baumettes, en passant par la mort d'un juge et les pots-de-vin de la mairie, Marseille n'en reste pas moins le lieu géométrique d'une série noire à la française, dont les protagonistes se croisent, cousinent et voisinent d'une affaire à l'autre, au point que l'on y retrouve souvent les mêmes personnages : Nick Venturi, le rescapé du *Combinatie,* par qui arrive le scandale des combines dans les marchés municipaux ; Hamou Sadji, le faux-monnayeur de la gare Saint-Charles, par qui arrive celui des grâces médicales ; le Dr Mariotti, médecin légiste des victimes de la tuerie d'Auriol, qui, en moins de neuf mois, provoque la libération du trafiquant de drogue Kechichian, pratique l'autopsie du juge Michel et rate celle de Lucet...

Sous son abord débonnaire et rigolard, Marseille est une ville dangereuse dont les « estrangers » saisissent mal le pouvoir de contamination. « La galéjade tue », écrit fort justement l'avocat Paul Lombard, en toute connaissance de cause, dans un talentueux plaidoyer pour sa ville [1]. La criminalité y est à ce point contagieuse qu'on ne sait plus si ce sont les truands qui copient le cinéma, ou si ce sont les cinéastes qui s'inspirent des faits divers. Et il est difficile, même pour un innocent, face aux mensonges les plus pernicieux, d'apporter la preuve qu'il n'a pas été contaminé.

Pierre Debizet n'a sans doute pas compris à quel genre de mythomanes il avait affaire quand il a cru pouvoir arbitrer, avec des mots, les querelles internes du S.A.C. local. Pierre Michel n'a pas mesuré son isolement quand il a cru pouvoir défier le Milieu marseillais, en empruntant son langage et ses méthodes. Ni René Lucet le sien, en croyant pouvoir compter sur l'anticommunisme de Gaston Defferre et en traitant avec Nick Venturi pour livrer bataille aux toutes-puissantes Mutuelles. Quant à Solange Troisier, elle a été victime de son imprudente amitié avec un personnage mirobolant du barreau de Marseille. Le procureur Truche lui-même, dans sa croisade angélique contre la corruption, s'est laissé piéger par sa méconnaissance des mœurs méridionales : frustré de son procès sur la filière des évasions médicales, il est également dépossédé du volet

1. Paul Lombard, *Plaidoyer pour Marseille,* Robert Laffont édit.

politique de son dossier des fausses factures. Et, gagné par la peur ambiante, il fait mettre le palais de justice en état de siège.

Il fallait être un animal politique comme Defferre pour tenir une ville dont il n'a jamais pris l'accent. Interrogé, en août 1983, au sujet de l'inculpation de son ex-adjoint, Jean Masse, dans l'affaire des fausses factures, il répondait :

> « Avant l'arrivée de la gauche au pouvoir, les affaires de ce genre étaient étouffées... Je suis ministre de l'Intérieur et c'est à Marseille que la justice est la plus active et la plus sévère. »

Aux magistrats et aux policiers en poste à Marseille, le travail n'est pas encore près de manquer.

REPÈRES BIBLIOGRAPHIQUES

AGHULON Maurice et BARRAT Fernand : *C.R.S. à Marseille* (Armand Colin).
BATIGNE Jacques : *Un juge passe aux aveux* (Plon).
BAZAL Jean : *Le clan des Marseillais* (Guy Authier).
BUSQUET Raoul : *Histoire de Marseille* (Robert Laffont).
CHARLES-ROUX Edmonde : *Elle, Adrienne* (Grasset).
COLOMBANI Roger et LAPLAYNE Jean-René : *La Mort d'un Roi* (Albin Michel).
GAUDIN Jean-Claude : *Une passion nommée Marseille* (Albin Michel).
GUIRAL Pierre : *Libération de Marseille* (Hachette-Littérature).
JAUBERT Alain : *Dossier D., comme drogue* (Alain Moreau).
LAVILLE Alain : *Le juge Michel* (Presses de la Cité).
LOMBARD Paul : *Plaidoyer pour Marseille* (Robert Laffont).
MONTALDO Jean : *850 jours pour abattre René Lucet* (Albin Michel).
PEYREFITTE Roger : *Manouche* (Flammarion).
POUILLON Fernand : *Mémoires d'un architecte* (Le Seuil).
ROCHU Gilbert : *Marseille, les années Defferre* (Alain Moreau).
SACCOMANO Eugène : *Bandits à Marseille* (Julliard).
SARAZIN James : *Dossier M., comme Milieu* (Alain Moreau).
SUFFERT Georges : *De Defferre à Mitterrand* (Le Seuil).
VAUTRAVERS Constant : *Marseille, l'équilibre du Sud* (Stock).
ZOLA Emile : *Les mystères de Marseille* (Marabout).
Assemblée Nationale : Rapport de la Commission d'enquête sur les activités du S.A.C. (2 volumes).
Historia : Le Milieu (hors série n° 31).
Newsday : The Heroïn Trail (Souvenir Press, New York).

INDEX

A

B

C

D

H

I

J

N

O

P

Q

T

U

Achevé d'imprimer le 30 janvier 1984
sur presse CAMERON,
dans les ateliers de la S.E.P.C.
à Saint-Amand-Montrond (Cher)
pour le compte des éditions Robert Laffont
6, place Saint-Sulpice, 75279 Paris Cedex 06

Dépôt légal : février 1984.
N° d'Édition : K 596. N° d'Impression : 2831-2040.